So war's

Bob Geldof

So war's

Kindheit und Jugend in Dublin
Die Boomtown Rats
Band Aid und Live Aid

Aus dem Englischen von Clara Drechsler und Harald Hellmann

Kiepenheuer & Witsch

Titel der Originalausgabe *Is that it?*
erschienen bei Sidgwick & Jackson Ltd. 1986

Deutsch von Clara Drechsler und Harald Hellmann
gekürzte Fassung

Umschlag Rudolf Linn, Köln, unter Verwendung
eines Fotos von Brian Aris
Gesamtherstellung Clausen & Bosse, Leck
ISBN 3 462 01859 0

Out of Ireland have we come
Great hatred, little room
Maimed us at the start
I carry from my mother's words
A fanatic heart
W. B. YEATS

I don't mind being reverenced,
greeted and honoured said
Vespaluus, I don't even mind being
sainted in moderation as long as I'm
not expected to be saintly as well.
THE STORY OF ST VESPALUUS, SAKI

Inhalt

Für Paula und Fifi

Mehr als Worte sagen können …

Danksagungen

Ich möchte all jenen danken, die so hart und energisch an diesem Buch gearbeitet haben:

Paul Vallely für seine erstaunliche Fähigkeit, alles so richtig in Zusammenhang zu setzen.

Susan Hill für ihr Lektorat und unsere Kämpfe um jedes Wort.

Rowena Webb, weil sie meine Schrift entziffern konnte.

Bee Ford und Lesley Gilbert, weil sie meine Stimme auf Band verstehen konnten.

Nigel Newton für seinen widerlich unbeugsamen West-Coast-Enthusiasmus.

David Reynolds für seinen unfehlbaren und gelassenen Pragmatismus.

Laurence Bradbury und Roy Williams für ihre endlose Arbeit im Angesicht eines unleidlichen Iren.

Ed Victor, weil er mich von seinen Kenntnissen, Tips und Ratschlägen profitieren ließ.

David Landsman für Streitgespräche.

Ina Meibach für Streitgespräche in amerikanischem Akzent.

Ossie Kilkenny, weil er meine chaotischen Angelegenheiten ordnete.

Father Farragher C. S. S. P. für seine Kamera und den archivarischen Enthusiasmus.

Meiner Schwester Cleo McFarland, die mir ihre Fotos und Erinnerungen lieh.

Wie auch meinem Onkel Sonny, Tante Peggy und Tante Fifi.

Mick Foley und Sean Finnegan, weil sie nie die Augen davor verschlossen, wie albern wir immer noch dastehen.

Daphne Maxwell, um der alten Zeiten willen.
Kieran Fitzgerald, weil er alles vorausahnte und nichts wegwerfen konnte.
Johnnie Fingers, Pete Briquette, Gary Roberts, Simon Crowe für all die Jahre.
Fachtna O'Kelly, B. P. Fallon, Robbie McGrath, John Martin, Phay Taylor und dem Mick für vergangene Zeiten.
Penny und Kevin Jenden, Val Blondeau, Ken Martin, Judy Anderson, Wayne Lintott, Lionel Rotcage und allen anderen im Band-Aid-Büro, die Träume in die Tat umsetzten.
John Kennedy, Phil Rusted, Maurice Oberstein, Chris Morrison, Harvey Goldsmith, Midge Ure, Bernard Doherty, die den Traum überwachten.
Allen bei Phonogram, die mich bei Laune hielten.
Marsha Hunt, die mich bemuttert.
Und, was mir das wichtigste ist, meinem Vater, weil ich nun verstehe – und ich hoffe, er auch.

Prolog

12.46 13. Juli 1985

In *Warten auf Godot* schrieb Samuel Beckett: »Wir wollen unsere Zeit nicht bei unnützen Reden verlieren. Wir wollen etwas tun, solange die Gelegenheit sich bietet! Uns braucht man nicht alle Tage. Es ist offen gesagt nicht so, als brauchte man gerade uns. Andere würden die Sache ebensogut, wenn nicht besser, machen. Der Ruf, den wir soeben vernahmen, richtet sich vielmehr an die ganze Menschheit. Aber in dieser Gegend und in diesem Augenblick sind wir die Menschheit, ob es uns paßt oder nicht ... Was tun wir hier, das muß man sich fragen. Wir haben das Glück, es zu wissen. Ja, in dieser ungeheuren Verwirrung ist eines klar: wir warten darauf, daß

Godot kommt oder daß die Nacht kommt ... Wir sind da, wie verabredet, da gibt es nichts. Wir sind keine Heiligen, aber wir sind da, wie verabredet. Wieviel Leute können das von sich behaupten? Eine Milliarde.

And the lesson today is how to die.
Die Worte hingen in der Luft. Ich stand stocksteif da, die Hand hoch erhoben, die Faust unbewußt zum Gruß geballt. Vor mir standen 80 000 Menschen. Unsichtbar irgendwo hinter ihnen hatte sich uns eine weitere Milliarde von Menschen auf der ganzen Welt angeschlossen. Wir hielten alle den Atem an. Es gibt solch geläufige Redensarten. Wenn wir Hunger haben, sagen wir, ohne nachzudenken, daß wir vor Hunger sterben. Sind wir glücklich, erklären wir automatisch, es müsse der großartigste Augenblick unseres Lebens sein. Aber es gibt Zeiten, in denen die Klischees zu Fleisch und Blut werden. Überall in Afrika verhungerten jetzt Menschen. Und für mich waren in diesem besonderen Moment all die Wege und Fragen eines ganzen Lebens zusammengeführt und -gefaßt in dieser einen emporgestreckten Faust.
Der Himmel über mir war blau. Die Sonne schien ihren Zenith erreicht zu haben und überströmte das Stadion vor mir mit dem klaren, ungetrübten Licht eines englischen Sommertages. In der Menge vor mir saßen Paula und unser Kind. Nah dabei mein Vater, der sich schon seit langem mit dem abgefunden hatte, was aus mir geworden war. Hinter mir die Leute, für die ich jene Mischung aus Zuneigung, Ungeduld und Loyalität entwickelt hatte, die eine Familie ausmacht, auch wenn die Außenstehenden in uns nur eine Popgruppe sahen. Und vor mir, inmitten des größten Publikums, das die Welt jemals erlebt hatte, sah mir jeder Mensch zu, der mir etwas bedeutete.
Es war der 13. Juli 1985. Es war Live Aid.
Es muß in solch einem Augenblick einen Moment des Trium-

phes gegeben haben, aber so empfand ich es nicht an diesem Tag.

Ich brach »I Don't Like Mondays« mittendrin ab. Es war ein altes Stück, das eine neue Bedeutung gewonnen hatte. Etwas Besonderes geschah heute; es schien in diesem Augenblick eingefangen zu sein. Ich stand da und ließ meinen Blick von einer Seite des Zuschauerraums zur anderen wandern, so als fixierte ich jeden einzelnen. Ich wollte mit ihnen allen direkten Kontakt haben und sie einbeziehen. Denk über diese Sache heute nach. Denke über das, was wir hier tun, nach, denn in dieser Form wird es das vielleicht nie wieder geben.

Meine Hand war immer noch voller Entschlossenheit hochgereckt. Persönlicher Ehrgeiz spielte hier keine Rolle. Eine weitere Binsenwahrheit hatte sich verwirklicht: In diesem Moment gab es keinen Unterschied zwischen dem Mann auf der Bühne und dem Publikum, nicht den geringsten. Wir alle waren nur Teil eines größeren Ganzen, alle bemüht, einander zu verstehen, und Teil von etwas, was himmelweit über die eigene Person hinausging.

Ich kann mich nicht erinnern, eindeutig an Äthiopien gedacht zu haben. Ich beschwor nicht jene Bilder herauf, die sich mir so ins Gedächtnis gebrannt hatten. Das eine Kind, das qualvoll sterbend auf dem feuchten Boden hockte. Oder die Mauer in dem Flüchtlingslager, die die Auserwählten von den Aufgegebenen trennte, die, die am Leben bleiben durften, von denen, die zum Tode verurteilt waren. Oder der Vorratsschrank mit den fünfzehn winzigen Mehlsäcken, die noch übrig waren, um ein Lager mit 27000 hungernden Menschen zu verpflegen. Das waren die Dinge, die ich in Afrika gesehen hatte, aber heute ging es nicht um einen einzelnen Kontinent. Heute ging es um die ganze gute, alte Erde.

Ich versuchte, in mir etwas Tieferes als bloße Eindrücke auszumachen. Ich versuchte, tief in mir dieses Gefühl wiederzufinden, auf das ich gestoßen war. Wegen der tiefen Empfindung des Unrechts, die ich verspürt hatte, wollte ich das sichere Bewußtsein von der Richtigkeit unseres Handelns allen mitteilen. Ich hoffte, das Gefühl würde sich von selbst auch bei all jenen einstellen, die nicht gesehen hatten, was ich gesehen habe.

Ich wußte, daß bisher nichts in meinem Leben irgendeinen Wert gehabt hatte. Dennoch empfand ich keine Trauer darüber, daß dieser Augenblick nicht ein ganzes Leben dauern konnte. Es war genug; dieser lichte Augenblick absoluter Gewißheit. All dies war gut und basierte auf nichts als den lautersten Gründen. Keine düstere Wolke konnte diese Sonne verdunkeln, wie es vorher stets in Momenten der Freude und des Triumphes geschehen war.

Mein Leben lang hatte ich das Gefühl gehabt, auf etwas zu warten. Worauf, wußte ich nicht genau. Dinge waren gut oder schlecht, aber niemals perfekt. Da war immer noch etwas anderes – etwas Unbestimmtes. Nicht so heute. War das ganze Warten deswegen gewesen? War es dies?

»Dies muß der größte Tag in meinem Leben sein« war das einzige, was mir einfiel.

Ein Journalist, der für *Life* schrieb, fing das Unwahrscheinliche dieser ganzen Sache mit einem treffenden Bild ein. Gott war auf die Erde gekommen, um jemanden zu finden, der es übernimmt, die Welt vor dem Holocaust zu warnen, der den afrikanischen Kontinent heimsuchte. Aber dieser Gott war auch fehlbar wie die Gottheiten der Alten und klopfte an die falsche Tür. Bob Geldof machte auf. »Wer zum Teufel ist das?« dachte Gott. »Na egal, der tut's auch.«

Mir kam's auch komisch vor. Ich möchte meinen, nichts in meinem Leben hätte mich hierfür bestimmen können. Ich war ein ausgesprochen fragwürdiger und ein entschieden ungeeigneter Mensch für solch eine Berufung. Trotzdem, zurückblickend wird mir klar, wie in einer Hinsicht alles zusammenkam, um mich hierhin zu bringen. Plaids, Picknicks und Pailletten sind einige der wirren Hinweise auf eine Mutter, die starb, bevor ich den kurzen Hosen entwachsen war, und mein Vater, der nur an den Wochenenden nach Hause kam, das macht mir nun klar, daß ich allein in diesen Zeiten mir das Selbstvertrauen aneignete, für das ich viel später dankbar sein sollte.

Die Orientierungslosigkeit, der ich nach dem Verlassen der Schule anheimfiel, mit der endlosen Reihe nutzloser Jobs und des Selbstmißbrauches endete, als ich in die Situation kam, in der ich selbst das Sagen hatte und ich es war, der bestimmen konnte, wie etwas gemacht werden sollte. Eine Rockband gab mir eine Möglichkeit zu kreativer Betätigung, ein Podium, päppelte mein Ego auf und bewies, daß der verzweifelte, fast neurotische und ziellose Ehrgeiz, der mich antrieb, nutzbar gemacht werden konnte. Die Boomtown Rats wurden enorm erfolgreich, und dann ging's mit ihnen wieder bergab. Wären die Rats immer noch erfolgreich gewesen, hätte ich womöglich niemals mit dem Unternehmen angefangen, dessen Krönung jetzt für mich dieser Augenblick der absoluten Gewißheit war, das Richtige zu tun, dieser einzigartige Tag im Juli 1985.

Die Sonne brannte auf meinen Fingerknöcheln. Ich öffnete die Hand, und die Menge wurde ruhiger. Dies werde ich niemals vergessen, dachte ich. Die Menge war jetzt ziemlich ruhig, eine leichte Brise strich über die Bühne. Ich mußte weitermachen. Der Augenblick war vorüber.

Eine Stunde dauert eine Ewigkeit

Frank Lahiffe liebte Mary O'Dwyer ebenfalls. Es war ein unerträgliches Dreiecksverhältnis. Sie konnte uns wahrscheinlich beide nicht ausstehen, aber als Vierjähriger interessierte ich mich für ihre Gefühle nicht die Bohne. Die Nonnen rieben noch Salz in meine Wunden, indem sie Mary an eine Bank zwischen Lahiffe und mich setzten. Beim Alphabetlernen zog ich das »D« mit den Fingern nach. Es war aus Sandpapier ausgeschnitten und auf hellblaue Pappe geklebt. Wir schlossen unsere Augen und fühlten die Umrisse des »D«, während wir seinen Klang nachmachten. Ich murmelte mit den anderen »Döh«, aber meine Augen waren arglistige Schlitze, ein bißchen geöffnet, um die Nonne besser beobachten zu können. Wenn sie wegsah, huschte ich zur nächsten Bank und drückte einen Kuss auf Marys Knie. Sie saß da, die Augen zugedrückt, und murmelte jetzt »Fff«.
Lahiffe, von seinem Rivalen mehr als von seinem Alphabet in Anspruch genommen, wiederholte dann mein Manöver und küßte das andere Knie von la O'Dwyer. Sie brach in Tränen aus. »Stell dich nicht so an, Mary O'Dwyer«, sagte die Nonne, ohne sich Gedanken über den Grund des Kummers der Vierjährigen zu machen. »Göh«, sagten Lahiffe und ich.
Wahrscheinlich war ich da gerade Robin Hood. Ich hätte aber auch Davy Crockett sein können. Beide Kostüme hatten mir meine Mutter oder Tante Fifi, die Schneiderin, gemacht. Jedenfalls konnte keiner durch die braunen Kittel sehen, die ich und die anderen Jungs trugen. Die Mädchen hatten hellblau. Bei gutem Wetter fand der Unterricht unterm Baum auf dem Schulhof statt. Lahiffe und ich pflegten uns zu verdrücken und zum Laden auf der anderen Straßenseite zu gehen, um

Süßigkeiten zu kaufen. Das war verboten. Es war eine Hauptstraße und für Vierjährige gefährlich. Manchmal wurden wir geschnappt und einer besonders grausamen und kafkaesken Bestrafung unterworfen. Wir mußten an der Ecke warten, bis der Fünfer-Bus vorbei war, bevor wir nach Hause gehen durften. Der Fünfer schien keinen festen Fahrplan zu haben, er tauchte aufs Geratewohl auf, wenn er überhaupt kam. Um vier oder fünf hatte einen der Psychoterror fertiggemacht, nicht wegen der verspäteten Teestunde, sondern wegen der Möglichkeit, daß man schlimmstenfalls die ganze Nacht warten mußte, oder sogar eine Stunde. Ich weiß noch, wie es war, als eine Stunde einer Ewigkeit gleichkam.

Meine Schwestern Cleo und Lynn brachten mich jeden Tag nach Sion Hill, wo sie zur Schule gingen und ich in den Kindergarten. Wir bewohnten einen Teil eines Hauses am Ende der Mount Merrion Avenue, in der Nähe von Blackrock Park. Zu Fuß waren es 10 Minuten bis zur Schule. Wir hatten einen großen Garten. Während der Woche war mein Vater als Vertreter für Teppiche und Glaswaren unterwegs, aber am Wochenende war der Garten dran. Hinter einer Mauer am Ende des Gartens war ein schmaler Bach. Wir nannten ihn »Der Fluß«. Es gab da Bambus und eine tote Schildkröte. Ich hatte eine Leidenschaft: Ich schnitt den gelben Blumen die Köpfe ab und legte sie in die Höhlung einer Hecke. Mein Vater, der seine Tulpen mit Liebe hegte, war wütend, sie alle sauber guillotiniert vorzufinden. Ich wurde hinzitiert und stritt umgehend alles ab, trotz der Handvoll verwelkter Tulpenköpfe, die mein Vater aus der Hecke geholt hatte und die er jetzt vor meiner Nase herumschwenkte. Ich leugnete nicht nur, ich fügte sozusagen als strafmildernd noch an: »Ein Junge aus meiner Klasse hat mal die gelben Tulpen seines Vaters ausgerupft, und *sein* Vater hat sich nicht aufgeregt.«

Blackrock ist ein Vorort von Dublin, aber ich erinnere mich noch an den Ūachtairmann, der mit Pferd und Wagen Rahm ausfuhr. »Ūachtair«, würde er sagen, »dick oder dünn?«

»Dick, bitte.«
»Na, dann gib mal den Krug.«
Und er würde aus seinen Urnen einen Schwung reinen gelben Rahm schöpfen, der die Erdbeeren oder Stachelbeeren, die mein Vater zog, krönen sollte.
Meine frühe Kindheit war wie bei allen Leuten glücklich. Ich war verängstigt, wenn ich wegen irgendwas Ärger kriegte, aber meine Erinnerung ist heiter und ungetrübt, vor allem vor dem Hintergrund späterer Ereignisse. Meine Schwester erzählt, ich sei auf dem Dreirad um den Tisch herumgefahren und hätte gesungen »You know what you are, but you don't know what you're doing«; scheint mir ein wenig frühreif, ist aber eine gute Story. Ich lernte schnell Lesen und erinnere mich noch, wie ich die illustrierte Kinderausgabe von *Ivanhoe* las.
»Schwestern sind ein Fehler, Clarence, du hättest dich schon am Anfang dagegen wehren sollen«, sagt jemand in einer Wodehouse-Geschichte. Meine zwei Schwestern waren beide viel älter. Ich spielte gerne Zirkusnummern. Sie erlaubten mir, einen dressierten Hund darzustellen: Ich sprang durch einen mit Papier verklebten Reifen. Wenn's ihnen zu langweilig wurde, nahmen sie einfach die Kissen weg, die auf der anderen Seite des Reifens lagen, und ich knallte heulend auf den Fußboden.
Als ich sechs war, veranstaltete die Älteste, Cleo, eine Menge Parties. Ich pflegte dann wach in meinem Bett zu liegen und auf die Geräusche von oben zu lauschen. Manchmal kamen Leute auf der Suche nach dem Klo in mein Zimmer gestolpert. Ich schickte sie dann mit der Warnung »Ich glaub, das Licht ist kaputt« in den Kohlenkeller am Ende des Korridors. Sie tauchten mit von Kohlenstaub verdreckten Gesichtern, Händen und vielleicht noch anderen Körperteilen und mit nassen Flecken vorne wieder auf.
Wir hörten viel Radio und durften für Michael Miles' *Take Your Pick* sonntags lange aufbleiben. Ich hatte einen Freund,

der besser dran war als wir und einen Fernseher hatte. Fünf Uhr nachmittags saßen wir bei geschlossenen Vorhängen in stygischer Dunkelheit und sahen *Union Pacific*, eine Western-Eisenbahn-Geschichte, die undeutlich von England herübergeflimmert kam. Der Empfang war grauenhaft, aber mich hat es nie gestört.

Wir waren katholisch. Nicht gerade ehrfürchtig, mehr so automatisch. Messe am Sonntag, Asche am Aschermittwoch, Kommunion Ostern und Weihnachten und Fasten in der Fastenzeit.

»Worauf verzichtest du während der Fastenzeit?« fragte mich mein Vater.

»Weintrauben«, gab ich zur Antwort.

»Weintrauben?« fragte mein Vater. »Wir haben *nie* Weintrauben.« Sie waren zu teuer, wenn man überhaupt welche kriegte.

»Genau, darauf verzichte ich«, sagte ich mit einer Miene unerträglichen Märtyrertums. An jenem Tag hielt mein Vater nach der Messe am Obstgeschäft in Blackrock und kaufte ein Pfund Weintrauben. Meine Familie saß im Wagen, jeder lutschte an seinen Weintrauben, schälte sie, quiekte vor Begeisterung, kaute sie und ließ den Fruchtsaft genüßlich die Kehle runterlaufen. An den Fingern leckend, aßen sie sie alle auf. Sie stopften sich die Backen voll, und ich bekam keine einzige. »Du hast ja darauf verzichtet«, sagte mein Vater hämisch.

Ich hatte meine Erstkommunion. Ich erzählte dem Priester meine an den Haaren herbeigezogenen Sünden in einem smarten beigefarbenen Anzug mit einer weißen Rosette samt Medaillon des Heiligen Geistes an der Brust. Mary O'Dwyer war auch da, strahlend in ihrem Brautschleier und ihrer Spitze. Danach wurde ich auf die traditionelle Runde bei Verwandten und Bekannten geschickt, um die Geldgeschenke einzukassieren. Wir begannen nebenan bei den beiden alten Fräuleins. Sie steckten mir eine Münze zu. Sie fühlte sich an wie ein Shilling. Meine Mutter sagte gerade: »Aber nicht doch, Sie brauchten doch nicht ... wirklich nicht, er kann nicht ...«, als sie bemerkte, wie ich entsetzt auf den Halfpenny in meiner Hand starrte. Ich bekam gerade noch »Es ist nur ein Hal ...« heraus, bevor eine mütterliche Hand meine Lippen versiegelte. »Oh, nein, nein, es ist nicht der Rede wert, Mrs. Geldof, er ist doch so ein reizendes kleines Kerlchen.«

Es war ein schlechter Start, aber am Ende hatte ich rund 17 Shilling zusammen, genug, um die pink-weiße Plastikgitarre zu kaufen, die ich im Schaufenster des Spielzeuggeschäfts gesehen hatte. Ich lernte nie auf ihr zu spielen, aber ich trug sie auf dem Rücken, ein Stück Kordel um mein lincoln-grünes Robin-Hood-Kostüm, meinen ledernen Davy-Crockett-Hut und meinen rissigen braunen Lederköcher für meine Robin-Hood-Pfeile an der Hüfte. Ich war eklektisch, mindestens.

Aber die Dinge begannen sich zu ändern. Die Laurie-Lee-Zeit, in der alles in weichem und goldenem Glanz verklärt war, ging vorbei. Die Zeit der echten Erinnerung sollte beginnen. Michael Johnson, mein Freund und der Sohn der besten Freundin meiner Mutter, starb an Leukämie. Ich bekam seine Hosen. Kindergarten war passé. Ich wechselte zur Grundschule. Wir zogen von Blackrock drei Meilen die Straße runter nach Dun Laoghaire, wo mein Vater ein Haus gekauft hatte. Die Fünfziger gingen ihrem Ende entgegen. Eines Nachts standen wir alle draußen auf der Treppe und schauten in den klaren Oktoberhimmel. Das Radio war so laut aufgedreht, daß wir das zögernde, schwache Piepsen hören konnten. Dann flog der Sputnik über uns hinweg und zog seine Bahn am Himmel, ein winziger, kleiner Stern aus glänzendem Metall. Die Menschheit war ins All vorgestoßen, und alles, was wir sagen mußten, war »Piep, Piep«.

Rückzug in die Seligkeit

Das neue Haus war düster, zugekleistert mit einer dunkellila Tapete mit Traubenmuster. Mein Vater und seine Freunde kratzten sie ab, rissen Sachen ein, strichen neu und renovierten. Für mich war es danach immer noch düster und sollte es auch immer bleiben. Die finstere edwardianische Küche mit ihren Dienerglocken wurde durch eine Küche aus dem neuen Wundermaterial Formica ersetzt, in knallrot, gelb, grün und blau, unterteilt durch Linien in Chrom und schwarzem Plastik. Es hatte was von Geschirrspülen inmitten eines Mondrian-Gemäldes.

Ma war eine hochgewachsene Frau, und wann immer ich sie vor mir sehe, trägt sie schwarze Handschuhe bis zu den Ellbogen. In der Nacht nach dem Ball der Handelsreisenden kamen sie und mein Vater in mein Zimmer und drückten mich. Selbst jetzt noch, wo ich dies schreibe, habe ich das Gefühl eines unerträglichen Verlustes. Sie hatten Partyhüte auf, und am nächsten Morgen trugen wir sie. Lange schwarze Handschuhe waren um mich gewickelt, und Pailletten von ihrem Kleid klebten auf meinen Backen. Ich schlang immer wieder ihr Haar um meine Finger. Es war schmiegsam, und mein Finger paßte durch die Höhlung der Locke. In der anderen Hand, an meine Nase gepreßt, hielt ich das zerfranste Stück einer Strickjacke, das mich in den Schlaf lullte. Das Parfüm kann ich mir vorstellen, aber ich erinnere mich an den Lippenstift an ihren Zähnen. Ich sehe sie noch vor mir, wie sie den Lippenstift aufträgt und dicht an den Spiegel herangeht. Sie würde ihre Lippen zusammenpressen, sie hinter ihre Zähne ziehen und von Seite zu Seite bewegen, um eine gleichmäßige Verteilung des Lippenrots zu erreichen. Es würde Lippenstift an den Teetassen bleiben. Lippenstift, Handschuhe und Pailletten: keine schlechte Erinnerung an eine Mutter. Später, beim Besuch ihres Grabes, knieten wir auf dem Boden, und die kleinen Steinchen hinterließen auf dem Knie dieselben Spuren wie die Pailletten damals auf meinen Wangen.

In der Nacht, in der sie starb, ging ich früh ins Bett. Wir waren zu einem Picknick in Brittas Bay gewesen. Das Wasser war wie immer zu kalt zum Schwimmen. Onkel Sonny, Tante Peg und ihre Kinder waren auch da. Vater hatte Krabbencocktails vorbereitet, und bei Newtown Mount Kennedy hielten wir für Schokoeis und Taylor-Keith-Himbeerlimonade, wie wir es nannten. Wir sangen ein Lied namens »Newtown Mount Kennedy«, dessen Text nur aus diesen drei Wörtern bestand. Mein Vater sang »Susannah's a Funny Old Man« und »The Whistling Gypsy«, und ich zog meine Mutter auf einer rotkarierten Decke eine Düne hinunter.

Wir kamen vor Anbruch der Dunkelheit zurück, und meine Eltern hatten Freunde zu Besuch. Ich sah meine Mutter zum letzten Mal, als ich vor dem Schlafengehen ein bißchen auf ihrem Schoß saß. Auch daran kann ich nur mit Schmerz zurückdenken. Es schien eine gute Nacht zu werden. Meine fünf Jahre ältere Schwester Lynn hatte ihre Freundin Olivia Neville zum Übernachten da. Ich spielte mit Olivias Haaren, wie ich es mit denen meiner Mutter getan hatte und bei mir auch tat. Sie wollten ein Mitternachtsfest machen und hatten versprochen, mich zu wecken. Ich schlief in jener Nacht in Lynns Zimmer, dasselbe Zimmer, das ich später mit meinem Vater teilen sollte – er laut schnarchend, während ich das Vorüberstreichen des Leuchtturmscheinwerfers auf der Zimmerdecke beobachtete. Irgendwann später wachte ich auf und fragte, warum sie weinten. Sie sagten, ich hätte mich getäuscht und sollte weiterschlafen, sie würden lachen, sagten sie. Ich schlief wieder ein.

Am Morgen kam mein Vater und setzte sich zu mir ans Bett. Er sagte: »Ich möchte, daß du mit mir ein Gebet für deine Mama sprichst, denn sie ist zum Lieben Gott gegangen und

wird vielleicht lange nicht wieder nach Hause kommen.« Er versuchte, nicht zu weinen, tat es aber doch. Und ich ebenso. Nicht, weil ich besonders viel fühlte oder die Endgültigkeit verstand, sondern weil er es tat und weil ich vielleicht dachte, daß man es von mir erwarten würde.
Ich weiß nicht genau, ob meine Fähigkeit, mich von mir selbst zu lösen, sich damals zum ersten Mal zeigte, aber es ist eine beunruhigende und zweischneidige Begabung. Jahre später in Belfast bat ich einen 18jährigen Jungen aus Hackney, mir den Lauf seiner entsicherten Maschinenpistole in den Mund zu stecken, bis er meine Kehle berührte. Ich kniete mit hinter dem Kopf verschränkten Händen nieder und schloß die Augen. Ich wollte wissen, wie es sich anfühlt, nur eine Haaresbreite vom Nichts entfernt zu sein. Es war in mancher Hinsicht ein Akt moralischer Feigheit, aber die Versuchung abzudrücken muß für ihn überwältigend gewesen sein, ähnlich wie dieses gräßliche Verlangen zu springen, das man empfindet, wenn ein Zug in die U-Bahn-Station gerast kommt. Die Wirkung jedoch war merkwürdig beruhigend. Sich allem Zwang zur Entscheidung, Wahl oder Verantwortlichkeit zu entziehen erschien verführerisch vernünftig und friedvoll, und es war das zweite Mal, daß der bevorstehende Tod fast einladend wirkte. Ich kniete da, ein Teil von mir bettelte diesen jungen Mann an, den Abzug zu ziehen, während der andere Teil sagte, wie ungewöhnlich, und meine Empfindungen auf das Genaueste analysierte. Der eine Teil trennte sich völlig von dem anderen. Ich hatte absolut keinen Grund, den Tod zu ersehnen, aber seine Nähe war berauschend.
Meine Mutter war in der Nacht aufgewacht und hatte zu meinem Vater gesagt: »Oh, Gott, Bob, irgend etwas geschieht in meinem Kopf«, und dann war sie gestorben. Sie war 44 und hatte eine Gehirnblutung gehabt. Mein Vater trägt ihren Ehering an seinem kleinen Finger und berührt ihn ständig. Noch Jahre danach sprach er mit ihr und ging

jeden Tag zur Messe, um sich besser auf sie konzentrieren und mit ihr kommunizieren zu können.

Am Morgen des Todestages meiner Mutter holte ich meinen Nazi-Helm raus. Irgend jemand hatte ihn weiß angestrichen, um den bösen Geist des Stormtroopers, der ihn einst getragen hatte, auszutreiben. Mein Helm war wie Irland neutral. Ich ging rüber zu den Archers zum Spielen. Später ging ich zu den Nevilles. Die Beerdigung blieb mir erspart. An dem Tag, an dem sie begraben wurde, nahm man mich mit, um die Könige der Komödie im Stella-Kino zu sehen. Es war das, was man in Irland eine gute Beerdigung nennt – eine Menge Leute waren da. Sie war recht lustig gewesen, meine Mutter, und die Leute hatten sie gemocht. Ich saß da und guckte mir Charlie Chaplin und Buster Keaton an. Ich liebte sie. Meine Mutter, die Geschäftsführerin eines Kinos gewesen war, hätte sie auch geliebt.

Danach änderten sich die Dinge. Das Haus, das vorher düster war, war nun leer. Aufgrund seines Berufes war mein Vater die Woche über weg und kam nur an den Wochenenden zurück. Meine ältere Schwester Cleo trug die Verantwortung. Lynn ging wie ich zur Schule. Es gab Versuche mit bei uns wohnenden Haushälterinnen, doch wir ekelten sie weg. Es gab verzweifelte Versuche, den Anschein eines Familienlebens aufrechtzuerhalten. Wir machten in jenem Sommer einen Campingurlaub, ich glaube, der erste Urlaub, den wir überhaupt machten. Rückblickend haftet der ganzen Geschichte eine fürchterlich gequälte Fröhlichkeit an, was angesichts der Verzweiflung meines Vaters kaum überraschen kann. Cleo klagte ständig über Erschöpfung. Mein Vater nahm an, sie litte am Schock über den Tod meiner Mutter.

Cleo war es, die die Rolle der Eltern übernommen hatte. Sie war achtzehn und hatte am Tag der Beerdigung meiner Mutter ihr Abgangszeugnis bekommen, das irische Äquivalent zum A-Level. Der Tod meiner Mutter hatte für Cleo schwerwiegendere Folgen als für mich, denn als Achtzehnjährige

Mutter

wurde ihr die Last einer jungen Familie aufgebürdet. Ich trage immer noch die Spuren ihrer Disziplinierungsversuche: Jeden Abend, wenn ich wegen meiner Schlafenszeit um neun meckerte, schnappte sie meinen Oberarm und kniff hart zu, und die Druckstellen sind bis zum heutigen Tag geblieben. Ein merkwürdiges System herrschte in unserem Haus. Wir hatten ein Ehrenwort gegeben, nicht schlecht zu sein. Oft verschwiegen wir unserem Vater Sachen, um ihm nicht noch mehr Sorgen aufzuhalsen. Wir waren pleite, aber was wir nicht wußten, ihn halb wahnsinnig vor Kummer machte, war, daß man Cleos Müdigkeit als Leukämie diagnostiziert hatte, und am Ende desselben Jahres, in dem meine Mutter gestorben war, gab man ihr noch drei Monate zu leben.

Sie sagten ihr nur, es sei eine bösartige Anämie. Sie hatten ihr irgend etwas sagen müssen. Zu bestimmten Zeiten sah ihre Haut so kalt und fleckig aus wie eine Marmortafel. Die Ärzte erzählten meinem Vater, es gebe keine Hoffnung auf Genesung mehr. Bei einem Besuch im Krankenhaus fragte ihn ein protestantischer Arzt, merkwürdig genug, ob er erwäge, nach Lourdes zu pilgern. In einer vernunftbestimmten Lage hätte man diese Vorstellung weit von sich gewiesen. Aber es war nicht die Zeit für Rationalität. Lourdes ist eine Stadt, in der die Jungfrau Maria dem jungen Mädchen Bernadette in einer kleinen Grotte erschienen sein soll. Wallfahrten der unheilbar Kranken und Krüppel dieser Welt zu dieser heiligen Stätte führten zu einer Reihe von unerklärlichen Heilungen.

Mein Vater war bereit, sich an jeden Strohhalm zu klammern. Später, als ich elf war, kam ich auf einer Klassenfahrt nach Lourdes. Ich kann mich immer noch an die greifbare Atmosphäre der Verzweiflung und ihrer nahen Verwandten, der Hoffnung, erinnern. Ich kann immer noch den Gestank ekelhafter Krankheiten riechen und bin immer noch von dem blinden Glauben verwirrt. In Lourdes wurde mir zum ersten Mal klar, was sich mir als Jugendlichem und später als Erwachsenem in Afrika bestätigen sollte. Wenn es den Menschen am dreckigsten geht, sind sie oft am besten. Wenn das Physische zu einer häßlichen Nebensächlichkeit reduziert ist, eröffnet sich die Möglichkeit blendender menschlicher Schönheit.

Als mein Vater und Cleo zurückkamen, wurde das Wort »Wunder« niemals in den Mund genommen, aber aus drei

Monaten, die man ihr zu leben gegeben hatte, wurden Jahre. Sie lebt immer noch. Der Krebs ist völlig verschwunden, aber mein Vater erzählte mir später, daß er noch jahrelang danach das Schlimmste befürchtete, wenn er in einem der Hotels oder einer der Pensionen, in denen er auf Reisen abstieg, ans Telefon gerufen wurde. Nichts davon war mir damals bekannt. Ich triezte Cleo weiterhin so, wie sie mich.

Ungefähr um diese Zeit fing ich an, rückwärts zu laufen. Ich krümmte meinen Rücken, und mit den Händen an den Füßen krabbelte ich wie ein blödgewordener Krebs im Haus herum. Ich tat's hauptsächlich zu Hause, aber auch in der Öffentlichkeit: Manchmal ging ich so sogar die Treppe im Bus rauf und runter. Ich tat's wahrscheinlich, um Aufmerksamkeit zu erregen, aber in erster Linie, um die Leute zu irritieren. Ich konnte auf diese Art ziemlich schnell laufen. Außerdem ersparte es mir eine Menge Arbeit im Haushalt, die ich sonst hätte erledigen müssen. Mein Vater und meine Schwestern hielten es für das beste, stillscheigend darüber hinwegzugehen. Endlich entschloß ich mich, nicht mehr rückwärts zu gehen.

Weihnachten fuhren wir alle zusammen weg. Es gab wenige Geldofs in Irland, und wir waren sehr clanbewußt. Da waren mein Vater, sein Bruder, zwei Schwestern und ihre Familien. Ich mochte die Hotels und ihren Geruch nach Küchen, Wärme und Komfort. Es gab das Gefühl von, na ja, reich sein, nehm ich an, aber wir waren es nicht. Eines Tages sah ich, wie mein Onkel Sonny meinem Vater Geld für die Rechnung zusteckte. Es war klasse, mit meinen Cousins und Cousinen zusammenzusein und einen Fernseher zu haben. Es war mir peinlich, keinen Fernseher zu haben, es schien ein so schreckliches und offensichtliches Zeichen von Armut. Ich wünschte mir immer Sachen, die teuer waren: ein Rennrad, ein Scalextric. Ich bekam immer zu hören, daß sie zu teuer seien, aber ich bekam sie. Das Rad war blau und gelb und hatte vier Gänge, aber es war gebraucht. Ich hatte genug von Second Hand. Ich hatte genug von »Ich kenn da jemanden, der es zum Großmarktpreis kriegt«. Ich hatte die Nase vom Fahrrad voll, weil es das Beförderungsmittel zur Schule und eine Möglichkeit, das Busgeld zu sparen, wurde. Das Scalextric wurde im Hotelzimmer installiert, wo mein Vater und mein Onkel jeden Morgen damit spielten, bis es kaputt war. Aber ich mochte das Hotel, die winterlichen Spaziergänge und die Weihnachtsmorgende. Ich mochte das Gefühl der Behaglichkeit, so trügerisch es auch immer war. Am besten gefiel mir, von zu Hause weg zu sein. Ich liebte die Kostümfeste, die die Erwachsenen so ernst nahmen und die wir für blöd hielten. Ich mochte, wie sie sauer wurden und sagten: »Wenn du es nicht zu schätzen weißt, was wir für dich tun, wieviel es deinen Vater kostet, dann kommen wir eben nächstes Jahr nicht, und damit hat's sich. Wir machen es deinetwegen, verstehst du, nicht für uns«, was natürlich eine Lüge war. »Und nun wirst du dich umziehen, und das wär's.« Ich warf mir ein Handtuch um die Schultern und ging als mexikanischer Bandit.

Zwei Wochen nach dem Tod meiner Mutter ging ich wieder zur Schule. Es hätte eine unerhoffte und angenehme Pause sein können, wären da nicht die unverständlich langen Gesichter der Erwachsenen gewesen, die aus irgendeinem Grund während dieser ganzen Zeit ständig besonders herzig zu mir waren. Das setzte sich fort, als ich nach Willow Park, der Grundschule des Blackrock College, zurückkehrte. Wieder wurde mir vom Dekan, Pater Stanley, unerklärlicherweise gesagt, ich solle mir Zeit lassen und es langsam angehen. »Nichts dagegen«, dachte ich. Im Willow Park waren die meisten Lehrer Geistliche, Holy-Ghost-Patres. Ich war Tagesschüler, aber es gab auch Internatsschüler. Nach dem Unterricht hatten sie noch eine Arbeitsstunde, und ich war der einzige Tagesschüler, der dafür dablieb. Die anderen waren nach Hause gegangen, aber mein Zuhause war leer. So nahm ich meinen Tee mit den Internatsschülern in der Mensa, aber weil ich Tagesschüler war, mußte ich allein an einem Extratisch sitzen. Mir war's egal. Wer will schon bei den Internatsschülern sitzen?

Nach dem Tee, zwischen der frühen und der späten Arbeitsstunde, gab's gelegentlich eine Gesangsstunde. Der Dekan läutete eine Glocke, rief »Sing-song« und deutete auf ein paar Jungen. Mich schloß er ständig mit ein, wahrscheinlich ein törichter Versuch, mir ein Gefühl der Dazugehörigkeit zu geben. Mein Lied war »Fine Girl You Are« oder »The Holy Ground«. Ich stand auf meinem Stuhl und sang lauthals. Aber die Internatsschüler lachten und nahmen mich auf den Arm, weil ich ein Tagesschüler war. Ich haßte es. Ich haßte es, nicht mit den anderen nach Hause zu gehen. Während der Studienstunde kam das einzige Geräusch von den lederbesohlten Schuhen des Aufsichtsführenden auf dem Holzfußboden, der zwischen den Reihen der altertümlichen Bänke seine Runden machte.

Ich war ganz gut in der Schule. Gute Noten, der komische Preis dafür, aber mein hauptsächlicher Anspruch auf Ruhm rührte daher, daß ich die Texte aller Stücke kannte, die Cliff Richard jemals aufgenommen hatte, – das Ergebnis der wahnsinnigen Verehrung des englischen Sängers durch meine Schwestern. Auf einem Schulausflug nach Belfast hatte ich über die Lautsprecheranlage des Zuges mal eine entsetzliche Version von Cliffs »Have You Heard the News« gesungen. Der Pastor, ein römisch-katholischer Exorzist, der über die Lautsprecheranlage das Sagen hatte und übrigens völlig blau war, tat seine Meinung über das tatsächliche Ausmaß meiner Verfehlung kund, indem er mitten in der letzten Strophe das Mikrophon an sich riß. »Jetzt reicht's mit dem Mist, Geldof«, sagte er herrisch über das Krächzophon.

Belfast hatte etwas Ausländisches an sich. Eine Art von Mythologie verband sich mit den beiden Wörtern »Die Grenze«. Damals war es eine friedliche Grenze, lediglich ein paar verirrte Detonationen und jede Menge Schmuggel mit landwirtschaftlichen Produkten. Wir kannten den Norden hauptsächlich als eine Ecke, wo man Kaugummi, Glitzerkram und Knaller kaufte. Alles Kostbarkeiten, die im Süden nicht zu bekommen waren. Die älteren Jungs schätzten ihn wegen der Verhütungsmittel und Tittenhefte. Feuerwerkskörper konnte man aber auch manchmal unter der Hand auf den Obstmärkten in der Moore Street in Dublin bekommen, wo man den Singsang hörte: »Die letzten zwei Bananen, die letzten beiden, nur noch einen Shilling jetzt für die letzten zwei, eins-sechs das halbe Dutzend«, und dann zur Seite: »Böller kaufen, Söhnchen?« Manchmal nahm ich die Knaller mit zu Kevin Cully nach Hause, wenn ich die Schule schwänzte. Er hatte Modellbomber und -jagdflieger an Fäden unter der Decke hängen. Wir steckten dann die Knaller in die Flugzeuge, zündeten sie an und jagten sie in die Luft.

Ich saß in der Arbeitsstunde, als ich hörte, daß Kennedy tot war. Die Aufsichtsführenden waren nicht ältere Schüler, sondern Seminaristen, die eine Priester-Ausbildung machten. Es waren Männer in den frühen Zwanzigern, die richtige Soutanen wie die Priester trugen. Der Aufsichtsführer schritt gerade durch die Reihen, als die Tür geöffnet wurde. Es war hinter meinem Rücken, aber ich vermute, daß ein anderer Seminarist hereinkam.

Ich hörte das leise Geflüster und dann lauter den Fluch. Es sollte keine Schularbeit mehr geben. Minuten später stand der Aufsichtsführende auf seinem Podium. Wir standen auf, und ein Gebet wurde gesprochen. Dann erzählte er uns, daß Präsident Kennedy an diesem Tag in Dallas erschossen worden sei; wir beteten für den Frieden seiner Seele und für seine Familie. Es herrschte absolute Ruhe.

Kennedy war ein Nationalheld in Irland. Jedes Haus hatte drei Bilder: JFK, den Papst und RFK als Triumvirat angeordnet, Die Heilige Dreifaltigkeit. Die eine oder andere blasphemische Seele hatte nur das JFK-Portrait. Die meisten von uns waren unten gewesen und hatten gewunken, als sein Wagenzug glanzvoll durch Dublin gefahren war. Ich hatte und habe immer noch das kleine Sternenbanner aus Papier, das ich an jenem Tag schwenkte. Er war für uns die definitive irische Erfolgsgeschichte. Ein Ire, oder so gut wie, der Präsident der USA geworden war.

Sein Tod war ein schrecklicher Schock. Wir beteten für ihn im Klassenzimmer, und dann gingen wir in der Reihe in die Schulkapelle und beteten noch mehr. Ich hatte gesehen, wie mein Vater in tiefer Sorge Radio hörte, und gehört, wie in Gesprächen mit seinen Freunden immer wieder Wörter fielen, wie »Nuklear« und »Dritter Weltkrieg«. Es hatte die greifbare Atmosphäre der Angst und Unsicherheit gegeben, und dann die anscheinend von Kennedy selbst ausgelöste überwältigende Erleichterung. Aber es war die Furcht, an die ich mich erinnerte, als ich drei Jahre später der Anti-Nuclear-Campaign beitrat.

Manchmal türmte ich aus der Schule und ging runter zu Cully. Er hatte einen großen Baum vor dem Haus, wo man Tarzan und Boy spielen konnte, oder Plarzan und Lad, wie wir es nannten. Aber Cully durfte immer Plarzan sein, weil er stärker war. Wenn es Zeit für den Tee war, bat Cully mich nie herein. Ich weiß nicht, warum. Ich mußte immer draußen auf der Treppe warten, und dann wurde es langsam dunkel, aber ich konnte nicht nach Hause, weil die Arbeitsstunden bis acht gingen, und ich nicht vor halb neun auftauchen durfte, ohne zu riskieren, daß mein Blaumachen aufflog. Wenn ich mal etwas Geld hatte, ging ich runter zur Fischbude in Blackrock und holte mir geräucherten Kabeljau und Chips. Das kostete zwei Shilling.

Zwei Shilling waren eine Menge, aber ich hatte die Knete von meinem Schulgeld. Jede Woche, bevor er zu seinen Reisen durch Irland aufbrach, gab mir mein Vater mein Schulgeld in einem Umschlag. Es war nett, etwas Bares zu haben, und so machte ich den Umschlag selbst auf, statt ihn dem Schulsekretariat zu übergeben. Es waren ein paar Pfund. Man konnte Sahnetörtchen bei The Nook kaufen oder es für die Samstagnachmittag-Vorstellung im Adelphi-Kino anlegen. Es schien niemanden zu stören. Aber dann kam eine Rechnung am Ende des Schuljahres. Er telefonierte mit der Schule, ohne mir etwas davon zu sagen.

»Guten Morgen, Pater Stanley«, sagten die Jungen im Chor. Er betrat die Klasse während des Unterrichts nicht ohne einen ernsten Anlaß.

»Robert Geldof. Würdest du bitte die Klasse verlassen.«

Alle blickten mich an. Ich schob meine Bücher in die Ecke meines Tisches und legte meinen Bleistift akkurat hin – teils, um den Dekan durch meine Ordentlichkeit zu beeindrucken, teils, um, wenn auch nur für ein paar Sekunden, den schrecklichen Moment hinauszuzögern, wo ich entdecken würde, warum er mich herausrief. Ich hatte keine Ahnung. Aber mein Magen sagte mir, daß es etwas Schlimmes sein mußte.

Ich stand stumm im Korridor, während die Geschichte meiner Missetat wiedergegeben wurde. Irgendwie klang die ganze Sache aus seinem Munde viel schlimmer, als sie mir je erschienen war. »... Es ist nicht nur der Betrag, obwohl das schon gravierend genug ist; dein Vater ist keineswegs ein wohlhabender Mann, er bringt Opfer, um dich hierher schikken zu können. Er wird nun den Betrag, den du der Schule schuldest, wieder aufbringen müssen. Aber es ist mehr als das. Es ist die Täuschung und Verlogenheit, die das verkörpert. Solch ein Verhalten ist sündhaft. Dein Vater und ich haben über die ganze Angelegenheit gesprochen. Er wird dich verprügeln, und ich tu es auch.«

Pater Stanley hatte etwas, was die Jungs einen »Biffer« nannten. Die Bezeichnung war ein Witz, das Gerät aber keineswegs. Ein dicker, flexibler Gummiriemen; er tat unerträglich weh. Ich war empört und beschämt wegen dieser schrecklichen Ungerechtigkeit. Aber was zu Hause passierte, war noch schlimmer. Es gab dort niemanden, der sich für mich

einsetzen würde. Im Bus nach Hause betete ich in meiner Panik zu meiner Mutter. Ich hatte Schmerzen von den Prügeln in der Schule und Angst vor dem, was mich erwartete.
Am Anfang gab's Schweigen und Schluchzen.
»Warum hast du das getan?« fragte mich Lynn. Lynn sollte eigentlich meine Freundin sein.
»Ich weiß nicht. Es schien nicht so wichtig. Es tut mir leid.«
»Weißt du nicht, daß seit Mammis Tod der Haushalt durch gegenseitiges Vertrauen funktionieren muß, während Daddy die ganze Woche weg ist? Wir stehen alle im Ehrenwort, uns gut zu betragen«, sagte Cleo. Cleo war eine Erwachsene, schon über Zwanzig, aber trotzdem nur meine Schwester. Warum sollte es ihr gestattet sein, so mit mir zu reden? »Ich hab versprochen, jede Nacht um zehn Uhr zu Hause zu sein, und ich breche das nicht. Lynn hat versprochen, ihre Schulaufgaben für ihre Mittelstufe zu machen, und sie bricht den Schwur nicht. Aber du, dir kann man nicht mal dein Essensgeld anvertrauen. Warum hast du das getan?«
»Ich weiß nicht. Es tut mir leid. Ich zahl's zurück.«
»Geh nach oben«, sagte mein Vater.
Es war ein Sofa in dem Zimmer, wo er mich schlug. Aber erst redete er noch mit mir. »Dies wird mir mehr weh tun als dir.« Er hat das tatsächlich gesagt. Es wirkte nicht real, es war wie so ein Schülerroman. Am entsetzlichsten war, daß er ein Bambusrohr hatte, um mich zu schlagen. War er rausgegangen und hatte es gekauft? Das kaltblütige Kalkül dieser simplen Sache ist es, was mich immer noch beschäftigt. Er hatte sich entschlossen, soviel Schmerz zuzufügen, wie er konnte. Er hatte darüber nachgedacht, als er es aussuchte: »Nein, dieses Rohr da wird nicht so schmerzhaft sein wie dieses.«
»Ich werde dich sechsmal schlagen.« Seine Stimme war kalt. »Du wirst so was nie wieder tun. Halt dich an der Lehne des Sofas fest, und beug dich vor.«
»Nein, Dad. Bitte schlag mich nicht. Ich werd von jetzt an

anständig sein.« Ich hatte immer noch nicht wirklich kapiert, was so schlimm gewesen war. Ich rannte hinters Sofa.

»Komm zurück.«

Ich ging zum Sofa und hielt mich daran fest. Meine Knöchel waren weiß vom Festklammern, doch sie schienen nicht zu mir zu gehören. Ich hatte das Gefühl, die Hände eines anderen anzusehen. Das Rohr sauste und ein heißer Striemen des Schmerzes schnitt über meinen Hintern. Es brannte, wie wenn man versehentlich mit der Hand den Küchenofen streift. Ich heulte auf, bewegte mich aber nicht. Der zweite wird nicht so schlimm, sagte ich mir. Aber er wurde, es war Schmerz bis zum Es-geht-nicht-mehr. Mein ganzer Körper war nun völlig auf diese paar Zentimeter Fleisch konzentriert. Der dritte machte aus meinem ganzen Körper ein schmerzverzerrtes Etwas. Ich schrie und rannte weg.

»Komm zurück.«

»Nein.«

»Komm zurück.«

»Bitte, Dad. Bitte, nicht mehr, bitte!«

Er scheuchte mich durchs ganze Zimmer, schnappte mich und schlug immer wieder auf mich ein. Ich konnte nicht begreifen, daß er das tun konnte. Dann, am Ende, versuchte dieser Bastard, mich zu umarmen. Wie konnte er es wagen, sein erbärmliches Gewissen mit dieser Heuchelei zu beruhigen? Wenn du jemandem weh tun willst, tu ihm weh, aber heuchel nicht, es sei Liebe. Das ist pervers. Ich war voller Ekel und haßte ihn. Der Schmerz, die Wut, die Scham und die Verwirrung gingen zu tief. Von diesem Tag an standen mein Vater und ich auf Kriegsfuß miteinander. Er würde zahlen.

Diphthonge und Monophthonge

Die Leber zitterte. Sie war leuchtend rot und zuckte, als stände sie unter Starkstrom. Es war nicht das lahme graubraun der durchschnittlichen, gekochten Mittags-Kantinen-Leber, mehr ein feuchtes, glitschiges Ding, das auf den glänzenden Eisenbahnschienen herumzappelte und -hopste, als der Zug verschwand. Sie sah aus wie die Leber aus einer Metzgerei, kalt und sachlich. Diese stammte aus einem Menschen. Sie war warm und glänzte noch.

Hinter mir stank die Bucht. Ruhig, flach und grau breitete sich das Meer hinter der jetzt runtergekommenen Badeanstalt aus und schwappte ab und zu um das stinkende Ende des Abwasserrohrs, wo die blasierten Möwen auf und ab tanzten. Aber es war ein guter Platz fürs Mittagsbrot, unten bei den klapprigen, alten Gebäuden der Booterstown Station. Es war außerhalb der Schule, aber doch in ihrer Sichtweite. Ich war stehengeblieben und wollte gerade in die Stulle beißen, während der Spaziergänger seinem Hund folgend, der jetzt auf dem gegenüberliegenden Bahnsteig wartete, die Gleise überquerte. Auf halbem Weg über die Gleise hielt er inne, und sein Kopf fuhr zurück. Er fiel über die Schienen und blieb unbeweglich liegen. Er war etwa 25 Yards von mir entfernt. Ich kraxelte den Deich hoch und lief ihn entlang, das Butterbrot immer noch in der Hand. Ich sah den Zug nicht kommen. Da gibt es eine Kurve in den Gleisen, wo sie abbiegen, um der Küstenlinie nach Dublin zu folgen. Er wurde zerstückelt, bevor ich noch vom Deich springen konnte. Kein Kreischen von Bremsen war zu hören. Der Zug hatte nicht genug Zeit zum Bremsen. Wahrscheinlich hatte der Fahrer ihn sowieso nicht gesehen, und der Zug bretterte einfach durch den Bahnhof. Ich muß die Augen geschlossen haben, als es ihn erwischte, denn ich kann mich nicht erinnern, wie die Räder durch seinen Körper schnitten oder Körperteile durch die Luft schleuderten. Ich weiß nicht, was mit seinem Kopf und Beinen und so war, nur mit der Leber. Ich spürte kein Entsetzen. Ich sah zu, wie die Leber zuckte.

Der Hund schien verwirrt, er schnüffelte herum. Vielleicht dachte er, es sei ein neues Spiel. Er roch das Blut und fing an, beunruhigt an den kleinen Pfützen von dem Zeug um ihn herum zu lecken. Bald begann er an den kleineren Fleischbrocken herumzuschnuppern, die auf den Bahnsteig geklatscht waren. Er kaute, zögernd erst, und dann fing er an, sein Herrchen mit Begeisterung aufzufressen.

Ich blickte an mir herunter und sah, daß meine Beine mit Blut bespritzt waren. Meine grauen Socken mit dem blau-weißen Börtchen waren naß. Ich ging auf den feuchten Sand und wusch es ganz methodisch in einer Pfütze ab. Später ging ich zurück zur Schule.

An den darauffolgenden Tagen ging ich zum Deich zurück. Zur Mittagszeit pflegte ich das Schulgelände zu verlassen und den kleinen Weg zum Bahnhof runterzugehen. Die meisten der Tagesschüler gingen nach Hause, ich ging runter zur See und aß die Brote, die ich mir am Morgen gemacht hatte. Gewöhnlich waren sie mit grünem Salat. Ich mochte Tomatenbrote, kriegte sie aber überhaupt nicht hin. Die Brote wurden immer matschig, und ich fand nie raus, wieso. Manchmal tat ich bloß Zucker auf die Brote: das ging schnell und sauber. Der Alte war wie gewöhnlich die ganze Woche weg. Cleo strampelte sich ab, um rechtzeitig zu dem Friseur zu kommen, wo sie arbeitete. Lynn hatte genug mit dem Pauken für ihr Zwischenstufenzeugnis zu tun und durfte nicht abgelenkt werden.

In jenem Sommer, im Alter von 11, kam mir auf dem Deich sitzend zum ersten Mal der Gedanke, eingesperrt zu sein. Der Damm war lang und streckte sich wie ein einschließender Arm von den gigantischen Betontürmen des Elektrizitätswerkes im Norden bis zu den alten Kirchtürmen von Dun Laoghaire, die als blasse Silhouetten am anderen Ende standen. Das waren die Grenzmarken meiner Existenz. Manchmal saß ich da und blickte auf die Bucht, ein gähnender Schlund, der weit aufgerissen alles verschluckt und nichts wieder ausspuckt. An nebligen Tagen sah Howth Head wie ein riesiges Schiff aus, das undeutlich aus dem Dunst auftaucht, an klaren Tagen hätte ich geschworen, bis nach England sehen zu können.

Ich war in Sichtweite der See geboren worden und in Hörweite der größeren Brecher aufgewachsen. Die ziellose Bewegung des Seetangs bei Ebbe und Flut hatte für mich keinen besonderen Reiz. Das Meer gehörte einfach zum Leben. Wir nahmen es kaum zur Kenntnis und gingen selten hin. Manchmal wandte ich mein Gesicht von der Bucht ab und starrte auf die Dubliner Berge, die sich wie eine unüberwindliche Mauer in der Ferne, weit hinter der Schule, erhoben. Es bedarf keiner allzu großen Einbildungskraft, die Berge und das Meer als Gefängnismauern zu betrachten, aber dieser greifbare Eindruck von Barrieren fand seinen Widerhall in meiner Gemütsverfassung. Es passierten in jenem Jahr Sachen, die stärker haften geblieben sind als Erinnerungen aus irgendeiner anderen Zeit. Nach dem Zwischenfall mit dem Schulgeld und den Prügeln galt ich als nicht vertrauenswürdig. Ich erinnere mich, wie meine Schwestern tatsächlich zu Leuten, die mich nicht kannten, sagten: »Man darf ihm nicht vertrauen. Er lügt.«

Ich entwickelte als Selbstschutz eine Art von Gefängnismentalität. Ich blieb distanziert und objektiv, egal, was man mir antat. Es gab immer einen besonnen, deduktiven Teil meines Bewußtseins, der den Teil, der unter Streß stand, beobachtete und hinterfragte. Es war wie ein Bürgerkrieg in meinem Kopf. Selbst heute noch zweifelt ein Teil von mir alles an, was ich tue oder sage. Selbst jetzt beim Schreiben fragt er: »Bist du dir darin völlig sicher, oder ist es nur Effekthascherei?« Manchmal wird es so übermächtig, daß man diese ständige, innere Auseinandersetzung beenden will. Der Kopf dröhnt, und man möchte in einem dunklen Raum sitzen und sich selbst wieder unter Kontrolle bringen. Der Trick ist, unerträglich aufrichtig sich selbst gegenüber zu sein. Das war die Lösung für das Dilemma, in dem ich mich befand. Wenn niemand mir vertrauen wollte, würde ich nur noch mir selbst vertrauen.

Die Priester in der Schule änderten ihr Verhalten mir gegenüber und wurden strenger. Wenn irgendwas in der Schule vermißt wurde, wurde ich beschuldigt oder zumindest verdächtigt. Ich gab's einfach auf. Meine schulischen Leistungen wurden katastrophal. Über Nacht hörte ich auf, mich um Noten und Lernen zu kümmern. In jenem Jahr, ein Jahr nachdem ich eine Auszeichnung für hervorragende Leistung gewonnen hatte, versagte ich völlig beim Grundschulabschluß, dem irischen Pendant zum Eleven-Plus.

Danach wurde der Druck noch stärker. Ich verachtete die Priester und meinen Vater und ihre autoritären Systeme. Ich weigerte mich, da wie auch immer mitzuspielen. Dies war keine bewußte Entscheidung, sondern mehr ein unbewußtes Begreifen. Es gab niemanden, mit dem ich reden konnte, niemanden, der mir ein Zuhause bot, und dergestalt gezwungen, allein zurechtzukommen, wurde ich selbstgenügsam und selbständig. Aber dann, ziemlich genau zu der Zeit, als die Sache mit dem Geld passierte, kriegte ich Asthma. Ich hab gelesen – es muß ein psychologischer Allgemeinplatz sein, das vorzubringen –, daß psychosomatisches Asthma direkt herrührt von dem Wunsch nach der Mutter, und als ich meine Mutter zum ersten Mal nach ihrem Tod bewußt brauchte, verschlug es mir den Atem, und ich lief vor Panik blau an. Ich hatte Asthma bekommen.

Vom elften Lebensjahr an bis heute habe ich nur oberflächlichen Kontakt zu meiner Familie gehabt. Im Grunde bin ich allein aufgewachsen, was es zu einer Last macht, wenn ich jetzt mit meinen Schwestern zusammen bin, denn wir verstehen einander nicht. Außer unseren Eltern haben wir nichts gemeinsam. Sie wuchsen unter anderen Verhältnissen und mit anderen Grundsätzen auf. Ich mußte mir notgedrungen meine eigenen machen. Ihre Erinnerungen an mich, bis ich elf war, sind sehr klar, aber danach liegen Welten zwischen dem, was sie denken, was passiert sei, und dem, was tatsächlich geschehen ist. Sie konnten es nicht wissen, weil sie nicht dabei waren.

Blackrock College war ein graues und beeindruckendes Gebäude mit zahlreichen Flügeln. Es stand am oberen Ende der Sportplätze, die von der Straße anstiegen und die Schule vom sumpfigen Küstenvorland und der Zuglinie von Dublin nach Dun Laoghaire trennten. Als kleinere Jungs in der Vorbereitungsschule von Willow Park nebenan hatte man uns beigebracht, diesen Ort mit einiger Ehrfurcht zu betrachten. Eamon de Valera, Irlands erster Präsident, sei dort hingegangen, erzählte man uns. Ich sah den verehrten alten Kämpen nur einmal. Es war Schulsportfest, und die Jungen waren auf dem vorderen Platz ordentlich in Reihe angetreten, mit dem Gesicht zum Balkon über der Schulküche. Die Priester erschienen zuerst, gefolgt von de Valera, einem großen, zerbrechlichen und fast blinden Mann, in den Neunzigern damals, dem sein ADC half. Die Kapelle fing an, die Nationalhymne zu spielen, und de Valera, orientierungsunsicher und hinter den aufrechtstehenden Priestern etwas schwankend, drehte sich in Hab-acht-Stellung mit dem Gesicht zur Wand. Niemand bemerkte, daß er in die falsche Richtung blickte, außer den versammelten Jungs, die ihre Lachkrämpfe unterdrückten. Da stand er, nur Zentimeter vor der weißen Mauer, mit dem Rücken zur Kapelle, die die Nationalhymne weiterspielte. Kann sein, daß er das mit Absicht gemacht hat.

Bis zu meinem letzten Jahr in der Grundschule galt ich immer als einigermaßen aufgeweckt und anstellig genug, aber in Blackrock selbst war ich nie eine große Kanone. Diese Sportplätze, die ich Jahre später einmal samstags nachts angeheitert durchpflügen und verwüsten sollte, indem ich mit einem schrottreifen VW betrunken im Kreis auf dem geweihten Rasen herumkurvte, waren dort zu sehr Mittelpunkt des Lebens. Aber mein Asthma hielt mir immer eine Entschuldigung parat, um aus dem Sport auszusteigen. An einem Ort, wo Rugby als Schmiede galt, in der man junge irische Gentlemen stählte, und wo die Provinztrottel Gaelic Football spielten, war es, als würde man aus der Schule insgesamt austreten. Wir Jungs aus Dublin nannten die Schüler vom Lande ›Culchies‹, was sie haßten. Für uns waren sie schwerfällige Kreaturen mit Haaren wie Stroh und dicken Warzen auf dem roten Nacken. Die Lehrer nannten sie Scholastics, weil sie mit einem Gratisstipendium auf die Schule kamen, um danach in Seminaren auf das Priesteramt vorbereitet zu werden. In ihren Händen lag die Zukunft der Katholischen Kirche Irlands. Viele von den Gewiefteren waren nur wegen der kostenlosen Ausbildung da und hatten nicht die Absicht, Priester zu werden. Die Unterrichtsstunden waren ein Reigen kreidetrockener Fakten, Daten, Formeln und Konjugationen. Es war eine körperlose Welt, belebt nur von den Mätzchen der exzentrischeren Lehrer oder dem Quälen jener, die sich weigerten, auf andere Weise unterhaltsam zu sein.

Der Lateinlehrer, Pater Lodge, hatte eine Paranoia vor Bazillen. Ohne eine Plastiktüte und eine Packung Kleenex ging er nirgendwo hin. Er stürzte wie jemand mit einer dringenden Botschaft ins Klassenzimmer und riß sämtliche Fenster auf. Dann begann das Ritual. Mit der Exaktheit eines Zelebranten, der Wasser und Wein auf den Altar stellt, breitete er seine Ausrüstung aus. Dann bließ er mit einem flotten Schwenk seiner Hand die Plastiktüte auf und zog mit der anderen ein Papiertaschentuch aus der Box. Mit einem geübten Trompeten schnäuzte er seine Nase, warf dann das Taschentuch in die Tüte und zwirbelte diese mit einer Fingerdrehung zu.

Ramsay hustete. Ramsay konnte weiter spucken als jeder andere in der Klasse.
»Ramsay, du beschissener Kotzbeutel ...«
»Ja, Pater?«
»Laß das Husten.«
»Entschuldigung, Pater.« Ramsay tat so, als würde er einen neuen Anfall unterdrücken.
Eine Serie von Hustenanfällen pflegte dann die Klasse zu erschüttern.
Der Priester, der uns Französisch gab, hatte Malaria. Manchmal zitterte er stark und verließ die Klasse, um sich im Waschraum etwas Chinin zu verpassen. Er war ein halbherziger Französischlehrer, aber er hatte eine Leidenschaft für Krikket. Die Schule war auf Fußball oder Kricket nicht eingestellt, wahrscheinlich weil das ›zu englisch‹ war, aber dieser Mann hatte trotzdem eine Mannschaft zusammenbekommen. Liebevoll kümmerte er sich um seine Kricketmarkierungen, und manchmal konnte ich ihn spät an Frühlingsabenden sehen, wie er gekrümmt die schwere Walze hinter sich auf und ab über seinen handgemähten Rasen zog. Er pflegte geistesabwesend irgendwelche unregelmäßigen Verben zu konjugieren, während er aus den hohen Fenstern auf seine Linie starrte. Er schreckte abrupt aus seinen Träumereien, wenn er irgendeinen Jungen sah, der über das Spielfeld aufs Gymnasium zuging. Sobald seine Sohle die Linie berührte, waren die Verben vergessen und das Fenster flog hoch. Seine weite Soutane zusammenraffend, sprang dieser malariakranke Mensch von Sechzig dann aus dem Fenster und schrie: »Verschwinde von meiner Linie, du Bastard!« Er stürzte in die Büsche, übersprang den Zaun, kraxelte über das Feld und knallte den unglückseligen und frevlerischen Burschen in einer rugbymäßigen Attacke zu Boden.
Was das übrige anbelangt, schaltete ich einfach ab. Arithmetik, Algebra und Geometrie kriegte ich so gut hin, daß meine Gesamtnote in drei Prüfungen in einem Jahr 3 Prozent war.

Mathe konnte nur erträglich gemacht werden, indem man mit einer Kompaßnadel Löcher oben in die Kreide des Lehrers bohrte, das Loch dann mit Streichholzköpfen füllte und mit Kreidepulver verschloß, so daß die Kreide wie ein Feuerwerkskörper explodierte, wenn er seine obskuren Lehrsätze an die Tafel schrieb. Deutsch war nur bemerkenswert wegen des komischen, kleinen Lehrers, der zur Arbeit radelte und sein Rad unter dem Klassenzimmerfenster abstellte. Der Trick war, sein Rad durchs Fenster zu ziehen, es auseinanderzunehmen und die Teile auf seinen Tisch zu legen, während der Zeit, die er brauchte, um außen ums Gebäude zum Eingang herumzugehen und dann zurück durch den Flur zum Klassenzimmer. Einmal hatten wir es übertrieben, und er stürmte aus der Klasse um den Dekan zu holen; doch als die beiden Lehrer zurückkamen, war es schon wieder zusammengebaut und zurück durchs Fenster an seinen alten Platz gestellt. Geschichte hätte mir Spaß machen können, aber sie erzählten einem nie das interessante Zeug: daß Napoleon in der Nacht vor Waterloo Todesqualen wegen seiner Hämorrhoiden litt und nicht schlafen konnte, weil er auf dem Bauch liegen mußte; oder daß Wellington einen kleinen Schwanz am Ende seiner Wirbelsäule wachsen hatte und es schätzte, endlose Reihen von Frauen zu bumsen. Statt dessen hieß es immer: Schlacht von Austerlitz 1805, Schlacht von Waterloo 1815, Kongreß von Aachen 1818. Ich packte meinen Ranzen nachts, aber er wäre niemals, bevor er am nächsten Tag wieder im Klassenzimmer ankam, nochmals geöffnet worden.

Unser Haus war keins, zu dem man gerne zurückkehrte, besonders wenn der Winter kam und die Abende dunkler wurden. Es lag in einer großen edwardianischen Häuserreihe, mit hohen Räumen, voller dunkler Winkel und lauernder Schatten und mit der frostigen Atmosphäre der Verlassenheit. An düsteren Winterabenden hielt ich an dem von Rankenwerk gekrönten Eisengitter und schaute auf die Fenster der Haustür. Manchmal, wenn ich in jenen nebligen Novembernächten langsam den gesprungenen Eingangsweg heraufging und die Treppenstufen erklomm, war ich von der Angst besessen, daß die bleiche Gestalt meiner Mutter oben an der Treppe stehen und auf mich herablächeln würde. Sie würde ein dünnes Nachthemd tragen, das in einem Wind weht, der nicht einmal ihr Haar zerzauste. Ich steckte den Schlüssel ins Schloß der Haustür. Manchmal stellte ich mir vor, sie würde auf heimtückische Art lächeln, die Augen schwarz und starrend. Ein anderes Mal war sie sanft und freundlich, und noch ein anderes Mal hatte sie das leere, leblose Lächeln des Todes. Ich hatte keine Erinnerung an ihr Gesicht zu Lebzeiten, um diesen Zwangsvorstellungen entgegenzuwirken. Ich wußte nur von Photographien, wie sie ausgesehen hatte. Ich konnte mich nicht an sie erinnern, und es ist heute ein Schock, alte Amateurfilme mit dieser Frau zu sehen. Während ich den Schlüssel im Schloß drehte, hielt ich den Kopf aus Angst vor ihrem bleichen, gesenkten Gesicht oben an der Treppe gebeugt. Ich tastete nach dem Licht und nahm dann all meinen Mut zusammen, um hochzublicken. Sie war nicht da. Jeden Tag warf ich mir meine Dummheit vor, aber manchmal hatte ich solche Angst, daß ich nicht einmal wagte hochzusehen.

Ich war mir des Fehlens meiner Mutter nicht bewußt, und war auch nicht eifersüchtig auf die vollständigen Familien anderer Leute. Es wäre vielleicht deutlicher gewesen, wenn mein Vater zu Hause gewesen wäre. Praktisch ohne Eltern zu sein, erschien normal. Weit davon entfernt, ihn oder meine Mutter zu vermissen, nahm ich sein Heimkommen an den Wochenenden übel, denn dann gehörte das Haus nicht mehr ausschließlich mir. Ich wahrte den oberflächlichen Anschein eines Lebens aus schulischem Fleiß und häuslichem Stolz. Er verhängte über jene zwei Tage elterliche Disziplin, wahrscheinlich in übertriebener Form wegen seiner Abwesenheit während des Restes der Woche; für jemanden, der an den anderen fünf Tagen von solchen Einschränkungen befreit gewesen war, erschien es äußerst beengend und hart.

An Freitagabenden trat ich die Reise nach Hause in einem Zustand erbärmlicher Furcht an. Oft betete ich im 7A Bus zur Jungfrau Maria oder zu meiner eigenen Mutter, sich für mich einzusetzen. An wirklich üblen Tagen betete ich wie ein Verrückter den Rosenkranz, aber meistens waren die Gebete ausgedacht und bestanden aus einem Wort, das ich verzweifelt immer wieder wiederholte: »Bitte, bitte, bitte!« Später am Abend klopfte dann mein Herz, wenn ich seinen Wagen näher kommen hörte, und er kündigte seine Ankunft mit einem Tuten seiner Hupe an. Eine seiner ersten Fragen galt stets der Benotung.

Rückblickend betrachtet war er kein herzloser Mensch. Er hatte halt die Wertvorstellungen seiner Generation. Aber es waren keine Wertvorstellungen, die ich teilte. Er mag sich wegen seiner Abwesenheit schuldig gefühlt haben und kam sich vielleicht wie ein Fremder in seinem eigenen Heim vor. Für mich war seine Gegenwart einfach eine Einmischung in mein Leben. Nachdem Cleo Noel geheiratet hatte und weggezogen war, waren Teile des weitläufigen, alten Hauses in möblierte Zimmer umgewandelt worden, um das Familieneinkommen aufzustocken. Das bedeutete, daß mein Vater und ich uns ein Schlafzimmer teilen mußten. Während der Woche war es mein Reich; am Wochenende pflegte er reinzukommen und zu meckern, daß das Zimmer nicht aufgeräumt sei. Ich war wütend, verkniff mir aber immer den Vorschlag, er solle sein eigenes Zimmer kriegen. Er machte Versuche, seine Zeit mit mir zu verbringen, um seine Abwesenheit wettzumachen. Aber ich wollte nicht mit ihm zusammensein. Ich wäre lieber mit meinen Freunden unten in Murrays Plattenladen gewesen. Seine Beharrlichkeit regte mich nur noch mehr auf. An den meisten Wochenenden nahm er mich mit zum Segeln auf das Boot eines Freundes. Ich wartete immer mit Beklommenheit auf den Samstagmorgen, um zu sehen, ob ich diese Woche von seinem herzlichen Ersuchen verschont bliebe.

Ich haßte Segeln. Das Rollen und Wogen des kleinen Bootes im unruhigen Wasser der Irischen See ängstigte mich, weil ich nicht schwimmen konnte. Tatsächlich verabscheute ich das Wasser. Heute kann ich nur auf dem Rücken schwimmen, das Gesicht nach oben. Das Gefühl von Wasser auf meinem Gesicht, löst bei mir Panik aus. Da hatte darauf bestanden, daß ich Unterricht in der Blackrock-Badeanstalt nahm, wo ich mit den andern Burschen der rettenden Haltestange entgegenschwamm. Die anderen schafften es, ich ging einfach unter. Einmal schoben wir den Kahn, der uns raus zur Jacht brachte, die Slipanlage des Hafens herunter. Als wir nah am Rand waren, um das Boot ins Wasser zu setzen, fiel ich entweder hinein oder wurde hineingestoßen. Ich sank die zehn oder zwölf Fuß bis auf den Grund. Ich nehm an, es war ein Versuch in der »Wenn-er-muß-wird-er's-schon-machen«-Schule des Schwimmens. Ich tat's nicht. Ich sank dreimal und tauchte dreimal wieder auf. Beim dritten Mal ergriff mein Vater meine ausgestreckte Hand und zog mich raus.

Gelegentlich machten mir diese Ausflüge Spaß. Einmal segelten wir nach Wicklow und warfen Leinen für Makrelen aus, für die gerade Saison war. Das Meer glitzerte silbern von ihnen, und wir konnten sie einfach mit blankem Haken ohne Köder fangen. Ich erinnere mich, daß er sie an Bord briet. Sie waren köstlich. Aber die meisten Ausflüge waren eine langweilige Zumutung.

Manchmal machten wir Spaziergänge auf dem meilenlangen Ostpier am Hafen. Wir gingen freitags abends oder manchmal sonntags nachts. Das waren die Augenblicke, wo wir redeten. Manchmal ging er hinter mir, und dann steckte er mir seine Daumen zwischen die Schulterblätter und sagte: »Steh gerade, Junge, laß dich nicht hängen, sei stolz!« Das irritierte mich, und ich murmelte irgendwas. Er sagte: »Nuschel nicht, kein Mensch versteht jemals, was du sagst, weißt du. Diese blöden Polypen, du solltest Sprechunterricht bekommen.«

»Diphthonge und Monothonge«, murmelte ich.

»Was ist denn das?«
»Sprechtechnik.«
»Im Ernst?«
»Klar.«
Ich mochte ihn so, ohne seine Sorgen.
Mein Vater interessierte sich so brennend für meine schulische Leistung auf Blackrock, weil er selbst auf der gleichen Schule gelernt hatte und dort eine völlige Niete gewesen war. Er wollte nicht, daß ich in seine Fußstapfen treten und so wie er enden würde, unqualifiziert und an einen Job gekettet, der ihn zwang, die ganze Woche über von zu Hause weg zu sein und die Kinder sich selbst zu überlassen. Mein Großvater war ein belgischer Koch, der auf Arbeitssuche kurz vor dem Osteraufstand und den Unruhen von 1917 nach Irland gekommen war. Er gründete ein Lebensmittelunternehmen mit Import/Export nebenbei und hätte meinen Vater sehr gerne als seinen Nachfolger gesehen. Der Alte wurde nach Blackrock geschickt, was eine ziemlich schnieke Schule – sozial, wenn nicht schulisch – war und bleibt. Großvater hieß Zenon Geldof, und er gründete in den Zwanzigern und Dreißigern eine Reihe von Nobelläden, angefangen mit der Pâtisserie Belge und dann dem Café Belge. Es wurde ein Teil des Dubliner High-Society-Lebens und von den Mitgliedern des Yeat's-Irish-Renaissance-Kreises besucht, von der Gräfin Markovitz, Maud Gonne und Sean McBride. Nach seinem Plan sollte mein Vater, Robert Albert Zenon Geldof, das Café Belge und sein älterer Bruder, Herbert Alphonsus Zenon Geldof getauft, aber als Sonny bekannt, das Importgeschäft übernehmen.
Das Pärchen war in Blackrock nicht besonders gut gewesen, und als mein Vater dreizehn war, wurden sie von der Schule genommen und für zwei Jahre auf eine höhere Schule bei Paris geschickt, um das Französisch zu lernen, was sie in der Lebensmittel- und Importbranche brauchen würden. Aber dem Alten machte später das Leben eines Kochs und Hotel-

Mein Großvater mit meinem Vater links und Onkel Sonny rechts.

managers keinen Spaß, und er fand die Arbeitszeiten für jemanden mit einer jungen Familie zu anstrengend. Als Zenon Geldof 1939 bei einem Autounfall ums Leben kam, wurde das Geschäft verkauft, und nach dem Zweiten Weltkrieg wurde mein Vater als Handlungsreisender von Onkel Sonny in der Importfirma Z. Geldof & Son eingestellt. Er hatte für nichts anderes Qualifikationen, erzählte er mir. So wurde das Thema meiner eigenen »Qualifikationen« zu einem Hauptanliegen für ihn. Ein Jahr lang gab's jeden Freitag Prügel, und dasselbe tageweise in der Schule. Es war blöde. Es war der sichere Weg, meinen Widerstand gegen ihren Willen zu verstärken. Ich fürchtete die Ausgabe der Notenbücher. Ich hatte kein Interesse daran, meine Leistungen zu verbessern, vielleicht, weil ich fühlte, daß dies ein Sieg für sie gewesen wäre. Ich mußte eine andere Lösung finden.

Eines Morgens ging ich, um ein Eis von Bruder Gaul zu kaufen, in das Schreibwarenlager, das gleichzeitig Süßwarenladen war. Die Tür war einen Spalt weit offen. Ich ging rein, aber es war niemand da. Überall um mich herum waren die Regale vollgepackt mit dem Rüstzeug für die hohe Kunst des

Schreibens: Schönschreibhefte, Übungshefte, Rechenhefte, Notizblöcke einfach, Notizblöcke engliniert, Notizblöcke breitliniert, Notizblöcke breitliniert mit Rand. Es roch nach Bleistiftspänen und Schokolade. Dann sah ich in der Ecke beim Pult des Mönches einen Stapel jungfräulicher Notenhefte in ihren dunkelroten Umschlägen. Ich drehte mich um und blickte den breiten eichegetäfelten Flur entlang. Einige Sekunden lang stand ich still und wartete, mit angehaltenem Atem, auf irgendwelche Schritte auf dem gekachelten Boden lauschend. Es war ruhig. Aus einem Impuls heraus rannte ich zu den aufgestapelten Notenheften. Ich schnappte mir eins und stopfte es unter meinen Blazer, während ich die Tür des Schreibwarenzimmers hinter mir zuzog. Sie fiel mit einem Klicken ins Schloß, und ich kam mit der Information, daß Bruder Gaul nicht da und sein Zimmer verschlossen sei, in die Klasse zurück.

Die Arbeit des Fälschers ist eine langwierige und sorgfältige. An jenem Abend saß ich zu Hause an dem Tisch, an dem ich eigentlich angestrengt über meinen Schulaufgaben sitzen sollte, und widmete mich meiner Hausaufgabe mit einem Eifer, der meinen Vater überrascht hätte. Auf einem Blatt Schmierpapier und mit einer Auswahl verschiedener Stifte übte ich die Handschriften meiner diversen Lehrer, die Zunge vor Konzentration zwischen den Lippen. Englisch: 7. Gut. Französisch: 6. Befriedigend. Erdkunde: 7. Gute Arbeit. Deutsch: 6. Einige Fortschritte. Geschichte: 8. Ausgezeichnete Leistung.

Mit der Übung kam die Gewandtheit. Zufriedengestellt ging ich zum Feuer, warf das Übungspapier drauf und beobachtete die Flammen. Nun war ich sicher genug, um direkt in mein neues Notenbuch zu schreiben. Na ja, ich beherrschte mich, begrenzte die Zahl der guten Noten und beschränkte mich hauptsächlich auf »befriedigend«.

An jenem Freitag war der Alte zufrieden. »Dies ist eine angenehme Überraschung, Robert.« Er gab mir zwei Shilling. Er unterschrieb mein neues Notenbuch, das ich umgehend unter der Matratze in meinem Schlafzimmer versteckte, und ich übertrug seine Unterschrift in das richtige Buch, das ich am Montag in der Schule abgab. Von da an verbesserte sich wöchentlich der Bericht über meine schulischen Leistungen, bis ich schließlich regelmäßig auf der Auszeichnungsliste stand.

Das System funktionierte fast ein ganzes Jahr. Wenigstens zu Hause hörten die Prügel schließlich auf. Dann klingelte eines Samstagmorgens das Telefon. Ich war zu der Zeit im Raum. Man brauchte nicht lange, um herauszukriegen, daß der Dekan der Schule am anderen Ende war, und man brauchte, wenn man meinem Vater zuhörte, nicht viel Phantasie, um den anderen Teil des Gesprächs zu erraten.

»Guten Morgen, Pater. Wie geht es Ihnen?«

»Guten Morgen, Mr. Geldof. Danke, gut. Ich hoffe, Ihnen auch. Ich rufe wegen Roberts Schulleistungen an. Was halten Sie vom Stand der Dinge, Mr. Geldof?«

»Nun, ich bin sehr zufrieden mit ihm, Pater. Er scheint sich gut zu machen, er hat sich wirklich am Riemen gerissen in den letzten Monaten ...«

Das Gesicht des Alten verdüsterte sich, während das Gespräch weiterging. Es dauerte nicht lange. Als er den Hörer aufgelegt hatte, marschierte er quer durchs Zimmer und schlug mir über das Gesicht. »Du lügst immer noch. Ich werde dir beibringen, mich nie wieder zu belügen.«

Ich war wütend. Ich hatte das nicht gewollt. Sie hatten mich in diese Lage gedrängt. Ich fühlte mich völlig gerechtfertigt bei dem, was ich getan hatte, um aus der unerträglichen Situation zu entkommen, die sie für mich geschaffen hatten. »Schlage mich niemals wieder so«, sagte ich. Er war überrascht, aber er tat es niemals mehr.

Der Käfer auf dem Rücken

Mrs. Armstrong unten von der Straße war mein erster Fick. Ich war dreizehn und nicht darauf aus. Ich wollte Limonade. Es war ein heißer Sommertag während der Schulferien. Ich war allein im Haus. Ich hatte den ganzen Morgen im Bett gelegen und onaniert, bis es mir langweilig wurde. Es war schon fortgeschrittener Nachmittag, als ich aufstand. Müßig schlenderte ich durchs Haus, durchstöberte die Küche nach Interessantem, machte das Radio an und wieder aus, nahm Lynns neuste Cliff Richard LP und warf sie wieder aufs Sofa. Ich konnte an nichts Interesse finden. Ich ging ans Telefon, um Foley anzurufen. Es war besetzt. Foleys Dad arbeitete für die *Irish Times*, und das Telefon war häufig besetzt. Vielleicht arbeitete er von zu Hause aus. Ich versuchte es noch mal. Immer noch besetzt. Nicht daß ich Foley irgendwas zu sagen gehabt hätte, aber ein Telefonat mit ihm hätte vielleicht eine Idee geweckt, was man tun konnte. Foley war in England aufgezogen worden, als sein alter Herr in der Fleet Street arbeitete. Wir erkannten ihm eine gewisse Reife zu. Foley war es, den ich mit der Neuigkeit von meiner ersten Ejakulation anrief. Kiersey hatte mir in der Schule übers Wichsen erzählt: Man braucht nur an seinem Schwanz herumzufingern, bis es passiert.

»Hey, Foley. Ich bin's, Geldof. Hast du dir schon mal einen runtergeholt?«

»Was soll das heißen? Natürlich hab ich.«

»Das ist klasse, oder?«

»Es ist ganz in Ordnung. Wovon redest du denn nun schon wieder, Geldof?«

»Äh ... nichts Besonderes ... ich meine, ich ruf nur an, um zu hören, ob du nachher zu Murray gehst.«

Foley hatte offensichtlich schon seit langem gewichst. Ich wollte nicht mein Image ruinieren. Dennoch schaffte ich es in einem späteren Anruf, ihm die Schau zu stehlen.

»Foley. Geldof hier. Hast du dir schon mal Wichse unterm Mikroskop angeguckt?«

»Bitte?«

»Hast du schon mal gewichst und dann das Zeug auf einen Objektträger getan und es unter dem Mikroskop betrachtet? Das ist großartig. Ich dachte mir, man könne etwas Kaulquappenähnliches oder irgendeine Art von Herumgezappel sehen.«

»Geldof, das ist echt ekelhaft.«

Anfangs war Sex interessant, aber dann wurde er zum Zwang. Einmal hatte ich unten am Deich eine Frau masturbieren sehen. Ich hatte nicht gewußt, was sie da macht. Die Deichmauer war fast einen halben Meter breit, und man konnte für eine lange Strecke auf ihr entlanglaufen. Vom Bahnhof aus konnte ich die Frau auf der seenahen Seite in der Sonne liegen sehen. Ich ging nicht absichtlich auf sie zu. Sie war eben da, in meiner Richtung. Ich sah zu, fühlte mich fasziniert und auch irgendwie traurig. Das ist etwas, was ich sogar heute noch nicht verstehe.

Masturbation war nun Teil meines täglichen Lebens geworden. Und nicht nur einmal am Tag. Es war natürlich eine Todsünde. In der Schule pflegte sich einer der Priester während der Andachtsstunden darüber auszulassen. Dein Körper war der Tempel des Heiligen Geistes, und wenn man ihn mißbrauchte, mißbrauchte man Gott, denn der Heilige Geist war in Gott. Es bedeutete, seinen Samen auf Brachland zu streuen. Man mußte es in der Beichte erzählen, um von der Sünde befreit zu werden, aber wenn sie einem befahlen, damit aufzuhören, wußte man, daß man es nicht konnte. Ich fühlte mich aber schuldig, weil ich es so oft machte. Ich war ständig müde. Ich glaubte, es würde mir die Kräfte rauben. Wie Hemingway machte ich mir Sorgen, daß man nur eine bestimmte Menge habe, und wäre die aufgebraucht, wär's das gewesen. An dem Tag, an dem ich meine Jungfräulichkeit verlor, hatte ich wahrscheinlich mein Quantum schon verbraucht.

Ich versuchte es nochmal bei Foley. Immer noch besetzt. Es war heiß im Wohnzimmer, wenn die glühende Nachmittagssonne durchs Fenster schien. Ich entschloß mich, zum Eckladen zu gehen, um Limonade zu holen. Es gab zwei Wege zum Laden, entweder am Platz mit seiner imposanten viktorianischen Fassade entlang oder durch die schmutzige Gasse hinter der Häuserzeile. Ich schlenderte langsam die Gasse herunter und in den kleinen Laden, der von Spaten und Seife bis zu Knochenmehl und Biskuits alles verkaufte. Der Ladeninhaber bediente gerade die Frau unten von der Straße, Mrs. Armstrong. Ich stand mißmutig herum und nahm, während ihre Bestellung ausgeführt wurde, mit dem gleichen Mangel an Interesse Schokoladentafeln und Dosen mit Katzenfutter in die Hand. Sie drehte sich um, um zu gehen.

»Hallo, Robert, nicht wahr?«

»Hallo, Mrs. Armstrong.«

Die kleine Glocke oben an der Tür bimmelte, als sie ging. »Auf Wiedersehen«, sagte sie und machte sich auf den Weg den Platz runter.

Taylor-Keith-Limonade gab's in Pints und Quarts. Ich verlangte eine große Flasche. Sie am Flaschenhals herumschwingend, ging ich los durch die Gasse. Am Ende der Häuserreihe, wo die Gasse eine Biegung macht und wieder auf die Straße führt, knallte ich gegen Mrs. Armstrong.

»Da treffen wir uns schon wieder«, sagte sie.

»Ja«, antwortete ich. Ich fühlte mich mickrig und verlegen. Wir gingen zusammen auf mein Haus zu. »Was für ein heißer Nachmittag«, sagte sie. »Vielleicht hast du Lust, auf ein Glas Limonade vorbeizukommen?«

Sie sah mich an. Ich hatte die Taylor-Keith in meiner Hand, und um zu ihrem Haus zu kommen, hätten wir an meinem

vorbeigehen müssen. Ich sah sie an. Sie war vielleicht dreißig, ziemlich groß, die Haare trug sie zusammengebunden. Sie hatte ein Baumwollkleid an.
»Gut?« fragte sie unbefangen. Sie hatte ein ovales Gesicht, dunkles Haar und tiefe braune Augen. Ihr Lippenstift glänzte.
»Ja, bitte«, sagte ich, die Kehle trocken von der Hitze des Tages. Der Kamin in ihrem Vorderzimmer war genauso wie unserer.
»Setz dich, Robert«, sagte sie aufs Sofa zeigend. »Ich hol den Drink.«
Die stabile hölzerne Zwischenwand, die den vorderen Raum vom hinteren trennte, war entfernt worden, und ich beobachtete, wie sie in die Küche ging. Von meinem Sofaplatz aus sah ich mich um. An einem Ende des Zimmers standen ein kleiner Eßtisch mit heruntergeklappter Ausziehplatte und drei lederbezogene Stühle. Im Erker stand ein neuer Plattenspieler mit offenem Deckel. Ich überlegte, was auf dem Plattenteller lag, hatte aber keine Lust, hinzugehen und nachzusehen.
»So, das wär's«, sagte sie und kam mit einem einzelnen Glas zurück. Mrs. Armstrong setzte sich neben mich, so daß ihr Bein neben meinem lag.
Ich konnte die Wärme ihres Oberschenkels durch die dünne Baumwolle spüren. Sie roch leicht nach Staub. Ich trank die Limonade in einem Schluck.
Sie fragte: »Gehst du schon mit Mädchen aus, Robert?«
»Manchmal.« Meine kurzen Begegnungen mit Mädchen beim Junior Dance in Stella House könnte man bei großzügiger Auslegung wohl so beschreiben.
»Hast du sie schon mal geküßt?«
»Manchmal.«
»War es so?«
Sie beugte sich herüber, legte den Arm um mich und zog meinen Körper an ihren. Ihr Lippenstift schmeckte nach der

Limonade wie ein Bonbon. Dann fühlte ich, wie ihre Zunge sich zwischen meine Lippen drängte und mit der Spitze meiner eigenen spielte. Ich spürte, wie ihre Brüste sich gegen meine schmächtige, kleine Brust drückten. Dann setzte sie sich zurück.

»Hast du schon einmal ein Mädchen nackt gesehen?«

Ich nickte stumm.

Sie stand auf. Ihr helles Sommerkleid hatte vorne Knöpfe. Sie löste sie vom Ausschnitt abwärts. Oben sprang das Kleid auf. Sie knöpfte es ganz auf und stand tatsächlich mit offenem Rock vor mir. Meine Augen wanderten von ihren Brüsten hinab zu dem dunklen Haardreieck zwischen ihren Beinen. Im katholischen Irland gab es keinen *Playboy* oder *Men Only*. Das einzige derartige Magazin war *Health and Efficiency*, und das hatte alle Titten und das Schamhaar wegretuschiert. Es war noch nicht lange her, daß ich entdeckt hatte, daß Mädchen Nippel haben, ich hatte angenommen, ihre Brüste beständen völlig aus weicher Haut. Von mehr hatte ich keine Ahnung. Ein Mädchen hatte einmal zu mir gesagt: »Mädchen sind anders, weil bei ihnen die Ritze ganz rumgeht.« Was immer das bedeuten sollte.

Mrs. Armstrong hob ihre Hände an ihre Schultern wie eine Charleston-Tänzerin und schnippte das Kleid weg. Es fiel auf den gemusterten, grünen Teppich hinter ihr. Ihre Hüften waren breit und ihre Brüste sehr voll, sie hingen herunter wie merkwürdige Früchte. Sie beugte sich nach vorn. Mit einer Hand ergriff sie den Bund meiner Jeans, mit der anderen zog sie den Reißverschluß herunter. Ich zappelte auf meinem Platz. Ihre Hand glitt oben in meine Unterhose. Ich zitterte. Sie zog mich hoch und schob mir die Jeans auf die Füße runter. Dann ließ sie sich aufs Sofa zurückfallen.

»Küß mich da«, sagte sie auf ihre Titten zeigend. Ich tat es. »Braver Junge. Reib mich da«, und zeigte zwischen ihre Beine. Sie hielt meine Hüften, zog meinen Kopf mit der anderen Hand zu ihrem und küßte mich wieder, mit ihrer Zunge wild durch meinen Mund fahrend. Dann führte sie mich in sich ein, und als sie mitkriegte, daß ich nicht einmal wußte, daß es nötig war, mich zu bewegen, fing sie an, mich rauf und runter zu schieben. Es dauerte ganze drei Sekunden. Sie küßte meinen Hals. Sie streichelte meinen Kopf und wisperte: »Ssssh, ssssh.« Sie sagte: »Du bist ein sehr braver Junge. Hat dir das gefallen?«

»Ja.« Ich war merkwürdig beschämt, aber stolz und völlig verwirrt.

»Schön, mir auch«, sagte sie, obwohl es wahrscheinlich nicht so war.

In der Schule hätten sie mir das wohl nicht geglaubt, darum erzählte ich es niemandem. In den Pausen versammelten sich die Jungs auf den Toiletten, um heimlich zu rauchen. Dort kam das Gespräch unweigerlich auf Sex.

»War mit Maureen Dingsda am Samstag im Stella.«

»Leicht rumzukriegen, was?« (In dem Tonfall, als wüßte man es aus Erfahrung.)

»Kannste laut sagen.« (Abwehrend, falls er mehr bekommen hat als man selbst.)

»Was hast du gekriegt? Titten angefaßt? Wie weit hat sie dich gehen lassen?«

»Einen Finger rein.«

»Was, bei Maureen? Unmöglich!«

»Doch, hab ich. Echt. Ich hab sie echt mit dem Finger gefickt.«

Man konnte einen »wear« kriegen, einen Kuß mit offenem Mund; einen »feel«; einen »dry ride«, ein Gegeneinanderknallen der Schambeine; oder einen »ride«. Sex war in jenen Tagen ein Wettkampfereignis, und das einzige, was man mit Sicherheit wußte, war, daß alle anderen logen, genau wie man selbst. Die meisten von uns hatten einen einzelnen Pariser, der über die Grenze von Belfast eingeschmuggelt worden war, denn Kondome waren und blieben illegal in Irland. Wir nahmen sie wie Glücksbringer überall hin mit. Die einzige

Abnutzung, die sie jemals erlebten, kam von dem Futter unserer Taschen.

Ich war häßlich: ein großer, schlaksiger Jugendlicher, mit einem riesigen Mund und gammeligen Haaren. Sie nannten mich Liverlips oder White Nigger. Später tauchte Mick Jagger auf und definierte den Typ der akzeptablen, männlichen Erscheinung neu, aber ich kam immer noch äußerst schlecht mit Mädchen zurecht. Mir war es lieber, sie nicht anzusprechen, als einen Idioten aus mir zu machen.

In diesem Alter war alles eine Bewährungsprobe. Und ausgesprochen erfolglos in den meisten Bereichen, wandte ich mich jeder neuen Anstrengung mit verständnisloser Verzweiflung zu. Die Pfadfinder waren vielversprechend. Die Schule hatte ihre eigene Truppe, der ich mit zehn oder elf beitrat, die 77th CBSI, die Catholic Boy Scouts of Ireland, im Gegensatz zu den Prods, den BPs und den Baden-Powells. Einige Sachen daran machten mir Spaß; das Wandern im Regen und das Zelten. Ich wurde stellvertretender Fähnleinführer. Aber bei den wöchentlichen Inspektionen wurde ich jedesmal wegen des Zustandes meiner Uniform gedemütigt. Sie war sauber, Lynn ging jede Woche in den Waschsalon, aber niemand bügelte sie für mich, und mir war es nicht so wichtig, daß ich sie zu Hause selbst gebügelt hätte. Die Leute nörgeln immer noch, ich sei schmutzig, unordentlich und ungepflegt. Es verblüfft mich immer, daß es sie so sehr stört und mich überhaupt nicht. Ich bügel immer noch nichts; ich denk einfach nicht darüber nach, und selbst wenn ich es täte, würde ich mich nicht wegen etwas aufregen, was ich für eine überflüssige Aufgabe halte. Kurz nachdem ich das Schulgeld genommen hatte, wurde ich wegen Erzählens schmutziger Witze zum Kaplan befohlen, und dem Gruppenführer war davon erzählt worden. Auch er war sich bewußt, daß man mir nicht trauen dürfe.

Merkwürdigerweise war der Junge, der mir gezeigt hatte, wie man masturbiert, der auf Droge Gott sah und daraufhin

Mönch wurde, gerade Pfadfinderoffizier, als ich unter Verdacht des ›Lügens‹ stand. Ich wurde vor ein Ehrengericht gezerrt, dem Pfadfinderäquivalent zum Kriegsgericht. Ein halbes Dutzend erwachsener Männer, die ernste Anschuldigungen vorbrachten, saßen zu Gericht über einen verängstigten elfjährigen Jungen. Ich wurde weder für schuldig befunden noch für unschuldig erklärt. Man sagte mir, ich sei ein schlechtes Vorbild und sie seien ohne mich besser dran. »Von mir aus«, dachte ich trotzig hinter den Tränen. Aber ich hatte Angst davor, ausgeschlossen zu werden. Mein Vater würde durchdrehen, dachte ich. Ich war während der Pfadfinderreise nach Spanien abgehauen, um meine Schwester zu treffen. Man hatte mich im Sommerlager beim Erzählen schmutziger Witze erwischt. Sie waren durchgedreht, sie drehten jeden Sonntag bei der Parade durch: Zum Schluß waren die Pfadfinder nur ein weiteres Establishment, mit dem ich nicht kooperieren konnte. Ich wurde niemals Fähnleinführer, weil ich meine eigenen Vorstellungen hatte und so in Konflikt mit ihrem System geriet. Sie sahen nur eine gammelige Uniform. Herrgott, ich sah sogar so aus, als könne man mir nicht trauen. Aber sie schmissen mich niemals raus; sie drängten mich hinaus.

Mit vierzehn hatte ich an nichts Interesse. Gelegentlich schwänzte ich die Schule und vertrieb mir die Zeit mit der Besichtigung einer Keksfabrik oder einer Brauerei. In den großen Ferien wachte ich spät auf und onanierte, bis ich schließlich um ein oder zwei Uhr nachmittags erschöpft aufstand. Ich stand auf Klamotten, die Rolling Stones, The Who und die Small Faces.

Ich zog mich an und las ein bißchen. Das einzige, was ich mochte, war Lesen. Ich las alles. Ich holte mir wieder einen runter. Hatte ich mal kein Geld, stahl ich etwas aus den Stromzählern in den möblierten Zimmern, die das Haus jetzt unterteilten. Früher hatte ich Marmeladengläser für einen Halfpenny das Stück an den Lebensmittelladen verkauft oder leere Limonadenflaschen fürs Pfandgeld zurückgebracht. Dafür war ich jetzt zu alt. Einen Sommer ging ich drei Monate lang jeden Tag ins Kino. Und ich telefonierte mit Foley; 803747.

»Foley?«

»Yeah.«

»Was machst du?«

»Äh, keine Ahnung.«

»Irgendwas los?«

»Glaub nicht. Was machst du?«

»Ich weiß noch nicht.«

»Ja, o. k., man sieht sich. Ruf mich später an.«

»Gut, o. k., bis dann.«

Manchmal hing ich im örtlichen Plattenladen rum und hörte mir an, was es Neues gab. Vielleicht gab's eine Grillparty am White Rock. Wir kletterten die steilen Stufen, die in die Felswand geschlagen waren, herunter, machten ein Feuer und tranken Cidona. Es war nichts Alkoholisches, aber wir taten so, als sei es Cider, und am Schluß waren wir jedenfalls blau. Manche spielten Gitarre, sie spielten Blues, und sie waren gut, aber ich mochte es nicht. Es war genauso sinnlos wie alles andere. Man konnte keine Mädchen abschleppen und tat nur so, als sei man knülle. Samstags wurde man von Starkbier und Pernod schnell betrunken. Dann wurd einem schlecht, man kurvte durch die Gegend, holte sich einen Hamburger und fettige Chips, das schwappte einem dann mit dem Pernod, dem Starkbier, dem Guinness und dem Zigarettenrauch im Magen herum, und es wurde einem wieder schlecht. Dann ging man nach Hause ins Bett, war nicht müde, das Zimmer fing an, sich um einen zu drehen, man onanierte wieder, und es wurde einem wieder schlecht. Ich wartete die ganze Zeit, ich wartete auf etwas. Irgend etwas.

Nachts lag ich in dem Zimmer ganz oben im Haus, zusammen mit meinem Vater, der in seinem Bett an der anderen Wand schnarchte. Das Licht war aus, damit er bloß nicht aufwachte. Ich war nicht müde. Ich onanierte, lag wach da, die Augen offen, blickte auf die weiße Zimmerdecke und lauschte auf das näherkommende Dröhnen und Heulen der Leuchtturm-Nebelhörner von auf und ab der Küste.

Jede Nacht kamen und gingen die Scheinwerfer mit nervtötender Unregelmäßigkeit. Sie beleuchteten die politischen Poster, die hier und da an meiner Seite des Zimmers hingen. Für den Bruchteil einer Sekunde sah ich den grellen Atompilz mit draufgedrucktem NO. Ich stellte mir vor, daß so auch die Bombe sein würde: einen Sekundenbruchteil Helligkeit, genug Zeit, um NO zu röcheln, und dann ewiges Vergessen. Anti-Apartheid-Poster waren auch da, eins mit Blut beschmiert, von da, wo ich von einem übermotivierten Uniformträger bei einer Veranstaltung gegen das südafrikanische Rugbyteam verprügelt worden war und mir das Gesicht mit dem Poster abgewischt hatte. Ich hing es auf wie eine Kriegstrophäe. Ich war ein politischer Romantiker und ziemlich blöd.

Mein Vater wollte, daß ich ihm bei den Hausarbeiten helfe. Ich mußte den Hof saubermachen: ein Durcheinander von ausrangiertem Müll und regendurchweichtem Moos. Ich mußte beim Anstreichen helfen. Meinem Vater ging meine Abneigung auf die Nerven. »So macht man das nicht«, bellte er erregt und schnappte sich den Pinsel.

»So geht das – rauf, zur Seite, runter, zur Seite.«

»Wen zum Teufel interessiert's?« dachte ich. »Jeder Wichser kann anstreichen. Wenn's einmal drauf ist, ist's drauf.«

»Hör zu, wenn du nicht helfen willst, dann zieh Leine«, sagte er dann.

Aber das konnte ich nicht, denn sonst wäre er für den Rest des Wochenendes übler Laune gewesen, und mir tat seine Einsamkeit leid, obwohl ich alles mit meinem miesen Betragen wahrscheinlich noch schlimmer machte.

Ich wollte schlicht und einfach nicht mit ihm zusammensein, sondern mit meinen Freunden. Es gibt nichts Peinlicheres, als elterliche Bemühungen, ihren Nachwuchs zu verstehen. Der Generationskonflikt sollte per Gesetz bewahrt und gesichert werden. Warum sollte ein Vierzigjähriger sich mit jemandem einigen, der fünfzehn ist? Ein Vierteljahrhundert liegt zwischen ihnen. Kann ein Fünfundzwanzigjähriger einen Fünfjährigen verstehen? Warum sollten sie es überhaupt versuchen?

Lynn stand nicht auf die Beatles. Sie war ein Cliff-Richard-Fan. Cliff und die Shadows bedeckten das ganze Zimmer, das sie sich mit Cleo teilte. Jedes Konzert wurde besucht, jede Platte gekauft und jedes Photo angehimmelt. In der Küche war ihre Aufgabe das Spülen, meine das Abtrocknen. Um uns die Zeit zu vertreiben, sangen wir dabei die ganze Zeit im Duett. Die Beatles zerstörten Cliff, und das konnte man ihnen nicht verzeihen. Erst mit siebzehn lernte ich die Beatles lieben, und erst als ich selbst ein Instrument spielen konnte, bekam ich Respekt vor ihnen. Aber zunächst platzten die Rolling Stones in mein Leben. Jagger faszinierte mich. Plötzlich war mein großer Mund akzeptabel. Plötzlich wurde meine gammelige Erscheinung eher etwas Nacheifernswertes, statt Gegenstand des Spottes zu sein. Die Rolling Stones sahen aus und klangen, als würden sie zu allem nur »fuck you« sagen. Sie waren genau mein Fall.

»Sie sind so häßlich«, sagte mein Vater. Ich liebte ihre schöne Häßlichkeit. »Sie können nicht singen; wenigstens können die Beatles singen.« Ich liebte, wie Jagger mir die Worte wie weiche Butter durchs Gehirn schmierte. »Sie sind so widerlich dreckig, guck dir nur an, wie sie aussehen. Die Beatles sind wenigstens sauber.« FUCK OFF. »Was für ein Dreckslärm!«

Dieser Lärm war das erste, was ich hörte, das mir das Gefühl gab, jemand wußte, wie *es* sich anfühlt. Sie waren für Eltern unverständlich, es gab keinen gemeinsamen Nenner, aber mein Vater beging den Fehler, die Musik verstehen zu wollen. Verstehen! Es war doch genau der Punkt, daß er das niemals konnte. Eltern sollten niemals versuchen zu verstehen. Ich wollte etwas nur für mich. Etwas so völlig *eigenes* und für Ältere Unverständliches, daß sie es einem niemals wegnehmen konnten, weil sie einfach nicht wußten, was es war. Sie wußten nur, daß es sie irritierte, aber nicht genau, warum. Es war nicht nur die Musik, es war, daß sie nicht mehr zu mir durchdringen konnten. Wenn ich Musik hörte, war ich für sie nicht erreichbar. Wie Elvis sagte: »Let's get real gone, fellers.« Das tat ich.

In der Schule hing mein Haar in widerspenstigen Fransen herunter. Ich versuchte, es langwachsen zu lassen, wurde aber gezwungen, es zu schneiden. Ich versuchte alles: Ich scheitelte es adrett vor dem Unterricht, bürstete die Locken, die an den Seiten in Strähnen herunterhingen, hinter meine Ohren, so daß ich sie nach der Schule nach vorne schütteln konnte; in einer jämmerlichen Geste, nur um ein gewisses Recht auf Selbstbestimmung geltend zu machen. Aber die List funktionierte meistens nicht. Ein Kuli wurde hinters Ohr gesteckt, und das Haar flutschte nach vorn. »Laß es schneiden, Geldof. Geh nach Hause, und komm nicht zurück, bevor es geschnitten *ist*.«

Ich wurde so oft zum Haareschneiden nach Hause geschickt, daß mir der Friseur schließlich sagte, er würde es umsonst schneiden, wenn ich mittwochs nachmittags den alten Männern das Haar schnitte. Ich stimmte zu.

Ich begann, meinen Schlips so wie die Kinks zu tragen. Der Knoten wurde niemals festgezogen, er hing über die Schlinge wie bei einem Halstuch und verdeckte sie. Auch das war verboten. »Trag einen anständigen Schlips, Geldof.«

Um sie zu verwirren, kaufte ich Stoffreste im nächsten Textilgeschäft und nähte jeden Abend fix eine neue schreiend bunte Krawatte. Sie drehten völlig durch. Ich fand es grotesk. Eine Zeit lang gab es ein Haarschnitt-Komitee, zusammengesetzt aus erwachsenen Laien-Lehrern, das über den Haarschnitt der Jungen urteilte.

Später, als Pete Townshend von The Who und Steve Marriott von den Small Faces die Identifikationsfiguren wurden, stahlen Foley und ich bei Woolworth's limonengrünes Dippity-Do-Styling-Gel, um unser welliges Haar zu glätten und unsere Scheitel und Seitenhaare so glatt zu kriegen wie die unserer Idole. Das Ergebnis war grotesk. Wir klatschten uns das Gel an einem Samstagabend bei mir zu Hause auf die Haare. Es trocknete schnell und pappte das Haar vorn und an den Seiten unserer Köpfe in Form. Während des Abends bröselte das Gel nach und nach in Flocken auf unsere Hemden und Schultern. Als wir unter den neuen ultravioletten Leuchten der Tanzhalle ankamen, leuchteten sie auf den Schultern unserer umgemodelten, ausrangierten Polizeiüberzieher wie unheilbare Schuppen.
Lesen blieb weiterhin meine Leidenschaft. Unser Geschichtslehrer war bereit, mit mir über Camus, Sartre, Kafka und die anderen, die ich las, zu reden. Ich schlaumeierte. Ich fand sie schwierig, aber aufregend. Die meiste Zeit fühlte ich mich selber wie ein Käfer auf dem Rücken. Ich gab ihm ein Buch mit dem Titel *Macduff*, eine politische Satire über Lyndon Johnson und den Vietnam-Krieg.
Ich hatte schon früher etwas mit der Protestbewegung zu tun. Foley und ich hatten die umständlich benannte »South Dublin Youth Campaign for Nuclear Disarmament« gegründet. Er war der Vorsitzende und ich der Sekretär. Wir schrieben an das CND-Hauptbüro in der Gray's Inn Road in London und bekamen die Sticker und die Zeitschrift der Bewegung, *Sanity*. Wir waren zu faul, um aktiv zu agitieren, aber wir wurden so was wie eine Versorgungsstelle für jene Leute, die Stikker bekommen wollten oder all das andere kurzlebige Zeug, das noch für modisch gehalten wurde. In der klaren, dogmatischen Art des Begeisterten war ich überzeugt, daß der Anlaß gerecht und dies der richtige Weg war, es mit der Sache aufzunehmen. Heute glaube ich zwar, daß der Rüstungsabbau wünschenswert ist, aber die Erfindung der Atomwaffen

läßt sich nicht ungeschehen machen, und sie würden jederzeit, bei Ausbruch eines Krieges, sofort wieder produziert.
Ich halte Abrüstung für nicht praktikabel, genauso wie den Frieden. Seit es den Menschen gibt, hat es niemals Frieden gegeben. Ich bin bereit zu akzeptieren, daß es tief in uns eine Neigung zu Kampf und Krieg gibt, die im Idealfall ausgelöscht werden sollte, was aber nicht geschehen wird. Ich glaube, wir sind zu Konflikten genötigt, obwohl Frieden das Ideal ist, welches wir anstreben sollten. Es ist die größte Schwäche und gleichzeitig das größte Attribut der Menschheit, daß wir immer nach Dingen greifen, die sich unserem Zugriff entziehen. Frieden ist nicht möglich, aber wir sollten nie aufhören, ihn anzustreben.
Ich dachte über Apartheid mit vierzehn genau dasselbe wie heute: Es ist ein so übles System, daß es die Moralität der ganzen Welt verpestet. Ich konnte und kann nicht akzeptieren, daß irgend jemand wegen seines Akzents, seiner Farbe, Religion oder sozialen Klasse, weniger gilt als ein anderer. Merkwürdigerweise war ich nicht im geringsten empört, als ich in England zum ersten Mal mit Rassismus konfrontiert wurde. »Keine Hunde, keine Iren« stand auf dem Pensionsschild. Gut. Es hat mich nicht einmal deprimiert. Aber ich mußte ja auch nicht ständig unter diesem Druck leben.
Natürlich mag ich ganze Länder wegen ihres Nationalcharakters nicht. Ich mag bestimmte Religionen nicht, weil sie reaktionär und absurd sind, aber ich fühl mich in keiner Weise überlegen, weil ich weder mit diesen besonderen Charakterzügen belastet bin noch diesen speziellen Glauben teile. Diese angenommene Überlegenheit als Instrument der Unterdrükkung und zur Beschränkung persönlicher Rechte zu benutzen, ist eine ausgemachte Schweinerei. Jene, die sich so verhalten, etwa in Südafrika, verleugnen ihre eigene Intelligenz und handeln ausschließlich auf einer instinktiven und emotionalen Ebene. Wir kennen eine Vokabel für solch ein Verhalten: »animalisch«.

Der Sommer war vorbei. Der lange Alptraum von Schule, Winter und Nichtstun rückte bedrohlich näher. Die Dinge, die mich interessierten, waren passive – Lesen, Musikhören, Reden über Politik –, und doch wollte ich aktiv etwas tun. Ich wollte Musik machen, statt ihr zuhören, an Politik teilhaben, statt darüber zu reden. Ich wollte schreiben. In ein Notizbuch aus jenem Jahr schrieb ich oder schrieb ich ab: *Tausend Dinge zu sagen, einige außergewöhnliche, stiegen in ihm auf. Täglich starben sie.*

Im Herzen von Nirgendwo

Als ich von der Schule abging, rannte ich aus dem Haupttor und schaute nicht einmal zurück. Ich sah dem, was vor mir lag, mit Beklommenheit entgegen, doch auch mit einem überwältigenden Gefühl der Erleichterung. Für eine Fernsehsendung versuchte ich einmal zurückzugehen, aber ich konnte nur ein paar Schritte durchs Tor machen, bevor mich Abscheu und Angst ergriffen, und wich zurück. Aber, um der Wahrheit genüge zu tun, neulich war ich noch einmal da und empfand eine unglaubliche Traurigkeit über den Schatten der Kindheit in den dunstigen Fluren. Es war nicht Selbstmitleid, es war eher, als würde ich einen Fremden an der Hand halten, jemanden, der vor langer Zeit lebte und nichts zu tun hatte mit dem Mann, der jetzt in den Schlafsälen mit den hohen Fenstern und in der frisch gestrichenen Kapelle stand. Es war die herbe Erkenntnis, daß jeder Augenblick der Vergangenheit die Gegenwart beeinflußt.

Ich hatte keine Hoffnungen, als ich abging, keine Ambitionen, keine Ahnung, was ich tun sollte. Selbst wenn ich einen Schulabschluß bekommen hätte, hätte ich mich geweigert, einen Gedanken an die Universität zu verschwenden. Ich hatte die Schnauze von der Gelehrsamkeit gestrichen voll. Abgesehen davon waren Studenten für mich großkotzige Wichser, die Kenneth-More-Schals trugen, sich amateurhaft mit seichter Politik befaßten und ernsthaften Clubs beitraten. Ich sah keinen Nutzen in einem akademischen Rang: Er schien bei niemandem, den ich kannte, die Aussichten verbessert zu haben. Trotz der Tiraden meines Vaters über den Vorteil drei weiterer Studienjahre ging ich weg.

Weg hieß nach England. In England hatte ich erstmals das Gefühl echter Freiheit erfahren, als ich fünfzehn war und nach Lincolnshire gegangen war, um dort in einer Fabrik zu arbeiten. Wir wohnten in Häusern, die italienischen oder pakistanischen Familien gehörten, die zu dritt oder viert in einem Zimmer schliefen, um durch diese rüpelhaften irischen Jungs etwas dazuzuverdienen, die jeden Sommer rüberkamen und sechs Tage in der Woche auf langen Nachtschichten arbeiteten. Die Fabrik stellte Erbsenkonserven her – süße, stinkende Erbsen in Unmengen –, und sie löhnte 32 Pfund die Woche, was in jenen Tagen gute Kohle war. Nun war ich fürs dritte Jahr hintereinander da. Ich hatte bezüglich meines Alters gelogen, ursprünglich, um nachts arbeiten zu dürfen und so meinen Verdienst zu verdoppeln. Jetzt war ich siebzehn und mußte dabei bleiben und behaupten, ich sei einundzwanzig. Das gab einiges zu klären, als ich später Stütze kassierte und die Sozialämter mich als vier Jahre älter registriert hatten. Es war ein langweiliger Job, Erbsensortieren am Fließband. Man fiel in Trance, gelegentlich eine angeschwärzte Erbse wegschnipsend. Chlor brannte in den Augen und trocknete einem Mund und Nase aus. Die Ohren wurden von dem ständigen Scheppern der leeren Dosen gemartert, die die Laufschienen runter zu den Einfülltrichtern ratterten und dann auf die Ladegestelle, um gekocht zu werden. Wenn es uns zu langweilig wurde, legten wir eine Dose quer auf die Laufschiene, und das Band faltete sich hinter der umgekippten Büchse auf, bis es zurückspulte und die Maschinen lahmlegte. Wir hingen dann herum, bis der Monteur kam und es wieder in Ordnung brachte.

Es war verblödend. Ich hatte Jeans mit zwei Löchern auf den Arschbacken. Ich war sehr dünn, die Jeans saßen eng, und ich trug rote Unterhosen. Ich weiß nicht, ob es daran lag, daß ich beinahe vergewaltigt wurde. Ich wurde mit einem Brecheisen bedroht und gegen ein Dosen-Beschickungsband hinter den Einfülltrichtern gestoßen. Ich schrie und wehrte mich, doch der Lärm überlagerte mein Geschrei. Er war ein kräftiger Mann und ich machtlos gegen sein schwingendes

Brecheisen. Er grabschte mir an die Eier. Ich versuchte, ihn zu treten. Er drückte das Brecheisen an meine Kehle. Ich zerkratzte ihm das Gesicht, drückte ihm meine Finger in die Nase und die Daumen in die Augen. Einer seiner Arbeitskollegen kam nach ihm gucken, holte Verstärkung und zerrte ihn zurück. Sie begannen, ihn fürchterlich plattzumachen. Ich steuerte einen Stiefel bei.

Wir kauften modische Kleidung bei Harry Fenton's und trugen sie am Wochenende in Peterborough. Wir hielten uns für cool. Tatsächlich waren wir grün. Der grüne Farbstoff ließ sich nie von Gesicht und Händen waschen, und unser Haar stank nach Lake, Zucker, Färbungsmittel, Pfefferminz und Chlor. Wir besoffen uns normalerweise mit Scrumpy für einen Sixpence das Halbe. Wir torkelten dann kotzend die Straße lang und trugen Doyle, Cully oder mich. Einmal wurden wir ausgesperrt. Doyle stieg auf den mit Stacheln versehenen Eisenzaun und begann, das Regenrohr hochzuklettern. Irgendwie schaffte er's nach oben und brach gerade das Fenster auf, als er abstürzte, haarscharf an den Metallspitzen vorbei. Er stand wieder auf, und wir drückten ununterbrochen auf die Hausklingel. Der italienische Hausbesitzer schrie: »Verpißt euch, irische Schweine.« Wir fingen an, seinen fetten Sohn Bruno zu beleidigen, worauf er die Tür aufmachte und auf uns losging. Wir rannten an ihm vorbei, schlossen die Tür und stürmten die Treppe hoch in unser Zimmer. Er schmiß uns nie raus. Tatsächlich redete er nie wieder davon.

Ich wurde im Bett eines polnischen Mädchens von ihren Eltern erwischt. Ihr Vater war Oberfeldwebel bei der RAF. Er war ein großer Brocken. Es ist eine komische Angelegenheit, erwischt zu werden – das Mädchen wird von der Mutter immer als Schlampe und Nutte beschimpft, und man kann, wenn man schon aus der Haustür ist, noch das unterdrückte Schluchzen hören: »Wie konntest du uns das nur antun?« Der Vater ist meistens sprachlos, leicht verwirrt und ein bißchen verlegen. Das war ein Klischee, und ich war ein Feigling. Ich schnappte mir Hose, Schuhe und Hemd sofort, als die Mutter ins Zimmer kam und aufschrie. Der Vater war direkt hinter ihr. Es war ein Zimmer im Erdgeschoß mit einem Fenster zum Garten, das in dieser Sommerzeit offen war. Ich sprang durch. Am nächsten Tag bekam ich zu meinem Entsetzen eine Einladung zum Tee. Vielleicht dachten sie, ich würde sie heiraten. Ich ging hin. Mutter und Vater waren sehr höflich und nicht allzu inquisitorisch. Niemand erwähnte die letzte Nacht, und als ich ging, gab mir ihre Mutter ein Paket. Ich öffnete es, als ich wieder in meiner Bleibe war. Drin waren meine Socken, Unterhosen und mein Pullover, frisch gereinigt und gebügelt.

In diesem Jahr war ich überrascht, den Job wieder zu kriegen. Im Vorjahr, als eine mächtige Ladung an Erbsen ankam, um als ›Petits pois‹ für ein bekanntes, gehobeneres Geschäft eingedost zu werden, führten wir einen Streik an. Tatsächlich waren es die gleichen Erbsen, die in die normalen Dosen der Fabrik kamen, aber es war ein Prestige-Auftrag, und wer würde den Unterschied schon merken? Der Streik war für den Zeitpunkt geplant, an dem die ganze Lieferung zu vergammeln drohte, und ein Versuch, die gleiche Bezahlung für Gelegenheitsarbeiter – also uns – wie für Festangestellte herauszuschlagen. Wir hatten dieselbe Arbeitszeit, taten die gleiche Arbeit, und wir wollten den gleichen Lohn. Foley rief ein paar Zeitungen an und brachte eine Story unter. Wir verhandelten, und die Erbsen begannen zu verrotten. Innerhalb von zwei Tagen hatten wir gewonnen. Es war überwältigend, wir waren niemandem verpflichtet. Ich dachte, wir seien im Recht und darum wäre kein Risiko zu hoch.

Nun war es Juli 1969. Ich wollte nicht zurück zur Schule. Wieviel Geld ich auch verdienen mochte, es mußte für eine Weile reichen. Wie auch immer, als ich so in den frühen Morgenstunden auf dem Ladeplatz stand und zum vollen Mond hinaufschaute, die Fabrik still hinter mir und das aufgedrehte Radio neben mir auf den Kisten, da hörte ich der geisterhaften Stimme von einem anderen Planeten zu und erinnerte mich an die Zeit von vor zehn Jahren, als ich mit offenem Mund bei meiner Familie stand und mit großen Augen versuchte, den Sputnik am Himmel auszumachen. Die dazwischenliegenden Jahre waren eine Zeit der Panik und Verwirrung gewesen. Meine Mutter war tot, die Schulzeit war vorbei, aber wenigstens hatte ich jetzt etwas Freiheit. Ich mußte nicht mehr zu jenem Haus zurückkehren, nicht länger die Langeweile, die Heuchelei und die Leere ertragen. Ich hatte die Teenagerzeit gehaßt und mich danach gesehnt, zwanzig zu sein. Nun konnte das Leben anfangen. Die Sechziger gingen ihrem Ende entgegen, und ich war froh. Ich lauschte mit echter Verwunderung den peinlichen Platitüden des Mannes auf dem Mond. Ich überlegte mir, daß ich's nicht besonders weit gebracht hatte, aber genausowenig die Menschheit. Neil Armstrong sagte da oben nur: »Beep, beep.«

Es traf mich fast wie ein Schock, als die Stimme am Telefon sagte: »Tut mir leid, Geldof. Du bist durchgefallen.« Wir riefen wegen der Prüfungsergebnisse zu Hause an. Ich weiß nicht, warum ich überrascht war. Manchmal hatte ich nur meinen Namen eingetragen und dann im Prüfungssaal gesessen, bis ich wieder gehen konnte. Ich verstand nicht mal die Fragen in Französisch. Aber das zu hören, »Du bist durchgefallen«, ich sammelte mich wieder. Doyle war der erste in der Telefonzelle gewesen. Irgendwie hatte er es geschafft. Wir alle hatten herumgealbert und gesagt: »Na los, bringen wir's hinter uns« und »Was wirst du bloß deinen Leuten erzählen?« Cully war der einzige von uns, von dem man glaubte, er könnte es schaffen. Ich ging nach draußen. »Ich hab's verbaut«, sagte ich beiläufig. Doyle rotierte immer noch und konnte sein Glück nicht fassen. Foley ging rein und hörte mit ernstem Gesicht zu. Dann sah ich ihn grinsen, und dann knallte er den Hörer auf. Von allen hatte ich als einziger das Abschlußzeugnis nicht geschafft. Erst verspürte ich Scham, dann Wut und dann Enttäuschung. Was zum Teufel war los? Saßen wir nicht alle in einem Boot? Nun redeten sie auf einmal über die Universität, daß sie schnell nach Hause und sich um die Aufnahme bewerben müßten. Was ist das? Alle haben gesagt, sie würden niemals hingehen. Was soll ich anfangen? Ich werde auf mich allein gestellt sein. Also, was wär neu? All dies ging mir durch den Kopf. »Glückwunsch«, sagte ich lahm, meine Tränen unterdrückend. Sie beruhigten sich und waren betreten. Sie wollten abhauen und feiern, aber wußten nicht, was sie sagen sollten, oder ob sie mich einladen sollten, oder was. »Ich geh einen heben mit Grealy«, sagte ich, so ungefähr wie ein Captain Oates. Grealy war ein alter Freund, der nun in Amerika lebte und deswegen weder was zu feiern noch etwas zu beweinen hatte. »Bis später.« Foley sagte, er erinnere sich, daß ich am Boden zerstört gewesen sei. Er hat recht. Sie eilten direkt nach Hause, die verlorenen Söhne kamen zu einem opulenten Willkommensschmaus zurück. Ich blieb noch eine Weile allein in London, aus Furcht vor dem Unvermeidbaren.

»Gut, was wirst du jetzt machen?« fragte mein Vater.

»Ich weiß nicht.« Er schwieg. »Ich werde von zu Hause weggehen.«

»Ehrlich gesagt, ist es mir egal, wo du lebst, solange du einen Job hast.« Aber es war ihm nicht egal, und er tat mir schrecklich leid. Obgleich ich es nicht gerne zugebe, wußte ich, daß er zutiefst enttäuscht war von mir. Auf eine seltsame Art, die ich nicht näher bestimmen konnte, war ich es auch. In der Bemühung, die Situation zu entschärfen, und als armselige Geste der Versöhnung, kaufte ich ihm für mein letztes Geld ein teures Fernglas. »Es tut mir leid«, sagte ich und reichte es ihm.

»Danke«, erwiderte er und legte es beiseite, ohne es sich anzusehen.

Eine Zeitlang arbeitete ich nachmittags in Murray's Café. Es

war ganz in Ordnung; ich kriegte zehn Schilling den Nachmittag und mußte nichts fürs Essen ausgeben, denn ich konnte da die Schokoladenkekse und Chips essen und den Kaffee trinken. Die Leute schenkten mir Dope, also mußte ich dafür auch nichts ausgeben. Tatsächlich verkaufte ich das meiste davon wieder, um mein Einkommen aufzustocken. Die Wochenenden waren auch o. k., ich traf die Kumpels immer noch, aber unsere Wege begannen sich zu trennen. Sie redeten über Literatur, und ich redete über nichts. Natürlich gab's da immer noch die Musik. Ich war häufiger mit Pat Moylett zusammen, der nicht bei uns in der Schule gewesen war, aber mit uns rumzog. Er war etwas älter, hatte ein Auto und arbeitete. Er war lustig, energiegeladen und hatte ständig tausend Ideen; ein bißchen ein Schlawiner, der nicht gerade großartig aussah, aber einige erstklassige Mädchen anzog. Sein grenzenloser Optimismus war das Gegenmittel für meine wachsende Verzweiflung. Manchmal nahm mich Gary Roberts, der unten auf der Straße wohnte, auf seinem Motorrad mit zum Trinity College, und wir spielten Snooker in den Aufenthaltsräumen. Dann schlenderte ich durch die Stadt, sah mir Geschäfte an und ging schließlich nach Hause.
Meine Schwester verschaffte mir einen Job in einem Photolabor. Ich hatte halb ausgegorene Ideen Photograph zu werden, und kaufte mir eine Second-Hand-Kamera. Aber ich machte immer gedankenlos die Tür zur Dunkelkammer auf und ruinierte so ganze Rollen von Photopapier. Es gab dort zwei Mädchen, die ich mochte. Wir pflegten uns in die Dunkelkammer zu setzen und Joints zu rauchen. Die Bilder kamen verschmiert raus, mit orangefarbenen Flecken, dort, wo das Papier auf das angezündete Ende der Joints reagiert hatte.
Ich wurde Botenjunge. Ich bekam eine Honda und fuhr den ganzen Tag kreuz und quer durch die Stadt und sammelte Filmrollen ein. Aber bald war es wieder Sommer und entschieden Zeit zu gehen. Allein der bloße Akt des Weggehens

war entscheidend. Zwangsläufig begann das ewige Diskutieren wieder. Wohin willst du jetzt? Keine Ahnung. Was willst du tun? Ist mir egal. Wozu das Ganze? Um hier wegzugehen. Was hast du davon, woanders zu sein? Nicht hier zu sein. Aber dafür bist du dann dort. Ja, aber ich bin nicht hier; nicht hier sein ist der Sieg, woanders zu sein ist nebensächlich.

Zu früheren Zeiten hatte ich auf dem Postboot nach England auf die weit geöffnete Hafeneinfahrt von Dun Laoghaire zurückgeblickt und meine Augen verschleierten sich und ich fragte mich, was kommen würde. Jetzt nicht mehr. Als das Boot wegtuckerte, brach ich einen Wäscheschrank auf, den ich ein paar Fahrten vorher entdeckt hatte, und machte mir auf dem obersten Bord ein Bett zurecht. Es war bequem und brachte einen außer Reichweite des Stroms von Erbrochenem, der auf dem Linoleumboden hin und her schwappte.

Mein Leben lang war das Postboot ein Ding von fast mystischem Zauber gewesen. Es war das Mittel zu meiner Erlösung – England war nebensächlich. Hätte China direkt neben Irland gelegen, wäre ich dahin gegangen. England lag günstig, und man sprach, wer hätte das gedacht, Englisch. Ich setzte mich aufs Ostpier und sah den ein- und auslaufenden Schiffen zu. Ostwärts ho! Eines Tages sah ich Robert Mitchum bei Dreharbeiten vom Schiff in den Hafen springen. Es umgab die Fähre eine Art von Glamour. Das einzig Aufregende an ihr war, daß sie einmal von den Nazis bombardiert worden war, weil sie unter englischer Flagge lief.

Das Postboot mußte stoppen, wenn die Segelboote gleichzeitig durch die Einfahrt des Hafens kamen. Mein Vater stellte sich immer ostentativ in den Bug der Bonita, des Bootes, mit dem wir segelten, und rief:

»Dampf muß dem Segel den Weg freimachen, Dampf muß den Weg freimachen!« Und dann kreuzte er direkt vor der Fähre. Der Postdampfer hielt niemals an. Wir bockten und rollten in ihrem Kielwasser.

»Bastarde!« sagte mein Vater dann. Ich war begeistert.

In diesem Jahr arbeiteten sie am Bau einer neuen Autobahn, der M25, einer Ringstraße um London. Dort gab es jede Menge Jobs für irische Hilfsarbeiter. Die Leute, die an der Straße arbeiteten, waren ein wüster Haufen, und aus irgendeinem Grund nahmen sie mich in ihrer Mitte auf, als eine Art Maskottchen. In meiner ersten Schicht übertrugen sie mir die Aufgabe, die Behelfsampelanlage zu bedienen, dort wo die schweren Ausschachtungsmaschinen die öffentliche Straße überquerten.

Es war eine nette Art, den Sommer zu verbringen, ein Buch dabei, Slade auf Radio 1 anhören und die vorbeifahrenden Autos beobachten. Die meisten schienen von Frauen gesteuert zu werden. Fiona Richmond kam jeden Tag in einem gelben Jaguar E mit dem Nummernschild FU 2 vorbei. Sie winkte dann. In einem der Sex-Heftchen hatte ich den Bericht über ihre sexuelle Odyssee durch England gelesen. Wahrscheinlich winkte sie jedem zu, aber ich konnte mir vorstellen, wie sie mich auf einen schnellen Blow-Job in ihren Wagen einladen würde. Wenn ich sie kommen sah, stellte ich flugs die Ampel auf Rot und grinste blöd.

Weil sie ein unabhängiges Leben führten, am Rande der Gesellschaft, benahmen sich die Typen, die auf den Straßen arbeiteten, wie echte Outlaws. Sie arbeiteten, aßen und schliefen auf der riesigen Baustelle. Ich liebte es. Sie waren polternde Kleiderschränke, die tranken, hurten und kämpften wie Comic-Charaktere. Die Maschinen, die sie fuhren, waren ebenfalls monströs: T23er mit zehn Fuß hohen Reifen und einer Nutzlast von sechzig Tonnen. Samstags abends zogen sie ihre besten Sachen an, tranken Unmengen von Bier und schmissen dann Stühle durch die Kneipenfenster. Sie schnappten sich die abgelutschtesten Nutten und nahmen sie mit zurück zu der Boomtown aus Baracken und der Schlammsuhle, in der sie lebten.

Ihr Sexleben war so monströs und lustig und heroisch wie alles andere an ihnen. An einem Samstagnachmittag, als

heftiger Regen die schwierige Arbeit des Planierens des Straßenuntergrundes unmöglich machte, ging ich zurück zur Baracke, um zu gucken, ob jemand mit mir zum nahe gelegenen Fernfahrerlokal kommen wollte. Ich ging durch den schlammverdreckten Gang zwischen den leeren Zimmern. Ich blickte in eins rein und sah eine nackte Frau, wieder in den Fünfzigern, wie sie mit gespreizten Beinen auf Alans Bett lag und einen Vibrator eingeführt hatte. Alan saß vollständig angezogen auf dem Bett und schwabbelte ihre schlaffen Brüste mit seinen Händen. »Hallo, Dublin«, rief er mit einem fröhlichen Lächeln. »Oh, Entschuldigung, tut mir leid, ich äh ...« Ich ging eilig rückwärts aus dem Zimmer.
»Nein, warte, Dublin«, rief er zur Tür laufend, um mich zurückzuhalten. »Was wolltest du denn?«
»Äh ... nichts. Ich wollte nur gucken, ob jemand Lust auf die Kneipe hat, aber ich sehe, du bist anderweitig ...«
»Ist o.k., Kumpel, eine Minute nur, ich hab ziemlichen Kohldampf, ich komm mit dir.«
»Nein, nein, schon in Ordnung. Alles klar«, sagte ich und gestikulierte in Richtung seines Bettes.
»Ach ja«, sagte er, und über die Schulter zurückblickend, rief er der liegenden Gestalt zu: »Bin gleich zurück. Bleib da, Schätzchen, geh nicht weg.«
Er nahm Würstchen, Eier, Bohnen, Tomaten, Toastbrot und Chips und ging dann zurück. Als wir ankamen, war seine Eroberung noch genau dort, wo wir sie zurückgelassen hatten, der Vibrator noch beruhigend summend und eine Nummer von *Men Only*, in der sie las, vor ihrer Nase.
Bei meinem zweiten Arbeitseinsatz auf der Straße machte man mich zum Gehilfen eines Vorarbeiters. Dazu gehörte, daß ich mit einem Meßstab vor den schweren T23ern herlief und abschätzte, wieviel vom Straßengrund abgehoben werden mußte, bevor die Straßendecke verlegt werden konnte, und dann die riesigen Maschinen ausrichtete, um die Arbeit auszuführen.

»Wie oft hast du dir letzte Nacht einen runtergeholt, Dublin?« fragte Dan in seinem starken West-Country-Akzent.

»Sechs- oder siebenmal«, antwortete ich auf die rituelle Frage mit der rituellen Erwiderung. »Du geiler Bastard«, kam es rituell zurück.

»Mach dir nichts draus«, sagte Bert, der Vorarbeiter, »zwei Inches von oben.«

Bert war verantwortlich für alle Fahrer und unmittelbar dem Baustellenleiter unterstellt. Aus irgendeinem Grund mochte er mich, und eines Tages, als ein Fahrer gefeuert wurde, rief er von dem T23, in dem er saß, herunter: »Komm her, Dublin! Kannst du fahren?« Ich konnte nicht. »Gut, du kannst es genauso gut auf einem von diesen lernen. Spring rauf und ich zeig's dir.« Bei einer Straßenkolonne war das so etwas wie eine Initiation in die Männergesellschaft. Die Maschinen waren gigantisch. Eine zu fahren war wie auf dem Dach der Welt zu sitzen. Unterwegs zwischen den Baustellen fühlte man sich wie in einem Panzer-Konvoi. Sie kamen bei Vollgas auf 45 Meilen die Stunde und dürften selbst unbeladen um die vierzig Tonnen gewogen haben. Sie waren nicht aufzuhalten und ziemlich furchteinflößend. Bei den Arbeiten auf den steilen Autobahnauffahrten kippten sie manchmal um. Die brutale Kraft der T23er war der Grund dafür, daß die normalen Wagen von Autobahnbaustellen verbannt waren. Warum, wurde mir klar, als ich eines Tages langsam um eine Ecke kam und dort in der Mitte der Haupttrasse ein kleiner Renault 4 mit einem städtischen Baustelleninspektor hinterm Steuer stand. Ich haute in die Bremsen, aber sie hatten nicht genug Luft drauf. Normalerweise ist das auf einer solchen Trasse kein Problem, man läßt die Maschine einfach ausrollen. Ich winkte dem Fahrer wie ein Verrückter, daß er aus dem Weg fahren solle. In Zeitlupe sah ich die Kühlerhaube des kleinen Wagens zwischen meinen gigantischen Rädern verschwinden. Ich hörte das Krachen unter mir. Ich schrie dem Mann unentwegt zu, er solle aussteigen. Ich war überzeugt, daß ich ihn getötet hatte. Der T23 kam zum Stehen. Das Vorderrad hatte seinen Motor zerdrückt. Der Wagen selbst war unter dem T23. Ich setzte zurück und sprang herunter. Da saß der Mann in seinem Wagen, gefangen auf seinem Fahrersitz und das Gesicht aschgrau. Er war es, der rausflog, nicht ich. Er hätte dort nicht sein dürfen, und die Untersuchung meines Fahrzeugs ergab, daß die Bremsen fehlerhaft waren und nicht mein Fahrstil. Die anderen Fahrer fanden den ganzen Vorfall zum Schreien. Nach dem Unfall kriegten sie angeblich ständig Warnungen über Radio und Funk, daß alle Verkehrsteilnehmer achtgeben sollten, weil Dublin innerhalb von zwei Meilen Umkreis sei.

Aus Spaß nannten sie mich den Harten, aber in Wirklichkeit war ich nicht in einer Preisklasse mit Typen wie Tommo, einem großen Klotz mit ungeheurer Wampe, der im Sommer gewöhnlich nackt arbeitete, abgesehen von seinen riesigen, schmuddeligen Unterhosen. Er pflegte seinen T23 so zu parken, daß er die öffentliche Straße blockierte. Dann präsentierte er seine gräßliche Nacktheit lüstern jeder Autofahrerin, die gezwungen war, hinter ihm zu halten. Oder Stan, der immer seine Schrotflinte im Führerhaus hatte und in den nahe gelegenen Wäldern Fasane schoß und der die Fertigkeit perfektioniert hatte, die Vögel vor den Augen der Lackaffen der örtlichen Fasanenjagdgesellschaften mit der Schaufel seiner Maschine einzusammeln. Oder Dan, der, als man ihm sagte, er dürfe bei heißem Wetter nicht das Dach seines Führerhauses abnehmen, einfach einen Vorschlaghammer nahm und alle Fenster rausschlug. »Oh, du bist ein Harter, Dublin«, sagte Tommo.

»Das ist er«, sagte Bert. »Ein Harter«, zwinkerte Dan.

Da war eine unverwechselbare Herzlichkeit in ihrem Cliquenleben. Sie waren Cowboys. Wie grotesk das auch alles war, da war eine Gruppe von Menschen, die eine gemeinsame Lebenseinstellung gefunden hatten. Aber trotz des Spaßes und der Vorteile und der Tatsache, daß ich eine Menge Geld

machte, fand ich es letztendlich viehisch und langweilig. Ich wollte nicht außerhalb der Schranken der Gesellschaft leben, sondern in der Gesellschaft, und die Einschränkungen, die mich störten, ignorieren oder vielleicht ändern.
Als der Winter hereinbrach, sagte ich den Straßenarbeiten ade und machte mich auf nach London. In einem leerstehenden, alten Reihenhaus in Tufnell Park hatte eine Gruppe von Ex-Blackrock-Schülern mit einigen Freunden eine Besetzergemeinschaft gegründet. Es war eine Möglichkeit, und da ich nicht viel zur Auswahl hatte, schloß ich mich ihnen an. Es war ein deprimierender Laden, der nach verrottenden Teppichen und Moder stank. Es war einmal ein schönes Gebäude gewesen, aber der Besitzer hatte es zu arger Baufälligkeit verkommen lassen, als Vorwand für die Radikalsanierung. Die Diele war düster, rissiges Linoleum unbestimmbaren Alters bedeckte Teile der Treppe, und der Wind pfiff durch die kaputten Fenster. Es war ein Saustall. Möbliert war es mit alten Betten, Sofas und Stühlen, die auf Müllhalden oder auf der Straße gefunden worden waren. Der strenge Geruch von ausströmendem Gas hing im Treppenhaus, aber die Toilette war sauber.
Ich fühlte mich sofort zu Daphne hingezogen, einem großen, beeindruckenden Mädchen mit langen Beinen und einer tollen Figur. An dem Tag, an dem ich in dem besetzten Haus ankam, trug sie einen Paisley-Minirock und purpurrote Stiefel. Sie saß mit übereinandergeschlagenen Beinen auf dem Bett. Ich konnte ihren Slip sehen und fand sie sehr sexy. Ihr Freund war ein ehemaliger Klassenkamerad von mir, David Kiersey. Er war derjenige, der mir gezeigt hatte, wie man masturbiert, und der mein Peiniger bei den Pfadfindern gewesen war. Jetzt schluckte er jede Menge LSD, aber als ich zum ersten Mal kam, war er nicht da. Einige Wochen vorher hatte er auf Acid Gott gesehen und war weggefahren, um ein Kloster zu besuchen. Als er zurückkam, waren seine tiefliegenden Augen noch tiefer in seinem komischen,

kantigen Gesicht eingesunken als früher. Er schlief wie vorher bei Daphne, legte aber ein Brett zwischen sie und sich ins Bett, um der teuflischen Versuchung keine Chance zu geben. Er benahm sich jedem gegenüber äußerst merkwürdig, aber ganz besonders bei ihr. Daphne ging schon seit Jahren mit ihm, und sein Verhalten brachte sie auf die Palme. Um Gott zu sehen, machte er mit dem Acid weiter, und schließlich zog er ab und trat fest ins Kloster ein, um erste Weihen zu erhalten.

Nach und nach, fast notwendigerweise angesichts der unmittelbaren Nähe, in der wir lebten, fanden Daphne und ich zueinander; sie fand jemanden, auf den sie die Gefühle übertragen konnte, die zu akzeptieren Kiersey sich geweigert hatte, und ich war immer noch auf der Suche nach etwas, was meinem Leben fehlte und was ihm immer gefehlt hatte. Wir begannen, zusammen zu schlafen, wodurch ich wenigstens aus meinem ursprünglichen Quartier, der Küche, rauskam, aber es war ein merkwürdiges Verhältnis. Manchmal war sie liebevoll und freundlich, dann wieder war ich Luft für sie. Die Wahrheit war, daß ich mich mit der Leidenschaft der Verzweiflung in sie verknallt hatte, während ich für sie wahrscheinlich nur ein gerade verfügbarer Körper war, die Schulter, die sie zum Ausweinen brauchte. Sie brauchte ein Trostpflaster, und ich war allein. Wir waren stets eher zwei Drittel eines Trios mit einem Mädchen namens Penny, als ein Paar.

Daphne verdiente ganz gut als Aushilfssekretärin, und Penny hatte das, was wir für einen korrekten Job hielten, sie arbeitete bei einer Organisation, die sich um herumstreunende Hunde kümmerte. Einen von ihnen behielt sie. Er pißte ständig auf den Fußboden, so daß wir ihn mit Desinfektionsmittel waschen mußten. Gas und Desinfektionsmittel waren die Gerüche dieses Hauses; Gas, Desinfektionsmittel und vertrocknetes, vergilbtes Papier auf dem rissigen Linoleum des Küchenbodens. Ich war der einzige, der keine Arbeit hatte. Ich blieb bis zum frühen Nachmittag im Bett, hing dann herum, machte Tee, hörte Radio oder ging auf Mäusejagd. Eine kurze Zeit war ich Gehilfe eines Photographen in der Oxford Street, aber es ging nicht lange gut. Der Photograph trug seine Hosen in die Stiefel gesteckt, was ihn schon mal als Arschloch kennzeichnete. Aber was ich an ihm wirklich nicht ausstehen konnte, war, daß er erwartete, daß sein Gehilfe alle Arbeiten erledigte, während er abzog, die Models fickte und dann die Photocredits bekam. Ich verlor einige Rollen Film, die der Photograph in Griechenland für irgendeine wichtige Modeanzeige aufgenommen hatte. Gar nicht nett. Ich kriegte das DCM: Don't Come Monday. Viel Geld brauchte ich nicht; es gab keine Miete, und die Mädchen hatten das Geld fürs Essen. Ich kriegte etwas Stütze und hatte ab und zu Jobs. Ich fing an, mich selbst als Photograph auszugeben. Als ich in Dublin war, hatte ich mir eine Pentax S18 gekauft. Ich wollte auf Konzerte, also rief ich vorher an und sagte, ich würde kommen, um Photos zu machen. Ich kam für lau rein, konnte die Aufnahmen machen und die Ergebnisse verkaufen. Aber ich nahm auch noch ein paar leere Kamerataschen mit, um professioneller auszusehen. Daphne und Penny waren meine Assistentinnen; ich glaub nicht, daß ihnen irgend jemand geglaubt hat, aber sie lächelten den Türsteher süß an, und das war, was wirklich zählte. Wir sahen uns die Stones im Round House an und The Who und Rod Stewart im Oval. Ich kaufte mir für ein paar Kröten in einem Pfandhaus eine kleine Bolex Super 8 Kamera, filmte die Stones und The Who und machte dann Standphotos von einem Blow-up. Ich bekam ein gutes Bild von Townshend raus. Er fuchtelte mit seinem Arm herum, und als ich es von Super 8 vergrößerte, war es so körnig, daß es aussah, als würde seine Hand durch die Gitarre explodieren. Das und das Photo von Jagger verkaufte ich an Big O Posters und kriegte dreißig Eier. Diese Bilder kursieren heute immer noch.

Praktisch machte ich jeden Job, der anlag. Einmal verteilte ich

Reklamezettel, aber die Bezahlung war schlecht, und daher bestand die ganze Arbeit nur darin, die Sachen morgens entgegenzunehmen, sie dann in eine Mülltonne zu stopfen und zurück zur Wohnung zu gehen, um zu lesen oder sich nach einem anderen Job umzusehen. Abends ging ich dann zurück und wurde bezahlt, und wenn sie fragten, wo ich war, als der Kontrolleur vorbeikam, sagte ich, die Polizei hätte mich getriezt, und ich hätte die Prospekte woanders verteilt. Diese Hingabe muß sie beeindruckt haben, denn sie machten mich schließlich zum Kontrolleur, was die Chance zu weitergehender Initiative bot. Ich klapperte alle Leute ab, von denen man dachte, daß ich sie kontrollieren würde, und sagte: »Hört zu, ich hab keine Lust, den ganzen Tag durch die Gegend zu laufen und euch zu überprüfen; also warum schmeißt ihr die Prospekte nicht in den Müll, und wir können uns alle nach Hause verpissen.«

Wir kifften eine ganze Menge in Tufnell Park. Es war eher eine Freizeitbeschäftigung als was Lebenswichtiges. Es war eine Ablenkung, eine Beschäftigung. Wir gingen ins Kino oder zum Imbiß und dann zurück und kifften oder schmissen Acid. Ich hatte keinen Bad Trip auf Acid, halt nur das stille, schwebende Losgelöstsein, bei dem alles intensiv ist: Farben, Gefühls- und Sinneseindrücke. Am Schluß wurde es mir langweilig.

Spät nachts, wenn die anderen, die am nächsten Morgen früh zur Arbeit rausmußten, schlafen gegangen waren, blieb ich noch auf. Ich versuchte zu lesen, konnte mich aber nicht konzentrieren. Müde war ich nicht. Ich ging dann auf Mäusejagd: Alles war voller Mäuse. Es war ein kalter Winter, und sie kamen von draußen rein, um Unterschlupf zu finden. Sie waren so furchtlos, daß sie herauskamen und sich oben auf den Fernseher setzten, während wir fernsahen. Es war ein warmer Platz, nehm ich an, aber eines Abends saßen sechs Mäuse da oben und kauten und fraßen irgendwas. Ich erinnerte mich daran, was die Gougers taten. Gougers waren

Straßenjungs, Halbstarke, Rowdys, abgelederte Jungs, die Körnerspuren für die Tauben vor dem Pavilion Cinema in Dun Laoghaire auszustreuen pflegten. Die Körner führten zu einer Kiste, die von einem Zweig hochgestützt wurde. Wenn die Taube drunter war, zogen sie an der Schnur, die sie daran befestigt hatten, und der Vogel war gefangen. Sie drehten ihnen den Hals um und versuchten, sie an Hausfrauen für Taubenpastete zu verkaufen. In den müßigen Morgenstunden klemmte ich einen alten Schuhkarton mit einem Kugelschreiber an der Seite hoch. Ich verlegte vorsichtig eine weiße Garnschnur zurück zu dem Tisch, wo ich neben dem angestellten Gasherd saß, um mich warm zu halten. Ich streute Zucker vom Fernseher bis unter den Schuhkarton und saß eine Stunde absolut still wartend da, bis die Mäuse vom Fernseher kamen und sich an der Zuckerspur entlangzufressen begannen. Mit angehaltenem Atem saß ich da, während eine von ihnen in den Karton linste, und dann zog ich schnell den Kuli weg und sprang drauf. Ich rüttelte die Schachtel heftig hin und her, bis die Maus weggetreten war. Dann hob ich den Karton hoch, nahm den bewußtlosen Nager heraus und schleuderte ihn aus dem Küchenfenster, wo er vier Stockwerke tief in den überwucherten Garten unten fiel. An jenem Morgen blieb ich bis fünf auf und fing Mäuse. Ich erwischte sechsundzwanzig, und um halb sechs ging ich, schließlich von der Nutzlosigkeit entmutigt und übermüdet, schlafen.

Unten wohnte ein Typ aus Schottland. Er war erfüllt von Love und Peace, aber wenn er stoned war, war er sehr gewalttätig, rannte durch die Bude und schlug mit einer Axt die Türen ein. Wir verbarrikadierten uns oben.

Eines Tages kam ein Typ, den ich von der Grundschule kannte, ins Haus, als die Mädchen auf der Arbeit waren. Er war gerade aus dem Knast gekommen, wo er wegen Heroinbesitz war. Er hatte keine Bleibe. Ich sagte ihm, er könne eine Woche bleiben, aber wenn er sich im Haus einen Druck machte, würde ich ihn rausschmeißen. Heroin erschreckte mich. Das tut es immer noch, und ich habe kein Verständnis für jene, die es nehmen, oder ihr quengeliges Selbstmitleid. Es empört mich, das Leben so total und brutal negiert zu sehen. Wenn ich eine mit Blut gefüllte Spritze sehe, möchte ich sie im Arm des Süchtigen abbrechen und ihm die Nadel in die Vene stopfen. Obwohl Junkies immer stehlen, hatte ich keine Angst, daß er irgendwas klauen würde, denn es gab im Haus nichts, was sich zu nehmen lohnte. Daphne und Penny rauchten Players No. 6, und ich sammelte die Coupons und verwahrte sie in einer leeren Cornflakes-Packung. Wir sparten auf ein Bügeleisen oder eine Teppichkehrmaschine hin. Eines Tages ging ich auf die Toilette und fand Blutspritzer auf dem Becken. Ich schmiß ihn raus. Am darauffolgenden Tag kam er zurück, während ich weg war, und nahm die No. 6 Coupons und einen Brief vom Sozialamt, der mir einen neuen Tag fürs Sozialhilfekassieren nannte.

Es ist schon komisch, von den Leuten aus diesem Haus wurde Kiersey Mönch, Boyle wurde Alkoholiker und Junkie, Paddy Stanley starb, und ich wurde Popsänger, und der Typ, von dem ich gerade geschrieben habe, ist im Gefängnis.

Es war nur eine Frage der Zeit, bis es bei uns zu Durchsuchungen kommen würde. Irgendwie schien die Polizei ein aufdringlicherer Faktor in meinem Leben zu werden. In einer Woche kriegte ich einen Job als Hot-Dog-Verkäufer, aber es währte nur ein paar Tage. Es gab Probleme von zwei Seiten. Einmal war ein Hot-Dog-Krieg zwischen rivalisierenden Unternehmern zugange. Die Gegenseite schickte Schläger aus, um uns zu schikanieren. Und dann war da die Polizei. Es war im West End, wo mir der Hauptzweck ihres Jobs darin zu bestehen schien, den Straßenverkäufern das Leben schwerzumachen.

Mein Platz war Dean Street. Es war eine gute Stelle mit einer Menge Touristen. Franzosen gaben einem eine Fünfpfundnote für einen ekligen Hot Dog mit der Frage: »Ischt genug?«, und man sagte: »Noch einen, bitte.« Man mußte sich verdrücken, wenn die Polizei kam. Es störte sie nicht, wenn man danach zurückkam, solange man weg war, wenn sie vorbeikamen. Eine Nacht steckten sie mich über Nacht in die Zelle, wegen Verkehrsbehinderung.

Wir lebten in furchtsamer Erwartung der Ankunft der Polizei in unserem besetzten Haus, und schließlich kamen sie mitten in der Nacht. Etwa sechs von den anderen hatten zusammengeschmissen und 300 Trips gekauft, die sie zum bevorstehenden Isle of Wight Festival mitnehmen wollten. Sie hatten die Pillen für drei Shilling das Stück gekauft und hofften, sie für einundzwanzig Shilling zu verkaufen, nachdem sie den Eigenbedarf gedeckt hatten. Die Pillen waren in einer Plastiktüte im Kamin versteckt. Um zwei Uhr hörten wir ein Krachen an der Haustür und anschließend ein Splittern unten an der Treppe. Ich geriet in blinde Panik. Der Kamin ist zu offensichtlich, dachte ich und zerrte die Tüte heraus und steckte sie hinter einen Blumentopf draußen vor dem Fenster. Gerade als ich das Fenster schloß, traten sie die Schlafzimmertür ein. Ein Dutzend Polizisten. Sie trampelten die Treppen rauf und runter, aber sie fanden nichts. Sie suchten nicht einmal nach Drogen, wie sich herausstellte. Der Hausbesitzer, der uns raushaben wollte, hatte gemeldet, wir hätten ein Luftgewehr und schössen im Dunkeln aus dem Fenster auf Menschen, und so suchten sie nach der Waffe. Kurz danach bekamen wir ein Flugblatt unter der Haustür durchgeschoben, auf dem stand, daß wir bei Ärger mit Hausbesitzern die Irish Community Protection Group in London anrufen sollten. Ich hatte den Verdacht, daß das die IRA bedeuten könnte. Ich wollte mich nicht in die Lage bringen, daß man später eine Gefälligkeit von mir fordern könnte. Ich rief nicht an.

Schließlich schnappte uns die Polizei, ohne daß wir irgendwelche Provokationen liefern mußten. Drei von ihnen waren in Uniform, einer in Zivil. »Wir haben einen Durchsuchungsbefehl …«

»O.k., gut, kommen Sie rein. Möchten Sie eine Tasse Tee?«

Wer war morgens, um halb elf. Es war nichts Illegales da, darum war ich ziemlich gelassen.

Dann hörte ich die Stimme aus dem Schlafzimmer, das jetzt von Jean, einer jungen Schwarzen, und Penny belegt war. Daphne und ich schliefen in der Küche. »Sarge, kommen Sie mal und sehen Sie sich das hier an.«

»Was ist das?«

»Es sind Räucherstäbchen, Weihrauch, schauen Sie mal unten in das Röhrchen, und was ist das da unten drin?« Er schüttelte eine winzige Menge Marihuana heraus.

»Ich weise Sie darauf hin, daß alles, was Sie sagen ...« Es war definitiv nicht unseres. Die Bullen hatten es uns untergeschoben, obwohl ich annehme, daß sie angesichts der Menge Dope, die sie dort normalerweise erwarteten, nur das Gefühl von ausgeglichener Gerechtigkeit hatten. »Sie müssen mit uns kommen.«

Sie waren recht liebenswürdig. Als wir im Streifenwagen waren, fragten sie mich, ob ich schon vorher jemals in einem gesessen hätte, und dann, als sei ich ein Kind, ob ich wolle, daß sie die Sirene und das Blaulicht anschalteten. Wir flitzten den kurzen Weg um die Ecke zur Polizeiwache, als wären wir auf wilder Verfolgungsjagd. »Wenn du dich schuldig bekennst, werden wir sagen, du seist sehr kooperativ gewesen und hättest uns auf jede erdenkliche Weise geholfen, und wir würden für die Mindeststrafe eintreten, mit der Begründung, daß wir nicht glauben, es würde noch einmal geschehen. Solltest du dich für unschuldig erklären, sagen wir dem Gericht, daß du in einem besetzten Haus gewohnt hast, daß du arbeitslos bist und daß deine Nachbarn sich regelmäßig über dein asoziales Verhalten beschweren würden.«

Die Bürgerrechtsbewegung Release meinte, wir sollten die Anklage, die gegen uns alle vier lief, vor Gericht durchkämpfen, aber das hätte bedeutet, daß sich die ganze Chose bis über Weihnachten hinschleppen würde, also entschlossen wir uns, uns für schuldig zu bekennen. Die darauffolgende Szene im

Clerkenwell Straf- und Zivilgericht war eine ziemliche Überraschung. Wir müssen einigermaßen mitleiderregend und offensichtlich verängstigt ausgesehen haben, der gammelige Jugendliche, der versuchte, ordentlich zu wirken, und die drei jungen Mädchen, in einer Reihe aufgestellt »schuldig« murmelnd, denn als der Ankläger die Aussagen vorzutragen begann, unterbrach ihn der Richter: »Hielt jeder von diesen vier jungen Menschen persönlich ein Eckchen von diesen 0,94 Gramm, als Sie den Raum betraten?«
»Nein, Sir, aber das Gesetz sagt ...«
»Erlauben Sie sich niemals, mir das Gesetz zu erklären, junger Mann. Wenn es nach mir ginge, würde ich die Klage abweisen. Da die Angeklagten sich schuldig bekannt haben, ist dies nicht möglich. Wie auch immer, ich vertage dieses Verfahren auf das nächste Jahr und schlage vor, daß Sie die Zeit nutzen, um Ihre Geständnisse zu überdenken.« Der Polizist bekam einen inoffiziellen Verweis von einem älteren Kollegen, als wir gingen.
An diesem Weihnachten hatte ich wie gewöhnlich kein Geld. Ich hatte zu Hause angerufen und gesagt, daß ich arbeiten würde, London wunderbar und das Leben großartig sei. In Wirklichkeit ängstigte mich London. Es war riesengroß, es war einsam, und ich hatte mich trostsuchend an Daphne geklammert. Sie war gleichgültig. Ich fühlte mich leer. Mein Leben war ein sinnloses Wirrwarr von perspektivlosen Jobs und Tagen. »Mit 30 bin ich Millionär«, sagte ich einmal zu Daphne. Ich sagte es mit solcher Bestimmtheit, daß sie antwortete: »Ich glaube dir.« Ich war von Häßlichkeit umgeben. Es schien keinerlei Zukunft zu geben. Ich wollte von schönen Dingen umgeben sein. Manchmal zermarterte ich mir so den Kopf, daß er heiß wurde, als kochte mein Gehirn, als hätte ich heftiges Fieber. Dann wusch ich mir das Gesicht mit kaltem Wasser und lief in der winzigen Küche hin und her. Alle anderen Räume waren zu kalt. Manchmal schliefen Tramps und Alkis im Untergeschoß. Sie traten die Haustür ein, und ich langte nach dem

Stiel meiner Spitzhacke, aber sie kamen niemals nach oben. Bisweilen ließen mich die Mädchen allein und stahlen sich zu Konzerten davon, um mir und meinen finsteren Depressionen zu entkommen. Wieder Panik. Manchmal konnte ich nicht aufstehen, manchmal nicht ins Bett gehen. Wir hörten nachts Leute herumgehen, aber wir waren die einzigen, die jetzt im Haus lebten. Die Tage waren eine entsetzliche Leier aus Jobsuche, Suche nach Fahrgeld für die U-Bahn oder Lustlosigkeit. Samstags gingen wir, weil wir nicht schlafen konnten, zu den All-Night-Horrorfilmvorstellungen in der Baker Street. Man kriegte für sein Pfund die Eintrittskarte, einen Apfel, eine Tüte Chips und einen »Mars«-Riegel. Es gab einen Spielfilm, dann einen Zeichentrickfilm, und dann wieder einen Spielfilm. Das Kino war voller schlafender, alter Tramps. Es war schon seltsam, nach dem stinkenden Rauch im Kino raus in einen frischen Sonntagmorgen zu kommen, der Himmel klar und die Lüft kühl und die Straßen leer. Ich fühlte mich schäbig an Geist und Körper. Das Leben war erbärmlich. Ich konnte mich schon selbst in diesen alten Pennern im Kino wiedererkennen, verzweifelt auf der Suche nach einem Platz zum Schlafen, der ein bißchen Wärme gab. Ich heulte, wenn ich Loudon Wainwright III hörte. Nichts funktionierte. Riten des Überganges, ja, aber nur, wenn der Gang auf die Straße führte.
Nun mußte ich zu Weihnachten nach Hause und vortäuschen, alles sei prima. Ich war pleite. Um den Schein zu wahren, mußte ich Geschenke besorgen. Ich verpfändete meine Kamera und kaufte bei den Händlern auf der Oxford Street Geschenke. Sechs Chanel-No.-5-Imitationen zu 3 Pfund für meine Tanten und Schwestern und irgendwas anderes für die Jungs. Sie waren überzeugt, ich sei gut bei Kasse. Weihnachten war entsetzlich. Ich mußte zurück in einen Alptraum: Gerichtsverfahren und keine Arbeit. Was, wenn wir des Besitzes von 0,94 Gramm Marihuana für schuldig befunden würden? Gerade mal stecknadelkopfgroß.
Beim nächsten Gerichtstermin plädierten wir alle auf nicht

schuldig, ausgenommen Jean, das Mädchen, in dessen Zimmer es untergeschoben worden war, denn sie war unter achtzehn, und so bestand keine Gefahr, daß sie eine Vorstrafe bekommen würde. Wir drei wurden freigesprochen und halfen ihr alle, ihre Geldbuße zu bezahlen.

Am Schluß war es nicht die Polizei, die mich vom Marihuana abbrachte, sondern die Erfahrung der Nacht, in der ich mich umbringen wollte.

Es war ein Samstagabend. Rooney war gekommen und hatte mit uns gegessen. Wir hatten Dope mit den Spaghetti gegessen und anschließend das Viertel einer Unze unter uns geteilt. Jeder hatte irgendwas genommen: Dope, Pillen oder Acid. Rooney und ich spielten Dame. Alle Lampen waren aus, weil niemand die Stromrechnung bezahlt hatte, und Kerzen beleuchteten den Raum. Ich war nervös. Auf einmal wurde mir schockartig bewußt, daß jeder im Zimmer von irgendwas stoned war. Ohne Vorwarnung schrie ich auf: »Es sollte jemand' da sein, der klar im Kopf ist!« Zwei der Mädchen kicherten. Plötzlich rannen zwei große Tränen aus Rooneys Augenwinkeln. Er streckte die Hand aus, um einen Stein zu bewegen. Er hatte weiß und ich schwarz. Langsam klappte er zusammen und blieb auf der Seite liegen. Ein Ausdruck von Entsetzen stand in seinem Gesicht. »Oh, Gott, ich bin gelähmt, ich kann mich nicht bewegen, oh, mein Gott.« Angst zog mir den Magen zusammen und stieg mir in Brust und Mund. »Reg dich nicht auf, du wirst wieder ok. Reg dich nicht auf, du wirst wieder o. k.« Die Panik erreichte meinen Kopf. Ich begann, die Kontrolle über meinen Körper zu verlieren. »O. k., reiß dich zusammen«, hörte ich mich sagen. »Jesus, was ist mit mir los?« schrie ich und raste die vier Treppen zur Haustür herunter. »O. k., nur die Ruhe bewahren«, sagte die Stimme in mir, »renn einmal um den Block, schaff es aus deinem Körper. Es ist ein Sedativum, erinnerst du dich? Renn, renn!« Ich rannte um den Block, es war ein Uhr nachts. Lichter huschten an mir vorbei, Scheinwerfer, Neonlichter, trübe gelbe Straßenlampen. Ich lief schneller. Ich drehte ungefähr sechs Runden. Ich kann mich an die Zahl erinnern, weil ich mir selbst zusah. Mein Bewußtsein schwebte über meinem Körper und beobachtete, wie er rannte. »Was für ein Wichser«, dachte ich objektiv. Ich hatte keinen Horror, nur diese hypnotische Benommenheit. »Mensch, bitte bleib stehen«, sagte mein Körper. Ich blieb stehen. Die Welt drehte sich nicht mehr um mich, dafür war ich mir jetzt, wo ich sie besser sehen konnte, sicher, daß irgend etwas Bösartiges im Schatten lauerte. Es war heiß, ich mußte etwas Kühles finden. Ich war in einem kleinen Hof, die Mauer dort würde kühl sein. Die Ziegel würden ruhig und solid sein, ich befühlte sie mit meinen Handflächen. Sie waren kalt und angenehm, wie die Finger meiner Mutter auf meiner Stirn, wenn ich als Kind Fieber gehabt hatte. Ich legte meine Arme gegen die dunkle Mauer, ich preßte meinen ganzen Körper dagegen, aber ich war erhitzt, so heiß, daß ich die Steine schnell erwärmte. Langsam schob ich mich weiter, Zentimeter um Zentimeter, wie ein Mann auf einem hohen Sims, und fand kühle, frischere Ziegel. Dann fühlte meine Hand etwas Kaltes. Ein Nagel ragte aus der Mauer, alt, verrostet und spitz, aber kalt, kalt wie Eis. Ich plazierte meine Stirn mit der Mitte gegen den Nagel. Er war fest und einladend für meine pochende Stirn. Ich stieß meinen Kopf dagegen, damit die Kälte eindringen und mich völlig erfüllen konnte. Es funktionierte. Das tat gut, ich stieß und stieß, ich war drauf und dran, ihn mir ganz reinzustoßen.

»Herrgott, Geldof, was zum Teufel machst du da?« Es war Brian Carroll, ich weiß nicht, wo er hergekommen war. Er zerrte mich von der Mauer weg. »Herrgott, woher kommt dieses Blut? Was ist das für eine Schramme?« Er schleppte mich zurück die Treppen hoch in mein Zimmer und fort von der Verführung zur Selbstzerstörung. Die andern waren weg. Ich lag auf meinem Bett. Dann kamen auch mir dicke Tränen und liefen über meine Wangen. Ich streckte die

Hand aus und schnappte mir das Radio. Es mußte angemacht werden. Angestellt würde es alles vertreiben.

»Oh, bitte, laß mich schlafen gehen.« Ich preßte das Radio an mein Ohr und drehte die Lautstärke auf. Es kam keine Musik. Es wurde kein menschliches Wort gesprochen. Es war zwischen den Stationen auf Nichts eingestellt. Das war es, was ich zum Einschlafen brauchte, White Noise, um die Dämonen der Stille zu vertreiben. Ich drehte es voll auf und schlief ein, während Dezibels von Nichts in mein Ohr kreischten.

Am nächsten Morgen wachte ich zitternd auf. Ich war von der Rolle und paranoid. »Oh, Gott, niemals wieder«, dachte ich. »Was habe ich getan?« Ich wußte, daß ich eine Büchse der Pandora in mir geöffnet hatte, die besser festverschlossen geblieben wäre. Ich war nach Herne Bay zum Lunch eingeladen. Ein anderer Schulfreund, Sean Finnegan, lebte dort mit seiner Familie. Am liebsten wäre ich überhaupt nicht rausgegangen, aber eine andere Stimme sagte mir, dies sei etwas, was durchgestanden werden müßte. An der U-Bahn-Station brachte ich es nicht über mich, in die unterirdische Dunkelheit hinabzusteigen. Ich stand rund zwanzig Minuten vor dem Eingang, dann holte ich wie ein Schwimmer, der tauchen will, tief Luft und tauchte in die U-Bahn. Als der Zug keuchend und stöhnend in die Station einfuhr, verspürte ich den kaum zu unterdrückenden Impuls, mich davorzuwerfen. Ich riß mich zusammen und stieg in den Zug. Sobald die schwankende Bewegung einsetzte, schwoll die Panik wie Brechreiz in meinem Magen an. An der ersten Haltestelle sprang ich raus und eilte mit der Rolltreppe hinaus zu Licht und Luft. Ich ruhte mich aus und sammelte neuen Mut, um weiterzumachen. An jeder Station stieg ich aus. Es waren fast zwanzig Stück.

»Ich muß hier raus, Finnegan. Meine Gesundheit ist im Eimer. Ich leb in einem Drecksloch. Ich schlafe mit einer Frau, die mich nicht liebt. Ich hab den ganzen Tag nichts zu tun. Ich hab kein wirkliches Zuhause, in das ich zurückkommen kann. Mein Leben ist leer. Ich muß hier raus.«

»Ich gehe nach Spanien«, sagte Finnegan. »Ich wäre gern Stierkämpfer. Komm doch mit.« Ich schaute Finnegan an. Er meinte es ernst. Er war 1,58 m groß, mit einem munteren roten Gesicht und einem Schopf flammendroten Haars. Er wollte Stierkämpfer werden. »Warum nicht«, meinte ich. Also fuhren wir.

Am Bahnhof hatte es Tränen gegeben; Daphne war mit mir zur Victoria-Station gekommen, aber es waren eher Tränen der Frustration über die verschwendete Zeit als der Trauer. Finnegan und ich hatten in der U-Bahn-Station Leicester Square mit meiner Gitarre oft Straßenmusik gemacht. Wir waren erbarmungswürdig, spielten eine Mischung aus Folk, Blues und Standards, aber wir spielten genug ein, um den Zug nach Southampton und dann die Überfahrt nach Bilbao bezahlen zu können. Wir trampten nach Madrid und machten uns auf den Weg zur Bleibe meiner Schwester. Nach der Universität war Lynn als Lehrerin nach Spanien gegangen, und der Gedanke, eine Weile Englisch in Madrid zu lehren, war auch mir durch den Kopf gegangen. Aber es gab keine Stellen, und überhaupt fand ich es schwierig, mit dem Gehabe der englischsprachigen Enklave in der Hauptstadt zurechtzukommen. Im großen und ganzen waren sie nur ein Haufen normaler Lehrer, aber in Spanien hatten sie sich ein Selbstbild mit der einen oder anderen Prise Hemingway und Scott Fitzgerald zugelegt, das sie leicht grotesk wirken ließ. Lynn schlug eine Sprachschule vor, die zwei Jobs in Murcia anbot, im Südosten, weit landeinwärts, von den Urlaubsorten an der Costa del Sol entfernt. Aber nach der Hektik und dem Schmutz der Metropole London war das eher eine Empfehlung als ein Hindernis. Lynn gab uns das Geld für den Zug, versorgte uns mit Essen und Wein für die Reise und winkte uns noch nach.

Es war ein wackeliger, ländlicher Zug, obwohl er als Expreß

lief. Wir schauten mit halbem Interesse aus dem Fenster, als die staubigen Ebenen von La Mancha den Zitrushainen wichen und die Bahn sich ins Tal hinab und in die kleine Provinzhauptstadt Murcia schlängelte. Die Tutelingue Schule befand sich in einem stabil aussehenden, dreistöckigen Gebäude, das auch schon mal bessere Zeiten erlebt hatte. Wir quartierten uns in einem billigen Hotel nahe der Stierkampfarena ein, die auszumachen Finnegan keine Zeit verloren hatte, und brachen dann auf, um die Schuldirektorin zu finden. Wir kletterten die Marmortreppen hoch, klopften an die große Eichentür und traten ein. Wir waren ein merkwürdig aussehendes Paar, ich groß und schlaksig mit langem, ungekämmtem Haar, einem Bart und in einem alten Jackett und löcherigen Jeans mit Schlag, und Finnegan, klein, rothaarig und adrett in einem Anzug, der aus seiner Zeit als Londoner Mod übriggeblieben war. Früher war er Friseurlehrling, jetzt wollte er Stierkämpfer werden, indem er Englisch unterrichtete, aber wir schienen die Inhaberin des Direktorinnensessels nicht aus der Fassung zu bringen. Sie war eine ausgedörrte Frau in den späten Vierzigern und trug eine unförmige Strickjacke und einen langen, wollenen Faltenrock.

»Now, tutlingue metodo any one thing, ni!« sagte sie. Finnegan und ich schauten uns verdutzt an. Als Eröffnung einer Unterhaltung war es irgendwie ein Showstopper. Senora Monaga sprach Katalanisch, Deutsch und Englisch – alles schlecht, alles ohne Unterscheidungsvermögen und alles ständig durcheinander gewurschtelt. Diese leibhaftige Esperanto war oft völlig unverständlich. Selbst ihr eigenes Lehrpersonal konnte sie nicht verstehen, was kaum überraschte, da viele von ihnen kaum die Sprache beherrschten, die sie unterrichten sollten. Sie machte einen Rundgang durchs Gebäude mit uns. Im ersten Klassenzimmer hatte ein Deutscher eine Englisch-Klasse. Von dem Moment an, wo wir reinkamen, zwinkerte er uns zu.

»Zo, let us speak again the alphabit«, sagte er zur Klasse. »Ah, beh, say, der…«

»Was zum Henker ist denn das?« flüsterte Finnegan aus dem Mundwinkel, während das merkwürdige Alphabet weiterging. »Der hat ja von Tuten und Blasen keine Ahnung.«

»Ich schätze, er weiß das«, meinte ich, »aber sie wissen's nicht.« Das traf es genau. Die Technik des Mannes bestand darin, Wörter zu erfinden, wenn er von einem Schüler nach einer Vokabel gefragt wurde, die über die sehr engen Grenzen seines Wissens hinausging. Die einzige Qualifikation, die man brauchte, um in dieser Schule unterrichten zu können, war, kein Spanisch zu verstehen, eine Qualifikation, die Finnegan und ich bestens erfüllten. Die Überlegung war, daß die Schüler, deren Alter zwischen sieben und siebzig lag, mit unterschiedlichsten Graden der Allgemeinbildung, durch Beispiele lernen würden.

»What is this, pliss?« fragte ein stämmiger, kleiner Spanier und zeigte auf seine Gürtelschnalle.

»Zult«, antwortete der Deutsche, ohne zu zögern. »Zis is called in Inglish a zult.«

»Zult. What is the morphology of zult, pliss?« fragte der Student, der in seiner Muttersprache eindeutig gebildeteter war als der Deutsche.

»Ja, ja. Zat is a gut kvestion. We will not talk about it now.«

Es war nicht schwierig, sich in die Tutelingue Schule einzupassen. Meine Schüler waren Schuljungs, die ihre schulische Ausbildung ergänzen wollten, Angestellte der örtlichen Bank, die hofften, dadurch den Wechsel zur Filiale in Benidorm zu schaffen, bis hin zu einem pensionierten Admiral, einem Bankdirektor und einem Professor für Geschichte. Die Arbeit war nicht anstrengend, obschon es für mich, dessen eigene Schulzeit ja erst so kurz zurücklag, recht aufregend war, den Spieß jetzt umdrehen zu können. Ich kniete mich in die englische Grammatik, die zu lernen ich in der Schule natürlich

versäumt hatte, damit ich die hingebungsvolleren meiner Schüler nicht enttäuschte.
Ich war nicht gerade ein schlechter Lehrer, aber anders als Finnegan war ich nicht mit meinem Herzen bei der Sache. Am besten waren die kleinen Blagen zwischen sieben und elf. Jeden Freitag machten wir eine Party mit Kuchen und Süßigkeiten. Sie lernten sofort die Aussprache und behielten Informationen besser als die älteren. Es hörte sich merkwürdig an, wie diese kleinen Spanier Englisch mit Dubliner Akzent sprachen. Die Teenager nutzten mein im großen und ganzen laxes Verhältnis zur Disziplin in der Klasse aus. Anfangs waren sie prima, aber nach und nach nahmen sie an, meine schludrige Erscheinung lasse auf einen nachlässigen Geist schließen. Da täuschten sie sich. Es gab da Spielregeln zu beachten. Wahrscheinlich wollten sie gar nicht kommen, besonders nicht nach einem Tag an der High School. Gut, ich würde alle Regeln lockern und versuchen, es interessant zu machen, nicht nur für sie, sondern auch für mich.
Das offizielle Lehrbuch schmiß ich raus. Ich erlaubte das Rauchen. Sie brauchten nicht aufzustehen, wenn ich sie etwas fragte oder wenn ich ins Zimmer kam, und in dem Versuch, sie zu interessieren, brachte ich die Photos von Rockstars mit, die ich gemacht hatte, und wir diskutierten ihre Texte. Dafür mußten sie lernen. Schließlich wurden sie lockerer und begannen dann herumzualbern. Die Jungs bewarfen die Mädchen, traten sie unter den Tischen und ließen Zettel rumgehen. All die Dinge, die ich auch getan hatte. Ich machte dem ein Ende, indem ich einen Sechzehnjährigen von seinem Stuhl zerrte und ihn an die Wand knallte. Mit meiner Faust unter seiner Nase riet ich ihm in perfektem Vulgärspanisch, sich aus meiner Klasse zu verpissen. Es folgte ein schockiertes Schweigen. Er versuchte, einigermaßen draufgängerisch zu kontern. Ich warf seine Bücher vom Tisch und zwang ihn hinzuknien, um sie aufzuheben. Ich befahl ihm, vor die Tür zu kriechen, denn wenn er aufge-

standen wäre, hätte ich ihm seine beschissene Rübe plattgetreten. Ich verlangte, seine Eltern in zwei Stunden bei mir zu sehen, andernfalls würde ich selbst bei ihnen zu Hause reinschauen. Von da an war die Klasse friedlich. Die Eltern kamen, und wenn sie sich gewundert haben, den Lehrer ihres Sohnes in Unterhemd, Jeans, mit nackten Füßen, Weinflasche, strähnigem Haar und Bart zu sehen, so ließen sie es sich jedenfalls nicht anmerken. Ich glaub nicht mal, daß sie darüber nachgedacht haben, sie sahen nur Lehrer. Sie waren sehr respektvoll. Ich weigerte mich, den Jungen wieder aufzunehmen.

In einer älteren Klasse von Siebzigjährigen, Admirale, Professoren und Industriekapitäne, standen alle auf, wenn dieser vergammelte Einundzwanzigjährige in die Klasse gelatscht kam, und intonierten: »Buenos dias, Señor Robert.« Ich war wahrscheinlich eine Kuriosität für sie. »Setzen, Jungs«, sagte ich, »setzen.« Wenn ich eine Frage stellte, schnellte ein spanischer Admiral ordenklimpernd auf die Beine und rasselte eine Antwort runter. Wenn er stockte, sagte ihm der Leiter des Historischen Seminars der Universität von Murcia aus dem Mundwinkel vor. Einmal erwischte ich den Direktor der Bank bei einer von mir angesetzten Prüfung beim Schummeln: Er linste in sein Buch.

Daß niemand sich über mich beschwerte, trug dazu bei, daß sich nach und nach ein Gefühl der Genesung in mir aufbaute. Ohne Zweifel tat Murcia, dieser langweilige, alte Fleck, mir gut. Ich bekam etwas Selbstachtung. Ich hatte etwas gefunden, womit ich mir, wenn's knüppeldick kommen sollte, einen anständigen Lebensunterhalt verdienen konnte. Die vergnügte Absurdität des Tutelingue-Jobs bereitete keinen Streß, und nebenbei hatte man noch eine Menge Freizeit. Es gab keine Drogen, abgesehen von einem fröhlichen Gelage mit dem heimischen Wein. Keine Musik, abgesehen von der, die wir an Samstagabenden auf gepumpten Gitarren in den Flamenco-Bars spielten, keine Verwicklungen mit Frauen, weil all die einheimischen Mädchen den Restriktionen einer konservativen, ländlichen Gesellschaft unterlagen. Es gab keinen Leistungsdruck, weil wir in einer Gemeinschaft lebten, zu der wir eigentlich nicht gehörten. Wir waren die englischen Hippies, Kuriositäten, von denen nichts erwartet wurde. Aber endlich hatte die Orientierungslosigkeit, in die ich mich so hoffnungslos verstrickt gefühlt hatte, ein Ende gefunden.

Es war Francos Spanien. Hin und wieder wurde ich von der Guardia Civil mit ihren Dreispitz-Lacklederhüten angehalten und mit der Maschinenpistole gegen eine Wand gestoßen. Ich lallte sie dann wie ein Betrunkener an, erschrocken zwar, aber ohne es zu verpatzen, und sie ließen mich stets laufen. Wenn man das Gespräch auf Politik, besonders spanische Politik, brachte, gingen in den Konversationsstunden die Rollos runter, und man räusperte sich betreten. Auch die gesellschaftlichen und sexuellen Wertvorstellungen waren rückständig. Ein junger Arzt, den ich für privaten Konversationsunterricht angenommen hatte, erzählte mir von frisch vermählten Paaren, die nach mehreren Ehemonaten in seine Sprechstunde kamen und erklärten, sie hätten Schwierigkeiten mit ihrem Geschlechtsleben. Er redete mit ihnen und fand heraus, daß keiner von beiden besonders viel Spaß dabei empfand. Oft fand er die Ursache, wenn er die Frau untersuchte und dabei blaue Flecke rund um ihren Bauchnabel entdeckte. Es ist eine Anekdote, die die katholischen und gesellschaftlichen Sitten dieser Zeit verdeutlicht.

Das einzige Mädchen, mit dem ich damals ins Bett ging, war die Nichte eines äußerst berühmten und absurd reichen Amerikaners. Sie war sehr häßlich, und sie verpaßte mir einen Tripper. Ich war entsetzt. Es war das erste Mal, daß ich so was hatte, und es ekelte mich an. Und gerade in Spanien war das kein Spaß; Ärzte, Schwestern und Priester hielten mir eine Strafpredigt, und ich bin mir sicher, daß sie unnötig grob beim Abstrichnehmen und bei der Diagnose waren. Ich zahlte für meine Sünden.

Murcia wurde von den staubigen Ebenen ringsum in angenehmer Isolation gehalten. Jetzt endlich hatten wir Rückenwind. Finnegan und ich kletterten den Berg hoch zu der klassischen kleinen andalusischen Kneipe am Gipfel, wo die einheimischen Männer stundenlang im dunklen und verschwitzten Innenraum tranken und sangen. Wir reisten nach Fortuna, um in den heißen Quellen zu baden und danach einen Eintopf mit weißen Bohnen in der nahe gelegenen kleinen Taverne mit niedrigem Dach und weißen Wänden zu essen. Wir marschierten raus auf die gleichförmigen Wüstenebenen und legten uns mit ein paar Flaschen Wein an den übelriechenden, alten Fluß, während die durchdringende Hitze der Sonne uns bis auf die Knochen grillte. Ich war einundzwanzig: Bis jetzt hatte ich versucht, eine neue Erfahrung nach der anderen auf das zu pappen, was ich als Ergebnis jener Jahre in dem leeren Haus und der kalten, katechisierenden Schule geworden war. Das tat ich nun nicht mehr. Ich schüttelte die Sachen ab. Es dauerte ein Jahr, bis dieser Mangel an Druck zu einem Mangel an Schwung verkam. Wir waren in ein billigeres Zimmer nahe der Kathedrale umgezogen, wo das Verstreichen der Tage mit ohrenbetäubender Bestimmtheit vom angrenzenden Glockenturm angezeigt wurde. Die zerbröckelnde Wand meines Zimmers verlor bei jedem Läuten ein wenig mehr von ihrem kalkigen Putz.

Einer meiner Schüler war ein Filmemacher, der gerade an einem Werbeauftrag für die örtliche Seidenindustrie gearbeitet hatte. Eines Tages brachte er ein paar Seidenraupen als Gesprächsgegenstand mit in den Unterricht und schenkte sie mir danach. Ich nahm sie mit in mein Zimmer und legte sie auf den Rand des Waschbeckens, eingeschlossen in ihren kleinen Kokon aus Seide, und beobachtete ihren täglichen Fortschritt. Nach und nach begannen sie, eine klebrige, transparente Flüssigkeit abzusondern, um die Außenseite ihrer seidenen Gefängnisse aufzuweichen. Dann kam ich eines Tages zurück, um zu entdecken, daß eine von ihnen herunter auf

den Fußboden gefallen war. Eine gräßlich aussehende weiße Motte begann herauszuschlüpfen. Sie stolperte aus ihrem Wickelband, tumb und blind und klebrig von ihrer Geburt. Massen von kleinen schwarzen Ameisen sammelten sich auf ihr. Die Motte wand sich wild auf den Fliesen, als die Ameisen angriffen. Sie wimmelten um das weiße Ding herum und verschlangen es. Sie zerrten an seinen noch feuchten, flatternden Flügeln. Sie warfen es auf seinen Rücken, fraßen es bei lebendigem Leibe, fraßen ihm die Augen aus. Ich kniete mich hin, um zuzusehen. Seine Fühler zitterten vor und zurück, verzweifelt bemüht herauszufinden, was mit ihm geschah. Einige der Ameisen hatten sich bereits in seine Eingeweide gefressen. Die Farben auf dem Boden waren intensiv, das Weiß, das Schwarz und das Rot. Unerbittlich schleiften die Ameisen das erbarmungswürdige Ding zu dem Loch, aus dem sie hervorquollen. Es lebte und zuckte immer noch. Voller Abscheu griff ich nach einer Flasche After-Shave. Ich schüttete es auf die zappelnden Insekten und schmiß ein Streichholz auf die Brut. Ich konnte an diesem Ort nicht länger bleiben. Am Ende des Semesters sagte ich Señora Monaga Lebwohl und fragte nach meinem ausstehenden Gehalt. Als Antwort warf sie sich auf den Boden und band sich mit ihrem seidenen Halstuch am Tischbein fest. »I am ici, ja? I am here«, krähte sie, sich auf bloß drei Sprachen beschränkend.
»Gut, ich bin weg«, sagte ich, mich auf eine beschränkend, und machte mich via Madrid, Paris und London nach Dublin auf.

Das Blut unter meinen Fingernägeln stammte von den toten Tieren. Ich war aus Spanien zurückgekehrt und fand Dublin scheinbar unverändert. Selbst mein Asthma war noch dort, wo ich es gelassen hatte. Nachts in meinem Schlafzimmer, auf das Deckenfries starrend, parallele Linien, dazu verdammt, sich niemals zu treffen, blitzte der Scheinwerfer vom Leuchtturm in Kish in regelmäßigen Abständen über die Wände wie ein Gefängnis-Suchscheinwerfer, so wie er es immer getan hatte. Dann erzählte man mir eines Tages, daß mein alter Schulkumpel Brian Devon die Fliege gemacht hatte. Er hatte geheiratet, war nach Kanada ausgewandert und dann nach Vancouver gezogen. Was sollte mich daran hindern, es genauso zu machen? Ich hatte immer noch etwas von dem Geld auf der hohen Kante, das ich in England beim Straßenbau verdient hatte. Um es aufzurunden, würde ich allerdings noch einen befristeten Job brauchen. So kam es, daß ich im Schlachthof landete.

Es war kein Ort, den ich mir unter normalen Umständen als Arbeitsstelle ausgesucht hätte. Aber weil die Bezahlung gut war, es reichlich Überstunden gab und mein Aufenthalt begrenzt war, nahm ich den Job an. Ich war angestellt, um zerkleinerte Knochen in Säcke zu schaufeln, aber es war nicht so einfach, die Aufgabenbereiche eingegrenzt zu halten, und so fand ich mich bald in Gummistiefeln wieder, knietief durch Blut und Innereien watend. Der Geruch von Tod ist süß, ekelhaft und faulig. Es war etwas, das zehn Jahre später in bestimmten Teilen Afrikas durch meine Nasenlöcher ein scheußliches, unwillkürliches Wiedererkennen auslösen sollte. Aber damals, im Alter von zweiundzwanzig, reichte mir schon das Elend der Tiere.

Das Vieh wurde in einem Hof, der hinten an den Grand Canal angrenzte, eingesperrt. Der Boden des Pferchs war kreuz und quer von Rinnen durchzogen, um die Pisse und den Kot abzuleiten, denn die Tiere schissen vor Furcht, wenn sie das Blut ihrer Leidensgenossen witterten. Einige machten ein hohes, jaulendes Geräusch. Andere besprangen einander verzweifelt, weil der Geruch des Todes in ihnen eine wahnsinnige sexuelle Erregung auslöste. Eins nach dem anderen wurden die Tiere zu Aluminiumröhren geführt und von den Männern mit elektrischen Viehpeitschen heruntergestoßen. Normalerweise wurde das Vieh auf humane Art mit einem elektrischen Bolzen getötet. Nach dem Schlachten wurden die Tiere in verschiedene Teile zerlegt, und die Reste wurden gekocht. Nachdem der Schmant der Eingeweide oben von den riesigen Bottichen abgeschöpft worden war, wurde der Talg abgelassen und zur Seifen- und Kerzenherstellung weggebracht. Die Knochen wurden in eine Kalklösung gegeben, die alle verbliebenen Fleischreste wegätzte, und dann zu einem feinen Pulver zermahlen. Mein Job war, das Knochenmehl in Säcke zu schaufeln, zum Verkauf an Viehzüchter, die andere Rinder damit fütterten, um sie zu mästen. Aber oft mußte ich den Hof saubermachen, zwischen dem Blut, Gekröse und der Scheiße der verängstigten Tiere herumglibbern. Nach dieser Arbeit entdeckte ich das Blut unter meinen Nägeln. Im Bus auf dem Heimweg konnte ich mich selbst riechen, und der Geruch widerte mich an. In jenen Tagen wurde der Schlachthof für mich so etwas wie eine Metapher für mein Leben in Dublin.

Mein ständiger Arbeitskollege war ein stämmiger, kleiner Mann namens Paul. Er trug ein Beil in seinem Hosenbund, gewappnet für den Kampf, den er hoffnungsvoll erwartete. Er kannte überhaupt keine Furcht, ein Zustand, der in seiner vollendeten Blödheit erschreckend wirkt. Es war Paul aus Dublin, den ich Jahre später vor Augen hatte, als ich »Rat Trap« schrieb. »Hope bites the dust behind all the closed doors and pus and grime ooze from its scab-crusted sores.«

Eines Sonntags bestand er darauf, daß ich mit ihm nach der Messe einen heben ging. Es war weniger eine Einladung als eine Vorladung, die zu ignorieren unklug gewesen wäre. An diesem Tag zeigte er mir eine Seite des Lebens in Dublin, von der ich mir als Junge von der harmlosen Südseite der Stadt kaum eine Vorstellung machte, obwohl ich seit der Jahre zurückliegenden Arbeit mit der Simon Community eine vage Ahnung hegte. Es gab eine Stripperin in dem Pub, in den er mich mitnahm, aber niemand schaute ihr zu. Statt dessen konzentrierten sie sich auf hartes Saufen, um das Guinness der vergangenen Nacht aufzufrischen. Plötzlich stand Judy, seine Freundin, von ihrem Platz auf, ging durch den Raum, über die Tische, zerschlug ein Glas und stieß es, »Du beschissene Nutte« schreiend, einem anderen Mädchen ins Gesicht. Nachts gingen wir zu einem Club, und auf dem Weg dahin kamen wir an einem geparkten Mercedes vorbei. Die Scheiben waren beschlagen, und der Wagen schwankte von dem wilden Sexspielchen, das sich darin abspielte. Als wir auf gleicher Höhe waren, flog die Tür auf und der Kopf eines Mädchens baumelte raus. Sie sah aus wie ohnmächtig. Doch dann erschien der Kopf eines Mannes über ihr. Als er ihn reinstieß, drehte das Mädchen den Kopf zur Seite und kotzte. Es klatschte in den Wagen und auf das Pflaster. Der Mann fickte weiter, und während er fickte, kotzte sie. Er kam und sackte über ihr zusammen, dann, wieder zu sich kommend, brüllte er der betrunkenen Frau ins Gesicht: »Jaysus, schau dir an, was für eine verdammte Schweinerei du mit dem Wagen meines Bruders gemacht hast!« Dies war die Rattenfalle, dies war die Zukunft, abstumpfend und entmutigend. Da war mir klar, daß ich niemals irgend etwas auf die Beine stellen könnte, solange ich nicht aus Irland abhauen würde.

In einer düsteren Novembernacht, in der dicker Nebel von der See hochzog und die Fenster im oberen Deck des 7A-Busses völlig beschlagen waren von dichtem Zigarettenrauch und dem Schwitzwasser aus nassen Mänteln und Körperwärme, preßte ich meinen Kopf gegen die Scheibe und schaute auf den vorbeiziehenden schwachen gelben Schein der Straßenlaternen. Der Kontrolleur sang laut und unentwegt »Delilah«, während er zwischen der oberen und der unteren Etage hin und her pendelte.

Der Bus fuhr seinen schwankenden Weg entlang der Route, die alle wichtigen Wegmarken meines bisherigen Lebens berührte: Booterstown und die Eisenbahn, Blackrock und die Schule, Mount Merrion Avenue und unser erstes Haus, Murray's und das Dope, Glenageary Road und das tote Kapital der Gegenwart.

Die Stirn feucht vom Glas, wandte ich mich von dieser Landschaft immerwährender Tristesse ab. Um mich herum sah ich Gesichter in mürrischer Konzentration, Gesichter in nichtssagenden Gesprächen, Gesichter feucht in die Stellenanzeigen-Seiten des *Evening Herald* husten und Gesichter mit dem Ausdruck starrer Entschlossenheit, dem einzigen Heroismus dieser Tage. An jenem grauen Abend schien der Bus voll der Hoffnungslosen und Verdammten zu sein, jedenfalls voll von all dem, was ich niemals sein wollte. Und da war ich, die Hände mit dem Blut des Schlachthauses beschmiert. Aber ich war im Begriff, dort rauszukommen. Mal wieder.

Boden unter den Füßen

Die schneebedeckten Ebenen Ontarios lagen weit und offen da und so flach, daß sie am Horizont in den Himmel übergingen. Aus dem Fenster des Greyhound-Busses war in keiner Richtung etwas anderes als jungfräulicher Schnee zu sehen. Neben mir saß Daphne. Es hatte da wohl die gelegentlichen, wehmütigen Liebesbriefe aus Spanien gegeben, sogar einen aus umgekehrter Richtung, aber im Grunde hatten wir den Kontakt verloren. Aber dann, kurz vor meinem Abreisetermin nach Kanada, hatten wir uns erneut in Dublin getroffen, wo sie mal wieder wohnte. Hin und wieder ging ich sie vom Schlachthof aus besuchen. Es war zwar ein ganzes Stück, aber die Nachtluft erschien nach einem Tag in der Fleischfabrik wie läuternd. Eines Nachts schlief ich mit ihr, und von da an entwickelten sich die Dinge wie gehabt.

Kurz vor der Abreise gingen wir in die Grafton Road, um uns mit Klamotten für die Reise einzudecken. Sie wählte ein ziemlich schickes, beigefarbenes Kostüm, und ich drängte sie dazu, einen Hut zu kaufen, den sie haßte. Ich fand ihn äußerst elegant und bestand darauf, daß sie ihn trug. Mein Vater und ihre Eltern kamen zum Abschied noch mit an den Flughafen.

Der Greyhound hielt sporadisch ohne ersichtlichen Grund. Später fragte ich jemanden, der sagte: »Betriebsvorschrift.«

»Oh«, meinte ich.

»Yeah, der Fahrer muß jedesmal halten, wenn wir über Eisenbahngleise kommen.«

Ich hatte gar keine bemerkt.

»Oh ja, er muß halten und gucken, ob kein Zug kommt.«

Aber es war so eben und weiß, daß er bis zu beiden Horizonten gucken konnte.

»Das ist egal. Vorschrift. Willst du, daß der Kerl rausfliegt?«
»Nein.«
»Dann muß er halten.«
So flach, so weiß, so verflucht endlos. Aus einer Einöde ins Schlachthaus, und jetzt eine weitere Einöde aus Eis und Schnee. Mein Leben entwickelte sich zu einem Film, der keine Story zu haben schien. Immerhin, hier war ich, zum ersten Mal in Nordamerika. Geflogen war ich schon mal. Auf einer Klassenfahrt war ich in Lourdes gewesen und mit elf mit den Pfadfindern in Spanien. Ich war ausgerissen, um meine Schwester zu besuchen, und auf der Rückfahrt in den falschen Zug gestiegen, den Madrid-Paris-Express. Ich hatte geheult, als wir über die französische Grenze kamen. Irgend jemand brachte mich zurück. Nun waren Daphne und ich zusammen und kurz vor der Ankunft in Montreal. Der Flug war billig gewesen, ich weiß nicht mehr, wieviel. Daphne behauptet immer noch, sie würde mir das Geld für die Reise schulden. Irland verließen wir beide aus denselben Gründen: Veränderung, neue Chancen, Langeweile, ein wenig Verzweiflung. Ich sprach von Jobs am Yukon, Goldgraben in Nord-Ontario, wo ich die Maschinen, die ich aus England kannte, fahren könnte und wo sie schon während der Ausbildung daran fast Spitzenlohn bekommen würde. Wir würden ein Vermögen machen. Ich war verunsichert, wie ich es immer bin, wenn ich mit einer Sache aufhöre und eine neue beginne oder wenn ich endgültig einen Ort verlasse, um woanders hinzugehen. Am Schluß muß man sich immer, allein schon, um seine Unsicherheit zu überwinden, für das Unbekannte entscheiden, andernfalls beschneidet man die Möglichkeiten, die einem das Schicksal bereithält. Außerdem kann man niemals wissen, wieviel etwas taugt, bevor man ihm abgeschworen hat.
Ich hatte geglaubt, diese frankokanadische Geschichte sei nur ein Scherz. Ich dachte, sie könnten vielleicht selbst heute noch gelegentlich »merci« oder so was sagen, aber das wäre

dann auch schon alles. Es ist reichlich beunruhigend, in Nordamerika anzukommen und kein Wort zu verstehen. Ich sagte ein paarmal »s'il vous plaît« auf dem Weg aus dem Terminal in die eisige Kälte und fand ein Hotel nahe der Greyhound-Station. Wir mußten so billig wie möglich quer durch den Kontinent zu Brian Devon kommen, der dreitausend Meilen entfernt in Vancouver lebte. Der Greyhound gefiel mir; ich hatte den Kopf voller Bluesmetaphorik, Americana, Turnpikes, Highway One, Route 19, Jack Kerouac unterwegs; Mann, ich war es, ich war jetzt erwachsen, ich war unterwegs. Ich war auch besorgt, denn ich mußte mich um ein Mädchen kümmern. Und ich brauchte, um zu wissen, was ich zu tun hatte, die Gewißheit, daß Daphne mir dabei zusah.
Ich log beim Zoll. Zwei Wochen, sagte ich, mehr nicht.
»Haben Sie genug Geld für zwei Wochen?«
»Ja, Sir. Dreihundert Dollar, Rückflugtickets, und außerdem wohnen wir bei Freunden.« Ich hatte keine Ahnung, wie lange wir bleiben würden; solange wie nötig, nahm ich an, aber nicht zwei Wochen.
Im Hotel fiel uns die Decke auf den Kopf. Wir gingen raus zum Kaffee in einen richtigen amerikanischen, naja, kanadischen Feinschmeckerladen. Americana: »Pastrami auf Schwarzbrot, bitte.« »Weizenbrot, Vollkorn, Roggenbrot, Weißbrot, Graubrot?« »Weißbrot, bitte.« »Senf, Mayonnaise?« »Senf.« »Bratkartoffeln, Fritten?« »Fritten.« »Kaffee?« »Ja, bitte.« »Mit Milch, schwarz, koffeinfrei?« »Mit Milch.« »Salat?« »Einen kleinen.« »Öl/Essig, Mayonnaise, Roquefort, meal eel?« »Wie bitte?« »Mille isle, das ist Thousand Island, Sir.« »Ah gut, haben Sie auch Salad Cream?« »Nein, mein Herr, wir haben Öl/Essig, Mayonnaise, Roquefort ...«
Daphne hatte, seit wir angekommen waren, nichts gesagt, ich weiß nicht, ob sie müde war oder die Zeitumstellung nicht verkraftete, oder so. Im Flugzeug hatte sie gemeckert, und jetzt sagte sie kein Wort. Ich nehm an, es war alles etwas

schwierig. Seit der Zeit in London vor zwei Jahren hatten wir eigentlich gar nicht zusammengelebt. Vielleicht war sie auch besorgt. In jener Nacht, unserer ersten in einer neuen Stadt, hatte sie nicht mit mir schlafen wollen. Ich hatte Muffensausen gehabt, gut, aber auch eine Hochstimmung. Ich hatte es abgeschüttelt, hier waren wir, und es konnte losgehen; doch jetzt war ich verwirrt und fühlte mich verletzt. Mir war zum Kotzen. Da hatten wir den Salat.

Alle sechs oder acht Stunden wurde der Fahrer abgelöst. Es gab nichts Interessantes zu sehen. Wir kamen an den Seen vorbei und sahen Leute, die ihre Klappzelte aufs Eis rausschoben und durch Löcher im Eis angelten. Manchmal warteten sie bei Tauwetter zu lange damit, ihre Klappzelte wieder zurückzubringen, und sie sanken. Manchmal ertranken sie.

In Sault Ste. Marie, wo nach Kupfer oder Nickel oder so was gegraben wurde, sah man auf einer Hügelkuppe einen gigantischen Cent. Die Wolken waren eintönig und grau, und der Bus fuhr durch endlose Ebenen. Später fuhr ich, diesmal mit der Band, wieder durch diese Ebenen, und da verschwammen und zitterten sie in der Hitze und im Staubdunst, der über allem schwebte. Aber auch da war es endlos weit und langweilig. Es war Cornflake Country im Winterschlaf.

Ab und zu hielten wir für eine Kaffeepause. Die Toilette hinten im Bus benutzte niemand – so, als gäbe es sie gar nicht. Die Leute warteten stundenlang auf diese Kaffeepausen und stürzten dann zu den »Waschräumen«, wie sie genannt wurden, damit man nicht etwa die unappetitliche Vokabel in den Mund nehmen mußte. Draußen pissen kam nicht in Frage, wenn man sich nicht den Schwanz einfrieren lassen wollte.

Einmal hielten wir an einer kleinen Bar, irgendwo am andern Ende von Medicine Hat. Sie lag in völliger Abgeschiedenheit an der Straße, und dennoch parkten davor in kleinen Gruppen fast so viele Schneemobile wie Autos vor irgendeiner Wirtschaft an jeder anderen Stelle der Welt.

Ich war begeistert. Ohne Zweifel war ich in einem Film oder wenigstens in einem Song.
Zurück im Bus war außer uns niemand mehr von denen, die in Montreal eingestiegen waren. Die einen waren in ihrer Heimatstadt ausgestiegen, die anderen blieben irgendwo über Nacht und nahmen am Tag drauf den nächsten Bus. Schließlich machten wir das auch so. Wir suchten das nächste und billigste Hotel bei der Greyhound-Station und stiegen dort ab. Meistens waren es miese Absteigen für Saisonarbeiter, Hobos und Säufer. Draußen war es so kalt, daß einem die Feuchtigkeit auf dem Körper sofort gefror und einem die Hosen wie eine Vakuumverpackung an die Beine geklebt wurden. Es schnürte einem die Luft ab.
Ich habe noch einen Fahrschein von dieser Reise. Auf die Rückseite hab ich geschrieben: *I spent a week in reclining seats, they reclined the back off me, I'm inclined to think, Reclining seats, Incline too much for me.* Es war unbequem, und den größten Teil der Fahrt verbrachten wir in Schweigen. Es war unmöglich zu lesen, und zwischen Daphne und mir herrschte ebenso klirrende Kälte wie draußen. Sie hatte immer noch nicht mit mir geschlafen, und ich hatte aufgehört, es zu versuchen. Ich haßte sie. Bei Calgary fuhren wir hoch in die Rockies. Endlich hatten wir die Ebenen hinter uns. Nun, auf den letzten Kilometern in British Columbia, schien es, als würde die Natur nach der fast existentiellen Trostlosigkeit der Prärie verrückt spielen; die Üppigkeit und Größe aller Dinge, die wir sahen, schienen grotesk übertrieben. Unsere Stimmung hob sich angesichts der Schönheit der Landschaft, ihrer üppigen Vegetation, riesigen Wasserfälle, tiefen, dunklen Schluchten und dichten dunkelgrünen Kiefernwälder. Daphnes Laune änderte sich völlig. Ich war auch in Hochstimmung. Ein weiterer Meilenstein; der Film war nicht vorbei, aber er machte sich.
Vancouver war eine wunderbare Stadt, zwischen den Rocky Mountains und dem Pazifik gelegen. Wir quartierten uns bei

Devon ein und machten uns auf Jobsuche. Das war nicht ganz einfach, weil wir mit Touristenvisa eingereist waren und offiziell keine Arbeitserlaubnis hatten. Das beschränkte uns auf die Sorte von Arbeitgebern, die nicht so pingelig wegen der Sozialversicherungsnummer war. Daphne arbeitete als Kellnerin in einem Drive-In-Restaurant. Ich jobbte eine Woche auf Baustellen, aber für so was war es zu kalt. Ich sah mir die Stellenanzeigen der alternativen Zeitung *Georgia Straight* durch, weil ich mir dachte, daß die Leute, die da inserieren, sich nicht besonders um Sozialversicherungen Gedanken machen würden. Es stand eine Anzeige für den zeitungseigenen Buchladen drin, für den ein Verkäufer gesucht wurde. Ich schaute mir die Zeitung näher an. Ein bißchen hippiehaft. Was die Mode anbelangte, mochte ich das zwar, aber Hippiemusik und die allgemeinen Wertvorstellungen kamen mir maßlos, unrealistisch und selbstgefällig vor. Na ja, es war kein schlechtes Blatt, und so bewarb ich mich um die Stelle.

Der Typ, der für den Buchladen verantwortlich war, hieß Sharkey. Er war ein unglaublich fetter Kerl mit einem Pferdeschwanz; er sah mehr wie ein Hell's Angel als wie ein Hippie aus und schien nicht so ganz zur allgemeinen Gesinnung des Ladens zu passen, der voll war von Whole Earth Catalogues, den Ideen Timothy Learys und Büchern über Grasanpflanzen, Mystizismus und alternative Politik. Er grinste und schickte mich hoch zum Herausgeber Dan McLeod.

McLeod sah mit seinen blassen Augen hinter einer John-Lennon-Drahtgestellbrille und seinem langen, strähnigen weißen Haar wie ein Albino aus. Sein Büro war ein Chaos. »Schon mal in einer Buchhandlung gearbeitet?« fragte er quengelnd und an seiner Unterlippe knabbernd.

»Nein, aber ich hab als freier Mitarbeiter für Musikzeitschriften in England gearbeitet«, log ich.

»Als was?«

»Ich hab geschrieben. Leider habe ich keine Sachen von mir dabei, die ich Ihnen zeigen könnte«, fügte ich aus dem Stegreif hinzu, »weil ich eigentlich nur zum Urlaubmachen hergekommen bin, aber es gefällt mir hier, und ich hab mich entschlossen zu bleiben. Ich würde gern für die Zeitschrift schreiben.«

»Gut, vielleicht läßt sich das einrichten, aber nur auf freiberuflicher Basis. Das, was wir drucken, bekommst du bezahlt. Aber im Moment brauchen wir vor allem jemanden für die Buchhandlung. Wieviel Gehalt erwartest du denn?«

»Soviel, wie ich kriegen kann.«

»Gut, das wär abgemacht«, meinte McLeod mit einem Grinsen, »denn ich seh zu, daß ich soviel bezahle, wie ich mir leisten kann.«

Ich fing unten bei Sharkey an. Die Bezahlung war nicht schlecht, aber die *Straight* hatte ständig gräßliche Liquiditätsprobleme, und manchmal bekam man wochenlang gar keinen Lohn, obwohl einem Dan am Schluß alles zahlte, was einem zustand. Zusätzlich zur Herausgabe des wöchentlich erscheinenden Magazins besorgte die *Georgia Straight* noch den Vertrieb in Westkanada für den *Rolling Stone* und das Hochglanzdrogenmagazin *High Times*. Dazu noch den Vertrieb von ein paar Plattenlabels. Es war ein netter Laden.

Die Dinge schienen sich ganz gut anzulassen, also entschlossen wir uns, bei Devon auszuziehen, bevor wir uns für immer und ewig mit ihm und seiner Frau überwerfen würden. Wir fanden eine eigene Wohnung in Burnaby an der Straße zum Grouse Mountain. Es war das Basement von einem Einzelhaus, das einer kleinen lettischen Frau gehörte. Wir hatten drei Zimmer, alle in einheimischem Holz möbliert und ziemlich gemütlich, auch wenn man vom Tageslicht nicht soviel abbekam. Ich beantragte eine Sozialversicherungsnummer, wobei ich meinen zweiten Vornamen und mein Geburtsdatum änderte, um so den Computer zu verwirren. Wenn er meinen wirklichen Namen mit den Einwanderungsunterlagen verglichen hätte, hätte er meinen Touristenstatus entdeckt, und ich wäre aus dem Land rausgeschmissen worden.

Ich kam zu der Ansicht, daß ein völliges Durcheinander meine beste Chance wäre, und trug deshalb mehrere Robert Geldofs ein, alle mit unterschiedlichem zweiten Vornamen und Geburtsdatum. Es klappte, denn schließlich erhielt ich zwei Versicherungsscheine. In der Zwischenzeit fing ich an, so viele behelfsmäßige Ausweispapiere zu sammeln, wie ich kriegen konnte; Scheckkarten, Blutspenderausweise, egal was, Hauptsache mein Name stand drauf, und es sah offiziell aus.

Die Büros des *Georgia Straight* lagen in Gastown, dem alten Teil der Stadt. Noch war es eine runtergekommene Gegend, aber der Stadtrat hatte kürzlich beschlossen, daß der ganze Stadtteil entweder niedergerissen oder völlig renoviert werden müßte. Dann hatten sie sich für die Erhaltung entschieden, und die Gegend war nun in einer Umbruchphase. Gastown lag am Endbahnhof der Canadian Pacific am Flußufer, wo gigantische Flöße aus Baumstämmen flußabwärts aus den Wäldern getrieben kamen. Es wurde zu einer Touristenattraktion für Hinz und Kunz umgemodelt, aber es war auch noch viel von dem ursprünglichen Charakter erhalten geblieben. Da waren die Kaffeebuden, Lew's Chinese und The Only Fish Bar, wo der Fang des Tages frisch zubereitet wurde.

Es gab schöne, alte, hölzerne Hafenviertelhäuser und zahlreiche, noch stilechte Bars. Aber Schmutz und Dreck gab es auch. Dort trieben sich die Indianer, die Hoffnungslosen und Enteigneten herum, die Kids ständig sniffend die Nase in Plastiktüten, die Erwachsenen immer betrunken und oft mit Ärger am Hals, hinter Drogen her, hinpissend, wo sie gerade standen, oder zusammengesackt auf dem Bürgersteig liegend. Es war der Rotlicht-Bezirk und abends ein reichlich ungemütlicher Aufenthaltsort. Später schrieb ich einen Song darüber, »The Neon Heart«.

Nach und nach kletterte ich beim *Georgia Straight* die Treppe hoch, vom Buchladen in die Redaktionsabteilung. Der Herausgeber hatte sich bereit erklärt, sich alles mal anzusehen, was ich einreichen wollte, und ich hatte begonnen, über einheimische Bands zu berichten. So fing ich an zu schreiben. Ich war begeistert. Geheime Ambitionen dazu hatte ich schon während meiner Schulzeit gehegt. Ich hatte niemandem groß was davon erzählt, außer Tante Fifi. Sie fand es ganz vernünftig. Foley, Cully und ich selbst, wir wollten alle Journalisten werden. Ich glaub nicht, daß wir jemals richtig darüber gesprochen hatten, aber als die Examensergebnisse da waren, begannen sie ganz offen davon zu reden. Ich brauchte mir bei meinen Noten da gar keine Hoffnungen zu machen. Jetzt endlich hatte ich meine Chance. Es war nicht wie richtige Arbeit, es war ein Vergnügen, und schließlich schrieb ich über Musik. Ich wurde Fachmann für die lokale Musikszene und verlegte mich dann auch auf überregionale und internationale Musikzeitschriften, wenn große Acts in die Stadt kamen. Ich hatte immer mehr mit der Zeitung und ihrem großen, krummrückigen, fast dickensschen Besitzer zu tun. Es war die Zeit, in der sich die Radical Press auf dem absteigenden Ast befand. John Lennon bemühte sich um die Freilassung von John Sinclair von der *Detroit Free Press*. Die Alternativblätter waren entweder auf Mainstream umgeschwenkt oder eingegangen. McLeod versuchte vieles, aber ohne Erfolg. Er hatte es überregional, mainstream, populistisch versucht, mit einem Kontaktanzeigen-Pornoheft, mit einer Sportzeitschrift, alles mögliche, um über Wasser zu bleiben. In dem desolaten Büro der Zeitschrift saß er in seinem winzigen, chaotischen und mit Papieren übersäten Zimmer, beunruhigt über die sich wandelnden Zeiten und die sinkenden Absatzzahlen. Die Sechziger waren passé, und niemand kümmerte sich noch einen Dreck drum. Jetzt war das ›Ich‹-Jahrzehnt dran. Möglicherweise war das etwas, was ich intuitiv verstand; in den Sechzigern war ich ein Kind gewesen, aber ich war nicht ein Kind der Sechziger. Ich war zu jung. Nun würde ich die Chance nutzen, aus dem etwas zu machen, was bisher ein unerträglich nutzloses und chaotisches Leben gewesen war. Die Siebziger waren genau das richtige für mich. »Pack die Gelegenheit beim Schopf«, heißt es. Das würde ich tun.

Die Musik hatte sich geändert: Sie war nicht länger aufregend, sondern selbstgefällig oder narzißtisch oder beschäftigt mit peinlicher Abkupferei. Ich hörte gar nicht mehr hin. Heavy Metal langweilte mich, die Bay City Rollers waren lächerlich. Ich hörte David Bowie, obwohl ich ihn manchmal für süßlich hielt, und Lou Reed. Die New York Dolls waren amüsant und Roxy Music interessant. Die Haltungen verhärteten sich. Mit der Rezession kam ein Slogan in Mode. »I'm all right Jack, I'm looking after number one«, war die Norm, und 1976 sollte ich davon in einem Stück erzählen, ein Jahr vor Tom Wolfes Polemik über das ›Ich‹-Jahrzehnt.

Dan hatte den Anschluß verpaßt. Die Leute kümmerten sich vielleicht nicht mehr besonders um Politik, aber sie standen immer noch auf Musik. Ich schlug vor, um den Leserkreis zu erweitern, der Sache mehr Platz einzuräumen, für die sich die Leute immer noch interessierten. Ich wurde zum Musikredakteur befördert, und fünfzig Prozent des Heftes befaßten sich fortan mit Musik. Wir begannen, mehr Musikanzeigen zu bekommen, dann gingen wir dazu über, die Universitäten mit Freiexemplaren zu beliefern, was über Nacht die Leserzahl verdreifachte und einen entsprechenden Anstieg bei der Werbung brachte. Ich liebte die Zeitung. Es war die erste Arbeit, die mir gefiel: Ich blieb lange auf und war früh wieder auf dem Posten. Die Leute waren großartig, British Columbia war toll, und je mehr Freunde ich fand, um so weniger war ich von Daphne abhängig, was Friede, Freude und Einverständnis anbelangte.

Ich war glücklich. Das wurde mir klar, als mir Nick Collier, mein bester Freund dort, auf einem Picknickausflug seinen Taucheranzug lieh und versuchte, mir das Schwimmen beizubringen. Ich trieb rücklings in meinem Schwimmreifen an einem Sommertag oben bei Shannon Falls, die Sonne brach sich auf dem Wasser und explodierte grell auf den riesigen Kiefern. Am selben Tag steckte Rye, Brian Devons Hund, seinen Kopf in einen Straßengraben und zog einfach einen gigantischen Lachs heraus. Oh, Land des Überflusses, ich bin glücklich. Der Gedanke war so überraschend und neu für mich, daß mein Verstand sofort alle möglichen Einwände durchcheckte. Bist du dir sicher? Was beispielsweise ist mit Daphne?

Das Komische war, daß je unabhängiger und sorgloser ich wurde, bei ihr genau das Gegenteil passierte. Einmal, als ich stundenlang bis spät nachts an der Schreibmaschine gesessen hatte, sagte sie: »Wir machen überhaupt nichts mehr zusammen.« Ich sagte: »Ich tue etwas. Du willst nichts tun, das ist alles. Wir haben sowieso nie was zusammen gemacht.« Sie war einsam. Sie hatte ein oder zwei Leute im Drive-In kennengelernt, aber es waren nur flüchtige Bekanntschaften. »Du mußt dein eigenes Leben leben«, sagte ich und tippte weiter.

Aber gemäß dem Geldofschen Gesetz emotionaler Dynamik kam die Check-Liste notgedrungen zum Punkt Einwanderung. Etwas mußte geschehen. Ich wollte den Rest meines Lebens hier verbringen. Ich war eine kleine Berühmtheit geworden. Meine Meinung, die bei der Zeitung immer als leicht daneben gegolten hatte, war beim Rundfunk und bei den großen Zeitungen gefragt. In Konzerte kam ich umsonst. Ich kannte die Musiker und Promoter, und sie mochten mich. Und ich hatte Geld. Mit dem Selbstvertrauen kamen eine Flut von neuen Ideen und unerschöpfliche Energie. Alles war möglich. Schau, da steht mein Name unter dem Artikel. Ich existiere und werde zur Kenntnis genommen. Verdammt, ich bin wer, Alter.

Eines Nachts auf Vancouver Island, drei Stunden mit dem Boot vom Festland entfernt, fuhren wir durch Victoria und ins Innere des Landes. Nick fuhr und war drauf und dran

einzuschlafen. Damit wir keinen Unfall bauten, sang ich ihm laut ins Ohr. Schließlich kam er trotzdem von der Straße ab. Wir zogen den Wagen wieder raus, tranken schwarzen Kaffee und hörten nicht mehr auf zu lachen. Ich lebte.
McLeod war wegen seiner Beziehung zu den Radikalen der Sechziger in den Vereinigten Staaten unerwünscht. Er beschloß, ein von der Zeitung promotetes Konzert zu veranstalten, um mit dem Gewinn die Karre am Laufen zu halten. Dazu mußten wir nach Los Angeles und mit den Agenten reden. Der Plan war, bei Point Roberts über die Grenze zu fahren, einer Stadt so eben in den USA, mit lockeren Alkoholgesetzen, Pornokinos und Peepshows. Die Kanadier sind seltsam viktorianisch in bezug auf alles drei. Point Roberts machte ein phantastisches Geschäft. Als wir in Dans Bus, mit dem die Zeitungen verteilt wurden, über die Grenze fuhren, sagten wir, daß wir für einen Tag nach Point Roberts wollten, und fuhren schnurstracks nach Seattle und stiegen in ein Flugzeug nach San Francisco. Endlich Amerika.
Seattle. Daher kam Jimi Hendrix. Und dort war das Hotel, in dem Led Zeppelin ein Mädchen gefesselt und von ihrem Schlafzimmerfenster aus geangelt hatte oder so was. Es war schon komisch, drei Jahre später mit einer eigenen Band wiederzukommen und aus denselben Fenstern des Edgewater Inns zu angeln. Vom Beobachter zum Teilnehmer.
In San Francisco wohnten wir bei Max, dem Besitzer des *Berkeley Barb*, der legendären Chronik der Studenten von '68. Ich verbrachte Stunden im City-Lights-Buchladen. An einem Tag fuhren wir an den Strand, sechs Mann in einer Schrottkiste. Ich weiß nicht mehr, wer am Steuer saß, aber ich war vorne zwischen Allen Ginsberg und dem Fahrer eingequetscht, hörte einem Countrysender zu, während Ginsberg irgendeinen Scheiß über Country als einzige wahre amerikanische Musik verzapfte. Am Strand war's warm, wurde aber bald kalt und neblig. Irgendwo hab ich ein Photo, wie ich in Shorts auf dem Rücken von Ginsberg und McLeod knie, die

auf allen vieren in Sand und Nebel hocken. Im Dämmerlicht sahen wir aus wie kränkliche, bärtige Strandjungs. Meine intellektuelle Protzerei war lächerlich, aber ihre auch. Es widerte mich an, daß es mir schmeichelte, in ihrer Gesellschaft zu sein. Aber die Gesellschaft von Schlauköpfen, die Bescheid wissen, ermüdet einen schnell.
Das Bemerkenswerteste an Los Angeles war seine Stumpfheit. Wie konnte eine so große Stadt so stumpf sein? Das Konversationsniveau von San Francisco war eine Sache für sich, aber hier waren die Gespräche so platt wie die Stadt, und das Perrier, das sie ständig tranken, war das einzige, was sprudelte. Ich ging mir 77 Sunset Strip angucken. Weiß Gott, Cookie Byrnes Bild hatte ich mir im Schlafzimmer meiner Schwester lang genug anschauen dürfen. Natürlich war Efrem Zimbalist Junior nicht da. Jetzt war da eine Peepshow, und der Rest von Hollywood war genauso.
Wir erledigten ein paar Geschäfte, nahmen den Lieferwagen und fuhren gen Norden. Ich machte mir Sorgen. An der Grenze würden sie mir garantiert unangenehme Fragen stellen, und jetzt war ich ja ein illegaler Einwanderer. Ich hatte keine Papiere, und wenn sie mich nicht zurück nach Kanada ließen, würde ich aus den Staaten ausgewiesen werden. Ich legte mir einen grotesk schlechten amerikanischen Akzent zu. Wenn sie McLeod als ›persona non grata‹ durchschauen würden, würden sie mich sicherlich vernehmen, und mein Akzent würde in einem Verhör nicht standhalten. Ich war überzeugt, daß sie die Platten und Magazine, die wir unter der Fußmatte hinten im Wagen mitbrachten, finden würden. Wir sahen verdächtig aus, Dan mit seinen verkniffenen, nervösen Augen und ich mit meinem Gebrabbel. Wir kamen durch, aber was würde beim nächsten Mal sein? Wenn ich bleiben wollte, müßte ich viel herumreisen. Wenn ich den Job wechseln würde, benötigte ich einwandfreie Papiere. Wenn mich die Polizei im Wagen anhalten würde, ja wenn ich einen Führerschein beantragen würde, wenn ich ins Krankenhaus

müßte ... Alles, was ich zukünftig tun würde, wäre überschattet vom Damoklesschwert der bevorstehenden Entdeckung in zwei, fünf oder zehn Jahren; aufgeflogen, zurückgeschickt und nie wieder eine Einreiseerlaubnis. Und was wäre, wenn ich dann einen tollen Job, Kinder, ein Haus haben würde, was wäre dann? Ich mußte etwas unternehmen. Als ich vor einem Jahr ankam, hatte ich die Amnestie der Trudeau-Regierung für illegale Einwanderer nur um zwei Monate verpaßt. Wenn ich für den Rest meines Lebens mit allen Freiheiten und Möglichkeiten in Kanada leben wollte, mußte ich zurück nach Irland und offiziell die Einwanderung beantragen.

Das hieß zurückkehren zu einer Engstirnigkeit und Moral, die so erstickend waren, daß sie mir buchstäblich das Atmen unmöglich machten. Zu einem Ort, wo Ambition und Talent als Makel galten. Zu einem Ort, wo die Haupttugend war zu wissen, wo man hingehört, wo der Versuch aufzusteigen, irgend etwas Ambitioniertes zu unternehmen, Hohn auslöst und zum Scheitern bestimmt ist. Hat man Erfolg, heißt es: »Für wen hältst du dich eigentlich? Ich kannte dich schon, als du noch eine Null warst.« Scheitert man, trifft man auf offenen Spott und abgrundtiefe Verachtung: »Was für ein Idiot, hält sich für oberschlau, das soll ihm eine Lehre sein, geschieht ihm verdammt recht.« Das Beste war, anonym zu sein, aber das konnte ich nicht mehr, nachdem ich das angenehm flaue Gefühl der Freude in meinem Magen gespürt hatte, wenn ich mein Kürzel im *Georgia Straight* las. In Kanada hatte ich gelernt, daß der Grad der eigenen Effektivität direkt proportional zum Grad des Einflusses, den man bekommt ansteigt. Je mehr Leute man kennt, desto mehr kann man tun.

Drei Jahre später sollte ich mit einer vergoldeten Schallplatte in Kanada und einer ausverkauften Tournee nach Vancouver zurückkommen und mit den Schlüsseln zum Vancouver Kanalisationssystem von Vancouver beschenkt werden. Aber nun mußte ich zu den verriegelten Toren Dublins zurückkehren. Mit Bedauern packten Daphne und ich unsere Sachen und reisten ab. Daphnes Eltern zuliebe heuchelten wir auf dem Flughafen von Dublin, weiterhin nicht miteinander geschlafen zu haben. Es schien absurd, sich nach solch einem Jahr zu trennen, sie ging ins Haus ihrer Eltern, ich in unseres. Alles, was wir sagten, war: »Bis dann.« Wir küßten uns nicht mal. Wir waren wieder zu Hause.

Mach die Ratte

Als ich das Haus meines Vaters in Brand setzte, gründeten wir die Band zum ersten Mal. Zwischen den Vorkommnissen bestand kein direkter Zusammenhang, aber es gab zwei Gemeinsamkeiten. Beides geschah rein zufällig, und in beiden Fällen war ich mit den Gedanken ganz woanders.

Das Feuer brach aus, als Daphne und ich im Spontanclinch auf dem Fußboden von Vaters Schlafzimmer lagen und sie versäumte, vor der ersten Runde die Zigarette gründlich auszudrücken. Nachher gingen wir einen trinken, und als ich in den frühen Morgenstunden heimkehrte, war das Erdgeschoß im Hinterhaus nur noch ein schwarzes Loch. Die Tatsache, daß mein Vater das große Haus in Einzelappartements unterteilt hatte, grenzte den Brand ein und bewahrte den Rest des Hauses davor, ein Raub der Flammen zu werden. Aber das Hinterhaus war hin, sogar die Bodendielen waren durchgekohlt. Daphne schiebt es bis heute auf einen Kabelbrand.

Mein Vater, der im Spanienurlaub gewesen war, wurde von seinem nervösen Sohn am Flughafen empfangen.

»Tja, da gab es ein kleines Feuerchen, während du fort warst.«

»Großer Schaden?«

»Hm, ja, du erinnerst dich an dein Schlafzimmer...?«

Er war äußerst angetan, kassierte die Versicherung und brachte die ganze Bude auf Vordermann.

Die Geburt der Band ging wesentlich unspektakulärer vonstatten. Zunächst wurde kein ernsthafter Gedanke daran verschwendet, daß daraus mehr werden könnte als ein bißchen Spaß für die Abende, an denen ich an der ersten Ausgabe einer neuen Zeitschrift herumlaborierte. Als es losging, war ich sogar nicht mal Mitglied, eher ein interessierter Beobachter.

Kurz nach meiner Rückkehr aus Kanada ging ich zu Fitzgeralds Bar, wo ich Gary Roberts traf. Er war nicht gerade ein Busenfreund, aber ich hatte einige Zeit mit ihm verbracht, als ich nach der Schule arbeitslos wurde. Er trank mit Johnnie Moylet, dem jüngeren Bruder meines Freundes Pat von Murray's. Sie sprachen davon, eine Band zu gründen. Gary war der Gitarrist, und Johnnie spielte Piano, soviel wußte ich. Beim Kaffee in der Riesenküche von Garys Haus dauerte die Diskussion bis zum frühen Morgen. Johnnies Vater, Pat Cusack, sprach auch davon, zusammen mit einem seiner Freunde, Gary Cott – den wir von Parties kannten, auf denen er Bluesgitarre spielte –, eine Band zu gründen. Pat, Garry und Johnnie studierten zusammen am Bolton Street College of Technology Architektur.

»Warum schmeißt ihr nicht zusammen«, schlug ich vor, »dann habt ihr Keyboards und drei Gitarren, einer von euch könnte den Baß übernehmen. Wäre doch einen Versuch wert. Die Hauptsache ist, daß ihr euch nicht wie Lokalmatadore aufführt, ein Doors-Song hier, ein bißchen Blues da. Ihr braucht von Anfang an ein klares Image.«

»Genau.«

»Ihr müßt auf ›Los‹ zu Stars werden. Sogar Leuten gegenüber, die ihr kennt, müßt ihr den Besonderen raushängen lassen. Das müßt ihr im Schlaf können.«

»Du sagst es.«

Ein paar Tage später erkundigte ich mich nach den Fortschritten. Es hatte sich nichts getan. Ich war nicht überrascht. Mit Leuten, die spät nachts in Dubliner Küchen schwatzen, hatte ich meine Erfahrungen.

Ich hätte mich raushalten können. Ich hatte alle Hände voll zu tun. Nun, da ich wieder in Dublin war, kam mir wieder zu Bewußtsein, was mich hauptsächlich fortgetrieben hatte. Ich nahm an, ich würde in Kanada wieder an mein früheres Leben anknüpfen können, sollte ich dorthin zurückkehren, aber ich erinnerte mich zunächst eines Stadtmagazins in Vancouver,

Buy and Sell. Es war die Idee eines sehr kleinen Verlegers gewesen und hatte sich schnell zu einem enormen Verkaufsschlager ausgewachsen. Es bestand nur aus Kleinanzeigen, aber die Neuheit war, daß die Kleinanzeigenkunden, hauptsächlich Privatleute, die ihre Waschmaschine oder ihr Auto verkaufen wollten, gratis inserieren konnten. Den Profit brachten nur die großen gewerblichen Anzeigen und der Preis für das Heft, und das nicht zu knapp. Ich rechnete mir aus, daß ich das gleiche auch in Dublin aufziehen könnte, um dann mit dem Gewinn meine eigene Musikzeitung zu gründen, sollte ich nicht die Möglichkeit haben, schnell nach Kanada zurückzukehren. Aber was für Nordamerika eine erfolgreiche und vielversprechende Idee war, schien sich in der lähmenden Atmosphäre Irlands immer mehr zur Totgeburt zu entwickeln.

Am Anfang hatte es rosig ausgesehen, denn Brian Devon und seine Frau waren mit uns von Vancouver gekommen und hatten 2000 Pfund in die neue Zeitung gesteckt. Das verdoppelte mein Anfangskapital aus den Ersparnissen aus Kanada. Ich hatte einen Zeitschriftenvertrieb mit einer Umfrage beauftragt, der begeistert berichtete, es sei das vielversprechendste Ergebnis aller Marktanalysen der letzten fünf Jahre. Ich hatte einen Vertrag mit einem Drucker in Bray, der mir dreißig Tage Zahlungsziel einräumte und damit die Möglichkeit, vier wöchentliche Ausgaben herauszubringen, ehe ich die erste zahlen mußte.

Ich hatte drei Teilnehmer eines wichtigen Autorennens, das im Fernsehen übertragen werden sollte, überredet, für *Buy and Sell* an den Start zu gehen. Hübsche Mädchen, alles alte Freundinnen, warben mit Armbinden und Probenummern vor Supermärkten um die Aufmerksamkeit der Hausfrauen. Gewappnet mit reichlich Recherchen und Werbung und mit Unterstützung eines ausgekochten Anwalts und eines Buchhalters, den ich mir engagiert hatte, ging ich zur Bank. Ich machte meinen Mund nicht auf, sondern ließ die Profis die

Sache unter sich ausmachen. Zu der Zeit waren beide Dubliner Abendzeitungen voll von Kleinanzeigen. Die Nachfrage nach persönlichem An- und Verkauf würde weiter steigen. Sogar im Falle einer Wirtschaftsflaute würde es kontinuierlichen Zuwachs geben, da in der Rezession der Bedarf an billiger Zweithandware und damit an solchen Anzeigen anhalten würde. Das Magazin sollte in gewissen Problemgebieten frei verteilt werden, würde also auch außerhalb des Stadtgebiets zirkulieren und damit für landesweite Anzeigenkunden interessant werden – im Gegensatz zu den Beschränkungen auf lokale Anzeigen, an denen so viele Publikationen krankten.
Alle Eventualitäten wurden durchgekaut, und schließlich erklärte der Buchhalter, daß ich nach vorsichtigen Schätzungen seiner Meinung nach innerhalb von sechs Monaten alle Darlehen zurückgezahlt haben würde und bis zum Ende des Jahres schwarze Zahlen schreiben müßte.
Der Bankdirektor lauschte schweigend. Dann lehnte er sich in seinem Stuhl zurück. Er legte die Finger in einer so pompösen Geste aneinander, daß ich mich auf eine haarsträubende Bemerkung gefaßt machte.
»Mr. Geldof, wie alt sind Sie?«
Ich sagte ihm, ich sei vierundzwanzig. »Dann schlage ich vor, daß Sie wiederkommen, wenn Sie vierzig sind und im Leben etwas geleistet haben.«
Mir riß die Geduld, und ich ereiferte mich über die Unterschiede zwischen Irland und Nordamerika und sagte ihm in unmißverständlichen Worten, daß es Leute wie er seien, die dieses Land auf den Hund gebracht hätten. Ja, ich war erst vierundzwanzig, aber hier stand ich, bereit, elf Leute von der Straße zu holen und ihnen Jobs als Tippsen oder Telefonisten zu verschaffen, und da stand er und sagte mir ins Gesicht, wir sollten alle zwölf weiterhin dem Staat auf der Tasche liegen, anstatt aus eigener Kraft ein Vermögen zu machen. Ich brüllte ihn an und rechtfertigte damit zweifellos seine Bedenken meiner Jugend und Unreife gegenüber, aber mir war ohnehin

schon klar, daß ich ihm keinen Penny aus dem Kreuz leiern würde.

Bei diesem Stand der Dinge hatte ich noch etliche Bittgänge zu Kreditinstituten vor mir, aber noch dringender, sollte die Zeitung jemals ans Laufen kommen, hatte ich mich um Telefonanschlüsse für den neuen Betrieb zu bewerben. Devons Schwiegervater hatte uns ein Gebäude in der Nähe der Schlachterei, in der ich gearbeitet hatte, zur Verfügung gestellt. Wir bezogen das Ladenlokal und eröffneten. Ich hatte beschlossen, auch ohne die Hilfe der Bank den Sprung zu wagen. Wir brauchten mindestens sechs Telefonanschlüsse, vorzugsweise alle über einen Hauptanschluß. Ich rief die Telefongesellschaft an.

»Vergiß es«, sagten sie.

»Ich kann's nicht vergessen, mein Job hängt davon ab. Wie lange wird es dauern?«

»Dauert mindestens drei Jahre, und dann können Sie vielleicht zwei haben.«

Ich konnte es nicht glauben. Wer in Kanada ein Telefon brauchte, hatte die Wahl zwischen zwei Gesellschaften und bekam es noch am selben Tag. »Das ist lächerlich«, sagte ich.

»So ein Pech, wollten Sie wohl sagen. Wir stecken bis zum Hals in Arbeit. Wir können dem Bedarf nicht nachkommen, besonders in der Gegend um Ballsbridge.«

Ich wußte, daß weder er noch sonst jemand mit sich reden lassen würde, aber mit der Situation abfinden konnte ich mich trotzdem nicht. Ich rief die Regierung an und bekam die Nummer von Conor Cruise O'Brien, dem damaligen Postminister. Zu meiner Überraschung gewährte er mir ein Treffen. Conor Cruise O'Brien ist Journalist, Verleger, Diplomat und Intellektueller. Er hörte sich meine Argumente an, meine »In welchem Land leben wir eigentlich?«-Nummer.

Schließlich sagte er: »Ich weiß, ich bin ganz Ihrer Meinung, aber ich kann es auch nicht ändern.«

»Aber Sie sind der Minister«, sagte ich.
»Ich weiß, aber ich kann nicht die Straße aufreißen und Leitungen verlegen. Es klappt einfach hinten und vorne nicht.« Er beschönigte nichts.
Von verschiedenen Leuten hatte ich gehört, es sei möglich, Gewerkschaftler zu bestechen, damit sie der Sache etwas nachhalfen. Ich rief die Gewerkschaften an. Ich traf mich mit einem scheinheiligen Knaben in mittlerer Position. Ich sagte ihm, sie würden die Menschen an der Arbeit hindern. Damit kam ich nicht weiter. Ich deutete sogar an, ein Spanienurlaub für zwei sei drin, falls sich irgend etwas tun sollte. Ich fürchte, mein Vorstoß war so subtil, daß er nie dahinterkam, was ich ihm eigentlich anbieten wollte, oder er überhörte ihn, oder vielleicht hätte es auch nichts gebracht, der gesamten Belegschaft einen Spanienurlaub zu finanzieren, weil sie ohnehin nichts für mich tun konnten. Nichts geschah.
Ich war unerträglich frustriert. Außerdem war ich enttäuscht, daß Johnnie und Gary keinen Schritt weitergekommen waren, als ich sie nach unserer Sitzung in der Küche wiedertraf. Die Idee, eine Band zu gründen, schien mir verführerisch, und sicher würde sie mich von meinen Problemen mit der Zeitung ablenken.
»Bitte doch Pat und Gerry Montag rüber, ja?« sagte ich Johnnie. Am selben Tag sah Gary eine Zeitungsanzeige und kaufte eine E-Gitarre. Unser erstes richtiges Instrument. Am nächsten Tag begleitete ich ihn in die Stadt, und wir kauften einen Meazzi 100-Watt-Verstärker. Wir waren sehr aufgeregt. Den ganzen Nachmittag spielten wir damit in seinem Zimmer. Er hatte Echo und flackerte synchron, zu welchem Rhythmus auch immer. Seine Mutter sagte, wir sollten mit dem Krach aufhören.
Gary und ich waren seit Jahren flüchtig bekannt. Er besuchte eine Quäkerschule in Waterford, und in den Ferien sah ich ihn um Ecken scheppern, die Knie so nah am Boden, wie es mit einer Honda nur eben ging. Ich hielt ihn für geisteskrank.

Mittlerweile ging er aufs Trinity College, wo er ein Jahr Psychologie und ein Jahr Medizin belegt gehabt hatte, was er aber jetzt aufgeben wollte, um etwas Neues anzufangen. Er war sehr aufgeweckt, aber leicht beeinflußbar. Er ist ein toller Gitarrist, aber nicht eben pragmatisch oder mit großem Organisationstalent gesegnet. Wahrscheinlich in einem Anfall von Selbsterkenntnis sagte er zwischen tosenden Ausbrüchen verstärkten Echos: »Vielleicht machst du besser den Manager und kümmerst dich um den ganzen Kram.«

»Ja, o.k.«, sagte ich.

Nachdem seine Mutter uns gebeten hatte, leiser zu sein, spielte ich Mundharmonika und er Gitarre. Wir spielten »Prodigal Son« von der Rolling-Stones-LP »Beggars Banquet«. Ich sang.

»Warum wirst du nicht auch Leadsänger«, fragte er.

Ich hatte nie ernsthaft mit dem Gedanken gespielt, weil ich immer noch große Hoffnungen in *Buy and Sell* setzte und abgesehen davon nicht singen konnte. »Naja, mal sehen, ich weiß nicht«, sagte ich. Aber in Wirklichkeit lag mir nichts daran.

Am nächsten Tag gingen wir rüber zu Johnnie. Johnnie war immer Pats Nesthäkchen-Anhängsel gewesen. Ein stiller Vertreter. Er ging in Limerick zur Schule und nahm dort Klavierstunden. Er war Mitglied im Beatles-Fanclub gewesen. Er war völlig anders als sein Bruder, der ständig nach dem ›Neuen Ding‹ Ausschau hielt, das ihm Millionen oder zumindest ein Auskommen bescheren würde. Pat packte die Dinge beim Schopf, Johnnie ließ sie kommen. Er schien unter chronischem Schlafmangel zu leiden, solange es nicht um seine Musik ging. Er war sehr liebenswert, freundlich, niedlich und faul, aber wegen seiner ausgeprägten Liebenswürdigkeit und Faulheit fand sich immer jemand, der ihm die Arbeit abnahm. Ich denke, er weiß das und lebt ganz gut damit.

Pat und Gerry waren bereit, einen Versuch zu wagen. Damit

hatten wir drei Gitarren, Keyboards und einen Sänger. Das reichte für den Anfang.
Eines Samstagnachmittags trafen sich Gary, Johnnie, Gerry, ich und Pat Moylett an den Drums in Pats Kellerwohnung. Johnnie hatte ein Tiger E-Pianette erstanden. Langsam wurde es ernst. Ich glaube, Pat hatte ein oder zwei geliehene Drums, war aber in Punkto Takthalten ein hoffnungsloser Fall.
Die Frage des Drummers mußte also dringend geklärt werden. Gary blies jeden mit seinem Meazzi weg, der in der Ecke neben dem Bett blinkte und Funken sprühte, und Gerry versuchte, die akustische Gitarre zum Baß zweckzuentfremden.
»O.k.«, sagte ich, »was für Musik wollen wir nun machen? Wir müssen uns für eine Sache entscheiden und dann dabei bleiben.«
»Tja, ich dachte an Doobie-Brothers«, sagte Gary und dröhnte ein paar Takte »China Grove« an.
»Das war wohl nichts«, sagte ich. »Damit kommen wir nicht weit.«
»Warum nicht?«
»Weil es hoffnungslos schlecht ist.«
»Wie wär's mit ...«, kam der nächste Vorschlag.
»Auch Schrott. Bedeutungslos, solche Musik. Kein Engagement, nichts dahinter. Es geht um nichts Wirkliches. Du kannst zu jeder Dubliner Band rennen und denselben Kram hören. Wir müssen was Besonderes machen, nicht nur abkupfern. Wir müssen uns an der Basis umsehen – R&B und Tanzmusik – und von da aus unsere eigene Linie finden.«
Wir alle mochten R&B. Es war unser gemeinsames Sixties-Erbe, und Gerry und Gary konnten es spielen. Ohne daß wir davon gewußt hätten, dachten Bands in ganz England und Amerika ähnlich wie wir. Die Leute rannten in die Pubs, weil dort Bands mit einem Gefühl und einer Hingabe spielten, die etablierten Bands mittlerweile völlig abging, weil sie ihre Hauptaufgabe nur noch darin sahen, ihre Technik zu verfei-

nern. Popmusik hatte nichts zu sagen, das aber mit jeder Menge Geld.
Kurz darauf zog ich bei meinem Vater aus und in eine Wohnung in der Clyde Road. Daphne verließ ihre Eltern, und wir nahmen unser kanadisches Leben wieder auf. Ich hatte jetzt beschlossen, bei sechs Freunden zu Hause Anrufbeantworter einzurichten und die Nummern als offizielle *Buy & Sell*-Anschlüsse zu inserieren, über die man seine Gratisanzeigen schalten konnte. In der Zwischenzeit begannen wir in einem Schuppen hinter meiner Wohnung zu proben. Pat Cusack war zu Proben in der Clyde Road aufgekreuzt, und Gerry wies ihn ein. Wir machten uns unverzüglich seinen ländlichen Akzent zu eigen und verarschten ihn, weil er allen Ernstes aus Ballyjamesduff stammte. Ich hatte nicht gewußt, daß es den Ort wirklich gab, obwohl ein in Irland sehr beliebter Song davon handelt. Pat war Johnnies Cousin, er war in der Grafschaft Cavan aufgewachsen. Ich wußte nicht viel über ihn, außer daß er Gitarrenstunden gehabt hatte und uns mit greulichen Jazz-Akkorden quälte. Er war ein sehr flinker Jazzgitarrist und nahm das recht ernst. Seine halbakustische Gibson beeindruckte mich sehr, aber es klang trotzdem nicht besonders. Zunächst erschien er ernst und introvertiert, vielleicht wegen unserer ständigen Neckereien, aber als er auftaute, wurde er zusehends gelöster und witziger. Obwohl er es leugnet, weiß ich noch wie heute, daß er braune Schuhe mit Schichtabsätzen trug, als wir uns das erste Mal sahen. Ich hielt ihn für gräßlich unhip und fragte mich, was für ein Bild wir mit diesen Jammergestalten abgeben würden. Gerry war verheiratet, und ich kannte ihn seit Dun Laoghaire. Auf Parties hatte er immer Big Bill Broonzys Railway Blues und so ein Zeug gespielt. Er war ein echter Bluesfan und erzählte den Leuten immer, was er spielen würde, wer's geschrieben hatte und woher es kam. Gerry war sehr erfahren. Er hörte zu und machte sich sein eigenes Bild. Er machte bei allem mit, solange es ihm sinnvoll schien, aber wenn er sich bei einer Sache

unwohl fühlte, kam er, nachdem alle gegangen waren, und fragte: »Warum machen wir das, und wie soll es weitergehen?« Er wollte, daß die Sache funktionierte. Ich glaube, zu Anfang waren seine Pläne hochfliegender als unsere.
Für ungefähr einen Monat probten wir ohne Drummer, mit anderen Worten, wir versuchten, ein Omelett ohne Eier zu backen. Gary sagte: »Wie ist es mit Simon Crowe? Wir haben zusammen in der Schulband gespielt.« Simon hatte neben Tante Fifi gewohnt, daher kannte ich ihn flüchtig. »Klar, frag ihn«, sagten wir. Simon hatte es mehr oder weniger drangegeben zu spielen und hatte keine großen Ambitionen auf eine Band, aber er kam und spielte. Es klang rund. Es klang richtig. »Ein Scheiß«, sagte Simon.
Ich hielt Simon für sehr ernsthaft. Er war ein großer Mann und durch und durch pragmatisch. Er war geschickt mit den Händen und ein erstklassiger Sänger und Drummer. Er war solide, wie man so sagt. Er schien mir ein bißchen starr und abweisend. Es gefiel mir nicht, daß er so unverbindlich und widerstrebend heranging. Schließlich war es nur ein Spaß. Keiner von uns wollte ihn ernst nehmen. Die Musik haute ihn nicht gerade aus den Socken. Hätte er lange genug in der Schule gespielt, sagte er. Er wollte lieber wie Little-Feet spielen. Das wäre eine größere Herausforderung gewesen. Er hatte natürlich recht. Bei uns ging es drunter und drüber. Aber es war ein aufregendes Drunter und Drüber, in dem wir jede Menge Spaß und Liebe zur Musik ausbrüteten. Simon war der perfekte Dämpfer für meine chronische Ungeduld. Sobald ein Song sich halbwegs erträglich anhörte, wollte ich schon mit dem nächsten weitermachen. Er bestand darauf, ihn wieder und wieder zu spielen, bis wir ihn perfekt drin hatten.
Ich hatte mir mit kleinen Artikeln und Reviews etwas verdient, die ich unter meinem kanadischen Kürzel Rob Geldof für den englischen *New Musical Express* geschrieben hatte. Jetzt, wo wir aus der Schule und älter waren, kam es jedem

komisch vor, mich weiter Geldof zu nennen. Robert war ihnen zu steif, ebenso wie den Kanadiern, die es zu Rob verkürzt hatten. Zu Haus in Irland fanden sie »Rob« ulkig und hatten angefangen, mich in langgezogenem amerikanischem Maulen »Barb« zu nennen, um den ersten Schock zu dämpfen, nachdem sie mich nicht länger mit Geldof ansprachen. Sogar Daphne nannte mich Geldof.

Für jedes Konzert in Dublin tat ich mich mit einem befreundeten Journalisten, Fachtna O'Kelly, zusammen und schrieb darüber. Bei einer dieser Gelegenheiten – einer Pressekonferenz von Gary Glitter – hatten Fachtna und ich das Mikrofon geklaut. Das benutzte ich bei den Proben, von einem Dachsparren hängend und in Pats Bassverstärker eingestöpselt. Fachtna und ich waren von da an von Pressekonferenzen ausgeschlossen. Fachtna war ein sehr schmaler, hochgewachsener, asketisch aussehender Typ. Er ist sehr anziehend und intelligent. Er hatte eine der größten Plattensammlungen, die ich je gesehen habe, und einen erstklassigen Musikgeschmack. Als wir eines Nachmittags in seiner Wohnung in Sandycove saßen, ließ ich beiläufig einfließen, »ein paar Freunde von mir haben da eine Band, und ich frage mich, ob du wohl was empfehlen kannst, was sie sich anhören sollten?« Es war mir zu peinlich, zu gestehen, daß ich zufällig in derselben Band spielte. Fachtna enthüllte mir einen kostbaren Fund. Er spielte mir Doctor Feelgood vor. Das war exakt das, was ich gesucht hatte, brillanter neuer Rythm & Blues, wundervolle, wundervolle Texte. *Standing, watch the towers burning at the break of day.* Welchen Sinn hatte es noch weiterzumachen? Diese Jungs waren schneller gewesen. Er spielte mir Bob Marley und Max Romeo und Burning Spear vor. Ich hatte in Kanada ab und zu Reggae gehört, aber es hatte mir nicht besonders gefallen. Als ich jetzt Bob Marleys »Catch a Fire« hörte, schien es mir von derselben Inbrunst beseelt, wie der frühe R & B, den ich kannte, und auf unmittelbare Weise relevant. Außerdem war es großartige Tanzmusik.

Ich nahm die Platten mit und spielte sie den anderen vor. Sie waren elektrisiert. Bald hatten wir jeden Doctor-Feelgood-Song drauf, aber Reggae war ein anderes Kaliber. Es brauchte seine Zeit, bis wir ihn verstehen und spielen lernten, aber das machte uns nichts aus. Andere Songs aus unseren Sammlungen übernahmen wir einfach. Wir spielten sehr schnell. Viel schneller als die Originale. Ich weiß nicht warum, es schien einfach unserer Erregung und dem Geist der Zeit angemessen. Wir waren immer noch hoffnungslose Fälle, trotz allem.

Drei Monate lang probten wir zwei- bis dreimal die Woche. Ich hatte Spaß an den Proben und wäre vielleicht damit zufrieden gewesen, noch einige Zeit so weiterzumachen, hätte Gerry nicht verkündet, es sei an der Zeit, uns um ein paar Auftrittsmöglichkeiten zu bemühen.

»Klar, Gerry«, sagten wir wie aus einem Mund. »Geh schon mal los und mach das klar.« Eines Abends im September '75 überraschte er uns mit der Nachricht, daß er einen Auftritt für uns arrangiert hatte.

»Ein Halloween-Konzert am Bolton-Street-Technikum«, sagte er. Wir mußten erst mal schlucken. Bis dahin war es weniger als einen Monat.

»Was springt dabei raus?« wollte ich wissen.

»Dreißig Pfund«, antwortete er.

»Dreißig Pfund! Dafür machen wir's nicht«, nörgelte ich, froh, eine tragbare Ausrede fürs Kneifen zu haben. Bei den Proben war meine Stimme nur durch das geklaute, ausgemusterte Bingo-Kränzchen-Mikro und die alten Lautsprecher verstärkt. Hinter diesen Unzulänglichkeiten ließ es sich gut aushalten, und ich lechzte nicht gerade nach der Feuertaufe eines Auftritts in aller Öffentlichkeit. »Dreißig Pfund! Der reinste Beschiß!«

»Ah ja. Wenn du so superschlau bist, gehst du vielleicht selbst hin und redest mit den Leuten.«

Das tat ich, aber mein Bluff war ein voller Erfolg. Als ich

sagte, dreißig Pfund seien eine Beleidigung, und wir würden es nicht unter der doppelten Summe machen, sagte der College-Veranstalter: »O.k., sagen wir also sechzig.« Wir waren festgenagelt.

Wir waren uns nicht sicher, was man von uns erwartete, und übten einen Set für zweieinviertel Stunden ein. Wir hatten Material im Überfluß. Was uns wirklich Sorgen machte, war, welchen Namen wir uns zulegen sollten. Wir konnten uns nicht weiter Mark Skid and the Y-Fronts nennen, wie wir es ab und zu getan hatten. Das klang zu schülerhaft und vordergründig.

»Wie wär's mit Traction?« schlug Gary vor.

»Murks, klingt ja wie 'ne Heavy-Metal-Band. Es muß dunkel und bedeutungsschwanger klingen. Die Leute müssen auf alles ansprechen, sogar auf den Namen. Alles muß aufregend wirken.«

»Was ist mit Nightlife?«

»Nicht schlecht. Aber es fehlt noch was. Es muß ein Name wie Rolling Stones sein, den man dann zu Stones oder so abkürzen kann. Wie findet ihr Darker Days?«

»Klingt wie eine Doors-Nummer. Warum nicht Nightlife Thugs?«

Nightlife Thugs stand schließlich in sauberen Lettern an der Tafel des Klassenzimmers im Bolton-Street-College für Technologie. Wir sahen es mit gemischten Gefühlen, als wir aus dem Pub nebenan kamen, in dem wir die letzte halbe Stunde im Schnelldurchlauf die Texte memoriert und die Songfolge umgeworfen hatten. Ich war in Panik. Was zum Teufel machte ich hier? Ich wollte aussteigen, allen erklären, daß ich nur Spaß gemacht hatte, da sagte jemand: »Wir gehen dann wohl besser.«

Die ersten Sekunden mit ihren stockenden Fehlversuchen und der plötzlichen Fremdheit der PA, die wir für den Anlaß gemietet hatten, waren schiere Panik. Aber wir stolperten in unseren Set und registrierten auf einmal ungläubig, daß die

Leute tanzten, zu dem tanzten, was wir spielten, und es ganz offensichtlich genossen. Ich konnte es nicht glauben.

Ich war in einer Band. Es war unfaßbar. Am Ende des Sets explodierte der Applaus. Daphne und Penny tauchten plötzlich lächelnd und klatschend auf. Offensichtlich waren wir sehr viel besser gewesen, als irgend jemand zu hoffen gewagt hatte. Es war berauschend.

»Fantastisch!« sagte Daphne.

»Echt?«

»Ja, wirklich, wirklich fantastisch!«

In der letzten Nacht hatte ich Woody Guthries Autobiographie, *Bound for Glory*, gelesen. Ich war bis zu der Stelle gekommen, als ungefähr in seinem elften Lebensjahr in seiner Heimatstadt in Oklahoma Öl gefunden wurde. Trupps von Gelegenheitsarbeitern zogen in die Stadt, und sie wurde zur *boom town*. Aus den alteingesessenen Gangs ausgeschlossen, gründeten die neuen Kids ihre eigene Bande. Sie nannten sich *Boomtown Rats*. Schon in diesem zarten Alter sprang der moralische Widerspruch Woody ins Auge, und er verließ seine alten Freunde, um sich der neuen Gang anzuschließen. Das Ergebnis war, daß sich die beiden Gangs zusammentaten. Plötzlich, in einer Pause während dieses Auftritts, ging mir die Kühnheit dieses Schachzuges auf. Ich marschierte zum Veranstalter und teilte ihm mit, daß die Band ihren Namen geändert hätte. Nightlife Thugs verabschiedeten sich, und an ihre Stelle traten die Boomtown Rats. Die anderen hielten es für einen Witz. Danach blieben wir bei den Rats, änderten unsere eigenen Namen aber wöchentlich: Mike Raphone, Max Volume, Max Headroom, The Van Rentl Brothers, Hertz und Avis, sogar total abseitiges Zeug wie Cup O'Tea und Ray Di Ator. Zwei davon blieben hängen. Wir änderten Pat Cusacks Namen, weil er uns zu irisch klang. Wir machten ihn noch irischer und änderten ihn in Pat Briquette, ein Wortspiel mit dem in Irland so beliebten Brennstoff. Johnnie Fingers blieb ein dauerhafter Spitzname, vielleicht, weil es für einen Pianisten so nahelag. Außerdem versorgten wir so die lokale Presse mit Gesprächsstoff, die nach und nach auf uns aufmerksam wurde, seit wir wöchentlich auftraten. Das Line-up war jetzt Pete Briquette (Pat) am Bass, Johnnie an den Keyboards, Gary und Gerry an den Gitarren, Simon als Drummer und ich als Sänger.

Wir sahen immer noch entsetzlich aus. Nach den ersten paar Gigs machten wir eine Photosession. Wir erkannten unsere Bärte und Schnäuzer als grausam. Abgesehen von Gary sahen wir alle verdammt harmlos aus. Zum ersten Mal fühlten wir uns wirklich als Band. Wir hatten gefälligst nach Boomtown Rats auszusehen. Wir legten mehr Augenmerk darauf, was wir anhatten und welchen Eindruck wir machten, einfach weil wir nicht länger wir selbst waren. Wir waren die Boomtown Rats. Alles mußte aufregend sein.

Kieran Fitzpatrick, ein mittlerweile zum Werbegrafiker aufgestiegener Beatles-Fanatiker, den ich von Murray's her kannte, gab sich als unser Soundmann aus, ein Job, für den er schlicht darum den Zuschlag bekam, weil er viele Platten hatte. Nun befaßte er sich mit unserer optischen Präsentation. Eines Abends legte ich ihm eine Comiczeichnung vor, die einen Mann zeigte, der eine düstere kopfsteingepflasterte Straße hinabkam, einen abgeschlagenen Kopf in der Hand. Kieran zog es hoch und schrieb in bluttriefenden Lettern den Bandnamen dazu. Dann hatten wir Plakate, die ein wohlgeformetes Bein in Gummistrapsen zierte. Unter Feministinnen erregten sie großes Aufsehen, und sie liefen rum und brandmarkten alle, die sie finden konnten, mit lila Filzern als »sexistisch«. In den Zeitungen hieß es, ich hätte die Poster aufgehängt und sei in der nächsten Nacht wieder hingeschlichen, um sie zu bekritzeln. Keine wahre Geschichte, aber immerhin eine gute. Das Beste hatten sie allerdings nicht mitbekommen. Das Bein gehörte mir.

Das mag heute dämlich wirken, aber kein Mensch sonst machte damals Plakate. Bands marschierten auf die Bühne,

R & B, Hosen mit Schlag und Schnurrbärte: Die Rats 1975.

vertaten zehn Minuten damit, ihre Instrumente zu stimmen, bemühten sich, über das Publikum großzügig hinwegzusehen und wechselten für den Rest des Abends zwischen einem großen Schluck Bier und einem quälend langweiligen Gitarrensolo. Die Poster im Verein mit dem Namen und der Art unserer Show waren darauf angelegt, den Leuten Reaktionen abzukitzeln.

Simon hatte ein Siebdruckgerät zu Hause, auf dem er T-Shirts und Poster bedruckte. Johnnies Mutter und Schwestern verfertigten uns Armbinden, die wir mit dem Ratten-Logo bedruckten. Gary, dessen Vater Fotograf war, fotografierte Collagen, die ich aus diversen aktuellen Ausschnitten und Geschichtsbüchern zusammengeschnippelt hatte. Wir machten Dias davon und warfen sie auf eine improvisierte Riesenleinwand aus Papier. Während drei Projektoren die Bilder auf die Leinwand ballerten, betraten wir die Bühne, hinter uns eine Ziegelmauer, die wir auch selbst aus Plastikdekorationen zusammengebaut hatten. Obendrauf hatten wir Stacheldraht gespannt und darunter den Bandnamen gesprüht. Während die Bilder und die elektronische Ouvertüre sich zum Inferno steigerten, begann Gary zu spielen, und wir legten los. Die Leute waren hingerissen.

Manchmal konnten wir bei Rentokil einen Lehrfilm abstauben. Pat Moylet gab sich als Lehrer aus, der ihn für ein Schulprojekt brauchte. Es war wundervoll. Man sah Bilder von Ratten im Weltall unterlegt mit einer Stimme, die fragte: »Wer waren die ersten im Weltraum? Ratten! Wer waren die ersten, die die tiefsten Tiefen der Erde erforschten?« Kunstpause, und dann brüllte der ganze Zuschauerraum mit ihm »Ratten!« Es endete mit einer Einstellung, in der eine Frau ein Stück Schinken in den Kühlschrank stellt. Eine Ratte dringt von hinten in den Kühlschrank ein und schlägt ihre Zähne in den Schinken. Als sich die Tür öffnet, huscht sie weg. Die Frau greift in den Kühlschrank, nimmt den Schinken und schneidet ihrem Ehemann ein Stück ab. Derweil der unselige Mann sich anschickt, sein schmackhaftes Mahl zu verzehren, läßt sich die Stimme vernehmen: »Sei wachsam! Einer der größten Erbfeinde der Menschheit ist die ...« Die Menge würde »Ratte!« schreien, und damit brach ich durch die Papierleinwand, und es ging los. Ich meine mich sogar zu erinnern, ich hätte einer Zeitung gesagt, wir würden lebende Ratten aufs Publikum loslassen. Taten wir natürlich nicht, wie sie genau wußten, aber daraus wurde eine Story, die uns noch heute anhängt.

Die anderen Dubliner Bands reagierten eifersüchtig und waren unangenehm berührt durch unser plötzliches Erscheinen und unseren rasanten Aufstieg. Sie beschuldigten uns der musikalischen Inkompetenz, aber wir drehten den Spieß um und starteten einen Werbefeldzug mit der Ankündigung »Ein vierter Akkord bei den Boomtown Rats – zu hören im ...« Ich hatte beim Gitarristen einer lokalen Band das Badge »Clapton is God« entdeckt und sprühte sogleich »Geldof is God« auf ein T-Shirt, das ich beim nächsten Gig ostentativ zur Schau trug. Ein Aufschrei ging durch die Lokalpresse. Die Sache begann mir Spaß zu machen. Die Band wurde berühmt-berüchtigt. Wir gastierten in den Klatschspalten sowohl der alternativen wie auch der etablierten Presse. Mein Freund Fachtna, der in der *Evening Press* Dublins führende Rockkolumne hatte, schrieb enthusiastische Reviews. Man begann, nach Autogrammen zu fragen.
Erfolg ist ein selbstbefruchtendes Phänomen. Innerhalb weniger Monate hatte ich mir enormes Selbstgefühl zugelegt. Vorher war ich nervös gewesen, nun durchflutete mich das erhebende Gefühl, zu meiner Bestimmung gefunden zu haben. Plötzlich hatte der Pott seinen Deckel. Ich dachte nicht groß darüber nach, aber das ganze Erlebnis einer Band war so befreiend, eine Katharsis. In einer Band konnte man sich ganz verlieren, in der Musik aufgehen und doch alles unter Kontrolle haben: Du warst hin und weg, aber deine Sinne waren messerscharf. Der beste Rausch, den ich je erlebt habe. Du konntest schreien und dir den Teufel aus dem Leib prügeln. Auf der Bühne konntest du alles tun, es war gebongt. Es war körperlicher und geistiger Raubbau, und nach einem Gig schlief ich, wie ich nie in meinem Leben geschlafen hatte. Und du konntest das Publikum mit dir in totale Verausgabung treiben. Alles trat in den Hintergrund, nur der Moment zählte. All meine nervöse Energie entlud sich in einem Feuerwerk. Meine Nervenenden schloßen sich kurz und knallten alle Kraft auf einen Punkt. Hier waren all meine exhibitioni-

stischen Tendenzen bestens aufgehoben. Meine Frustration fand ein Ventil. Mein Ego wurde bestätigt. Ruhe und Frieden hielten Einzug. Anecken wurde zum Kapital. Und ich hatte meinen Spaß, wahnsinnigen Spaß.

Der Ärger um Geld- und Telefonbeschaffung für *Buy & Sell* wurde Nebensache. Verglichen hiermit verblaßte der Reiz Kanadas zusehends. Ich hatte die Immigrationspapiere, sie waren sogar schon ausgefüllt, aber ich machte nie Gebrauch davon. Mein ganzes Leben lang hatte ich Popbands gehört, Platten gekauft, Popbands rezensiert. In Kanada hatte ich Popbands fotografiert, über Popbands geschrieben, aber jetzt war ich selbst in einer Popband. Ich fing an, meine eigenen Songs zu schreiben. Danach konnte mich nichts mehr auch nur halb so reizen.

Vom ersten Gig an war mir aufgegangen, welch kraftvolles Aphrodisiakum Rockmusik sein kann. Ich saß auf der Behelfsbühne der Bolton Street und wickelte ein Mikrofonkabel auf, als ich eine Stimme hörte: »Hättest du Lust, mit zu mir zu kommen?« Ich schaute auf. Vor mir stand ein hochgewachsenes Mädchen mit langen dunklen Haaren. Sie war sehr hübsch, und ich schnappte nach Luft. Noch nie war eine Frau so direkt zu mir gewesen. Immer nur plumpe Annäherungsversuche von mir und plumpes Entgegenkommen von den Mädchen.

»Ihr wart wirklich gut«, sagte sie, als sei das andere nur Konversation gewesen.

»Danke.« Ich kurbelte das Kabel ums Mikro.

»Und, wie ist es nun?«

Ich sah mich um. Daphne war mit irgendwem an der Bar. Wir fingen an, uns gegenseitig ziemlich zu langweilen, und sie hatte kleine Vorstöße in Richtung Gary unternommen.

»Wie ist die Adresse? Ich komme später nach.«

»Ich wette, du kommst nicht.«

Und wie ich kam! Es war ein dreckiger, verschwitzter, total befreiender Sex, wie ich ihn nie erlebt hatte. Als es vorbei war, erwartete sie nichts weiter. Das war alles, was sie von mir und ich von ihr wollte. Keine trübenden Mißverständnisse. Immer war Sex so kompliziert gewesen. Das hier war Sex zum Spaß. Das war neu. Es stellte sich heraus, daß das zur regelmäßigen Einrichtung werden sollte. In Poulaphouca kam nach dem zweiten Gig ein Mädchen zu mir und sagte, sie hätte während des Sets einen Orgasmus gehabt. Für mich war es immer noch ungewohnt, also murmelte ich unverbindlich: »Wie nett, danke.«

Natürlich konnten wir nicht von der Musik leben. Drei Tage die Woche fuhr ich morgens Brot aus; der unschätzbare Vorteil dabei war, daß ich den Lieferwagen mit nach Hause nehmen konnte und so die Band mit einem Transportmittel versorgte. Den Rest der Zeit verkauften Pat Moylett und ich kleine Spione, die die Leute einbauten, um einen Blick auf zwielichtige Gestalten an der Haustür werfen zu können. Wir durchforsteten die Tageszeitungen nach Raubüberfällen und Vergewaltigungen und starteten dann eine Blitzoffensive auf die umliegenden Wohngegenden.

Es war schnell verdientes Geld, aber, was noch wichtiger war, es gab mir auch die nötige Bewegungsfreiheit, die ich brauchte, um all meine Kräfte in den Dienst der Band zu stellen.

Mittlerweile hatten wir den Status der größten neuen Band in Dublin erreicht. Wir mußten etwas nachschieben. Die erste Pflicht war eine Tour durch Irland. Das Problem war, daß die interessanten Venues außerhalb Dublins fest in der Hand der Showbands waren. Die irischen Showbands sind eine der niederschmetterndsten Erfindungen in der Geschichte des Pop. Ihr Line-up ist normalerweise größer als das normaler Rockbands, und ihre Auftritte sind eine Mischung aus modernem Varieté und altertümlicher Music-Hall-Show. Das Showband-System hat unzählige talentierte junge Musiker verschlissen, die sich für ein Almosen einspannen lassen und mit vierzig als Wracks ausgespuckt werden. Die einzig mögliche

1976; ein bißchen besser aufeinander eingespielt.

Alternative war, einen eigenen Wirkungskreis zu etablieren. Mir fehlten die Voraussetzungen, um das zu organisieren, aber das University College in Dublin hatte sie, also überredete ich den Entertainment-Beauftragten, Billy Magrath, sich in den Dienst unserer Sache zu stellen. Über die universitätseigenen Büros und Telefone buchte ich eine Tour durch alle Großstädte im Land und alles, was sich als Auftrittsort anbot – Gemeindezentren, Kunsthallen oder sogar das Rathaus –, und schrieb Briefe an die örtliche Polizei, die Pfadfinder oder den Gemeindepfarrer, in denen ich mit Wohltätigkeitsspenden winkte, sollten sie unsere Plakate aufhängen und den Laden voll haben. Es wurde ein voller Erfolg.

Der Auftakt war ein Gig bei Moran's, Dublins erster Rock-

Adresse, und brachte uns einen Auftritt im Fernsehen ein, den ersten in der Geschichte irischer Popmusik.

Eine Tour durch Holland und das Ringen um einen Plattenvertrag – reich an kuriosen bis ehrenrührigen Angeboten – sollten folgen. Dann bot Virgin uns eine Million Pfund.

An- und Verkauf

Es war schwer, eine Million Pfund abzulehnen. Virgin Records hatte uns den Vertrag angeboten und schickte Abgesandte nach Irland rüber, um die Band in Aktion zu sehen. Wir gabelten sie mit unserem gelben Tourbus auf, der keine Sitze hatte. Richard Branson, der Eigner von Virgin, und Simon Draper, der Präsident, klemmten sich hinten auf den Boden zwischen die Instrumente. Ein Mann von Phonogram, der schon vorher maßvolle Begeisterung gezeigt hatte, Nigel Grange, kreuzte auch immer wieder auf, diesmal mit einem befreundeten DJ, Chris Hill. Nigel hatte sich entschlossen, bei Phonogram aufzuhören, um mit Chris ein eigenes Label namens Ensign zu gründen. Sie hätten uns gerne dabeigehabt. Es gab noch andere Anwärter, aber wir hatten beschlossen, daß es zwischen diesen beiden ausgemacht werden sollte, einfach weil wir sie mochten.

Fachtna hielt es für das beste, beide gegeneinander auszuspielen. Er brachte Ensign dazu, ihn zur Midem, dem jährlichen Treffen der Plattenindustrie, nach Cannes zu fliegen, und beschwatzte dann Virgin, die Hotelrechnung zu zahlen. In der Öffentlichkeit verknüpfte er die Verhandlungen, aß mit dem einen zu Mittag und nahm sein Dinner mit dem anderen. Es wurde immer höher geboten. Das Angebot von Virgin war gut, aber das Kleingedruckte machte es. Die Million würde uns zu zehn Alben in den nächsten fünf Jahren verpflichten. Es kommt einen ziemlich sauer an, als Arbeitsloser eine Million Pfund auszuschlagen, aber wenn man es aufsplittete, hieß das 100000 pro Album. Nach Abzug der Produktionskosten blieben damit noch 30000, um die wir uns zu siebt schlagen konnten. Machte also weniger als 4500 pro Nase. Nicht nur das, wir hatten auch noch die Kosten für neues

Equipment, Unterbringung und die Roadcrew zu tragen, nicht zu vergessen den Steuerberater, der mittlerweile lebenswichtig geworden war. Immerhin, Simon, der die Nase voll gehabt und die Band verlassen hatte, tauchte plötzlich wieder auf und fragte, ob er noch mitmachen könne, als er von dem Geld hörte. Das Virgin-Angebot hätte für uns auch bedeutet, die Rechte an den Songs abzutreten, die, wie wir bei aller Naivität wußten, das richtige Geld brachten. Ensign, auf der anderen Seite, wollten pro Album verhältnismäßig mehr ausspucken und erhoben keinen Anspruch auf die Rechte, wenn sie auch nur einen Vertrag über drei LPs anboten. Ab und zu schmissen wir eine kleine Party für die Virginer und Ensigner.

Einer dieser Anlässe brachte schließlich auch den endgültigen Bruch zwischen Daphne und mir. Ich war mit ihr auf eine der Parties gegangen, aber nachdem sie nach Hause gegangen war, tanzte ich mit der Freundin des Gitarristen einer anderen Band. Sie war groß und schlank, mit riesigem Mund und Schlafzimmeraugen. Während wir tanzten, sagte ich ihr, ich würde gerne mit ihr ins Bett gehen, und sie machte den Vorschlag, nach oben zu verschwinden. Es gab noch einen Volksaufstand, weil ihr Freund, schon ziemlich betrunken, dahinter kam und uns die Hölle heiß machen wollte. Wir waren eben nett in Schwung, als er gegen die Tür zu ballern begann. Wir ließen uns nicht stören, während er draußen tobte und trampelte, dann hörten wir Gary die Treppe hochkommen, der den Knaben besänftigte. In der Zwischenzeit hatte Pat Moylett, der schon immer eine Schwäche für Daphne gehabt hatte, nichts Eiligeres zu tun, als ihr nachzufahren und alles zu stecken. Klägliches Ende einer kläglichen Beziehung. Uns hatte etwas verbunden, das entfernte Ähnlichkeit mit Liebe hatte, im Grunde aber auf krampfhaft verzweifelte Umklammerung hinauslief.

Wir nahmen uns gegenseitig die Luft zum Atmen. Wir waren völlig unvereinbar. Sie war introvertiert, ich dagegen laut und extrovertiert. Sie liebte Frieden und Routine, ich langweilte mich schnell. Wir hatten jahrelang zusammengelebt, aber jetzt veränderte sich mein Leben grundsätzlich und drastisch, und das neue Leben war nicht das, was sie wollte. Ich fühlte, daß ich endlich so frei war herauszuschreien, was mir am Herzen lag, ob es jemand hören wollte oder nicht, egal. Ruhm war mein Diplomatenpaß. Ich konnte zur Sache gehen, ich war geladen. Es war genau der richtige Moment, sich zu trennen. Wir schliefen zwar noch in einem Bett, das war aber auch alles. Wir langweilten uns einfach zu Tode. Die Rats unterschrieben bei Ensign, und das erste Album enthielt einen Song für Daphne mit den Zeilen *Don't trust anything, especially love* und, sprechender, *Our eyes are dry, but we're bored to tears*. Wir trennten uns sang- und klanglos, wir gingen einfach auseinander. Ich bin froh, daß wir heute beide glücklich sind.

Letztendlich hatten wir uns für Ensign entschieden, teilweise, weil Nigel und Chris ernsthaftes Interesse an unserer Musik gezeigt hatten, teilweise, weil wir dachten, sie würden hart für uns arbeiten – sie hatten einen neuen Laden, und ihr Erfolg würde zum großen Teil von unserem Erfolg abhängen. Wir sollten die Produktion des ersten Albums von den Vorschüssen zahlen, also arbeitete unser Steuerberater ein System aus, das unsere Steuern auf ein Minimum beschränken würde, sofern wir nur außerhalb Englands aufnehmen würden und auch das Geld, das wir, grob gerechnet, machen wollten, aus dem Land hielten. Das war die Theorie. Für uns gab es weder einen plötzlichen Geldsegen noch verfeinerten Lebensstil.

Den anderen fiel die Entscheidung viel schwerer als mir.

Mich begeisterte die Chance, Irland wieder verlassen zu können. Johnnie, Pete und Gerry mußten sich zwischen Architekturstudium und einem Glücksspiel mit den Rats entscheiden. Wenn es schiefging, standen sie vor dem Nichts. Sie konnten vielleicht wieder aufs College gehen, aber mit welchem Alter! Für Gerry war es am härtesten: Er hatte ein Haus und war verheiratet. Ich glaubte nicht, daß er mitkommen würde; er hatte das meiste zu verlieren, aber er kam mit uns. Gary war mehr oder weniger in der gleichen Lage wie ich, und Simon hatte sich schon entschieden.

Wir zogen alle nach England und ließen den Aufruhr hinter uns, den meine Pressemitteilung, die Boomtown Rats hätten einen besseren Vertrag als die Beatles und die Rolling Stones herausgeschlagen, hervorgerufen hatte. Das stimmte, war aber keine große Sache. In jenen goldenen Zeiten waren die üblichen Vorschüsse eine zu vernachlässigende Größe. Nichtsdestotrotz prunkten in der Presse Schlagzeilen wie »Boomtown Rats mehr wert als die Beatles«. Die Tatsache, daß niemand bereit war, ihnen genaue Zahlen anzugeben, um unseren Steuerklüngel nicht zu gefährden, war Öl auf die Flammen. Wir zogen nach England, und mit uns Fachtna, sozusagen das siebte Bandmitglied, und unser Roadie Phay Taylor, der der Versuchung erlegen war, sein Glück zu versuchen und seinen Job in einer Glühbirnenfabrik aufgegeben hatte. Außerdem heuerten wir einen P.-R.-Mann an, B. P. Fallon, der für T. Rex und Led Zeppelin (von denen er stets nur als ›Zeppo‹ sprach) gearbeitet hatte, und gute Verbindungen zu Stiff, dem damals führenden New-Wave-Label, hatte. B. P. hatte eine etwas anarchische Auffassung von Humor, was sich als zweifelhafte Gnade erweisen sollte. Manche seiner Stunts waren unschlagbar erfolgreich.

Andere wieder gingen mit dem gleichen Aplomb nach hinten los. Ich möchte an den Fall erinnern, wo er hundert tote Ratten in einem Laboratorium erstand, in Plastikhüllen mit Formaldehyd einschweißte, um sie dann zur Feier unserer ersten Single von einem Fesselballon aus auf das Publikum eines Open-Air-Festivals niedersinken zu lassen. Der Anschlag wurde dadurch vereitelt, daß er sich keinen Zugang zu dem Ballon der Plattenfirma erzwingen konnte, von dem aus er die Ratten schmeißen wollte.

Nun, da wir Zugang zum Herzen der britischen Punkbewegung hatten, ging uns auf, wie wenig wir mit ihr gemeinsam hatten, von der Tatsache, daß beide Seiten der Schlaffheit der etablierten Bands contra boten, einmal abgesehen. Wir trieben uns in Läden wie dem 100-Club rum. In der ersten Nacht spielten The Damned als Vorgruppe für eine Band namens Roogalator. Es waren nicht viele Leute da, mit Ach und Krach dreißig, die die Vorgruppe nach besten Kräften ignorierten, wie das Publikum es so gerne tut. Man kann sich unser Erstaunen vorstellen, als wir eine Woche später im New Musical Express – der für uns immer die Bibel der Popindustrie gewesen war – erfuhren, man hätte sich totgetrampelt, um den Damned einen triumphalen Empfang zu bereiten. In Wirklichkeit waren sie gnadenlos ausgebuht worden. Uns ging ziemlich schnell auf, daß ein großer Teil des New-Wave-Phänomens schierer Hype war, aufgebracht und gehätschelt von einer Journalistenelite, die der Mangel an Rasanz genauso langweilte wie die Bands und die sich etwas Neues suchten, über das sie schreiben konnten.

Ebenso erstaunt waren wir, wie schlecht einfach manche der Bands waren, die Jubelkritiken der Musikpresse einheimsten. Später hieß es immer, das sei der Punkt gewesen, aber es lag nicht daran, daß in den Reviews von brillanten Musikern die Rede war. Für mich, der sich immer hatte anhören müssen, wir seien unter aller Kritik, war es eine Offenbarung. Was uns musikalisch von ihnen unterschied, war, daß wir uns in der relativen Abgeschiedenheit Irlands hatten entwickeln können, achtzehn Monate Zeit gehabt hatten, spielen und Songs schreiben zu lernen. Bands wie die Sex Pistols, The Clash oder The Damned mußten ihre Übungen im Scheinwerferlicht des Medieninteresses absolvieren.

Zunächst waren unsere größeren musikalischen Fähigkeiten ein Vorteil. Den Popzeitungen war unser technisches Vermögen verdächtig, aber Radiofritzen, die sich an den New-Wave-Zug anhängen wollten, fanden die meisten anderen

Platten abscheulich. Tatsächlich gelang es vielen Bands, im Studio ihre Mängel zu überspielen und fantastische Platten zu produzieren. Live waren sie hoffnungslos langweilig. Natürlich ging es um sehr viel mehr als um bloße Musik, und wir verstanden es – die Radiosender natürlich nicht. Also stürzten sie sich auf unsere erste Single, weil sie ihnen vertraut klang; hier fanden sie die Brücke zur musikalischen Vergangenheit, die wir, im Gegensatz zu den meisten Punkbands, nie verleugnet hatten. Die Single »Lookin' After Number One« war ein melodischer Ohrwurm, war schnell und zwingend und klang irgendwie modisch. Sie mochten und spielten das. Wir wurden zum »gesellschaftsfähigen« Gesicht des Punk. Das alternative Establishment der New Wave spuckte uns das Prädikat mit verletzender Gehässigkeit ins Gesicht. Ironie, daß dieser »respektable« Zirkel von Musikern und Songschreibern als »New Wave« in die Geschichte eingehen sollte.

Fachtna hatte uns ein großes Haus in Chessington / Surrey gesucht. Paradoxerweise gehörte es Virgin Records, hatte einen schalldichten Raum und war perfekt zum Proben. Chris und Nigel stellten uns einem Produzenten, Mutt Lange, vor, der eine große Zukunft vor sich hatte. »Was um Himmels willen soll ich mit dem Verein anfangen?« schnappte er in seinem südafrikanischen Akzent. »Da würde ich mich wirklich lieber raushalten.«

Nach einer Woche in Dieter Dierks Studio bei Köln wünschten wir innigst, er wäre bei seinem ersten Entschluß geblieben. Ein Perfektionist und Schinder! Jahre später, als unsere Platten mit Worten wie »Warum nur finden sie nicht zur Spontaneität ihrer ersten Aufnahmen zurück?« kommentiert wurden, konnten wir darüber lachen.

Unsere erste Single sollte »Lookin' After Number One« sein. Wie die anderen Songs auf dem ersten Album hatte ich ihn noch in Irland geschrieben, meist in der Küche der Seapoint Avenue 17, wohin wir nach der Clyde Road gezogen waren.

Billy Magrath lag oft über der Küche im Bett und geisterte noch mal herunter, um sie mit »Nicht übel, das« oder »Kann ich nicht viel dran finden« zu kommentieren.
Die meisten Songs handelten von Bekannten oder von Dublin. *He said, I'm leaving, I'm getting out, I'm going to go somewhere it doesn't stink, away from the alleys, somewhere I can think. It's a strain on the brain living close to the brink. Look at that brick wall gravestone where some kid has sprayed ›Nobody could be bothered to rule here, OK?‹*
»Number One« war allgemeiner gehalten, der Inbegriff eines Siebziger-Songs, für die Ich-Dekade. *I am an island, entire of myself*, und dann, Ironie des Schicksals, die Zeilen *Don't give me love thy neighbour, don't give my charity, don't give me peace and love, or the good lord above. You only get in my way with those stupid ideals.* Mit Ausnahme der Zeilen *Never underestimate me, I'm nobodys fool* und *I don't want to be like you, think like you, talk like you, I'm going to be like me* war es kein sehr persönlicher Song. Einerseits war es eine Art Manifest, und es spiegelte die alles durchdringende Selbstsucht dieser Jahre, die mich zu ermüden begann.
Wir wußten, daß wir ein paar Konzerte geben und uns in England eine Gefolgschaft suchen mußten, falls sich mit der Single jemals etwas tun sollte. Es sollte unser erster Auftritt in der neuen Heimat werden, kein Vergleich zu dem kleinen Clubgig, den wir in London vor den Angestellten der Phonogramm, deren Unterlabel Ensign war, absolviert hatten. Mir hatte sich bei dem Konzert der Magen umgedreht, ich hatte mich gefühlt wie auf der Anklagebank, was ich ja in gewisser Weise auch war. Die Leute hingen auf halbem Wege in der Vorhalle und schlürften ihre Drinks. Später stießen sie dann zu uns. »Jede Firma, die einen Demis Roussos vorweisen kann, kommt uns recht«, begrüßte ich sie.
Nun hielten wir es für das beste, London weiträumig zu umgehen. Wir schrieben 1977, und mit den Pistols, den Damned, Jam und Elvis Costello gleichzeitig konnten wir es nicht

aufnehmen. Wir rechneten uns aus, daß wir ein größeres Publikum anziehen könnten, wenn wir über die Dörfer gehen würden und London den anderen überließen. Mit diesem Hintergedanken wandten wir uns nach Norden, wo wir eine kleine Tour begannen. Unser erstes Konzert war in Blackburn, in einem Club namens Lode Star. Wir bekamen 70 Pfund. Es hatten sich ca. fünfzehn oder zwanzig Leute eingefunden. Vier Monate später, als wir einen zweiten Versuch machten, drängten sich im selben Laden 500 Leute, woran sich abmessen läßt, wie schnell die Sache ins Rollen kam. »Lookin' after Number One« wurde im NME zur Single der Woche erkoren und stieg noch in derselben Woche bei 78 in die Charts ein. Wir waren selig. Überhaupt in die englischen Charts zu kommen war schon ein Riesenschritt für eine irische Band. Phil Lynott hatte uns eingeladen, als Vorgruppe bei einem großen Thin-Lizzy-Konzert in einem Stadion in Daleymouth zu spielen. Nun sollten sie alle an ihren abfälligen Worten über die Rats ersticken. Bald stieg die Platte bis Nummer elf. Ich rief meine Familie an, ich war so stolz. Es schmiß sie um. Unser ganzes Leben lang hatten wir die Songs aus den Charts nachgesungen, die Fortschritte unserer Lieblinge verfolgt, und nun gehörte ich dazu. Ich spürte, daß ich endlich etwas erreicht hatte, was meinen Vater stolz auf mich machte und ihm zeigte, daß ich all die Jahre nicht der Totalausfall gewesen war, als den er mich sah.
Einen Tag nach dem Spektakel in Dealeymount traten wir in unserer ersten Fernsehshow auf. B. P. hatte uns in die *Marc Bolan Show* geschleust. Marc starb zwei Wochen später bei einem Autounfall. Er feierte gerade ein Comeback und tat B. P. einen großen Gefallen, indem er uns mit hineinnahm. Die Show selbst war schauerlich. Es gab keine Möglichkeit für einen Soundcheck vorher, und während unseres Auftritts umzingelten uns tanzende Mädel, die Nummern vor unserer Nase schwenkten. Aber was soll's, wir waren im Fernsehen. Dann kam die willkommene Nachricht, daß wir in *Top of the*

Pops eingeladen waren, die wichtigste Popshow des Landes. Uns war klar, daß ein Auftritt in *Top of the Pops* den Unterschied zwischen Sieg oder Niederlage bedeuten konnte. In der Gestaltpsychologie der New Wave nach den Auslegungen des NME hatte man Fernsehen im allgemeinen und *TOTPs* im besonderen als Teil einer alten Ordnung zu verschmähen, die es niederzuringen galt. New-Wave-Musik war sozusagen die Alternative. Sie hatte politische oder quasi-politische Funktion. Sie hatte nichts am Hut mit Popmusik, der es nur darum ging, die Kids mit hirnlosem Gedudel zu zerstreuen und ein paar Performer auf ihre Kosten zu mästen. Mit einem Auftritt in *TOTPs* waren wir mutmaßliche Verräter an den Werten der New Wave und liefen Gefahr, unter der tödlichsten aller Anklagen geächtet zu werden: Kommerzialität. Für derartigen Nonsens war mir meine Zeit zu schade. Ich fand es einfach armselig, eine TV-Popshow mit einer politischen Handlung gleichzusetzen. Das meiste war ohnehin schiere Heuchelei. Die Sex Pistols gaben vor, sie wollten nicht in die Show; tatsächlich aber verzehrten sie sich nach der Chance und konnten nur ihres üblen Leumunds wegen keinen Fuß in die Tür kriegen. Endlich, nachdem sie ein Jahr lang »widerstanden« hatten, »beschlossen« die Pistols als radikale Geste in *TOTPs* aufzutreten. Tatsächlich hatten sie es geschafft, der BBC endlich ein Video schmackhaft zu machen, das sie dann zur Sendung freigaben. Dies wurde in der Presse als ›revolutionärer Triumph‹ gefeiert; unser Auftritt ein Jahr zuvor war selbstredend »Ausverkauf« gewesen. Die Clash machten es zum zentralen Punkt ihres Selbstverständnisses, niemals einen Fuß in *TOTPs* zu setzen – mit dem Reingewinn, daß sie niemals über einige kleinere Hits hinauskamen. Soweit es mich betraf, konnten sie sich alle ins Knie ficken. Ich wollte Platten verkaufen, ich wollte, daß so viele Leute wie möglich uns sahen und hörten.

Wir fühlten uns sowieso keinesfalls als Teil einer neuen Bewegung, jedenfalls nicht in erster Linie. Natürlich konnten wir nicht umhin, im selben Alter wie die Leute in anderen Bands zu sein oder Mode und Stil nach demselben Lager zugeordnet zu werden. Unsere Gemeinsamkeiten erschöpften sich in der Überzeugung, daß sich musikalisch dringend etwas Neues tun müsse, aber die Boomtown Rats waren niemals darauf aus, einer politischen oder pseudopolitischen Bewegung anzugehören. Damit will nicht gesagt sein, daß unsere Songs selbst nicht politisch waren, aber es lag beim einzelnen, sie zu interpretieren und anzunehmen oder abzulehnen. Ich schrieb: *The only act of revolution left in a collective world is thinking for yourself.* Wir gingen auf Kollisionskurs.

Später im Jahr veröffentlichten wir eine zweite Single von der LP, »Mary Of The Fourth Form«. Es handelte vom imaginären Leben, das ich mir für ein Schulmädchen, Mary Price, zurechtgelegt hatte, für die ich in Murray's geschwärmt hatte. Die Platte schaffte es bis Nr. 14. Nach diesem triumphalen Jahr beschlossen wir, im Gewand der siegreichen Eroberer nach Irland heimzukehren. Einen Tag nach unserer Ankunft in Dublin brütete ich im Büro des Promoters über Tourplänen, als dieses schräge Mädchen hereinschneite. Sie war ungefähr siebzehn und in zerrissene Spitze gekleidet, in der sie aussah wie ein Mischling aus Hippie und Punk. Sie wirkte wie ein kleiner Streuner, hatte platinblondes Haar, und sie war hinreißend. Als sie den Mund aufmachte, klang sie nach englischem Oberschichtskind.

»Hi«, sagte sie und fixierte mich.

»Hi, ich heiße Bob Geldof.«

»Ich weiß, wir kennen uns schon.«

»Tun wir das? Woher?«

»Von diesem Restaurant an der Fulham Road, wo die Party für ›Lookin' After Number One‹ war, weißt du noch?«

»Ach, natürlich!« Ich hatte keine Ahnung.

»Wie geht's so?« sagte sie.

»Alles bestens. Steh nicht so an der Tür rum, komm rein.«

»Ich kann mich ja nirgendwo hinsetzen.«

»Dann setz dich auf mein Knie.«

Gesagt, getan. Na klasse, heute abend wird gefickt, dachte ich mir. Sie hieß Paula Yates. Sie hatte gerade ihre A-Levels am St. Clare's in Oxford gemacht und arbeitete jetzt als Zugehfrau in London. »Ich hab meinen eigenen Gummischrubber«, sagte sie.

Ich lud sie zum Konzert am Abend ein. Der Promoter mietete einen halben Wagenpark Daimler-Limousinen, um uns abzuliefern. Wir waren in Dublin, also würden wir protzen. Als wir durch die Grafton Street fuhren, lehnte sie sich rüber und ging mir an die Hose. Ich linste zum Fahrer rüber. Er achtete nicht auf uns. »Mach doch so was nicht«, sagte ich. Altbekannte Stätten zogen am Wagenfenster vorüber. »Laß das sein, ja?« sagte ich halbherzig. Jesus, das hat die nicht am St. Clare's gelernt, war mein letzter Gedanke. Nachher erklärte sie mir, sie hätte es für notwendig gehalten, weil sie dachte, Rockstars würden so was erwarten.

Nach dem Konzert gingen wir alle noch aus. Sie saß bei Fachtna und plauderte, als sich ein unscheinbarer und errötender Jüngling näherte. »Hi«, setzte er tölpelhaft an. »Ich bin Bono. Ich singe in einer Band, die heißt U 2.« »Nicht möglich«, sagte Paula. Bono schlich mit eingekniffenem Schwanz davon. Als der Abend zu Ende ging, fragte ich: »Wie sieht's jetzt aus, kommst du mit oder nicht?« Es war wirklich nicht sehr romantisch.

Ich übernachtete beim Promoter. Wir schliefen auf dem Fußboden. Es war Weihnachten, und ein fantastisches Jahr lag hinter uns, aber die Platte warf noch keinen Profit ab, und wir pflegten einen sehr genügsamen Lebensstil. Andere Leute wären vielleicht überrascht gewesen: Schließlich waren wir im Fernsehen gewesen, hatten zwei Singles in den Charts und kurvten in dicken Autos herum, also hatten wir waschechte Popstars zu sein. Mein Bett waren drei Polster und ein Afghanenmantel. »Hör mal den Regen auf dem Oberlicht«, sagte ich, als wir so dalagen. Mein Beitrag zum romantischen Zwischenspiel. Am nächsten Morgen stellte sich heraus, daß kein Regen gefallen war – der Wasserkasten der Toilette war gesprungen. Später gestand sie mir, daß sie mich in dieser Nacht für pervers gehalten habe, aber damals sagte sie nur, ich hätte mir die ganze Nacht den Großteil des Mantels gekrallt, und sie würde uns für die nächste Nacht ein Hotelzimmer spendieren. Ich war tief beeindruckt; woher sollte ich wissen, daß sie dafür ihr letztes Geld hinlegte. Ich versuchte vergeblich, sie loszuwerden, als ich meinen Vater in Dun Laoghaire besuchte. Sie baumelte an mir rum und küßte mich, während ich versuchte, mit dem alten Herrn zu reden. Es war mir ziemlich peinlich.

Die Band hängte ihr den Namen »der Aussitzer« an. Sie verbrachte Weihnachten bei ihrer Mutter, die ein Schloß im County Clare bewohnte, aber einen Tag nach Boxing Day war sie wieder zurück. Ich versuchte redlich, ihr den Tritt zu geben, aber sie ließ sich nicht kopfscheu machen und erschwatzte sich sogar einmal den Zugang zum Tourbus. Sie war sehr witzig, hatte was im Arsch, ich fand sie genial, aber ich hatte kein Interesse an festen Beziehungen. Die Erinnerung an Daphne war immer noch bitter und schmerzlich, das würde mir nicht noch mal passieren. Ganz abgesehen davon war ich erst kürzlich zum Popstar aufgestiegen und die Welt – und ihre Muschis – lagen mir zu Füßen. Ich hatte nicht vor, mir eine einzige Chance entgehen zu lassen – nun, da ich sie endlich hatte.

Sylvester tauchte Daphne in Galway auf, und ich mußte Paula bitten, schon auf ihr Zimmer zu gehen, während ich mit Daphne nach dem Gig einen trinken ging. Ich wollte nicht, daß Daphne den Eindruck hatte, ich würde als der Popstar mit seinem Londoner Blondchen vor ihr paradieren. Paula war pikiert, aber sie tat so, als hätte sie sich ohnehin auf einen ruhigen Abend eingerichtet. Ich schickte die ganze Zeit Leute mit Cocktailwürstchen am Spieß nach oben, um in Verbindung mit ihr zu bleiben.

Da war irgendein Ärzte-Kongreß im selben Hotel, und sie suchten schon die ganze Zeit Streit mit uns. Alle, die Onkel Doktors eingeschlossen, waren gut stramm, also verzogen wir uns gegen eins, um der Katastrophe zu entgehen. Ein paar von den anderen waren schon früher mit ihren Freundinnen zu Bett gegangen, und der Rest von uns schlich auf Zehenspitzen durch die Korridore, klopfte leise an die Türen und fragte: »Habt ihr da noch Kippen?« Wenn sie die Tür aufmachten, stürzten wir alle ins Zimmer, stopften das nackte Pärchen inklusive Bettzeug und allem in die Badewanne und drehten das kalte Wasser an. Wenn sie nicht aufmachten, traten wir die Tür ein und vollstreckten trotzdem. Nach einer guten halben Stunde waren wir redlich erschöpft und gingen ins Bett. Meine eigene Zimmertür hatte auch dran glauben müssen, also klemmte ich sie notdürftig in den Rahmen und legte mich zu Paula. Robby McGrath, unser Manager, der sich die Zeit damit vertrieben hatte, aller Kleider bar im Lift auf- und abzufahren, ging nach unten, um eine Liste der Verwüstungen aufzustellen, die er dem Manager des Hotels am nächsten Tag ersetzen wollte.

Jedenfalls ließ die Polizei nicht lange auf sich warten. Vielleicht hatte der Hotelmanager sie gerufen, oder sie hatten uns die ganze Zeit schon im Auge gehabt. In Irland sah man damals in uns eine Art heimischer Sex Pistols. Vielleicht waren wir aufgefallen, weil wir am Tag zuvor in Cork B. P. Fallon den irischen Premierminister Jack Lynch gebeten hatten, sich mit uns von ihm fotografieren zu lassen. Er wußte nicht, wer wir waren, und dachte wohl, es handelte sich um einen Spaß unter Saufbrüdern. Es gab einen Krach, als die Tür aus den Angeln sprang, und herein spazierten die Bullen. Wir setzten uns im Bett auf. Sie schnappten mich und zerrten mich raus, nackt bis auf die Eier.

»Nana, kleines Fräulein, nur weil er Popstar ist, heißt das noch nicht, daß Sie mit ihm ins Bett steigen müssen«, wandten sie sich in fettestem westirischem Akzent an Paula, die in ein

Bettuch gehüllt dasaß. Sie waren schwer enttäuscht, daß sie Engländerin war, nicht minderjährig und anscheinend ganz zufrieden da, wo sie war. Dann durchforsteten sie die Medikamente, mit denen ich meine Stimme schmierte. »Was haben wir denn hier?« sagte einer und hielt ein Riechkissen von Lemsip hoch.

»Ein Lemsip«, sagte Paula.

»Und was ist das?« sagte er und deutete auf eine Halspastille.

»Ein Halsbonbon. Spricht irgendwas dagegen, daß ich wieder schlafen gehe?« Sie fanden es gar nicht lustig, aber ich.

Paula hatte zu jedem Konzert den Zug genommen, weil bei uns wie bei den meisten Bands die Regel »Keine Frauen an Bord« galt. Damit sollen die Spannungen, die ein knutschendes Pärchen auf dem Rücksitz auslöst, vermieden werden. Aber jetzt wollte ich sie bei mir haben und fühlte mich wie ein Idiot, weil ich vorher so dämlich zu ihr gewesen war. Sie brachte mich oft zum Lachen, und in ihrer Gegenwart fühlte ich mich besser als jemals mit Daphne. Außerdem war sie ein schlauer Kopf. Ich begann sie zu vermissen und ging in die Luft, wenn die anderen ihren Akzent nachäfften oder sie piesackten. In Wexford schnappte ich auf, daß ein Asi aus dem Kaff sich über ihren Kleidungsstil ausließ. Ich packte ihn am Kragen und bat ihn dringend, es zu wiederholen. Er weigerte sich. Mein Beschützerinstinkt war geweckt, gleichzeitig aber hatte ich ein ungutes Gefühl, weil es mir nicht gefiel, wie die Dinge sich entwickelten. Ich war fest entschlossen, mich nie wieder von irgend etwas oder irgend jemandem abhängig zu machen. Ich hatte Zigaretten, Alkohol, Asthmamittelchen und Drogen abgeschworen. Ich würde mich nicht wieder verlieben.

Wieder in Dublin, kurz bevor wir das Land verließen, wurden wir in *The Late, Late Show* eingeladen, Irlands größte Fernsehshow. Der Showmaster, Gay Byrne, sollte mich interviewen. Das war die Gelegenheit, auf die ich gewartet hatte. Ich gab mir keine Mühe, mit meiner Meinung oder meinem Wortschatz hinterm Berg zu halten. Abscheu und Frustration, die seit nun mehr als einem Jahrzehnt in mir gegärt hatten, brachen hervor. Für Irland empfand ich nur Ekel.

Zerfressen von Vorurteilen, gezeichnet von der Todeshand des Konservatismus, befleckt vom falschen Märtyrertum des Nationalismus, im Würgegriff des mittelalterlichen Klerus, ausgeplündert von gierigen Grundstücksspekulanten, irregeleitet durch die Verlogenheit korrupter Politiker, eiterte dieses Land in einen See von Selbstmitleid und Heuchelei aus. Der Aufschrei »Nestbeschmutzer« schallte mir entgegen. Und doch hatte es bei aller schmucken Wohlanständigkeit seinen Preis, hetzte ich weiter, wie jeder, sogar diese Nonnen im Publikum hatten ihren Preis. *Aufruhr.* Ihr Preis war ein geruhsames Leben ohne Geldsorgen als Dank dafür, daß sie Leib und Seele der Kirche weihten. *Mehr Aufruhr.* Das war noch nicht alles. Ich machte all meinen persönlichen Kümmernissen Luft. Blackrock College war ein Scheißhaus. Der Club der Ehemaligen war wenig besser als die Mafia. Mein Vater war ein grober Klotz gewesen und hatte mich regelmäßig und grundlos geschlagen. *Totaler Aufruhr.* Aber das war mir egal. Das hatten wir hinter uns gelassen. Nächstes Jahr um dieselbe Zeit würden wir die Nummer eins sein. Ich konnte nicht dagegen an. Während alles aus mir heraussprudelte, fühlte ich die Bürde der Aversion leichter werden.

Im Yachtclub meines Vaters, wo er und seine Altherrenriege sich versammelt hatten, um das Programm zu sehen, herrschten betretenes Schweigen und tiefes Mitgefühl dafür, daß der Sohn so aus der Art geschlagen war. Von der Kanzel aus wurde ich am nächsten Morgen verdonnert. »Lasset uns beten für die Seele dieses armen, wahnsinnigen Knaben und für seinen Vater, dem so übel mitgespielt wurde.«

»Das war ein bißchen dicke, Kleiner«, sagte mein Vater am anderen Tag.

»Tja, so was kommt vor«, war alles, was ich erwidern konnte. Zumindest wußte er nun, wie tief der Haß gesessen hatte, den ich all die Jahre für ihn gehegt hatte. Und doch, irgendwie waren diese Exerzitien wichtig für mich gewesen. Meine Rache war vollständig, und ich fühlte mich geläutert.

Wir kehrten zurück nach England, wo ich mich, von der Angst gepeinigt, als Zwei-Hits-Strohfeuer unterzugehen, mit Johnnie zusammensetzte, um einen todsicheren Hit zu schreiben. In der U-Bahn hatte ich die Zeilen *She's so twentieth-century, she's so 1970s, she knows the right things to say, she's got the right clothes to wear, she's a modern girl* hingekritzelt. Ich schrieb endlose Episteln über Mädchen, die in meinem Bekanntenkreis als hip galten. Paula tauchte auch auf, aber ich ließ die Strophe bei den Aufnahmen unter den Tisch fallen. Das Resultat war »She's So Modern«, die schlechteste all unserer Singles. Heute klingt sie echt quietschig nach Benidorme, aber damals haute es hin. Die Single kam auf Nummer zwölf und wurde im Radio rauf und runter gespielt, aber wir waren immer noch nicht in den Top Ten.
Unsere Band war mittlerweile, mit dem dritten Hit, die erste reine Popband der neuen Ära, hauptsächlich, weil die BBC so scharf auf uns war. Sie waren sich der Kraft und Dynamik der Punkbewegung nur allzu bewußt, sahen aber keine Möglichkeit, sie einzubinden, da viele der Inhalte eindeutig antisozial und anti-establishment waren. Viele der Leistungsträger lieferten absichtlich Produkte, die für die BBC nicht in Frage kamen. Für sie verkörperten Bands wie die Rats Geist und Sentiment der neuen Zeit und hatten darüber hinaus den Vorzug, melodische Songs zu schreiben und zu spielen, die anständige Hooklines hatten, wie die althergebrachten Popsongs der Sechziger. Dieses bequeme Bild paßte genausowenig auf uns wie die säuberliche Schublade, die uns die zunehmend übelgesinntere Presse verächtlich zuwies. Zu dieser

Zeit lebten die Rats in einem Zwiespalt. Auf der einen Seite waren wir eine neue Band, die sich mit ihrer Musik durchsetzen wollte, andererseits verachteten wir das System, waren aber bereit, es uns nutzbar zu machen. »Der Job einer Plattenfirma ist, unser Talent auszubeuten, unser Job ist es, ihres auszubeuten.« Wie ich in einem Song schrieb: *You scratch my back and I'll claw yours.*
Aber genauso widerte mich das alternative Establishment der Musikpresse an, die in meinen Augen nicht besser war als jeder andere, der mir vorschreiben wollte, was ich zu denken hatte. Mir schienen sie selbstgerecht und abgedroschen, ihre Politik selbstsüchtig und kindisch. Das Personal stellten die Vertreter des ›Neuen Journalismus‹, die versuchten, ihre Schäfchen ins Trockene zu bringen. Die meisten hätten lieber in einer Band gespielt. Ich fand das Ganze einen Witz, aber zunächst spielten wir das Spiel mit. Es blieb uns nichts anderes übrig. Ob es uns paßte oder nicht, sie waren ein bestimmender Faktor unserer Karriere.
Wie die meisten Bands hatten wir zunächst unsere Flitterwochen mit der Musikpresse erlebt. Jemand in einer neuen, aufstrebenden Band, der rhetorisch was los hat, ist gut für die Auflage und interessant. Hält aber die Gesprächigkeit an, ja steigert sie sich sogar proportional zum Erfolg, wird die Person bald weniger interessant und fungiert nur noch als Großmaul. In diesen Tagen nahm jeder jede Sache furchtbar ernst. Unter alle Kritik sank, wer sich lachend oder gut gelaunt auf der Bühne erwischen ließ. Es galt, Beklommenheit, Wut oder gestellte Langeweile darzustellen. Anscheinend hatten die Leute den Verdacht, weil wir herumalberten, würden wir uns einen Scheißdreck um das ganze Business kümmern, und wenn sie das dachten, lagen sie damit richtig.
Am Karfreitag 1978 hatten wir einen Gig im Lyceum in London, und während des Soundchecks fanden wir am Bühnenrand zwei massive Holzbohlen, aus denen wir ein Kreuz zimmerten. Wir begannen in totaler Dunkelheit, mit weißen

Lichtblitzen auf der Bühne und Trockeneiswolken, während Fingers Synthesizer-Brausen zusteuerte. Dann erschien ich unter der Last des Kreuzes, und eine ehrfurchtgebietende Stimme schallte über die PA: »Dies ist mein geliebter Sohn, von dem ich langsam die Schnauze voll habe.« Das Publikum freute sich, ganz anders die Musikpresse. »Der Höhepunkt in Geldofs Messias-Komplex«, spuckten sie giftig. Sie schienen unfähig, Konzepte wie Ironie oder Humor zu begreifen. Ich als Ire habe einen ausgeprägten Sinn fürs Lächerliche. Wer konnte auf all das zurückblicken, was mir in den letzten Jahren widerfahren war, ohne es grotesk zu finden? Ich jedenfalls nicht. Ich fand es fast unglaublich. Ich zeigte Selbstbewußtsein und machte mir Mut durch Bombast und Bravourstückchen. Je bombastischer ich wurde, desto mehr haßten sie mich, aber der absolute Glaube daran, daß das, was ich tat, richtig und angenehm sei, wurde immer von einem Gefühl der Unsicherheit beeinträchtigt.

Ich konnte mich nicht dazu durchringen, Popmusik ernst zu nehmen. Sie war nicht das A und O, sie war mir wichtig, weil sie meine Sache war, und in dieser Hinsicht nahm ich ernst, was ich schrieb und spielte und schließlich aufnahm; trotzdem konnte sich mein ironisches Ich ein Lächeln nicht verkneifen, wenn es sich beim »Ernstnehmen« über die Schulter schaute. Popmusik sollte man mit der Respektlosigkeit begegnen, die sie verdient. Wenn dieser Gesellschaft lieb ist, sich überbezahlte Leute zu halten, deren mediokres Talent sie befähigt, ein paar eingängige Takte zusammenzuschustern, sehr gut, nimm was du kriegst, aber schließ nicht von der Bezahlung auf den Wert deiner Arbeit. *Künstlern* Respekt zu zollen, halte ich für den größten Nonsens. Mir wird schlecht, wenn ich sehen muß, wie viele Egos sorgfältig verzogen werden. Zu respektieren hast du dich und andere, sonst nichts.

Zwei Dinge schürten die Fehde, die zwischen uns und dem Punk-Establishment – verkörpert vom NME und Bands wie The Clash – entbrannt war. Da war erstens der unleugbare

Erfolg der Band. Was Verkaufszahlen anbelangte, entwickelten wir uns von prima zu erstklassig. Unsere nächste Single, »Like Clockwork«, schrieben Pete, Simon und ich gemeinsam. Sie kam auf Nummer sechs. Dann folgte »Rat Trap«, unsere erste Nummer Eins. Das zweite Album, »Tonic for the Troops«, brachte uns eine Million Pfund ein und wurde vergoldet. Nicht gerade das, was sich für Punkbands schickte.

Und es gehörte sich ganz sicher nicht, das auch noch zu genießen. Ich stieß die Puristen unausgesetzt vor den Kopf, weil ich in Interviews erklärte – wie ich es seit den frühesten Dubliner Tagen gehalten hatte –, daß Popmusik mich reich, berühmt und zum meistgefickten Mann des Königreichs machen sollte. Unter Reichtum verstand ich das, was Humphrey Bogart als »Fick-dich-ins-Knie-Geld« zu bezeichnen pflegte – die Chance, genau das zu tun, was du willst, und die hast du nur, solange es niemanden gibt, von dem du finanziell abhängig bist. Für die stalinistische Musikpresse ein Zeugnis meines kapitalistischen Irrglaubens. Berühmt zu werden war in meinen Augen nichts anderes, als eine weitere Spielart dessen, was die simple Tatsache, auf der Bühne Musik zu machen anstatt zum Privatvergnügen im heimischen Schlafzimmer, ohnehin implizierte. Für die Musikpresse das Anzeichen eines gigantischen Egotrips, den der Rest der Popwelt längst überwunden zu haben schien. Jede der sich, wie bei allen Popmusikern, oft und häufig bietenden Gelegenheiten zum Ficken mitzunehmen, war etwas, das sich jemand, der früher schon feuchte Hände bekommen hatte, wenn er ein Mädchen zum Tanzen aufforderte, nicht zweimal sagen ließ – fand ich. Das in der Musikpresse auszusprechen, war sexistisch.

An ihren Maßstäben gemessen hatten wir null Credibility. Street Credibility war damals das höchste und vielleicht unwägbarste Gut im Musikgeschäft. Talent und Fähigkeit konnten sie nicht erkaufen. Plattenverkäufe machten sie ganz zunichte, außer man war schon zur Ikone geworden, wie die

Sex Pistols. »Cred« verschaffte man sich, indem man schöne Reden schwang, und niemand konnte es in punkto »Cred« mit den Clash aufnehmen.

Der zweite Faktor, der die Kluft vertiefte, war meine Unfähigkeit, das Maul zu halten. Wenn eine Band wie The Clash uns als die Bay City Rollers des Punk beschimpften, konnte ich ihnen nur ins Gesicht lachen. Ich blieb dabei, daß sie hype seien, von vorne bis hinten. Ich hielt einen Song wie »Lookin' After Number One« für ein wichtigeres politisches Statement als »Sten Guns In Knightsbridge«. »Ich bitte dich«, pflegte ich zu sagen, »sollen sie in Gucci-Socken rumlaufen und die Gewehre in der Golftasche tragen?«

Nichts als Phrasen und große Worte. Der revolutionäre Joe Strummer, ein netter Kerl nebenbei, bewohnte ein zauberhaftes Haus am Regent's Park, das er mit Sebastian Conran teilte, dessen Bruder Jasper – der Modedesigner – Hemden für sie entwarf. Zur bescheuerten Zeichensprache der Clash gehörte zum Beispiel auch, einen ganzen Gig mit gerissener Saite durchzuspielen, ein Gradmesser für ihre Hingabe, und außerdem, natürlich, konnte ein echter Sohn des Proletariats wie Joe Strummer nur eine Gitarre und einen Satz Saiten sein eigen nennen. Die Tatsache, daß er für alle Fälle drei oder vier hinter der Bühne stehen hatte, wurde nicht an die große Glocke gehängt. Wenn ich so stichelte, sagten sie, ich sei bloß eifersüchtig. Da hatten sie recht – aber ich hatte auch recht.

Die Zeichensprache griff auch auf Autos über. Wer sich in einer Limousine oder einem großen Auto sehen ließ, stürzte in Schimpf und Schande, ungeachtet der Möglichkeit, daß das Auto vielleicht der Plattenfirma gehörte. Sah man die Pistols in einem dicken Wagen, war es wahrscheinlich Verarschung. Sah man die Rats in einem dicken Wagen, war es wahrscheinlich »so gemeint«, wie immer das auch gemeint war. Für mich waren die Sex Pistols eine der wenigen durch und durch nihilistischen Bands. Die Atmosphäre ihres Heerlagers schien vergiftet. Sie stritten vor allen Konzerten. Steve haute Sid Vicious eine rein; er hatte die Schnauze voll davon, mit jemandem in derselben Band spielen zu müssen, der keinen blassen Schimmer vom Baßspielen hatte. Für Malcolm McLaren war Sid nicht mehr als ein Katalysator, also hatte er seine Schuldigkeit getan, wenn Steve ihm eine reinhaute. Das Konzert war grauenhaft. Leer und beklommen, fast ausschließlich. Nachher kamen Sid und Nancy zum Bus, und Malcolm schlug Sid die Tür ins Gesicht und sagte, wenn es nach ihm ginge, könnte er verdammt noch mal zurücklaufen. Johnny Rotten mochte ich. Er war ein Ausnahmecharakter mit gefährlich wachem Geist. Er hatte etwas sehr Irisches an sich. Es gibt einen Witz über den Iren, der in einem unbekannten Land von Bord geht und den nächsten besten fragt: »Welche Staatsform haben Sie hier?« Man gibt ihm Auskunft, und der Ire sagt: »Wie auch immer, ich bin dagegen.« So war Johnny. Einmal trafen wir uns im Pub, als wir zufällig beide in Cork waren, er zu Besuch bei Verwandten und ich, um einen irischen Musikpreis einzuheimsen. Ein Mann kam rüber, legte ihm eine Hand auf die Schulter und begann, eine Frage zu stellen. Johnny ließ ihn gar nicht zu Ende kommen, fixierte ihn mit diesem Laserblick und sagte: »Nicht berühren – ich bin anders.« Der Mann zog die Hand weg, als hätte er sich die Finger verbrannt, murmelte etwas Entschuldigendes und verschwand. Johnny sonnte sich in seinem Ruhm, vielleicht sogar mehr als ich.

Die Pistols hatten einen wirklich abseitigen Humor. Einmal teilten sie sich ein Studio mit Queen, die eine Tür weiter arbeiteten. Es war ungefähr zwei Uhr nachts, und Freddie Mercury klimperte im Schein eines einsamen blauen Lichts vor sich hin. Hinein schwankt Sid, weggetreten von diesem oder jenem, und blökt so ungehobelt er kann »Oi! Freddie.« Eine Pause, während er gegen die Tür stolpert. »Man sagte mir, du bringst das Ballett den Volksmassen näher?« Dann schwankte er raus, um zu kotzen. Aber bei aller Anarchie im UK schlossen die Pistols immer noch Verträge, hielten ihre Proben ein

und schrieben Songs; wie voll man den Mund auch nahm, letztendlich war eine Band harte Arbeit und erforderte ein Mindestmaß an Selbstdisziplin. Aber so über die Sex Pistols zu sprechen, wäre in jenen Zeiten gewesen, wie auf der Versammlung des Obersten Sowjet an Marx herumzumäkeln.
Mit meiner großen Klappe gelang es mir sogar, Leute abzuschrecken, die ursprünglich auf unserer Seite gewesen waren. John Peel, der Radio-One-DJ, hatte seit den Anfängen in Irland Interesse gezeigt, tatsächlich hatte er uns sogar angeboten, eines unserer Demos als EP zu veröffentlichen. Später hatte er nur noch vernichtende Kritik für uns übrig. Ich hatte in der irischen Presse ein paar überflüssige Bemerkungen über alte Hippies fallenlassen, aber es ist zweifelhaft, ob das sein Urteil beeinflußte.
Viele der alltäglichen Sachen, die wir machten, zogen schärfste Kritik nach sich. Einmal fragte ein Interviewer Pete Briquette, was das Schönste am Berühmtsein sei. Er überlegte kurz und antwortete dann: »Man kommt umsonst bei anderen auf Konzerte.« In gewisser Hinsicht hatte er recht. Nach Dublin war das Schöne an London, andere Bands sehen zu können, Leute aus dem Business zu treffen und zu quatschen. Wir gingen zu anderer Leute Konzerte, wir gingen zu Promoparties der Plattenfirmen. Zum ersten Mal in unserem Leben waren wir im Zentrum des Geschehens. Wo immer sich etwas halbwegs Interessantes abspielte, kreuzten wir auf. Die meisten Bands hielten es nicht anders, aber aus irgendeinem Grund stellte uns die Musikpresse als Streber heraus – als wären wir die einzigen Freibiergesichter der Stadt gewesen.
Die Atmosphäre und die Grabenkämpfe dieser Zeit waren mörderisch. Es schien niemanden zu geben, der noch mit irgend jemand sonst ein Wort sprach. Die Bands bildeten Fraktionen, und Ausschreitungen bei Konzerten standen auf der Tagesordnung, nicht nur unter den Anhängern rivalisierender Bands im Publikum, auch unter den Bands selbst. Ich

hatte keinen besonderen Spaß daran. Ich hätte gerne mit anderen Bands auf gutem Fuß gestanden, aber erst als Post-Punk-Typen wie Police auftauchten, kam man mit anderen Bands wieder ins Gespräch. Aber das von der Presse lancierte brutale und abfällige Auftreten entsprach nicht unbedingt den Vorstellungen der Fans selbst. Mit dem Kreis um Johnny Thunders and the Heartbreakers, einer New Yorker Band, verstanden wir uns gut. Lee Black Childers, ihr Manager, war ein bekannter Rockfotograf, der Johnnys Angelegenheiten in die Hand genommen und ihn nach England verfrachtet hatte, wo die Aussichten auf Erfolg nicht ganz so schlecht waren. Die Band sollte ihren ersten Auftritt in Birmingham haben, und um für eine ordentliche Kulisse zu sorgen, hatte Lee ein paar Busladungen Hip Kids aus den Clubs organisiert, um bei der Presse Eindruck zu schinden und das Interesse an Johnny Thunders anzuheizen. Lee bot den Rats an, im Bus mitzufahren, und einige von uns nahmen an. In jener Nacht auf der M 1 Richtung Birmingham umgaben uns diese exotisch und bezaubernd aussehenden Menschen, die ihr ganzes Leben zum Theater erhöht hatten; Nadeln und Anstecker hingen ihnen aus allen Löchern, ihr Haar war stachelig und farbenfroh, als hätte man sie im Malkasten gebadet. Sie pöbelten, schrien, sangen und tranken Dosenbier. Ein paar aus der Band wollten anhalten, um pinkeln zu gehen und Zigaretten zu kaufen, also fuhren wir an die nächste Tankstelle. Alles stürzte aus dem Bus und stürmte den Gummibärchenladen. Es gab allgemeinen Aufruhr und Stau, als die Kids sich um die Theke drängten, um Zigaretten, Süßigkeiten und Bier zu bezahlen. »Immer schön der Reihe nach«, sagte die ältere Dame hinter der Theke, »anstellen, stellen Sie sich hinten an!« Ohne zu murren formten diese erstaunlichen Erscheinungen eine ordentliche, gesittete Schlange. Ein junger Punk knurrte: »Ich langweile mich, und wenn ich mich langweile, werde ich bösartig.«

»Du benimmst dich und wartest, bis du dran bist«, sagte die ältere Dame.

»Oh, Verzeihung«, murmelte der Punk mit seinem Fleischerhaken im Mundwinkel.
Bei einer Gelegenheit ergriff die ungemütliche Stimmung auch handfest auf die Bühne über. Wir spielten in der Music Machine in London. Zu dieser Zeit machte sich die Aggressivität der Punk-Ära schon nicht mehr in martialischen Posen und Spucken Luft – zwei ursprüngliche Markenzeichen der Bewegung, die ich auch nie hatte akzeptieren können –, sondern in brutalen Handgreiflichkeiten. Die Leute auf der Galerie hatten angefangen, Biergläser auf die unten Tanzenden zu werfen. Die Mädchen heulten, und manche Leute nahmen ernsthafte Schnittwunden mit heim. Im Publikum lagen sich die verschiedenen Fraktionen in den Haaren – Punks, Skinheads, Rocker, National-Front-Typen, Clash-Fans, Siouxie-Sioux-Anhänger. Wir konnten hören, daß offene Kämpfe auf der Tanzfläche ausgebrochen waren. Die Atmosphäre war faul, das spürte man selbst auf einer Bühne siebzehn Fuß hoch darüber. Die Band, die vor uns dran war, halb Punk, halb Skinhead, schien sich nicht genug daran hochziehen zu können, wie scheußlich ich war, welch schrecklichen Ausverkauf die Band betrieb. Wir weigerten uns aufzutreten, bevor die Lage sich ein wenig beruhigt hatte. Schließlich mußten wir doch ran, und auf halbem Weg durch den Set, der zu allem Überfluß auch noch fürs amerikanische Fernsehen aufgezeichnet wurde, kam ein Typ aus einer der anderen Bands auf die Bühne und gab mir eins aufs Auge. Er langte so kräftig hin, daß ich zur Seite stolperte und über einen Kameramann fiel, der beinahe siebzehn Fuß tief über die Rampe gesegelt wäre. Ich rappelte mich hoch und wischte mir das Blut aus dem Gesicht. Wir machten sofort mit »Lookin' After Number One« weiter, und das Blut, das mein Gesicht überströmte, würzte den Refrain »I don't want to be like you«. In der nächsten Woche brachten sie das Foto auf dem NME-Titel zu einem oberfrommen Artikel bezüglich »Beendet das Gemetzel«, Ironie, wenn man bedenkt, welchen nicht geringen Beitrag sie selbst dazu geleistet hatten.

Die Zwangspausen, die wir unter Ausschluß der Öffentlichkeit einlegten, waren uns hochwillkommen. Bei allem angeblichen Glamour, der das Leben erfolgreicher Popstars bestimmt, wir schienen die meiste Zeit arbeitend in Chessington zu sitzen. Dort lebten wir alle Mann hoch mit unseren Freundinnen oder Frauen und der Crew. In einem ganzen Jahr haben wir uns kein einziges Mal gestritten. Weil wir in London niemand kannten, zogen wir uns auf uns selbst zurück und lebten sehr einträchtig und abgeschieden. Die Bestätigung, unsere Platten in den Charts zu sehen, ließ mich flüssiger schreiben: Ich war sehr produktiv. Ich blieb drinnen und schrieb, während die anderen herumtollten. Wegen der Steuersätze hatte sich noch nicht allzuviel Geld angesammelt. Fachtna bunkerte Pfundnoten in einer großen Kiste unterm Bett, und die Band marschierte gelegentlich rein, um sich eine Handvoll Scheine zu angeln, aber ausgegeben wurden sie für dieselben unspektakulären Dinge, für die wir schon immer unser Geld ausgegeben hatten. Sehr viel Zeit verbrachten wir probend in unserem schalldichten Raum. Meine Aversionen gegen die Dominanz des neuen Establishments und seine Werte begannen in einige meiner Songs einzufließen. »Watch Out For The Normal People« deutete an, daß mehr Kraft im Rest von uns steckte, als in den Verrenkungen derer, die sich selbst auf politischen Aktivist gestylt hatten. Als einer der normalen Leute sang ich: »There's more of us, then there are of you«. Aber an einer Stelle konnte man die unterschwellige Unsicherheit heraushören, mit der ich immer noch zu kämpfen hatte: »You're really lucky bugger, that you haven't been discovered«.

Um unser zweites Album aufzunehmen, gingen wir nach Hilvarenbeek in Holland. Die Felder rund um das Studio wurden allnächtlich gedüngt. Mit flüssiger Scheiße. Eine Fliegenplage erhob sich aus der Gülle. Gestank und Fliegen ließen auch uns nicht ungeschoren. Wir hatten ein Demo für einige frühe Tracks mit Jimmy Miller aufgenommen, der

»Beggars' Banquet« und »Exile On Main Street« mit den Stones gemacht hatte. Er hatte uns bei einem unserer besten frühen Gigs im Roundhouse gesehen und war hinter die Bühne gekommen. »Ihr Jungs seit die nächsten Stones«, hatte er gesagt und angeboten, mit uns zu arbeiten. Wir versuchten's für »She's So Modern« zunächst mit ihm, aber es kam nie das rüber, was wir uns vorstellten. Also versuchten wir es mit John Punter, der mit Roxy Music gearbeitet hatte, aber es klappte nicht. Wir sträubten uns dagegen, wieder zu Mutt zu gehen, weil er so ein Tyrann war, aber wir mußten einsehen, daß es keine Alternative gab. Er konnte auf Anhieb den Finger auf das legen, was gut oder schlecht an jedem Song war, wo wir bei den vorangegangenen Versuchen schiefgelegen hatten.

Mutt ließ es diesmal sehr viel gelassener angehen. Wie sich herausstellte, hatte er sehr unter seiner eben gescheiterten Ehe gelitten, als er das erste Mal mit uns arbeitete. Obwohl er uns so hart ins Gebet nahm wie eh und je, war die Atmosphäre sehr viel entspannter. Wir fanden sogar noch genug Zeit, ein paar Slapstick-Tracks aufzunehmen, einen Calypso auf Dun Laoghaire (»Tired and weary, drab and dreary, that's the way to spell Dun Laoghaire«) und eine grosteske Heavy-Metal-Parodie mit dem Titel »Hanging Around« – Spezialanfertigungen für umherstreifende Journalisten und die Großmoguls von der Plattenfirma, die sich angewöhnt hatten, uns wie etwas Besonderes zu behandeln, nun, da wir Stars waren. Wenn wir ihnen Tracks vorspielten, verschlug die Scheußlichkeit manchen buchstäblich die Sprache, manche versuchten es mit Hilfestellungen wie »Noch ein klein wenig überarbeiten, und es wäre perfekt«. Wieder andere schleimten sich ein »brillant« ab, während sie im Geiste überschlugen, wieviel sie schon in uns investiert hatten.

Wir waren sehr zufrieden mit dem zweiten Album. Während das erste hauptsächlich von den klaustrophobischen Eindrücken einer Jugend in Dublin geprägt gewesen war, war das zweite aufgeschlossener und bestimmt von der Beschäftigung mit den Menschen meiner Umgebung. Außerdem offenbarte sich ein schräger Blickwinkel auf manche Dinge, der mich selbst überraschte. Das Album vereinigte alle Erfahrungen in sich, die wir mit unserem ersten Album gesammelt hatten, und das, was wir bei Mutt gelernt hatten. In dieser Band konnte man kaum noch die eifrigen Amateure des Vorjahres wiedererkennen. Ein Jahr Praxis hatte uns gründlich umgekrempelt. Unsere Zuversicht färbte auf die neue LP ab. Es war klassischer Pop und sollte das bestverkaufte Album einer Band werden, die im Moment ohnehin mehr Platten verkaufte als jeder andere englische Act. Wir nannten es »Tonic for the Troops«, und zur Feier seiner Vollendung machte ich mit Paula Urlaub in der Karibik. Es war mein erster richtiger Urlaub. Ich lag in Barbados am Meer, neben mir ein wunderschönes Mädchen, das ich liebte, und wartete auf die wöchentlichen Telegramme, die den Chartaufstieg unserer ersten Singleauskoppelung notierten. Ich hatte nie vorher Strandurlaub gemacht – jetzt lernte ich endlich doch noch schwimmen. In anderthalb Jahren hatte sich mein Leben einschneidend und unwiderruflich verändert. Mir schien es lächerlich, aber nun war ich ein »Popstar«.

Wahrheit und Konsequenz

Eines Abends beim Fernsehen – wahrscheinlich bei *Coronation Street* – sah ich mich selbst als Pin-Up. Die Handlung begann in einem nicht näher bestimmbaren Arbeiter-Pub im Norden mit dem Austausch von Gemeindeklatsch. Dann verlegte sie sich in ein unbestimmbares Arbeiterwohnzimmer des Nordens und auf spannungsgeladene, handgreifliche Dissonanzen. Von dort schaltete man in ein undefinierbares Arbeiterschlafzimmer im Norden und auf die übellaunigen Selbstzweifel des Heranwachsenden. Und dort, inmitten des Generationskonflikts, klebte ich an der Schlafzimmerwand.

Ich hatte mich daran gewöhnt, mein Foto in der Teeniepresse und in den Musikblättern zu sehen. Ich hatte mich sogar damit abgefunden, mich über den Bildschirm flimmern zu sehen. Aber hier hing ich als reales Pin-Up über dem Bett eines fiktiven Teenagers. »Ich bin in *Coronation Street*«, dachte ich, »und ausgerechnet das Horrorfoto.«

Die Dinge verselbständigten sich in verwirrendem und unleugbar erregendem Tempo. Als »Tonic for the Troops« für einen Preis nominiert wurde, fand ich mich bei der Zeremonie in Gesellschaft Paul McCartneys wieder.

»Ein nettes Frisürchen«, sagte Linda zu Fingers. Er stand auf dem Kopf. »Ich war Mitglied im Beatles-Fanclub«, stammelte er entschuldigend.

»Hi«, sagte Paul.

»Hi«, entgegnete ich salopp. Ich kannte ihn, wenn ich mich recht entsann, aus *A Hard Day's Night*.

»Ich mag eure Platte.«

»Danke.« Ich kannte ihn aus *Help*. Er mochte die Platte.

»Wie heißt noch dieser Song, zweites Stück, zweite Seite?«

»Me And Howard Hughes«, antwortete ich wie aus der Pistole geschossen. Ich hatte »Sergeant Pepper« noch seit dem Hippie-Festival im Ohr, das ein halbes Dutzend von uns damals im Gemeindepark organisiert hatten, damals, in jenem Sommer, als wir alle Blumenkinder waren und die Gemeinde Dun Laoghaire sämtlicher Narzissen beraubt hatten.
»Tja, mich interessiert dieser Zwischenteil. Was ist das, wo ihr da ...«
Ich hatte ihn wieder und wieder in *Let It Be* gesehen. Und hier stand er vor mir und fragte mich nach einem Song, den *ich* eines Morgens in meinem Schlafzimmer in Chessington geschrieben hatte. Noch vor zwei Jahren hatte ich im Schlachthof geschuftet.
Völlig ausgeschlossen, mit »Rat Trap« auf Nummer eins zu kommen. Das wußten wir. Allein schon, weil wir es nicht darauf angelegt hatten. Wir hatten »Rat Trap« ausgekoppelt, weil wir es satt hatten, als reine Singles-Band dazustehen. »Laßt uns die albumorientierteste Nummer nehmen«, sagte ich, »und den Leuten zeigen, daß wir genauso gut eine Albumband sind. Sie stieg bei Nummer zweiundzwanzig in die Charts ein und machte einen Satz auf Nummer neun. Dann hatte sie sich langsam auf Nummer sieben, Nummer drei und schließlich Nummer zwei hochgekämpft. Kein Denken daran, sie könnte noch die Kraft zum Sprung auf Nummer eins aufbringen. So was tat eine Platte einfach nicht, und die Plätze eins, drei und vier wurden von Olivia Newton-John und John Travolta mit Musicalsongs aus *Grease* gehalten.
Ich bat die Plattenfirma, die Charts in *Music Week*, die uns auf Nummer zwei zeigten, auszuschneiden und einzurahmen. Höher waren wir noch nie gekommen. Darauf konnte man stolz sein, oder nicht?
Ich lag noch im Bett, als Fachtna morgens hereinkam und sagte: »Wir sind die Nummer eins!« Ich stand – durchaus wörtlich zu nehmen – senkrecht im Bett und rannte splitter-

nackt durchs Haus, brüllend vor Begeisterung. Ich traf die anderen in der Halle; sie befanden sich in ähnlichem Zustand. Das geschah nicht irgendwem – das passierte uns – und mir. Ich hätte nie geglaubt, daß uns die langen Nächte in Gestank, Dunst und Dreck des Schlachthofs auf Nummer eins bringen könnten, aber so war es. »Rat Trap« war die Geschichte von Paul, dem Typen aus dem Schlachthof, gewesen. Sie spielte in Dublin, aber jeder schien sich oder seine Stadt in dem Song wiederzufinden. *Billy doesn't like it living here in this town, he said the traps had been sprung long before he was born.*
Die Monate vor und nach dem Erscheinen von »Rat Trap« waren wie ein Fantasy-Video im Zeitraffer. Wir mußten touren, um unser Album zu promoten, aber vorher stand noch ein kurzer Promotrip in die Staaten aus, um unserer amerikanischen Plattenfirma Dampf zu machen. Unsere erste LP war in Amerika von Mercury veröffentlicht worden. Sie hatte gute Kritiken bekommen, war aber ein kommerzieller Mißerfolg gewesen. Wir waren überzeugt, daß die halbherzige Arbeit der Plattenfirma der Grund war. Sie hatten einen Promotion-Manager, Mike Boone, der BPs zwölf Monate alte Idee wieder aufgegriffen und jedem DJ im Lande einen Plastikbeutel mit der Aufschrift »The Rats are coming« und einer präparierten toten Ratte zugeschickt hatte. Das machte der Platte den Garaus. Noch Jahre später traf ich DJs, die sagten: »Ihr Typen habt doch die tote Ratte geschickt. Junge, Junge, ihr hättet uns die Platte nicht gründlicher austreiben können.«
Mike Boone einmal ausgenommen, schien niemand aus der Firma uns zu verstehen oder Interesse an der Band zu haben. In Amerika berechnet man Engagement in Dollar, und die Firma hatte nicht genug Geld ausgespuckt, um die Platte zu pushen. Wir beschlossen, das Label zu wechseln, aber sie wollten uns nicht aus dem Vertrag entlassen. Wir hatten nichts gegen sie in der Hand, aber wir konnten passiven Widerstand leisten. Also besuchten Fachtna und ich, angeleitet durch das Sex-Pistols-Buch, die Mercury-Zentrale in Chikago und fie-

len im Büro des Präsidenten ein. Wir hatten ihn in der Presse schon derb beleidigt, aber das schien nichts zu fruchten.
»Bitte lassen Sie uns gehen«, zirpten wir konziliant.
»Nein«, war die Antwort.
Zuerst nahmen wir uns die Aktenschränke vor. Wir öffneten sie Schublade für Schublade und schaufelten armweise Dokumente heraus, die wir durch den Raum zerstreuten. Wir legten die Bücherregale um. Wir warfen Sachen aus den Fenstern. »Bitte lassen Sie uns gehen«, sagten wir. »Nein. Und jetzt raus!« kreischte er. Wir brachten Sprühdosen mit Rasierschaum zum Vorschein, öffneten willkürlich ein paar Schubladen und schäumten sie aus. Wir klappten Akten aus, füllten sie mit Schaum und pappten sie zusammen. Wir türmten seine Plattensammlung auf einen großen Haufen. Wir zerrten das Band aus den Kassetten und dekorierten damit das Zimmer. »Bitte lassen Sie uns gehen«, sagten wir. »Nein, jetzt erst recht nicht!« schrie er. Von den Fenstern seines Penthouse überblickte man die Uferpromenade. Wir beschrifteten die Fensterscheiben in vier Fuß hohen, weithin sichtbaren Schaumlettern mit »Mercury Sucks«. Wir gingen ins nächste Büro, um den Spruch fortzusetzen. »Bitte«, sagten wir. »Dreckstypen«, sagten sie. Eine Woche später waren wir gefeuert und unterschrieben bei Columbia.
Columbia war die größte Plattenfirma Amerikas, stand aber, wie das ganze Land damals, dem Phänomen Punk fassungslos gegenüber, das uns Engländern alltäglich schien. Sie befürchteten, die Rattenaktion könnte unserem Ruf irreparable Schäden zugefügt haben und machten alle möglichen Klimmzüge, um den Schaden zu begrenzen. Das Wort »Ratte« mußte aus dem Wortschatz getilgt werden.
Ein Erlaß erging aus dem »Black Rock«, dem gigantischen Firmenhauptquartier mit den schwarzspiegelnden Fenstern auf der 56. Straße in Manhattan. Fürderhin hatte kein Angestellter der Columbia von uns anders als von den »Boomers« zu sprechen. Fingers und ich flogen für eine sogenannte

»kurze Promovisite« rüber – sie erstreckte sich über einunddreißig Städte an dreißig Tagen.

Der Sinn war, den Boden für die Veröffentlichung von »Tonic for the Troops« zu bereiten, uns als wirklich nette Jungs darzustellen und DJs, Händlern, Plattenverkäufern, Vertriebsmenschen und Journalisten, denen wir allen einzeln vorgestellt wurden, ein paar Videos der Band vorzuspielen.

Wir hatten angefangen, Videos zu machen. Es war der logische Fortschritt nach den Promofilmen, die wir für die ersten beiden Singles gedreht hatten. Ich hatte so eine Ahnung, daß Video eine große Rolle im Musikgeschäft spielen würde. In einem Interview wies ich darauf hin, daß Video einen so einschneidenden Einfluß auf das Musikgeschäft nehmen würde wie der Tonfilm auf die Filmbranche. Sie würden gewiß nicht weniger maßgeblich sein, als die UKW-Radiorevolution der Sixties. »Video«, argumentierte ich, »hat das Fernsehen den Profis abgerungen und in die Hände des bereitstehenden Publikums gelegt.« Bands waren die ersten, die sich das zunutze machten, weil sie genug Geld hatten. Mit Video hatten wir Kontrolle über unser Aussehen, konnten Minifilme produzieren, die die Haltung der Band und den Geist der Songs illustrierten. Video war einfach zu handhaben, weil es wie ein Tonband, unser althergebrachtes Handwerkszeug, funktionierte. Die Möglichkeit, sofort zurückzuspulen und neu aufzunehmen, was einem nicht gefiel – ohne vorher einen Film entwickeln zu lassen –, machte jeden zum Regisseur.

Von »She's So Modern« an nutzten wir eher Metaphorik als Performance, um unsere Ideen auszudrücken. »She's So Modern« war in erster Linie ein Performance-Video, aber wir tändelten mit den Bildchen herum und mit der Schlußeinstellung, wo wir uns leblos über vierzig flackernde Fernsehschirme drapiert hatten. Mit »Like Clockwork«, unserem neurotischen Song, versuchten wir – nicht sehr erfolgreich – Filmen der Zwanziger wie *Metropolis* oder *Modern Times* nachzueifern, aber immerhin bahnten wir uns unseren Weg in ein neues Medium. Ich war wild entschlossen, es zu meistern. Es war ein weiteres kreatives Ventil, und es war das erste Mal, daß wir bei etwas die Nase vorn hatten: Wir konnten unsere eigenen Videos machen.

Für »Rat Trap« hatten wir einen klassischen Popfilm gemacht. Die Musikergewerkschaft hatte mir verboten, im Video Saxophon zu spielen, weil ich es offensichtlich auf der Platte auch nicht getan hatte. Aber beim Drehen sah ich einen Kandelaber auf dem Piano und steckte ein Mundstück in den mittleren Kerzenhalter, auf dem ich dann spielte. Der Einfluß des Videos wurde uns langsam klar, als die Kids bei den nächsten Konzerten in England plötzlich wie aus dem Nichts Kandelaber hervorzauberten, auf denen sie das Sax-Solo in »Rat Trap« mitspielten. Wir heimsten die ersten Preise für unsere Videos ein.

»Was ist das?« sagte der Vizepräsident der Columbia und beäugte mißtrauisch die Plastikkassette.

»Das ist ein Video«, antwortete ich.

»Wozu soll das gut sein?«

»Naja, während wir hier sind, können wir sie im Hotelzimmer oder so den DJs und Journalisten vorspielen, und Sie können's im Fernsehen zeigen.«

»Und wieso könnt ihr nicht selbst im Fernsehen auftreten?« sagte er. »Ja, machen wir ja, wenn wir hier auf Tour gehen, aber die hier können wir schon mal vorab zeigen. Außerdem, in mancher Hinsicht sind sie besser als die Band live, weil sie den Song besser zum Ausdruck bringen und den Nerv der Band treffen.«

»Laß mich mal eins klarstellen. Du erwartest von mir, daß ich zu den Fernsehstationen gehe und sage: ›Wir machen besseres Fernsehen als ihr, nehmt das hier‹?«

»Nun, Sie müssen es ihnen ja nicht unbedingt unter die Nase reiben, aber im Grunde ja.«

Er nahm die Videokassette mit spitzen Fingern und warf sie in den Papierkorb.

»Ihr Jungs bringt mich unter die Erde. Bob, halt dich ans Singen, und überlaß uns den amerikanischen Markt, o.k.?« 1978 gab es in den USA keinen Markt für Videos.

Nach einem öden Reigen von »Hi-ich-bin-Bob-Geldof-von-den-Boomtown-Rats-Wir-sind-die-Nummer-eins-in-England-und-bald-kommen-wir-auf-Tour-und ...«, Grinsen, Augenrollen, »Bawb, wir alle lieben dich«, mißlungenen Auftritten vor Vertreterversammlungen und Einblicken in die tieferen Geheimnisse von »Light Rotation«, »Medium Rotation« und »Heavy Rotation« im Radio war die Heimkehr nach Chessington ein sanftes Erwachen. Paula nahm mich in Empfang. Nach unserer Tour durch Irland und Kanada hatte ich sie ab und zu getroffen, wenn ich zurück nach England kam, aber dann war sie wieder nach Oxford gegangen und später zu ein paar Freunden nach London gezogen, und ich hatte sie einige Wochen lang nicht gesehen. Dann, eines Nachts im Dingwalls, einem Camdener Club, hatte ich sie angerufen.

»Hi, hier ist Bob.«

»Bob wer?« hatte sie gesagt.

»Bob Geldof«, hatte ich aufgebracht geantwortet. Wie viele andere Iren names Bob kannte sie denn?

Ich schlug vor, sie solle zurück nach Chessington kommen. Ich hörte die Bremsen quietschen und sah ihr Taxi vor der Tür, kaum daß ich den Hörer aufgelegt hatte. Sie hatte zwei riesige Koffer bei sich, das Kaliber, das weibliche Forscher auf den Köpfen eingeborener Boys durch den afrikanischen Urwald schleppen. Scheiße, hoffentlich hat sie sich nicht für länger eingeladen, ging es mir durch den Kopf. Als wir in Chessington ankamen, bat ich sie, unten zu bleiben und Tee zu machen, während ich in mein Zimmer sauste und schmutzige Unterwäsche und andere Unersprießlichkeiten unterm Bett verschwinden ließ. Sie blieb unbeeindruckt. Am anderen

Nachmittag kam sie mit einer Garnitur neuer Bettwäsche zurück. »Ich hab die alten verschwinden lassen«, sagte sie mit süßem Lächeln, »ich halte nicht viel von Blutflecken und undefinierbaren Klecksen. Ich hoffe, du hast nichts dagegen?Ich habe hübsche Bezüge mit kleinen Blümchen gekauft.«
»Das ist schön. Es ist nett, dich hier zu haben«, sagte ich eines Nachts, in geschmackvolles Blümchendesign gebettet, »aber du weißt, daß ich keine festen Beziehungen mehr will. Sie sind zu schmerzhaft, ich kann damit nicht umgehen.«
»Natürlich«, sagte sie, »ich verstehe.«
»Darum ist es so wichtig, daß du nicht hier wohnst, sondern manchmal nach Hause gehst, eine eigene Wohnung hast. Du mußt ein unabhängiges Leben führen.«
»Selbstverständlich«, sagte sie und kuschelte sich in die Kissen. »Ich glaube, ich besorge morgen ein neues Federbett, wenn es dir recht ist.«
Die Band ließ immer noch keine Gelegenheit aus, sie zu piesacken. »Machst du Abendessen für Bob?« fragte Fingers einmal harmlos, als sie in der Küche Nescafé aufgoß.
»Nein ... wieso?«
»Och nichts ... ich dachte bloß ...«
»Was?«
»Ich dachte, du machst sein Abendessen. Seine anderen Freundinnen haben immer gekocht.«
»Ah ... eh ... nein. Wir gehen heute abend aus. Abendessen koche ich morgen.«
Sie hatte nie in ihrem Leben für jemanden gekocht. Sie hatte noch nicht mal Essen eingekauft, vom Allernötigsten abgesehen. Normalerweise aß sie im Restaurant. Um mich zu beeindrucken, nahm sie den Zug nach London und dann ein Taxi zu Harrods, um Steaks, Tomaten, Champignons, Kartoffeln und fertiges Dessert zu kaufen. Sie mußte 27 Pfund dafür hinlegen. Es war ihr unbegreiflich, wie sich Menschen zu solchen Preisen ernähren konnten. Dann verbrannte sie alles zu Holzkohle. Ein grimmiges Lächeln lag auf meinen Lippen,

als ich mein Fleischbrikett schnitt und ihr sagte, es sei köstlich.

Diese Vorstellung wurde zum regelmäßigen Samstagsvergnügen. Die Band versammelte sich in fröhlicher Runde, um ihren Sänger das neueste angebrannte Menü speisen zu sehen. Paulas Kochkunst machte quälend langsame Fortschritte.

Der Wendepunkt war eine Nacht in Paris. Die Band hatte dort einen Auftritt, sie aß mit Freunden in London. Sie muß während des ganzen Dinners so abwesend geschaut haben, daß einer von ihnen schließlich sagte: »Es gibt noch einen Nachtflug nach Paris. Wenn du jetzt fährst, schaffst du's noch vor Konzertende.« Sie fuhren sie zum Flughafen. Es schneite, und sie trug nichts als das Cocktailkleid, in dem sie den Abend begonnen hatte. Sie lieh sich Geld für den Flug und für das Taxi am anderen Ende. Sie mußte erst ein Plakat suchen, um uns zu finden. Die einzigen französischen Worte, die sie kannte, waren »oui« und »courgette«. Als ich nach dem Gig auf die Straße trat, stand sie da, im Schnee, hinter sich den Eiffelturm, und ihr Körper funkelte in den glänzenden Pailletten ihres hellblauen schulterfreien Abendkleids. Ihre Zehen zwinkerten aus der Spitze ihrer hochhackigen Schuhe, und sie trug keine Strümpfe. Sie war wunderschön.

Mein alter Freund Pat Moylett war an dem Abend in Paris, also fuhren wir in der Nacht in seinem Auto nach Versailles und machten Kunststückchen, kreiselten langsam durch den Schnee vor Ludwigs Palast, der im Mondlicht schimmerte.

»Wenn du danach nicht ja gesagt hättest, hätte ich aufgegeben. Was kann ein Mädchen mehr tun?« sagte Paula nachher.

Wir verbrachten die Nacht in einem kleinen Hotel am Montmartre mit rosa Seidenbezügen und Rosentapete.

Die Concierge fragte: »Mit oder ohne Dusche?«

»Wieviel kostet das mehr?« sagte ich.

»Mit Dusche ist es zehn Francs teurer.«

»Ungefähr ein Pfund«, sagte Paula.

»Wir nehmen das Zimmer ohne, bitte«, sagte ich.

»Da hast du mir vielleicht ’ne Liste zusammengestellt, Bob.«

»Naja, Amerika exportiert seine kulturellen Errungenschaften mit Vorliebe per Fernsehen, und das ist unsere erste Tour hier, wir sind alle gespannt, und da dachte ich, wir könnten an Orten spielen, die das Bild widerspiegeln, das wir uns durchs Fernsehen von diesen Städten gemacht haben. Ist doch auch guter Hype.«

»Tja, ich denke, wir können Besuche bei den meisten Schauplätzen da arrangieren, aber wo wollt ihr auftreten?«

»Wie ich schon sagte, das sind die Orte, an denen wir auftreten wollen.«

»Ihr wollt da *spielen* ...? Ich glaube nicht, daß das möglich sein wird. Weißt du nicht, was das für Gebäude sind? St. Patrick’s Cathedral, New York ... Ich meine, das ist eine *Kirche*, Bob ...«

»Klar, Nichols, aber es ist auch ein kulturelles Wahrzeichen. Die Kathedrale ... die St.-Patrick’s-Day-Parade ...«

»... die Ford Motorwerke in Detroit ...« Nicholas hatte immer noch nicht kapiert, worauf ich hinauswollte.

»Motown, Tamla Motown, Soul und Autos, das bedeutet für mich Detroit.«

»Ja, aber Scheiße noch mal, Bob, das ist eine Autofabrik und kein Konzertsaal. Und was soll das hier, das Texas Book Depository ...«

»Von da aus wurde Kennedy erschossen ...«

»Ja, ich weiß, von wo aus Kennedy erschossen wurde ... ich meine, was soll das werden, Gotteslästerung oder was?«

»Daran denke ich eben, wenn ich an Dallas denke.«

»Bob, Dallas verfügt auch über Konzerthallen. Und was soll das andere hier ... Das Coca-Cola-Werk in Atlanta, McDonald’s Hamburger-Universität in Chikago, und hier, Frederick’s of Hollywood. Warum willst du da spielen? Weißt du überhaupt, was Frederick’s of Hollywood ist?«

»Ja, ein Versandhandel ...«

»Ein Versandhandel, der verdammte Scheiß-Nippel-BHs und Schlitz-Höschen verkauft ...«
»Ich weiß, ich hab immer die Kleinanzeigen in Illustrierten gesehen, als ich ein Kind war. Ich hatte für Los Angeles an ein Drehgelände oder so gedacht, aber das wäre zu offensichtlich. Dann fiel mir ein, wie falsch in L. A. alles wirkt, du weißt schon, jeder Tankstellenboy ein Schauspieler, jede Kellnerin Schauspielerin, Häuser mit Fassadenattrappen, und schließlich gibt es nichts Unechteres als unechten Sex. Also – Frederick's.«
»Schön, Bob, das hat was, aber ich denke doch, ihr werdet euch mit konventionelleren Auftritten bescheiden müsen.«
Unser erster Auftritt war in San Diego. Wir spielten auf einer Tagung der Programmdirektoren, der Leute, die bestimmen, was die neunzig großen Radiostationen Amerikas senden.
»Heute nacht kannst du Amerika erobern, Bob«, sagte Nicholas. »Das sind die Leute, die über Leben und Tod einer Band entscheiden.«
Arschkriecher, die über Leben und Tod von Bands entschieden, hatte ich in einunddreißig Städten an dreißig Tagen reichlich genossen. »O.k., o.k., reg dich ab«, sagte ich.
»Nein, Bob, ich meine es ernst. Nenn sie nicht Drecksäcke ... bitte. Hör auf mich.«
Ich wollte es wirklich schaffen in Amerika. Wir würden die erste der neuen Bands sein, der das gelang. Eitelkeit, Arroganz und Ehrgeiz hingen daran. Ich wollte Eindruck auf diese Leute machen. Ich zweifelte nicht daran, daß wir es schaffen könnten, aber wenn es eines gab, das mich aufstachelte, waren es die Leute, die mir sagten, was gut für mich war.
Columbia stellte an diesem Abend zwei Bands vor, die Fabulous Poodles und uns Rats, oder Boomers, wie Columbias Sprachregelung vorschrieb.
»The Boomers! Das kann nicht euer Ernst sein!« sagte Gary.

»Überlaß das nur uns, Gary… vertrau mir!«
Der Programmdirektor, den Pete zum Gig begleitete, saß während der halben Fahrt stockstill. Die Situation war ungemütlich, und um die Konversation in Gang zu bringen, sagte er: »Mal sehen, eh … Sie sind der Keyboarder der Fabulous Rats, stimmt's?« Als Pete es mir in der Garderobe erzählte, dachte ich nur: »Was zum Teufel machen wir eigentlich hier? Die Typen wissen noch nicht einmal, wer sie heute abend erwartet. Wir werden als billiges Showprogramm verheizt.«
An diesem Abend lieferten wir, trotz Flugverspätung, einen guten Gig, aber die Programmdirektoren verpaßten die Hälfte. Sie mußten früh nach Hause. Wir spielten zum ersten Mal einen Song mit dem Titel »I Don't Like Mondays«. Ein komischer Zufall wollte es, daß der Gig an einem Montag in San Diego stattfand. In San Diego hatte sich Monate vorher der Vorfall abgespielt, der mich zu dem Song inspiriert hatte. Ich war für eins dieser endlosen Interviews in der Atlanta University gewesen. Ich hatte auf Autopilot geschaltet und spulte mechanisch meine Antworten ab. Aber während der Sender die Platte laufen ließ, begann das Telex neben mir zu klackern. Ich spinxte rüber, um die News aufzuschnappen, die es ausspuckte. Während ich dort saß, lehnte ein junges Mädchen namens Brenda Spencer mit einer Pistole aus ihrem Schlafzimmerfenster und schoß auf Leute in ihrer Schule auf der anderen Straßenseite. Was dann passierte, erschien mir als einzigartig amerikanisch. Ein Journalist rief sie an. Sie nahm den Hörer ab, an und für sich schon eine bizarre Unterbrechung, wenn man dabei ist, wildfremde Menschen umzubringen. Er fragte sie, warum sie das tut. Sie überlegte kurz und sagte dann: »Nichts los. Ich mag keine Montage.«. Ich starrte auf den Apparat. Vielleicht hatte sie schon den Hörer aufgelegt und schoß weiter. Schulkinder starben, während ich die nächste Blödsinnfrage beantwortete. Popmusik ist so verdammt unerheblich.
Auf dem Rückweg ins Hotel hatte ich angefangen, den Song

zu schreiben. Ich hatte eine Gitarre auf dem Zimmer, also setzte ich mich einfach hin und fing an. In gewissem Sinne schien mir all das so eigentümlich kalifornisch, die Unsinnigkeit, der Mangel an Vernunft und Logik. Ich schrieb: »What reason do you need to die?« Die Schießerei ging weiter, während ich mit dem Schreiben fortfuhr. Ich versuchte, mir das Mädchen vorzustellen. Ich versuchte, mir die Szenerie vor Augen zu führen: die Polizeibeamten, die Lautsprecher, der Schulhof, die Eltern. Das Mädchen muß irgendwie ferngesteuert sein. Und ich schrieb: *The silicon chip inside her head gets switched to overload.* Und natürlich, warum tat sie es? *Tell me why.* Vielleicht hat sie recht. Vielleicht gibt es keine Vernunft. Es schien mir, als sei in kalifornischer Ethik einfach kein Platz für Logik oder Gründe, etwas zu tun. Sie taten es einfach. Ursprünglich hatte ich den Song in einem sanften Reggae-Stil geschrieben, aber wir hatten nicht genug Zeit, ihn vernünftig einzuüben. Also brachte ich ihn allein mit Fingers – nur die Stimme und Piano. An diesem Abend war das Publikum von San Diego begeistert.

Es war ein gelungener Gig. Ich fühlte mich gut. Als wir zu »Rat Trap« kamen, schickte ich ein paar warme Worte vorneweg. »Das hier ist in England auf Nummer eins gewesen, aber ihr werdet es kaum kennen. Aus was für Gründen auch immer werden wir nicht im amerikanischen Rundfunk gespielt. Was meiner Meinung nach mehr über amerikanisches Radio aussagt als über uns.« Und dann wandte ich mich direkt ans Publikum und fragte hinterlistig: »Was haltet ihr von amerikanischem Radio?«

Die Menge brach in »Scheißdreck«-»Zum Kotzen«-Gebrüll und Buhrufe aus.

Ich dachte an Pete in dieser Karosse, an all die Arschkriecherei, den Hype, die falsche Freundlichkeit und den aufgesetzten Enthusiasmus, und es hing mir zum Hals heraus. Auf der Bühne denkt man nicht an die Folgen.»Ich muß euch darauf hinweisen, daß ihr heute abend zum ersten und vielleicht einzigen Mal in eurem Leben die Gelegenheit habt, den Leuten die euer Programm zusammenstellen *genau* zu sagen, was ihr von ihnen haltet. Seht ihr dahinten die Ehrenlogen? Bitte Scheinwerfer auf diese Typen. Seht ihr all die Satin-Promojäckchen, die sie von Plattenfirmen nachgeschmissen kriegen? Na schön, das sind die Typen, die entscheiden, was ihr im Radio hören dürft, also sagt ihnen die Meinung.«

Das Publikum begann zu zischen und zu schreien. »Zum Kotzen«, schrien die Kids, die am nächsten an den Promojakken standen, »es kotzt uns an!« Die Programmdirektoren erhoben sich *en bloc* und verschwanden. In dieser Nacht flogen wir aus allen großen Radiostationen. Aber ich fühlte mich befreit. Ich hatte die Schuldgefühle und den Ekel, den ich vor mir selbst empfunden hatte, als ich mich so hatte gängeln lassen, getilgt. Und ich muß wohl Spaß daran gehabt haben, denn ich setzte die Schmähreden fort.

Ehe wir in Amerika ankamen, hatte der *Rolling Stone* sich schon der englischen Musikpresse angeschlossen und uns, in Anspielung auf unsere fehlende Credibility (das Ergebnis von fünf Hitsingles), das Etikett ›die neuen Bay City Rollers‹ angehängt, ohne uns einmal gesehen zu haben. Ich hatte einen Knochen, nach dem ich schnappen konnte. Später, beim Konzert, sagte ich dem Publikum, ich hoffte, sie würden meine Platten kaufen, um mich reich zu machen. Sie johlten in Zustimmung für diese bodenständige Ambition. Sie johlten immer. In England sagte ich halb im Scherz: »Ihr werdet wahrscheinlich nie reich werden, also kann es genausogut einer von uns sein. Wenn ihr geht und unsere Platten kauft, werden wenigstens wir reich – warum nicht?« Sie beklatschten uns immer, ebenfalls nur halb im Scherz. Aber sie verstanden. Und hier in San Diego sagte ich ihnen, ich wollte reich genug sein, den *Rolling Stone* zu kaufen. Sie jubelten. Um ihn dann niederzubrennen. Sie lachten und johlten ohrenbetäubend. Ein *Rolling-Stone*-Altmeister war anwesend und nicht erheitert. Während des ganzen Trips ließ ich nicht ab, mein eigenes Grab zu schaufeln. Ich konnte nicht glauben, wie ernst sie sich nahmen. Ich konnte nicht glauben, daß sie soviel Aufhebens um einen Popstar machten. Es schien, daß auch sie noch nie von Ironie oder Lächerlichkeit gehört hatten. »Ich komme mir vor, als würde ich Liegestühle auf der Titanic aufstellen«, sagte Nicholas.

Als wir in New York »Rat Trap« spielten, sagte ich, das sei der einzige unserer Songs, den die New Yorker Radiostationen je gespielt hätten, und das auch nur, weil sie fanden, er klänge wie ein Bruce-Springsteen-Song. Ich stützte meine Hand auf die Hüfte und sagte mit lächerlich ernster, gedehnter, Columbia-Plattenfirmenschranzen-Stimme: »Aber ich will euch sagen, daß Bruce Springsteen nie einen halb so guten Song schreiben könnte, so sehr er es auch versucht.« Es war als Selbstverarschung gemeint, denn es lag auf der Hand, daß der Mann *konnte*, aber es gab einen Aufschrei im Publikum und am nächsten Tag im Radio. Ich machte alles noch schlimmer, indem ich sagte, Bruce Springsteen hätte schließlich auch nur bei Van Morrisson abgekupfert, genau wie wir. Es war nichts, dessen man sich schämen müßte, denn Van Morrisson ist ein ehrliches Rock-Genie. »Ich glaube nicht, daß irgendwer deinen Sinn für Humor versteht, Bob«, sagte Nicholas nervös.

Einige der Gigs waren fantastisch. Wir hatten ausverkaufte Hallen und reisten von Ost nach West, Nord nach Süd und zurück, aber es ging auf die Kondition. In Lawrence, Kansas, gab es bei unserer Ankunft einen Rattentag mit Straßenparaden und Leuten, die als Ratten verkleidet waren. Wir spielten im Opernhaus. Ich habe immer noch Fotos, auf denen das gesamte Publikum auf allen vieren »die Ratte macht«, den ersten Song, den ich je für die Band geschrieben hatte. Aber das war Lawrence, Kansas, und keine Stadt mit großem Horizont.

Wir spielten an der Hamburger Universität, an der McDonald's seine Angestellten ausbildet. In L. A. setzten wir durch, bei Frederick's zu spielen. Es war nur ein winziges Lädchen am Hollywood Boulevard, und als Columbia Erkundigungen einzog, gerieten sie in Panik, weil sie ein Warenlager im Wert von zwei Millionen versichern lassen sollten, falls wir dort spielten. Sie wollten, daß wir auf einem Heavy-Metal-Riesen-Festival unter dem Titel California Jam auftraten. Wir sagten, warum bei einem Riesenfestival eine Band unter vielen sein, wenn wir Frederick's machen und eine landesweite Fernsehübertragung haben konnten? Dann machten wir ein Friedensangebot: Wir würden auf dem Festival spielen, wenn wir auch bei Frederick's spielen könnten. Erschöpft stimmten sie zu. Ich nehme an, sie begannen, uns ein wenig »schwierig« zu finden.

Frederick's selbst war von der Idee hingerissen und der *Playboy* erschien mit seinen Models, um Fotos von uns mit Frauen in Frederick's-Modellen zu schießen. Fachtna hatte für den Anlaß eigens besondere Boomtown-Rats-Schlüpfer anfertigen lassen, schauderhafte schwarze Dinger mit Boomtown-Rats-Schriftzug. Niemand wollte sie, und Fachtna selbst trug sie noch Jahre später. Platz war nur für ungefähr zweihundert Leute, also baten wir KROQ, damals eine kleine New-Wave-Station, durchzusagen, daß zweihundert Karten zu vergeben waren. Es meldeten sich zweitausend, also schlug ich vor, ein paar Videobildschirme in den Fenstern aufzubauen, die das Geschehen nach außen übertrugen. Es war besser, als ich mir in meinen kühnsten Träumen hätte vorstellen können. Der ganze Hollywood Boulevard war verstopft. Die Polizei mußte draußen absperren. An dem Abend *hatten* wir unsere Fernsehübertragung von Küste zu Küste.

Am nächsten Tag spielten wir bei California Jam. Aerosmith, Cheap Trick, Ted Nugent und Van Halen standen auf dem Programm. Hinter der Bühne ging es zu wie im Zirkus. David Lee Roth von Van Halen ließ sich die Haare machen und gockelte vor den Spiegeln in den Umkleidewohnwagen auf und ab, während die anderen Heavy-Metal-Knaben wie Körperkulturjünger ihre Bühnenposen einstudierten. Es war vergnüglich. Captain Beefheart kam aus der Wüste zu uns auf die Bühne und spielte mit uns. Neunzigtausend Menschen standen vor uns im Olympiastadion von Los Angeles. Es war Sonntag. »Ich hoffe, ihr wart in der Messe«, begrüßte ich sie. Ein Publikum, das fast ausschließlich gekommen war, um Ted Nugent zu sehen, war nicht sehr angetan zu hören, daß ich »den Müll« hasse und Aerosmith auch nicht besonders fand. Ich dachte, es war ein guter Auftritt.

Irgendwer hatte in Naggs Head Scheiße gebaut. Wir fuhren die ganze Nacht, um nach Naggs Head, North Carolina, zu gelangen. Es war ein Zwei-Straßen-Nest auf einer Sandbank, die in den Atlantik ragte. Wir traten im Pub auf. Essen mußten wir auf der Damentoilette, und umziehen mußten wir uns im Herrenklo. Wir spielten auf einer winzigen Bühne in einem winzigen Raum.

Fünfzig Leute in Karohemden und Jeans schrien »Led Zeppelin!« Ich sagte: »Das ist ein Led Zeppelin-Song, er heißt ›Rat Trap‹.« »Joe Cocker!« brüllten sie.

Ich sagte: »Hier ist ein Joe-Cocker-Song, er heißt ›She's So Modern‹.« Sie fanden uns klasse. Der Veranstalter hatte Mitleid, als er sah, wie daneben wir waren. Er füllte das Bad in einem unserer Zimmer mit Eis und Champagnerflaschen.

Wir sagten, uns würde es reichen, wir wollten nach Hause. Vier Abgesandte flogen am nächsten Tag zu uns runter, um uns zu erklären, es sei alles ein schreckliches Versehen und würde nie wieder vorkommen. Wir blieben bei der Stange. Das Album machte sich in Kanada fantastisch, da waren wir mittlerweile die große Nummer. Es war ein ulkiges Gefühl, über die Grenze zwischen beiden Staaten hin und her zu pendeln und sich genauso schnell von Hitlieferanten in eine Horde Namenloser zu verwandeln. Der Abstand zwischen Ruhm und Anonymität betrug manchmal nur hundert Kilometer.

Die ›California Jam‹, am Tag nach Frederick's. Fachtna langweilt sich links.

Eines Tages fuhren wir mit dem Bus durch die Wüste. Die anderen schliefen. Ich war müde und sah ausgelutscht aus. Mit der Polaroid schoß ich im braungefärbten Spiegel ein Selbstbildnis und glotzte dann weiter aus dem Fenster. Nichts war zu sehen außer ein paar Felsen, Gestrüpp und Kakteen. Ein Schild mit der Aufschrift »Truth or Consequences fünf Meilen« schoß vorüber. Was sollte das heißen? Sollte ich in fünf Meilen meinem Schicksal begegnen? Genausogut hätte es »Schattenreich 5 Meilen« heißen können.

Höhenkoller

»Das wirst du vielleicht nie wieder erleben.« Ich erinnere mich, daß mir genau das durch den Kopf ging, als ich da 1979 in Liverpool stand und der Lärm des 4000köpfigen Publikums mich traf wie ein Hammerschlag. Das hatte ich immer gewollt, oder? Was sonst tun Bands? Sie machen Hitsingles und ausverkaufte Tourneen, lassen sich photographieren und bekreischen. Das Kreischen war für einige Jahre bei Popmusik zurückgegangen, und es warf mich um, daß ich derjenige sein sollte, dem diese Hingabe galt. Ich betrachtete die Kids in Pyjamas, die Fingers imitierten oder, wie ich, schwarz-weiß karierte Jacketts trugen. Für einen flüchtigen Moment, den ich dort oben stand und auf das wogende Meer von Händen und Gesichtern starrte, schwirrte mir der Kopf von einem Wust möglicher Erwiderungen. Es befriedigte mich, so weit gekommen zu sein. Unsere anderen Tourneen waren herzlicher gewesen, fast freundschaftlich, weil das Publikum unseren Ehrgeiz zu teilen schien, uns vorwärts peitschte: »Macht weiter, ihr packt es.« Wir hatten es gepackt, und vielleicht kreischten sie in Anerkennung. Aber ich konnte nicht mehr zu ihnen sprechen, mir kam kein Witz über die Lippen. Wir waren Stars, und man schwatzte nicht mit Stars. Bei all dem Lärm hätten sie mich sowieso nicht sprechen hören können. Eine unsichtbare und unüberbrückbare Kluft schien uns zu trennen. Ich war nicht länger einer von ihnen, aber ich kostete es voll aus. Es war berauschend und beängstigend zugleich. Mit der alten Binsenweisheit vom »Scheitern im Erfolg« hatte das nichts zu tun. Ich war weder desillusioniert, noch quälte mich musikalischer Anspruch, daß sie meine Kunst überhören könnten. Nichts hätte mir gleichgültiger sein können, aber ich hätte doch gewünscht, daß sie auf die Texte achteten, was immer sie auch bedeuteten.

»Vielleicht erlebst du das nie wieder«, dachte ich, »präg es dir gut ein.« Ich drehte mich nach den anderen um. Simon reckte sein Kinn vor und zwinkerte vielsagend wie ein irischer Kobold, Gerry grinste aus den Mundwinkeln und Johnnie über alle vier Backen. Gary hatte die Augenbrauen in einem »Was-soll-der-Scheiß«-Ausdruck hochgezogen. Pete entwirrte panisch seine Kabel, wie immer. Das Bild prägte sich mir ein wie ein geistiges Polaroid. Im Augenblick des Triumphs zweifelte ich. Der Zwiespalt verflog, als wir uns in die erste Nummer stürzten.

1978 war ein atemberaubendes Jahr gewesen. Wir hatten mehr Platten verkauft als jede andere britische Band oder irgendein Interpret. Alle Polls sagten uns, wir seien die Nummer eins im Lande. Verrückt. Natürlich hatte ich immer gesagt, es würde so kommen, aber man weiß ja, es gibt einen Unterschied zwischen dem, was ein Junge sagt und was er glaubt. Wie Johnny Rotten sagte: »Es kommt drauf an, welche Lüge ich grade erzähle.«

Wir hatten die Vorarbeit für die unausweichliche Führung in den USA geleistet, zumindest dachten wir das. Wir waren uns sicher, daß wir mit »I Don't Like Mondays« einen neuen Hit hätten, obwohl ich Chris und Nigel von Ensign gesagt hatte, er würde nicht mehr als eine gute B-Seite abgeben. Für das kommende Jahr sollten wir für England definieren, was Popmusik war, wie sie zu klingen und auszusehen hatte. Jetzt, 1979, am Vorabend unserer dritten Tour für das neue Album »The Fine Art Of Surfacing«, standen wir im Zenit. »Mondays« war ein größerer Hit geworden, als irgend jemand zu hoffen gewagt hatte. Es war Nummer eins in zweiunddreißig Staaten rund um die Welt und wartete darauf, in Amerika veröffentlicht zu werden, um uns, da waren wir uns sicher, den ersehnten Durchbruch zu verschaffen. Wir hatten alle Segel für unsere größte Tour gesetzt, die alle Länder einschloß,

von denen wir unser Leben lang geträumt hatten: Japan, Bangkok, Australien und Länder hinter dem Eisernen Vorhang.
Auch mein Privatleben entwickelte sich zum Besseren. Ich liebte Paula nun aus ganzem Herzen, die meine Liebe erwiderte, klug war und gute Laune verbreitete. Mir war ganz unverständlich, wie ich mich gegen die Liebe zu diesem Mädchen hatte sträuben können, das mich nun so glücklich machte. Und ich fühlte mich innerhalb der Band völlig unabhängig und fand enorme Befriedigung darin, meine Songs zu schreiben, die die anderen, alle bessere Musiker als ich, mit Leben erfüllten. Die Songs stimmten und kamen an. Ich machte mir nichts vor, aber geschmeichelt war ich doch, als eine der Musikzeitungen über »Mondays« schrieb: »(Geldof) greift mühelos in eine Seitentasche seines Genies und zaubert aus dem Nichts einen Song hervor.« Na klar doch.
Mein eigenes Leben ordnete sich. Alle repressiven oder trübenden Einflüsse – Familie, Schule, Irland, die sterilen Verhältnisse von Dun Laoghaire, die Phasen endlosen Leerlaufs – hatte ich daraus verbannt. Das lange, verzweifelte Stolpern zum Erfolg lag, im großen und ganzen, hinter mir. Ich fand wieder Zeit für Dinge, die über die Band und meine eigenen Belange hinausgingen. Obwohl ich Aufmärsche und andere Spielarten der Protestpolitik im allgemeinen für Zeitverschwendung halte, hatte ich am Trafalgar Square bei einer Kundgebung der Greenpeace-Initiative, für die ich mich schon in Kanada engagiert hatte, gegen Walfang gesprochen. Aber ich war mir meiner Position immer noch nicht sicher. In dem Song »Someone's Looking At You« schrieb ich: *They saw me there in the square when I was shooting my mouth off about saving some fish. Now that can be construed as some radical's view or some liberal's wish.*
Von unserer ersten Tour durch die Staaten waren wir ungebrochen zurückgekehrt, in unserer überschwenglichen Arroganz zuversichtlich, den Markt zu knacken. Trotzdem, die

Tour war zu lang gewesen; nächstes Mal, wenn »Mondays« ein Hit geworden war, wollten wir es kürzer machen. Man ging nun davon aus, daß wir die Welt erobert hätten. Zumindest machten wir unseren Anspruch geltend. Man hatte sich geeinigt, daß wir als Hauptact eines riesigen Open-Air-Festivals in Loch Lomond spielen würden, um diese Leistung gebührend zu feiern und uns mit Nachdruck zurückzumelden. Für uns war das Festival eine Katastrophe. Paula, die im Publikum stand, hielt es für einen Riesenerfolg und ebenso der Großteil der Presse: Ironischerweise gaben sie uns überschwengliche Kritiken. Aber wir wußten im Herzen, daß, wenn wir auch professionell genug waren, um in den meisten Fällen eine sehenswerte Performance auf die Beine zu stellen, zu hohe Erwartungen an uns gestellt wurden.

Während wir in Amerika waren, war unser Vertrag für das Haus in Chessington ausgelaufen. Ich rief Paula aus den Staaten an, um ihr zu sagen, daß ich flüssig genug sei, ein kleines Haus in London zu kaufen, und bat sie, eines zu finden. Sie kaufte ein kleines Reihenhaus in Clapham im Süden Londons. Es war der erste Ort, den ich wirklich als mein Heim betrachtete. Ich genoß es, meine Zeit dort mit ihr zu verbringen, und dort in Clapham schrieb ich auch die meisten Songs für »The Fine Art Of Surfacing«. Den Titel hatte ich einem Artikel über Psychologie im *New Scientist* entlehnt. Für jemanden, der die meiste Zeit seines Lebens gegen ein langsames Absinken gekämpft hatte, schien es naheliegend. Außerdem fügte es sich in die psychologische Stimmung des Albums. In den meisten Songs war ich brutal ehrlich mit mir und dem, was mich bewegte, und rührte an die trostlosen Seiten des Lebens, wenn ich auch zufriedener war, als je zuvor in meinem Leben. Aber ich kann immer noch nicht glauben, daß Zufriedenheit eingeplant ist. Ich glaube nicht, das ich je zufrieden sein werde, es wird immer einen lebenslänglichen inneren Konflikt geben, der mich hin und her stößt, den ermüdenden Kleinkrieg, der in meinem Kopf fortdröhnt, das unaufhörliche beklemmende Verhör und Hinterfragen der Motive.

Ich war damals überzeugt und bin es noch heute, daß das Leben mehr bereithalten muß, als zur Arbeit gehen, nach Hause kommen und sich ins Bett legen. Ich glaube nicht an Arbeitsethos. Ich glaube nicht an die Arm-und-Reich-Lüge von »Arbeit schändet nicht«. Nicht arbeiten schändet genauso wenig wie arbeiten. Ich war nie beschämt, wenn ich arbeitslos war: höchstens pleite. Ansehen und Wert eines Menschen liegen nicht in seiner Arbeit oder in seinen Fähigkeiten, sondern in seiner Würde als menschliches Wesen. Wert und Ansehen eines Menschen liegen in seiner Menschlichkeit. Das Ziel eines Menschenlebens scheint mir darin zu liegen, herauszufinden, welche Möglichkeiten dir dein Körper und dein Geist eröffnen. Siebzig Jahre sind nicht allzuviel, also kann man genausogut das äußerste Extrem an Möglichkeiten ausreizen. Ich finde es interessant, mich selbst auf die Probe zu stellen, solange ich anderen dadurch keinen Schaden zufüge. Ich kann mehr aus mir herausholen als manche Leute und weniger als andere. So geht es auch dem Rest der Menschheit, doch da man immer nur so viel leisten kann und immer wünschen wird, mehr zu tun, und vielleicht unzufrieden auf das blickt, was man erreicht hat, gibt es keine Zufriedenheit. Ein Problem. Die einzige wirkliche Todsünde ist Zeitverschwendung.

Paula fragte manchmal, warum ich nie einen romantischen Song für sie schrieb. Ich tat mein Bestes. Irgendwie mußten sie sich alle einer dunkleren Metaphorik beugen. Trotzdem war ich, als das dritte Album fertiggestellt war, zufrieden mit dem, was ich geschafft hatte. Die Songs waren intensive Selbstbetrachtung, aber sie gehörten zu meinen besten. Selbst heute noch bauen wir in jeden Auftritt einige davon ein. Wir versuchten uns an einigen mit Phil Wainman, aber es stimmte hinten und vorne nicht; wir kehrten zu Mutt zurück, der sauer war, weil wir »Mondays« ohne ihn gemacht hatten, und der jetzt den Vielbeschäftigten spielte. Letzten Endes nahmen wir das dritte Album mit ihm in Hilversum in Holland auf, wo die Phonogram ihren Firmensitz hatte. Diesmal machte es Spaß. Wir waren mittlerweile gute, selbstbewußte Musiker. Wir hatten die Studiotechnik gemeistert und sie auf dem Album perfekt ausgespielt.

Als wir die Tour für *Surfacing* ankündigten, war sie in wenigen Stunden ausverkauft. Wir starteten in Liverpool vor den viertausend kreischenden Fans und zogen von dort durch England. Wir endeten in London, wo wir das Dach des Rainbow mit einem gigantischen King Kong schmückten, den wir in Schottland auf einer Müllhalde gefunden und in einen riesigen Streifenpyjama gekleidet hatten. Wir zogen von Triumph zu Triumph. »Diamond Smile« war die zweite Hit-Auskopplung aus dem Album. Das Video gewann weitere Preise. Während wir in Paris waren, stand »Someone's Looking At You«, die dritte Single von der LP, auf Nummer vier der britischen Charts.

Wir waren begeistert von Japan, unserer ersten Kostprobe von etwas, das vom Westen verschieden war. Die Leute waren interessant. Als wir auf die Bühne kamen, drehten sie durch, aber die Sicherheitsbeamten vorne sagten: »Bitte nehmen Sie die Plätze ein«, und sie fügten sich. Nach drei Songs hielt ich es nicht mehr aus und bat sie zu tanzen. Ebenso fügsam sprangen sie auf wie ein Mann und kreischten hysterisch. Später bat ich sie, für eine Weile Platz zu nehmen. Schon saßen sie.

In Australien und Neuseeland kam unsere aufwendige Bühnenproduktion am besten an. Es wirkte wie eine Hi-Tech-*Jailhouse-Rock*-Szene mit aufwendigen Gerüstbauten und computergesteuerten, neonleuchtenden Käsekästchenmustern, die in pink, weiß und blau hinter uns blinkten. Mir gefiel die Idee, vor einem willkürlichen Wechselspiel des Computers aufzutreten. Es war sündhaft teuer, Tonnen von

Ausrüstung nach Australien zu bringen, aber wenn die Kids in England es sehen konnten, warum sollten die Kids in Sydney leer ausgehen?

Wenn man mich auch in einer US-Talkshow als den Irving Berlin des Rock begrüßt hatte, die nächste Tour durch die Vereinigten Staaten war nicht erfolgreicher als zuvor.
Rückblickend waren unsere Chancen, 1978 Amerika zu erobern, sehr gering gewesen. Im Radio spielten sie euphemistisch sogenannten »Hard Rock« auf der gesamten UKW. Auf den Mittelwellen gab es eine ausgewogene Diät aus AC/DC und anderen Heavy-Metal-Bands, Disco oder die Hitparade rauf und runter. Wir waren weder Hardrock noch Disco. Amerika konnte uns und unsere Altersgenossen nicht verstehen. Sie hatten nicht dieselbe Periode musikalischer Neuordnung durchlaufen, die New Wave untermauert hatte. Mit Ausnahme einiger weniger Musiker, hauptsächlich in New York, verstanden sie nicht, wovon wir sprachen oder wie wir uns gaben. Den Videomarkt gab es noch nicht. Die einzige Möglichkeit zu überzeugen war, gut zu spielen, aber zu den Konzerten kamen nur die, die uns aus der englischen Presse kannten. Man predigte den Bekehrten, und die konnten die Plattenverkäufe nie so hoch treiben, daß wir in die Charts kamen. Mit jeder Stadt, in der man auftrat und mit jedem Interview, das man gab, sicherte man sich wenigstens ein paar Minuten Spielzeit im Radio, aber sobald man weiterzog, verschwand die Single in der Versenkung. Keine von uns englischen Bands konnte damals in Amerika Fuß fassen. Dank ihres üblen Rufs konnten die Pistols ihre erste und einzige Amerika-Tournee ausverkaufen, aber die Amis fanden sie unmöglich. The Jam, The Stranglers und The Damned blieben erfolglos. Elvis Costello erwirtschaftete Respekt und ein Hitalbum, aber herzlich wenig mehr. Die Amerikaner kapierten einfach nicht, was die anderen alle hatten. Später sag-

ten mir Leute in den Staaten: »Natürlich, ihr hattet ja einen Hit hier, ›Mondays!‹ Ich erwiderte dann, das sei nur Nummer sechzig gewesen, und sie sagten: »Aber jeder kennt es.« Jeder im Musikbusiness kannte es, aber es brachte uns nicht den Erfolg, den wir so verzweifelt brauchten.

Obwohl die *Surfacing*-Tour in fast jeder anderen Hinsicht ein überwältigender Erfolg gewesen war, hatte sie uns finanziell ruiniert. Wir steckten bis zum Hals in Schulden, obwohl sich das Album gut verkaufte. Die Kosten für den Transport des Bühnenaufbaus durch die halbe Welt waren enorm, ebenso wie die Lohnkosten für die Bühnencrew, die wir mitnehmen mußten. Wir verdienten nichts in Amerika, mußten aber trotzdem relativ viele Gigs durchziehen. In Irland, wo sonst, wurde uns gleich zu Anfang der Tour die Milch sauer.

Belfast war ein Triumph gewesen. Die Menschen waren wundervoll, und wir hatten uns wie zu Hause gefühlt. Aber in Dublin hatte man uns die Auftrittsgenehmigung verweigert. Jemand vermutete, es hätte mit meinen früheren Ausfällen gegen Blackrock College und seinem Ehemaligen-Verein zu tun. Jetzt, hieß es, könnte ich meinen verdienten Lohn einstecken. Von heute auf morgen stand kein einziger Dubliner Konzertsaal zu unserer Verfügung, aber wir waren fest entschlossen, in unserer Heimatstadt zu spielen. Wir hatten gehört, daß das riesige, gelbweiß gestreifte Zelt, in dem der Papst seine Messen in Irland gehalten hatte, zu haben war. Das wäre doch nett, dachten wir, und mieteten es. Wir mieteten auch die Rennbahn in Leopardstown an, um es dort aufzustellen, aber eine einstweilige Verfügung verhinderte den Auftritt. Wann immer wir eine Auftrittsmöglichkeit fanden, stand irgendwer im Auftrag der örtlichen Behörden bereit, um die nächste einstweilige Verfügung gegen uns zu erwirken. Wir versuchten es mit mindestens einem Dutzend anderer Gelände und wurden jedesmal ausgebootet. Man hatte aus uns eine Art irischer Sex Pistols gemacht,

Montags geschlossen. Fingers hat die Trümpfe in der Hand, Amerika 1979.

was lächerlich genug war, aber diese Kampagne stand in keinerlei Verhältnis mehr zu unserer tatsächlichen Bedeutung.
Ja, wir waren die irischen Eroberer, die von der irischen Jugend mit Pauken und Trompeten willkommen geheißen wurden, aber diese Welle der Mißgunst, die uns als stillschweigende Übereinkunft des Establishments erschien, war unsinnig. Ich war wütend. Für mich war das ein offener Rachefeldzug. Aber mein Entschluß, zu bleiben und aufzutreten, wurde dadurch nur noch fester. Fachtna verbrachte seine Zeit fast nur noch vor Gericht, aber wir verloren jedesmal. Je länger wir in Irland blieben, desto mehr Probleme stellten sich und desto höher stiegen unsere Kosten. Wir bezahlten eine Riesenmannschaft fürs Herumsitzen und mußten sogar Gigs in den USA absagen, um in Dublin bleiben zu können, aber ich riß mein Maul weiter auf und sagte, es sei undenkbar, Irland zu verlassen, ehe man uns erlaubt hatte, in unserem eigenen Land zu spielen. Wir lieferten den Sensationsprozeß. Bischöfe meldeten sich zu Wort. Politiker wetterten, Richter richteten und abertausend Briefe wurden zu unserer Unterstützung geschrieben. Alte Leute hielten es für einen Skandal. Am Ende gewannen wir nur durch einen Handstreich.
Für die Summe von zehntausend Pfund hatte uns Desmond Guinnes, der Eigner von Leixlip Castle, sein Gelände zur Verfügung gestellt. Für zwei Wochen hatte die Irische Presse den Fortgang der Ereignisse verfolgt. Wir beherrschten die Titelseiten, gleich neben der Geiselaffäre im Iran. Wir hatten den Kartenkäufern gesagt, ihre Karten seien für jeden Tag gültig, an dem wir spielen würden. Wir hatten beschlossen, am kommenden Sonntag zu spielen, befürchteten aber, man könnte uns wieder einen Strich durch die Rechnung machen, wenn wir Zeit und Ort bekanntgaben. RTE, die nationale Radiostation, hatte versprochen, jederzeit unsere Konzertankündigung durchzugeben. Den ganzen Samstag und die ganze Nacht durch arbeitete unsere Crew, um eine Bühne aus dem Boden zu stampfen. Sie hoben Klogruben aus, zogen

Zäune, jeder packte mit an; unsere Beleuchter, unsere Soundleute, unsere Fahrer, unsere Roadies. Samstag um Mitternacht waren alle ausgelaugt. Die Bühne war halbfertig, die Absperrung hing auf halb acht, und die Klos waren halb ausgeschachtet. Der Tourmanager begab sich mit seinem Hallo-Wach-Köfferchen auf die Baustelle – genug Speed und Kokain, um die Jungs für die Nacht und den nächsten Tag auf Vordermann zu bringen. Am nächsten Tag hörte ich einen Anwohner sagen: »Ich dachte, die wären am Ende, aber nach der Teepause um zwölf kamen sie so frisch zurück, als hätten sie acht Stunden Schlaf gehabt. Die Jungs schaffen was weg.« Bis Sonntagmorgen stand eine sechzig Fuß breite, zwölf Fuß hohe und dreißig Fuß tiefe Bühne.

Wir warteten bis spät in die Samstagnacht, um sicherzugehen, daß niemand mehr Zeit finden würde, einen Richter aus dem Schlaf zu klingeln, und um Mitternacht gab RTE bekannt, daß die Boomtown Rats ihr langerwartetes Konzert geben würden. Ich fürchtete, wir hätten zu lange gewartet, so daß nur Leute aus Dublin würden kommen können, vielleicht nicht mehr als dreitausend. Ich erwachte früh am Sonntagmorgen und sah aus dem Fenster meines Hotels, in dem ich die zweiwöchentliche Belagerung verbracht hatte. Den ganzen Kai entlang sah ich Leute in Einsatzbusse mit der Aufschrift Leixlip steigen. Es war ein Moment herrlichen Triumphs. Wir fuhren raus nach Leixlip Castle und betrachteten von den Zinnen aus die Menge, die die Straßen verstopfte, während sie sich langsam auf uns zu bewegte.

Als wir auf die Bühne kamen, ging ich ans Mikrophon und stellte eine Frage: »Wer hat gewonnen?« Als ich den Antwortschrei »Wir!« hörte, war ich froh, daß wir geblieben und es ausgekämpft hatten. Wir waren nervös. Fingers sprang auf und ab, um erst sein überschüssiges Adrenalin abzubauen, als ich ein Krachen hörte, mich umdrehte und ihn gerade noch durch die Bühnenbretter verschwinden sah. Kopf und Arme schauten noch aus dem Loch. »Jesus, was kommt als näch-

stes?« dachte ich. Grinsend wurde er hervorgezogen. Wir fingen an.
Wir hatten unsere Schwierigkeiten gehabt, Sicherheitskräfte zu bekommen, die der Versicherung genügten. Die meisten Ordner in Dublin waren so bekannt und so brutal, das schon ihre Anwesenheit Ärger heraufbeschwor. Daher hatten wir Ordner von der Universität geholt. Sie waren kein Gegner für die Streetgangs, die während des ganzen Konzerts vor der Bühne wüteten und sich gegenseitig prügelten und traten. Es war ein ständiger Kampf. Die Bühne war voller Körper, die heraufgeworfen oder -gejagt worden waren oder sich über die Lichtanlage oder die Boxen gerettet hatten. Fäuste flogen, Leute rangen auf dem Boden. Andere wurden grinsend und winkend hinter die Bühne geschleift, von wo sie direkt wieder heraufkrabbelten. Dazwischen, inmitten wild schwankender Scheinwerfer, weil die Lichtcrew verzweifelt versuchte, um den Hexenkessel auf der Bühne herumzuleuchten, versuchten wir, »cool« auszusehen und uns zu geben, als sei dies grade nur ein normaler Gig, bei weitem nichts, was über das Gewohnte hinausging. Pete war hinter mir damit beschäftigt, einen besoffenen Penner abzuwehren, der meinte, er müßte ihm beim Baßspielen helfen, als von der Seite ein schmächtiger Mann um die fünfzig mit in den Nacken geschobenem Schlapphut, die Bühne betrat. Er bahnte sich einen Weg über die Bühne, ging um mich herum und streckte Pete die Hand entgegen. »Paddy Cusack«, nannte er ihn bei seinem richtigen Namen, »ich hab deinen Vater gut gekannt.« »Oh«, sagte Pete, zu geschockt oder verwirrt für alles andere. Er hörte auf zu spielen und schüttelte seine Hand. »Guter Mann. Kommen wohl nach ihm«, sagte unser Freund und entschwand unbehelligt im Chaos.
Wenige Meter entfernt von der Bühne schien niemand mehr auf die Schlacht zu achten. Immerhin machte uns nur eine verschwindende Minderheit von vielleicht vierzig Mann Scherereien, die ich, so gut es ging, mit Verachtung strafte,

um mich statt dessen auf die restlichen Zwanzigtausend zu konzentrieren, die zu unseren Füßen aufmarschiert waren. Sie waren über Nacht aus allen Teilen Irlands gekommen und sollten von mir nicht enttäuscht werden. Es war ein gutes Konzert, aber uns wurde es durch die Typen vor der Bühne, die Streetgangs, versaut.

Das war der Wermutstropfen in unserem Moment des Triumphs, unserer großartigen Heimkehr. Wir waren wieder in Dublin, und in Dublin war alles beim alten. Nach dem Konzert fuhren wir sofort angewidert zum Flughafen zurück und verschwanden. Am nächsten Tag zeigte sich die Presse wie erwartet erschüttert. »Dreißig Verletzte in der Nacht des Ratten-Terrors« las sich die »anspruchsvollste« der Schlagzeilen. In meinem Zorn schrieb ich später den Song »Banana Republic« über Irland. Es wurde ein Riesenhit, seltsam genug.

Am Ende der Tour war ich erschlagen. Es kroch mir eiskalt den Rücken herauf, als mir bei der Rückkehr nach London schon wieder die Ohren von der nächsten Single, dem nächsten Album und unserer neuen, verbesserten Strategie schwirrten. In den vergangenen zwölf Monaten hatten wir sechs Singles, ein Album und eine Welttournee hinter uns gebracht. Und schon schrien sie nach mehr. Langsam mußte ich dem Druck ins Auge sehen. Ich sage *ins Auge sehen*, weil ich ihn schon empfunden hatte, ohne mir darüber im klaren zu sein. Während der *Surfacing*-Tour in England hatte ich manchmal nachts allein in meinem Bett geweint. Ich konnte es nicht ertragen, noch ein einziges dreckiges Wort über mich zu lesen, und andererseits, plötzlich war da so viel einzulösen. Wir hatten es bis an die Spitze geschafft, aber jetzt mußten wir uns dort halten. Wir waren in der Tretmühle. Man arbeitete, nur um seine Position zu halten. Eine Menge Leute verließen sich auf mich und meine Fähigkeit, Songs zu schreiben; die Band, die Bühnenarbeiter, die Leute im Büro, die Leute bei Ensign. Diese Menschen waren von mir abhängig,

und damit hatte ich auch Verantwortung für ihr Zuhause und ihre Familien übernommen.
Ich hatte die Songs zu schreiben, die Videos zu produzieren, die Interviews zu geben, mich um die Covergestaltung zu kümmern und dann jede Nacht auf die Bühne zu gehen, um es zu bringen. Und dann schlachtete uns die Kritik wie gehabt.
Meinetwegen sollte »The Fine Art Of Surfacing« weltweit ein Monsterhit sein – ich hatte zunächst mal einen Höhenkoller. Ich mußte raus.
Die Zugreise von Sibirien durch die Mongolei und die Wüste Gobi nach China, die ich mit Paula machte, hatte zwei unschätzbare Vorteile, von der auf der Hand liegenden Romantik eines so heldenhaften Trips einmal abgesehen; sie würde mich in Gegenden führen, in denen kein Mensch je von mir gehört hatte, und weil es Ferien waren, eine von einem internationalen Touristikkonzern geplante Expedition, lag meine einzige Verantwortung darin, mich zu entspannen.
Auf der Fahrt von Peking zur Grenze von Hongkong begleitete uns ein höflicher junger Mann in adrettem Mao-Anzug. Meinem Reisepaß hatte er entnommen, daß ich Musiker war. Während wir uns der Grenze und Hongkong näherten, das er nie besucht hatte, fragte er mich nach dem Namen des Orchesters, in dem ich spielte.
»Es ist kein Orchester. Es ist eine Popgruppe.«
»Was ist eine Popgruppe?«
»Wissen Sie... so was wie die Beatles – Popmusik.« Der Vergleich schien etwas weit hergeholt, aber ich nahm an, es würde als Erklärung genügen.
»Was ist die Beatles-Popmusik?«
Ich war in meinem Leben nie irgendwo gewesen, wo man die Beatles nicht kannte. Ich lachte. »Musik eben, Popmusik. Beatles heißen ein paar Leute, die sie spielen, ich spiele sie auch. Manche Leute im Westen hören so was gerne.«

Knietief im Sumpf

»Vielleicht darf ich dir ein paar Zeilen vorlesen. Ich schlage das Script einfach irgendwo auf und lese eine Seite vor. Wenn du dir das anhören kannst, ohne den Mund zu verziehen, bin ich für den Scheiß auch zu haben.«

Das war 1981. Wir waren mit dem Taxi unterwegs zum Flughafen Heathrow, um ins Studio nach Ibiza zu fliegen, wo wir unsere vierte LP machen wollten. Ich saß auf dem Rücksitz, und auf meinen Knien lag ein Filmscript. »The Wall, Regie Alan Parker, Buch Roger Waters, Musik Pink Floyd« stand auf dem Cover. Fachtna versuchte mir einzuflüstern, der nächste Karriereschritt sei, einen Film zu drehen.

»Das ist eine Hauptrolle, Bob. Das Geld stimmt auch. Alan Parker hat einen Namen – *Midnight Express*, *Fame* und *Bugsy Malone*, du weißt schon. Du solltest es machen. Ist genau das richtige für dich. Und der beste Einsteig in die Filmsache, weil du keinen Dialog hast. Der Soundtrack ist ausschließlich Pink Floyd.« »Noch ein besserer Grund, es sein zu lassen. Pink Floyd sind Schrott.«

»Du sollst das doch nicht singen.«

»Denkst du, ich schneide da meine Fratzen?«

»Du mußt doch noch nicht mal Fratzen schneiden.«

»Paß auf, ich spiele nicht die zweite Geige für Pink Floyd.«

»Bob, sie tauchen doch noch nicht mal darin auf.«

»Hör mal, Fachtna, ich hab das Drehbuch hier gelesen. Egal, welche Seite man aufschlägt, jedesmal quält sich ein Pink-Floyd-Text durch die Szene. Die sind ja schauderhaft. O.k., ich picke jetzt eine Seite raus und lese sie vor, und wenn du nicht lachst, geht es klar.«

Ich war mit meinem Vortrag noch keine sechs Zeilen weit gekommen, als Fachtna platzte.

»Na schön, das war's, der Fall ist gegessen. ›We don't need no education‹. Herr des Himmels!
So was kann nur von Popmillionären geschrieben werden, die vom sozialen Gewissen gebissen sind. Cocktailparty-Sozialismus!«
»Du solltest dir das überlegen, Bob.«
»Klar, Fachtna. Du machst ja nicht auf der Leinwand den Heinz, über den sich alle bepissen. Also hältst du vielleicht die Schnauze.«
Der Taxifahrer schaute auf und beäugte mich zweifelnd durch den Rückspiegel. Erst später fand ich heraus, daß er mit Roger Waters, dem Drehbuchautor und Sänger, Schreiber und Bassisten von Pink Floyd verwandt war.
Während der gesamten Aufnahmezeit klingelte Alan Parker mich dauernd an, eine echte Plage, weil das nächste Telefon zwölf Meilen entfernt in der Stadt war und ich jedesmal eine Weltreise antreten mußte, um ihn zurückzurufen. »Wir sind von den meisten früheren Plänen abgekommen«, sagte Parker. Er wollte mich für die Rolle, weil er unsere Videos und meine Fernsehinterviews gesehen hatte. Offensichtlich umschwebte mich eine gewisse riskante Note, eine spürbare Unberechenbarkeit, auf die sie besonderen Wert legten, weil mein Part in *The Wall* ohne Dialog auskommen und alles über das äußere Bild transportieren mußte. Wie auch immer, mein Haupteinspruch war, daß ich keinen Popsänger spielen wollte. Ich sagte, ich würde ihn anrufen, wenn ich zurück wäre.

Das neue Album sollte etwas ganz anderes werden. Wir waren von Ensign zu Phonogram gewechselt, nicht, weil wir uns mit Chris und Nigel überworfen hatten, sondern einfach, weil wir gemerkt hatten, daß wir eine größere Plattenfirma mit größerem Promotion-Etat brauchten. Wir hatten einen neuen Produzenten, Tony Visconti, der einige von David Bo-

wies besten Platten gemacht hatte und als experimentell und kreativ galt. Wir suchten nach einem neuen Aufhänger. Wir hatten zwei Platin-LPs, eine Silberne und sieben Hitsingles. Zeit, zu neuen Ufern aufzubrechen. Wir hatten die Studiotechnik gemeistert und erstarben nicht länger in Ehrfurcht vor den Maschinen, also beschlossen wir, uns statt dessen etwas mehr Spontaneität zu gönnen. Bisher war ich immer mit soweit kompletten Songs ins Studio gekommen. Diesmal schenkte ich mir das absichtlich und ging nur mit ein paar groben Ideen ins Studio, um sie dort auszuarbeiten.
Visconti erwies sich als das genaue Gegenteil von Mutt. Er hatte gute Ideen, aber er langweilte sich schnell und sagte dann, etwas sei prima, wenn es längst noch nicht fertig war, nur, um etwas Neues zu beginnen. Für mich war das schwierig, weil ich auch eine niedrige Gähnschwelle habe und so schnell wie möglich ans nächste Ding gehen will. Die ganze Prozedur des Probens, Arrangierens und Aufnehmens ödet mich an. Wenn ich einen Song einmal auf der Gitarre fertig habe, kann ich nur noch wenig Interesse für ihn aufbringen. Schließlich scheuchten wir Visconti jedesmal auf seinem Motorrad in die nächste Stadt, zwölf Meilen weiter, während wir die Backing Tracks zurechtfummelten. Das Album entstand in einem wunderbaren Studio, das uns sogar mit einem Swimmingpool und erlesenen Speisen versorgte. Hatte man bei einem bestimmten Track nichts mehr zu tun, konnte man draußen plantschen oder in die Stadt schlendern. Das einzige Problem war, sich zur Arbeit zu zwingen. Musikalisch versuchten wir allerlei Neues, aber wenn man unachtsam ist, verwechselt man leicht Selbstgefälligkeit mit Experimentieren, wie wir um ein Haar bei »Mood Mambo« feststellen mußten.
Im Schwung der Tanzatmosphäre und Spontaneität des Albums, das wir, im Andenken an unsere Welttournee und in Anlehnung an den Jargon der fünfziger Jahre, als der Tanz regierte, *Mondo Bongo* betitelt hatten, nahmen Pete, Simon

und ich eines Tages einen Stehgreifsong auf. Ich sagte: »Spielt, was euch grade so einfällt, wir schneiden es live mit. Ich dirigiere, also stoppt, wenn ich ein Zeichen mache, in die Lücke soll dann später noch was rein.« Ich hatte eine Art Beat Poem geplant. Ich wollte einfach irgendwas sagen und dann sehen, ob es Sinn machte. Wir spielten vielleicht zehn Minuten. Ich sprach alles, was mir gerade durch den Kopf ging, während ich auf Bass und Schlagzeug hörte. Wir schnibbelten es auch cirka dreieinhalb Minuten lang zusammen, mischten ein paar Backing Vocals dazu, und fertig war »Mood Mambo«. Wir eröffneten die *Mondo Bongo*-Welttournee mit dem Stück. Ein anderes Mal stellten wir die Drums ins Freie und das Aufnahmemikrophon in einen Tunnel und erzielten ein schauriges Doppelecho von den nahe gelegenen Bergen.

Wir machten ein kaltes, karges Fifties-Jazz-Stück, »The Little Death«, einen Anti-Heroin-Song. Ich glaubte mittlerweile, jede Droge sei berechenbar; ich wußte, wie sie auf mich wirken würde.

Haschisch oder Marihuana hatte ich nicht wieder angerührt, seit ich mich in London beinahe umgebracht hatte. Schon vor langer Zeit, in Spanien, hatte ich mein einschläferndes Librium und Valium auf den Müll geworfen. Ich hatte die hysterische Abhängigkeit von meinem Inhalator und den Speedpillen, die man mir gegen Asthma verschrieben hatte, überwunden, mit dem Resultat, daß sich mein Asthma auf Nimmerwiedersehen verabschiedete. Acid stand nicht zur Diskussion, schon gar nicht, seit ich gesehen hatte, welche Verheerungen es unter meinen alten Schul- und Hausbesetzerfreunden angerichtet hatte.

Der einzige Nachteil dieser blitzsauberen Lebensführung (ich hatte nie viel getrunken, außer an Wochenenden), war mein selbstverschuldeter Ausschluß aus dem »Sumpf«. Der Sumpf war eine gesellschaftliche Randerscheinung bei den Rats, wie wahrscheinlich bei den meisten anderen Bands auch. Nach einem Konzert, wenn man gegessen, geduscht und sich umgezogen hat, gibt es in den meisten Städten wenig zu tun. Dein Tagesablauf neigt sich zum Ende. Um dich abzuregen und soweit zu ermüden, daß Schlaf zu einer halbwegs menschlichen Zeit möglich ist, zwängst du dich mit den anderen in irgendein Schlafzimmer, rauchst ein paar Joints und schwatzt, bevor es um drei oder vier ins Bett geht. Es war eine nette, gesellige Entspannungsrunde, aber ich konnte den Geruch von dem Zeug nicht ertragen, nach all den Jahren machte es mich immer noch kribbelig. Außerdem konnte ich die immer gleichen Gesprächsthemen nicht mehr hören, die jede Nacht aufs neue durchgekaut wurden; ich kam mir vor wie in der Kneipe. Für mich war eine Kneipe ein Laden, in den man geht, um sich, je nach Laune, zu betrinken oder jemanden aufzugabeln, einen Schluck zu nehmen und woanders hinzugehen. Die Vorstellung, die halbe Nacht in einer Bar rumzuhängen, machte mich wahnsinnig. Ich hielt das für einen der miesesten Züge Dublins: so viele große Ideen, so viele Talente und Energien wurden nachts zerquatscht. Anstatt etwas zu tun, wurde unentwegt darüber geredet. Hätte es nicht diese Kneipen-Kultur gegeben, hätten sie sich vielleicht gezwungen gesehen, ihre Ideen endlich in die Tat umzusetzen, um sie unter die Leute zu bringen. Gleichzeitig saß ich natürlich lieber in Kneipen herum als den ganzen Abend mit Leuten, die kein Wort miteinander sprachen, vor dem Fernseher. Immerhin wurden Streit, Gedanken, Diskussion und Konversation wachgehalten. Die Iren sind nicht aufs Maul gefallen – das weiß jeder. Warum aber gelingt es ihnen erst, Worte in Taten umzusetzen, wenn sie Irland verlassen? Wo spiegelt sich die Dynamik nach Amerika oder England ausgewanderter Iren in den Daheimgebliebenen? Liegt es daran, daß im Pub geborene Ideen sich nicht umsetzen lassen, weil die Leute, die auf den Geldsäcken sitzen, den Daumen draufhalten? Oder einfach daran, daß in Irland die Sperrstunde auch für Ideen gilt?

Wie im Pub, konnte ich mich auch im Sumpf nie entspannen.

Ich zog mich in mein Zimmer zurück, bedrückt von meiner ganz eigenen Last: Für die Band war ich der Mann, der es bringen mußte, für die Presse war ich der Kopf, für die Fans war ich der »Star«. Darüber hinaus war mir die Kameraderie des Sumpfs verwehrt, und das allgegenwärtige Gefühl, uneins mit mir selbst zu sein, kam schließlich in dem Song »Wind Chill Factor Minus Zero« zum Ausdruck.

It's one of those days where I don't like myself
But I get along with me OK
I'll slip beneath these sheets
And shiver here a while.
I find this happening more frequently these days.

Ich schrieb lieber Songs über die Wirklichkeit; wirkliche Ereignisse oder wirkliche Menschen. Ich zwang mich dazu, ehrlich mit mir selbst zu sein. Da wir die letzten zwei Jahre lang ausgedehnt getourt hatten und die Zeit, die wir nicht auf Tour waren, im Studio verbrachten, hatte ich weniger Kontakt zu Leuten gehabt, die nicht zur Plattenindustrie gehörten als vorher. Daher waren die Songs entweder experimentell wie »Mood Mambo«, »The Little Death« oder »Whitehall 1212« (das war die Telefonnummer von Scotland Yard), unser erstes Instrumental, oder es waren Schnappschüsse von Dingen, die ich während unserer Reise um die Welt mit der *Surfacing*-Tour gesehen hatte.

Die Songs waren außerdem offen politischer. Rhodesien war zu Zimbabwe geworden, während wir in Auckland waren, also entstand ein Song über das Bröckeln des Empire, »Another Piece Of Red«. *I was reading in New Zealand about Ian Smith, I was thinking they were lucky to be rid of that shit.* In Amerika hatten wir die Aufstände in Florida gesehen: *It's Disneyland under martial law.* Außerdem hatte ich mir dort eine Sendung übers Gerichtswesen angesehen: *Justice isn't blind, it just looks the other way.* Den Song nannten wir »The Elephant's Graveyard«.

In Japan war ich starr vor Staunen angesichts der Leute, die

Walkman hörend das Meer von Quecksilberverschmutzung reinigten.

Thunder over Tokyo
Pressure on ma eyes
Hi-Fi on their heads
While they tidy the tides
Dear Aunty Fifi
You should see this place
They grow a cushion on their backs
and a flu-mask on their face.

In »Go Man Go« brachte ich meine Meinung über eine weitere Welttournee auf einen kurzen Nenner: *I'd stay at home today. But the world said, ›Go man go‹.* Dann war da noch »Banana Republic«, das der große Hit des Albums wurde. Es war der gallige Song, den ich in den Nachwehen unserer Heimkehr nach Irland geschrieben hatte. Zur Strafe attakkierte ich nun jene, die nach meiner Meinung das Land zugrunde richteten. *The purple and the pin-stripe* (die Kirche, Politiker und Geschäftsmänner) *mutely shake their heads, a silence, shrieking volumes of violence worse than they condemn.* Ich beschuldigte sie stiller Übereinkunft mit den beiden anderen Geißeln des Irischen Volks, der IRA und der UVF. Die Auseinandersetzungen werden kein Ende finden, weil Irland seine Geschichte nicht vergessen kann. Für mich heißt Geschichte »Irlands Hure«. *Sharing beds with history is like licking running sores.* Wenn man am Schorf der Geschichte kratzt, fließt Blut. Die IRA, die UVF und die anderen obszönen Nationalisten sorgten dafür, daß diese Wunde ständig näßte. *Banana Republic, septic isle screaming in a suffering sea, it sounds like dying.* Es war ein freudloser Song, und es wurde ein Riesenhit. Es überraschte mich, daß Leute sich den Song so zurechtbogen, daß er auf ihre eigene Situation zutraf. Die Deutschen, zum Beispiel, bezogen ihn auf sich; dort war er sogar ein größerer Hit als »Mondays«. Die Amerikaner weigerten sich wegen der brutalen Metaphorik, ihn zu spielen. Ihnen gefiel das Wort »Hure« nicht. Nach »Mondays« wurde alles, was ich schrieb, in Amerika einer strengen Kontrolle unterworfen. In Irland schrieben einige Zeitungen, es sei die pure Mißgunst, einige, es sei einfach Schrott, aber immerhin, andere sagten, es sei wahr.

Nationalismus, das ist meine feste Überzeugung, ist mit Abstand das gefährlichste aller politischen Konzepte. Patriotismus – der Stolz auf das Heimatland – ist verständlich und gesund. Ich war nie besonders stolz, Ire zu sein, noch habe ich mich dessen geschämt, ich bin es eben und kann gut damit leben. Ich bin stolz auf Irlands literarisches und kulturelles Erbe, auf die Menschen, und mit Sicherheit erfüllte mich die Anteilnahme, die die Iren für Band Aid zeigten, als sie pro Kopf mehr spendeten als jedes andere Land der Welt, mit mehr Stolz als sonst irgend etwas. Aber Nationalismus, dessen Ziel es zu sein scheint, diese natürlichen Empfindungen in kontrollierte Kanäle zu zwängen, um sie dann in chauvinistische politische Ideologie umzuwandeln, widert mich an und ist in meinen Augen wenig besser als Faschismus. Nationalismus ist Stammesdenken und beugt unaufhörlich einer Verständigung zwischen verschiedenen Teilen der Welt vor. Im Zeitalter allgegenwärtiger, grenzüberschreitender Kultur, wie sie das weltweite Mediennetz verschuldet und verbreitet hat, sollte man das schleunigst überdenken. Das war die simple Logik, die auch Live Aid zugrunde lag.

Wie auch immer, ungeachtet meiner Quengeleien in »Wind Chill Factor Minus Zero«, der Starruhm gefiel mir. Ich fand ihn befreiend und angenehm, besonders, da ich den Rahmen für meine Prominenz selbst steckte. Ich fuhr mit der U-Bahn, ich nahm Taxis, ich ging zu Fuß. Nicht, um allen zu beweisen, 'eh-du-boh-ey-das-is-echt-einer-von-uns«. Ich tat es zu meinem eigenen Besten. Ich wollte mich nicht von Dingen ausschließen lassen, die mir immer schon Spaß gemacht hatten. Wenn ich um Autogramme gebeten wurde – na und? Das ist Berufsrisiko, und überhaupt, ich mußte immer an das erste

Mal denken, als mich ein Mädchen fragte und ich zurückfragte: »Ist das dein Ernst?« »Warum nicht«, hatte sie gesagt, »ihr werdet berühmt!« Wenn man keine Lust hatte, konnte man immer noch schlicht nein sagen. Wenn man lesend im Bus saß und jemand ein Gespräch anfangen wollte, konnte man sagen: »Entschuldigung, ich würde gerne weiterlesen«.

Wir unterzogen uns der unausweichlichen Promotour für *Mondo Bongo*. Es lief gut. Die meisten Läden waren ausverkauft, und wir lieferten ein paar gute Shows, wenn auch die Musikpresse in England wie in Amerika kein gutes Haar an uns ließ.

Als die LP fertiggestellt und in England veröffentlicht war, hatten wir sie mit in die Staaten genommen und sämtlichen Columbia-Angestellten vorgedudelt – für nichts und wieder nichts. Also spielte ihnen Fachtna sechs Songs vor, die wir nur in der Rohfassung aufgenommen hatten. Sie sagten, es wären drei Hits dabei. »O.k.«, sagte Fachtna, »ihr sagt uns, welche und wie ihr sie haben wollt, und wir machen alles so, wie ihr es uns sagt.« So zermürbt waren wir mittlerweile. Sie schickten einen aus ihrem eigenen Stab runter, um die drei Tracks zu produzieren, von denen dann einer auf die amerikanische Pressung der Platte fand. Es war dieselbe alte Geschichte. Sie machten nicht genug Geld für die Radiopromotion locker, und die Platte wurde ein Flop.

Wir gaben ein Dutzend Konzerte in Amerika, mit demselben Ergebnis wie zuvor. Wir unterbrachen unseren Flug nach Japan in Hawaii, dann spielten wir in Bangkok.

Südostasien öffnete uns die Augen. Bei unserer Ankunft waren wir Nummer eins in Thailand. Später wurde uns klar, daß das eine zweifelhafte Ehre war, da der Knabe, der das Konzert veranstaltete, alleiniger Herrscher über zweiundsiebzig Sendestunden im landesweiten Rundfunk war und nach persönlichem Gutdünken bestimmte, was wann Nummer eins zu sein hatte. Für Wochen vor unserer Ankunft hatten die unglücklichen Thailänder im Radio nichts anderes als Boomtown Rats zu hören bekommen. Die Tatsache, daß der Promoter ein hohes Tier in der örtlichen Polizei war, kam auch nicht ungelegen.

Korruption ist in Thailand kein Fehler im System – sie *ist* das System, von denen, die ganz unten im Dreck sitzen, bis zu denen ganz oben. Weil sie alle Klassen umspannt und daher alle Klassen das Schmiergeldwesen pflegen, um zu überleben, wirken die Thais äußerst erfindungsreich und unternehmend. Ich fühlte, wie meine westliche Selbstzufriedenheit und viele meiner Posen beiseite gewischt wurden. Ich erinnere mich, in einem Interview gesagt zu haben, »Amerika ist jung und müde, Europa ist alt und müde, aber Asien ist einfach alt«. An Europa hatte ich mich satt gesehen, ob ich je wieder nach Gottenburg oder Düsseldorf kam, konnte mir gestohlen bleiben. Amerika war berechenbar und enttäuschend geworden, aber Asien war verblüffend. Unser erster Auftritt fand auf einem chinesischen Friedhof in Bangkok statt, im betäubenden Duft des tropischen Abends. Als wir zum Ende kamen, dachte ich, du mußt wieder hierherkommen. Dasselbe Gefühl hatte mich in der Mongolei oder in China beherrscht; ich konnte mich in dieser völlig fremdartigen Umgebung selbst verlieren. Alles hier war erfrischend neu, und mir gefiel der Mangel an Koketterie und der Verzicht auf wichtiges Gehabe bei den Menschen.

Gerry, unser Leadgitarrist, empfand genau entgegengesetzt. Seit einiger Zeit schon war ihm aufgegangen, daß die Band nicht nur nach dem ersten Karriereschub durchhing, sondern auch noch nicht mal die Art Musik machte, die ihm lag. Die Spannung zwischen ihm und uns wuchs, und er mußte für alles mögliche als Sündenbock herhalten. Während der ganzen Tour hatte er sich regelmäßig von uns abgesetzt, um allein durch die Städte zu wandern. Zum Knall kam es eines Abends in Japan, als wir in einer Bar Simons Geburtstag feierten und Gerry sich weigerte zu kommen. Die Band beschloß, daß er gehen mußte. Die allgemeine Ansicht war, er würde schlecht spielen, obwohl er ein guter Gitarrist war, und wahrscheinlich war das nur das moralische Mäntelchen für den Rest von uns. Wie immer, die Aufgabe, ihm Bescheid zu sagen, fiel mir zu. Glücklicherweise blieb mir dieser Auftritt erspart, denn am letzten Tag der Tour sagte Gerry Fachtna, er würde aussteigen.

Ich war traurig, ihn so im bösen gehen zu sehen. Später machte er ein paar Solo-Alben, die mir gut gefielen, aber nicht erfolgreich waren.

Wir suchten uns nie einen neuen Gitarristen. Aus der Zeit des klassischen R & B-Line-Ups mit zwei Gitarren war die Musik längst herausgewachsen. Mit den sorgfältigeren Arrangements traten die Keyboards mehr in den Vordergrund. Fingers kaufte neue Instrumente wie Synthesizer und künstliche Streicher, die zusammen mit dem Bass einen vollen Sound ergaben und die Aufgaben einer Rhythmusgitarre erfüllten. Gary konnte nun zwischen Lead- und Rhythmusgitarre wechseln. Wer wann spielen sollte, war immer ein Streitfall zwischen ihm und Gerry gewesen. Der einzige gute Nebeneffekt von Gerrys Ausstieg war, daß Garys Selbstbewußtsein gehoben wurde.

Als ich heim nach Clapham kam, hatte ich gleich wieder Alan Parker an der Strippe. Die Änderungen in *The Wall*, von denen er mir in Ibiza am Telefon erzählt hatte, beeindruckten mich immer noch nicht. Ursprünglich hatte der politische Karikaturist Gerald Scarfe Regie führen sollen, und Parker war nur für die Produktion und als allgemeiner Berater vorgesehen. Aber Parker hatte sich schrittweise mehr und mehr in die Regie eingebracht. Dies alles änderte nichts an meiner Überzeugung, daß die Musik überladen und ein alter Hut und das Script schleimig war. Aber er schien ein netter Kerl zu sein, und seine früheren Filme hatten mir gefallen. Ausschlaggebend aber war, daß ich die Vorstellung nicht ertragen konnte, gleich wieder ein neues Album aufzunehmen. Außerdem wollte ich mich über die Unterschiede zwischen Film und Video schlau machen. Ich hatte nie einen Film gedreht, das war eine Herausforderung, und das Geld stimmte auch.

Sie wollten, daß ich Probeaufnahmen machte. Am Tag bevor ich in den Pinewood Studios in Elstree erscheinen sollte, rief mich Parker an. »Um direkt zur Sache zu kommen: Ich möchte, daß du eine kleine Szene improvisierst und ein bißchen frei sprichst ...«

Es muß ihnen wohl gefallen haben, denn danach schleppten sie von irgendwoher einen Zeugenstand an und ließen mich die Hauptrede halten. Für Parker war es wunderlich, diese Paddy-Version einer ihm wohlbekannten Szene zu hören, aber es gefiel ihm, und die Floyds waren von den Probeaufnahmen angenehm überrascht. Ursprünglich hatten sie mich für die Rolle nicht gewollt. Andere Leute waren getestet worden, also war ich ziemlich stolz und erleichtert, daß ich kein totaler Ausfall gewesen war.

Sich zum Set von *The Wall* zu begeben war, als müßte man ein mit explodierenden Egos übersätes Minenfeld überwinden. Die Mißhelligkeiten zwischen Waters und Scarfe auf der einen Seite und Parker und Alan Marshall, seinem Co-Produzenten, auf der anderen waren mittlerweile zu offenem Krieg eskaliert. Parker, der nach Michael Winners Devise vorging, daß »Demokratie auf dem Set ist, wenn hundert Leute tun, was ich ihnen sage«, hatte Waters aus dem Studio verbannt, und die ganze Sache war soweit ausgeufert, daß die Atmosphäre ungemütlich und von gegenseitigen kindischen Unterstellungen bestimmt war. Ich versuchte, mich aus allem rauszuhalten, und verließ mich ganz auf Parker, der, wie ich annahm, wußte, was er tat.

In *The Wall* spielte ich einen manisch-depressiven Charakter, und ich mußte feststellen, daß ich mich, um in der Rolle aufzugehen, in düstere Stimmungen steigerte, die nach den

Dreharbeiten nicht leicht wieder abzuschütteln waren. Abends zu Hause bei Paula war ich mürrisch, schnippisch und unausstehlich wehleidig. Ich hatte das unangenehme Gefühl, immer tiefer abzusacken, außer Reichweite meines normalen Verstands.

Eines Tages mußte ich eine Szene drehen, in der ich in nackter Verzweiflung auf den Fernsehschirm starre, glotzend, ohne zu sehen, völlig weggetreten. Im selben Raum sollte ein Groupie auf mich einschwätzen, und ich sollte sie nicht hören, mir nicht einmal ihrer Existenz bewußt werden. Ich weiß nicht, ob Alan Parker sie instruiert hatte oder ob es eine instinktive Geste war, aber als die Kameras liefen, kniete sie sich neben mich, streichelte ganz zart meine Hand und sagte mit völlig veränderter Stimme: »Ist alles in Ordnung?« Die Stimme berührte mich wie einen Mann, dem im tiefsten Nachtschwarz eine Hand gereicht wird. Zwei große, heiße Tränen traten mir in die Augen und rannen mein Gesicht hinunter, ganz wie die, die in jener Alptraumnacht in dem besetzten Haus in Tufnell Park von irgendwo ganz tief in mir herausgequollen waren. Nur diese einfache Geste, diese alltäglichen Worte. Sie filmten weiter. Ich zitterte oder schluchzte nicht, aber in welche Hirnwindung ich auch vorgestoßen war, es war etwas Dunkles, Untergründiges, Verborgenes aufgestört worden. Es war ein wenig, als würde ich mich bewußt in den Teil von mir zurückversetzen, den ich vor so vielen Jahren durch Drogen entfesselt hatte. Parker erkannte das. Er sagte sanft: »O.k., wir machen Mittagspause.« Als der letzte sich verzogen hatte, kam er zu mir und stellte mir dieselbe Frage wie das Mädchen vorher. Ich saß eine Weile so da, in einem Loch schwärzester, tiefster Verzweiflung.

Ich verstehe Selbstmörder. Die Menschen blicken auf andere zurück und sagen: »Wie konnte er das tun? Alles lief so gut für ihn.« Aber ich kann verstehen, wie die Dinge, die für einen »so gut laufen«, plötzlich bedeutungslos werden.

Trotzdem könnte ich mich nie umbringen. Das wäre der endgültige Triumph des Selbstmitleids, des Egos. In mir steckt zuviel Lebenslust, um mich einer Todessehnsucht hinzugeben. Selbstmord ist die letzte Niederlage. Wie deprimiert du auch immer bist, darin abzutauchen heißt, das Handtuch zu werfen, und darin bin ich nicht besonders gut. Zu irisch, zu verstockt. Aber die zwielichtigen Stimmungen, die *The Wall* mich durchleben ließ, gaben den Blick auf Abgründe frei, die normalerweise verborgen waren und es auch bleiben sollten.

Gegen Ende der Dreharbeiten entschied Parker, daß ich zumindest einen Song teilweise singen müsse. Ich blieb felsenfest bei meinem Nein. Das war Teil der ursprünglichen Abmachung gewesen. Die Produzenten der Floyds hatten sich geweigert, mir in meinem Vertrag auch nur ein halbes Prozent Beteiligung an den Einspielergebnissen zu bewilligen. Wie es geschäftlichen Gepflogenheiten entspricht, wollte ich entweder mehr Geld oder bessere Beteiligung, falls ich einen Pink-Floyd-Song singen sollte. Schließlich einigten wir uns. Zu den Aufnahmen fuhr ich zu dem Landhaus aus dem sechzehnten Jahrhundert in Henley, in dem David Gilmour, Floyds Gitarrist, ein Vierundzwanzig-Spur-Studio in den Nebengebäuden hat. Als ich mit den mir zugewiesenen sechs Zeilen dran war, sang ich sie mit starkem Akzent in irischer Folksängermanier. Der erschütterte Ausdruck, der sich auf den Gesichtern von Gilmour und James, dem Toningenieur, ausbreitete, war ein Bild für die Götter. David Gilmour sank zusammen und verkroch sich unter dem Mischpult.

»Stop, stop, stop!« rief ich. »Was ist los?«

»Eh … e … es ist die Phrasierung, Bob. Die Phrasierung ist nicht ganz so, wie Roger es singt.«

»Ich singe es exakt so, wie Roger es phrasiert …« Stille. »Soll ich noch mal von vorne anfangen?« Beim zweiten Versuch machte ich es noch schlimmer – wie ein besoffener Farmer auf der Viehmesse in Kerry.

»Stop, stop, stop!« schrien sie.
»Was ist denn jetzt? Es liegt doch nicht an der Phrasierung, oder?« fragte ich.
»Eeeeh ... singst du immer so?«
»Klar, Mann, hast du noch nie eine Platte von mir gehört?«
»Ja, naja, es klingt ziemlich irisch, wie?«
»Na und, ich bin Ire, dafür kann ich nichts.«
»Stimmt, aber es klingt ein bißchen irischer als normal.«
Ich spannte sie auf die Folter, solange es ging, dann sang ich es anständig. Zum Schluß erscholl eine Stimme aus dem Kontrollraum über die Studiomonitore: »Du Bastard!«
Der Film erhielt zu fünfzig Prozent gute und zu fünfzig Prozent schlechte Kritiken. Ich wurde über den grünen Klee gelobt. Es war ein Witz. Diese Kritiken bedeuteten mir nichts; wären sie für das nächste Rats-Album gewesen, hätte ich im siebten Himmel geschwebt. Für die Verrisse hatte ich nur ein müdes Lächeln. War schließlich nicht mein Film, was sollte ich mich also darüber aufregen? Hätten sie so über meine Platte geschrieben, hätte der Fall anders gelegen, das hätte mich verärgert.
Mich selbst auf der Leinwand zu sehen war mir sehr unangenehm. Ich weigerte mich, mir die Rohfassung anzusehen. Die fertig geschnittene Version ersparte ich mir auch, und ich ging auch nicht zur BAFTA-Vorführung für die Mannschaft. Ich weiß nicht, warum, aber ich kann es nicht haben, wenn ich mich selbst im Radio höre (was ironischerweise heute das geringste meiner Probleme ist) oder wenn auf einer Party oder in einem Club eine Platte von uns läuft. Wenn ich mich selbst mit leidenschaftlicher Hingabe im Video einen Song singen sehe, dreht sich mir der Magen um. Ich war einverstanden, Parker nach Cannes zu begleiten und die Werbetrommel zu rühren, aber als der Vorspann anlief, versuchte ich aufzustehen und mich zu verkrümeln. Parker, der neben mir saß, kriegte mein Bein zu fassen und zog mich zurück in den Sitz.

The Wall war eine notwendige Atempause von der Band und ihrer Arbeitsweise: Aufnehmen, Touren, Schreiben, Aufnehmen, Touren ... ich war noch immer nicht bereit, wieder in die Tretmühle zu gehen. Ich wollte an die experimentelle Stimmung des *Mondo-Bongo*-Albums anknüpfen, ich wollte etwas Andersartiges und Erfrischendes. Ian Fluke, unser Agent, schlug Asien vor. Diesmal nicht nur Bangkok, sagte er, sondern Indien, Malaysia, Hongkong und Singapur auch noch. Wir waren von der Idee begeistert. Seltsamerweise denken wir als Band recht ähnlich. Die anderen sind für Herausforderungen und Abwechslung ebenso schnell zu haben wie ich.

Uns lag ein Angebot eines indischen Maharadschas, Vickram Singh, vor. Er hatte uns nie gehört, und warum er uns gebucht hatte, blieb ein Geheimnis, das wir nie ganz ergründeten. Mit Sicherheit verdiente er keine müde Mark an uns, und auch wir bekamen nur die Unkosten ersetzt, aber das war uns recht. Wir kreuzten mit nichts als unseren Gitarren und Simons Snare-Drum auf und begutachteten das bizarre Aufgebot an heimischem Equipment, das er bereitgestellt hatte. Ein paar alte Keyboards, mit wahrlich lebensgefährlichem Kabelsalat an der Rückfront, waren für Fingers aufgetrieben worden. Pete zog die Augenbrauen in die Höhe, als er die Verstärker sah. Die PA war so, daß wir sie schon in unseren Anfängen in Dun Laoghaire keines Blickes gewürdigt hätten. Aber sie funktionierte, und wir waren in Indien, hatten unseren Spaß und erlebten ein Abenteuer.

Die ersten beiden Konzerte gaben wir in Bangkok. Sie waren ausverkauft, ungeachtet der Tatsache, daß die wenigsten Leute schon von uns gehört hatten; die schiere Präsenz einer westlichen Popband genügte. Wir spielten unter freiem Himmel, in einer schüsselförmigen Arena, und bei unseren ersten Takten klommen alle, die sich kein Ticket hatten leisten können, über die Mauern und kämpften sich den Weg nach drinnen frei. In bester weltweiter Popkonzert-Tradition nahmen die Massen die Logensitze in Angriff, zerpflückten sie und drängten sich so weit nach vorne zur Bühne wie möglich. Ulkigerweise waren die Boomtown Rats auf allen Plakaten rund um die Stadt stark indianisiert worden. Man hatte uns pummeliger und dunkler gemacht, mit Mandelaugen und schwarzen Haaren versehen.

Für uns war es in jeder Beziehung so anders als alles, was wir in den vergangenen Jahren gemacht hatten. Keinerlei Druck lastete auf uns, nichts wurde erwartet, und darum spielten wir natürlich erstklassig, denn so spielt man immer, wenn man sich einen Scheißdreck darum schert. Wir spielten alles mögliche, nicht nur eigene Songs – »Ziggy Stardust« von David Bowie, Stones, Bob Marley, Beatles – es war ziemlich offensichtlich, daß sie wenig oder nichts davon kannten. Es war überwältigend. Seit Jahren hatte es uns nicht soviel Spaß gemacht zu spielen. Wir waren aus demselben Grund da wie das Publikum – aus Neugier und um Spaß zu haben.

Was mich verblüffte, war die Reaktion des Publikums. Sie hüpften herum und tanzten, schrien und sangen genau wie das Publikum in jeder anderen Ecke der Welt. In Bombay mögen sie vielleicht an Popkonzerte gewöhnt sein, aber bei den anderen Konzerten in Indien hatten sie nie davon gehört und benahmen sich doch so, als gehöre es zu ihrem normalen Alltagsleben. Damals ging mir auf, was ich später sehr viel bewußter artikulieren sollte, als ich das Band-Aid-Konzert zu organisieren versuchte – daß Rockmusik nicht zuletzt eine der großen Kunstrichtungen des zwanzigsten Jahrhunderts ist, weil sie international ist und die Fähigkeit in sich trägt, die künstlichen Barrieren von Sprache und Staatsgrenzen zu überwinden und instinktiv in den Dialog mit der ganzen Welt zu treten, wie es anderen Musikformen nie ganz gelungen ist. Sie führt sich auf sehr viel ursprünglichere Weise ein als die klassische Musik einer jeden Kultur. Rockmusik hat eine Agressivität, in der sich ein elementares Empfinden in Rhythmus mitteilt. Sie ist sexy. Sie trifft auf primärste Impulse, und die Reaktion darauf ist bei jedem Menschen intuitiv und gefühlsbestimmt.

Wir spielten für drei Stunden, und wir waren fantastisch. Zum Schluß schrie das Publikum nach Zugaben. Sie nannten sogar einige Songs beim Namen, und das nach dem ersten Hören. Wir sangen Bob Marleys »Stir It Up«, und ein mächtiger Chor indischer Stimmen fiel mit ein. Unter dem riesigen indischen Mond, dem Himmel voller fremder Sterne und dem schweren Duft von Jasmin, der die Luft erfüllte, fühlte ich mich eins mit etwas, das mir weiter erschien als alles, was ich bisher gekannt hatte.

Nach dem Gig ratterte ein Pritschenwagen heran, auf den eine Matratze geschmissen wurde. Eine Ladung Verstärker und Ausrüstung wurde darauf gelegt, dann kam wieder eine Matratze, dann noch mehr Equipment und so weiter, bis alles verstaut war. Dann hoppelte er über die Felder davon zum nächsten Gig.

Bombay war unsere erste Kostprobe von Indien. Es war ein Schock. Einmal sah ich, als ich aus dem Bus stieg, einen der unvermeidlichen Bettler mit der ausgestreckten Hand einen langen Pfahl schütteln. An die Spitze des zehn Fuß hohen Pfahls war ein Baby gebunden, daß er durch Schütteln zum Weinen brachte. Ich ging zu den berüchtigten Käfigen von Bombay, in denen die Prostituierten arbeiten. In dunklen, stinkenden Gassen lagen Häuser mit eisenvergitterten Fenstern, hinter denen grotesk aufgetakelte Frauen hervorschauten. Wir nahmen Tee und Erdbeeren im Kricket Club von Bombay und im Taj Mahal Hotel, daß ein Inder genau vor den alten Yachtclub gebaut hatte, um den Kolonialherren in süßer Rache den Blick auf den Hafen zu verstellen. Sie hatten sich geweigert, ihn im Club aufzunehmen.

Nach Bombay spielten wir in Bagalore, wo die Bühne nur aus vier oder fünf Brettern bestand, die über ein paar kleinen Kisten zusammengenagelt worden waren. Während wir aufbauten, fragte ich Vickram, ob wir irgendwelche Beleuchtung ha-

ben würden. »Da haben wir sie«, sagte er und gab mir einen Wink. Durch ein Loch im Zaun kam ein Radfahrer, der eine Rolle Kabel ums Lenkrad geschlungen und zwei Glühbirnen um den Hals hängen hatte. Er spannte das Kabel zwischen zwei Bäume, so daß die beiden nackten Birnen über der Bühne hingen. »Ganz klar, ihr steht hier auf dezente Beleuchtung«, sagte ich. Vickram lachte.
Indien gab mir neue Kraft. Erst *The Wall* und nun diese Tour hatten mir den Glauben daran wiedergegeben, daß das, was ich machte, nicht nur lohnend, sondern auch wichtig war, und daß die Band erstklassig war. Vorher hatten die miesen Kritiken auf mich abzufärben begonnen und quälende Selbstzweifel provoziert. Die schüttelte ich nun ab.

Mit Bedauern und Durchfall verließen wir nach unserem letzten Konzert in Madras den Subkontinent. Wir flogen nach Hongkong, machten ein paar Gigs und besuchten die Kung-Fu-Filmstudios. In Singapur spielten wir im Ballsaal eines Hotels, weil wir nichts anderes finden konnten, und auch den kriegten wir nur, weil der Sohn des Pächters in England zur Schule gegangen war und schon von uns gehört hatte. Dort in Singapur wurde auch von einem weisen alten Kellner in knisterndem weißen Jackett ein eigentümlicher Wunsch an uns gerichtet.
»Sie singen Three Creatures?«
»Three Creatures, ich glaub kaum, daß wir das kennen.«
»Three Creatures.«
»Ist das eine Band oder ein Song? Vielleicht 'ne Sixties-Band. Kennt irgendwer die Three Creatures?« Wir testeten Big Three und diverse Erscheinungsformen von Bands mit Tiernamen und Trios an.
Schließlich, am Ende seiner Kunst, brachte der alte Knabe mit seiner Serviette über dem Arm eine recht brauchbare Cliff-Richard-Imitation zustande.

»Ah, Cliff Richard!«
»Iaah, Chree Reechah.«
Als wir nach Bangkok kamen, wo wir bekannt genug waren, um im großen Stadion aufzutreten, spielte Cliff tatsächlich am Abend unserer Ankunft. Wir gingen hinter die Bühne und erzählten ihm von diesem Publikumswunsch. »Three Creatures. Das ist ganz was Neues. Normalerweise laufe ich hier unter Kibbly Cha.«
Das einzige, was ich in Singapur wirklich nicht versäumen wollte, war ein Besuch bei Raffles. Ich folgte den Spuren Somerset Maughams. Ich war auf der Suche nach heruntergekommenen Farmern, die sich im Dschungel Vergessen antranken, ihre Frauen zu Tränen gelangweilt. Die drückende Atmosphäre der langen, feuchtwarmen Nachmittage, Frauen, die Zerstreuung bei Gin-Fizz und der Nachbarschaft suchten. Man kennt das: Eingeborene, wachsam, wissend, die hinter Palmwedeln verächtlich und mißgünstig kichern. Wir gingen zum Hotel und bestellten uns Gin-Stengahs. Ich war mit Brian Aris, dem Fotografen, und Pete Biziou, dem Kameramann von *The Wall*, gegangen. Sie hatten uns auf der Reise begleitet. Wir betranken uns nach stiller Kolonialherrenart. Später stolperten wir in die heiße Nacht hinaus, um zu unserem Hotel zurückzufinden. An der Tür fragte ein Rikschafahrer: »Boogie Street?« Es war ein Uhr morgens, ich hatte bei Raffles Gin getrunken, die Nacht war heiß und noch jung, und ein Rikschafahrer fragte mich, ob ich zu einem Ort wollte, der »Boogie Street« hieß. Die einzig mögliche Antwort war »Ja.« Es stellte sich heraus, daß es eigentlich Bugis Street heißen mußte und ein berüchtigtes Pflaster war, aber ich hatte nie davon gehört. Wir setzten uns an die Tische vor einer kleinen Bar, um dem Verkehr nachzuschauen. Die ganze Straße war von den bezauberndsten Nutten bevölkert. Es war sehr heiß. Insekten brummten blindwütig gegen die Neonleuchten, die an Kabeln aus einem Gewirr von Anschlüssen hingen. Aus dem Nichts tauchte plötzlich die hin-

reißendste aller Frauen auf. Sie schlenderte in sehr gepflegter Weise zu mir herüber, setzte sich auf mein Knie und bat um ein Autogramm. Ich fühlte mich geschmeichelt. Man hatte in Singapur also doch schon von uns gehört. Ich kritzelte etwas und blickte dann auf, um mich von einem lärmenden Frauenschwarm umzingelt zu sehen, und alle verlangten das gleiche.

»Haut ab, der gehört mir, und ich bin die Königin von Bugis Street«, sagte die Frau auf meinem Knie. Ihre Stimme war sehr rauh, sehr sexy. Die anderen verliefen sich. Sie zeigte mir ihren Paß, als würde er ihren königlichen Status bestätigen. Ich blickte auf den Namen. Sie war ein Mann.

Im Ausweis klebte das Foto eines Schuljungen. »Das bin ich vor der Operation. Denkst du, daß ich schön bin?« sagte sie, wand sich um mich herum und warf sich in die Pose einer Tänzerin aus den zwanziger Jahren.

»Du bist wunderschön«, stimmte ich ihr zu.

»Und würdest du gerne mit mir ficken?«

»Ich möchte schon. Aber ich werde es nicht tun.«

»Warum nicht?«

Ich fragte nach der Operation.

»Man kann es in Tokyo oder in London machen lassen. Aber wir gehen alle lieber nach London. In London machen sie dich neun Inches tief, in Tokyo sind es nur sechs.« Die schmerzhafteste Prozedur, sagte sie, sei nicht das Entfernen der Hoden und des Penis, die nach innen gestülpt werden, um die weiblichen Genitalien daraus nachzubilden, sondern das Freilegen und Abschleifen des Adamsapfels, wodurch der Knorpel auf das Ebenmaß eines durchschnittlich zarten Frauenhalses zurechtgestutzt wird. Darin war sich die ganze Bugis Street einig. Denn alle Huren in der Bugis Street waren Transsexuelle.

»Und warum willst du nun nicht mit mir ficken? Ich bin sehr hübsch hier unten«, sagte sie und führte ihre Hand zwischen ihre Beine.

»Nein.«
Sie raunzte mich an: »Was stimmt mit mir nicht?«
»Es geht nicht darum, was mit dir nicht stimmt. Es geht darum, was mit mir nicht stimmen würde. Ich würde immer denken, ich mach es mit einem Mann. Ich bin zu unsicher, das würde mir jetzt wirklich den Rest geben.«
Sie fing an, mir ihre Lebensgeschichte zu erzählen. Eines Tages, nachdem sie eine Frau geworden und auf die Straße gegangen war, hatte sie einen »John« getroffen, der sich in sie verliebte. Sie lebten als Mann und Frau zusammen, obwohl sie immer noch anschaffen ging. Er wurde eifersüchtig und beschloß, mit ihr zusammen auf die Straße zu gehen. Auch er entschied sich für eine Operation. Danach lebten sie als lesbisches Pärchen zusammen und arbeiteten beide als Prostituierte. Auf diese Weise trafen sie beide einen anderen Mann. Meine Königin entfremdete sich ihrem ersten Liebhaber und war fast nur noch mit dem neuen Mann zusammen. In einem Anfall rasender Eifersucht tötete ihr erster Liebhaber den zweiten Mann und wurde als Mörder hingerichtet. Im Moment war sie nicht mehr in festen Händen und immer noch auf der Straße.
Ich fragte sie, ob sie je Somerset Maugham gelesen hätte. Es war schon verdammt spät und Zeit zu gehen.
»Und du bist sicher, daß du mich nicht willst?«
»Nein, aber trotzdem vielen Dank.«

Ich war froh, wieder in Bangkok zu sein. Ich liebte die Kontraste Südostasiens, die sich in dieser Stadt aufs extremste vereinigten. Die Gerüche von Verkehr, Orchidee, Kloaken, Frangipani, der krasse Gegensatz der Hitze der Straße zur Kälte der Häuser, die Brutalität der Menge, die Sanftmut des einzelnen, das Verkehrsbrummen bei Tage und das Schlaflied der Insekten und Dschungellaute, der offene Charakter der Menschen und das undurchdringliche Dickicht des politischen Systems. Ich strolchte runter zum thailändischen Equivalent zu Soho oder Times Square, dem Patpong – benannt nach Mr. Patpong, dem Besitzer der zwei Straßen, die das Gebiet eingrenzen. Hundert Bars gibt es dort, und in jeder davon hundert Mädchen. Ich stieß die Tür zu einer davon auf, und wir setzten uns hinein. Zu meiner Verblüffung tanzten die Mädchen auf den Tischen zu einem meiner Songs. »When the Night Comes«.

Es waren wunderschöne Geschöpfe, gleichgültig und mit leerem Blick, die sich fast nackt wie niedliche Kreisel auf den Tischen um und um drehten, verloren für alles außer dem lauten Hämmern der Musik. Als The Clash liefen, stand ein Mann auf, der bis dahin einsam in der Ecke getrunken hatte, um ebenso einsam zu tanzen. Er schien unmittelbar aus *Apocalypse Now* gekommen zu sein; kahl, brauenlos, kein Härchen auf dem Arm, wie ein ausgepelltes Ei unter Rock'n'Roll-Sperrfeuer. Er stand vor dem großen Videoschirm, tanzte in langsamen, mörderischen Karategesten, zerhackt von der unerbittlichen, rhythmischen Präzision des Vierviertel-Takts der Lichtshow. Rechts und links von ihm tanzten Mädchen lustlos auf kleinen Plattformen neben dem Bildschirm. Keine tanzte mit ihm. Durch die flirrenden Lichter sah man nur die Leere in seinen Augen. Er war überall sonst, nur nicht hier, verloren im Niemandsland. Er würdigte die Mädchen – oder die Jungen – keines Blicks. Niemand schnorrte ihn um einen Drink an, wie es die Mädchen bei allen anderen Kunden taten. Niemand wollte ihn mit ins Bett nehmen. Niemand beachtete ihn. Hier kannte man nackte Verzweiflung und wußte Besseres, als daran zu rühren. Für vier oder fünf Songs hielt er seine Stellung, dann blieb er stehen wie vom Blitz getroffen. Er trat ein Stück zur Seite. Hinter ihm ritt Mowgli einen Elefanten, und zwei Mädchen tanzten den Bangkok Hustle. »Was für ein Drecksloch ist das hier, he?« sagte er sehr laut. Niemand machte sich die Mühe zu antworten. »Wißt ihr was«, sagte er, »fickt euch doch!«

Ich hatte mich in aller Stille betrunken. Ein Mann sagte: »Du willst Mädchen?«

»Nein.«

»Du willst Jungen?«

»Nein.«

Sacht schloß sich mein Film um mich. Jetzt wollte ich all das sehen, was ich über diese Orte gelesen hatte. Ich war mir sicher, wenn wir nur weit genug hinabstiegen, würden wir uns in der Russisch-Roulette-Szene aus *The Deerhunter* wiederfinden.

»Du willst Esel, Tiere?«

»Nein, nein. Was anderes, zeig uns noch was.« Zeig mir etwas, das mich fragen läßt, warum ich das sehen will, etwas, das mich mit Abscheu und Trauer über uns alle erfüllt, zeig mir etwas, in dem unsere dunkle Seite Wirklichkeit wird, ohne daß wir damit leben oder sterben müssen.

Er wies uns in mannigfachste Spielarten menschlicher Erniedrigung ein. Wie tief kann man noch sinken, fragte ich mich.

»Noch etwas anderes«, sagte ich.

Er führte uns zu einer kleinen Tür an der Seite eines weiß gekälkten Gebäudes. Es war heiß, und wir atmeten den Geruch von Feuchtigkeit und Schmutz, während wir eine enge Gasse mit Steinwänden hinabgingen. Sie führte zu einer winzigen Bar in einem kleinen, unregelmäßig geschnittenen Raum mit streifigen Betonwänden. An der Bar im Neonlicht saßen vier völlig ausgemergelte Opiumsüchtige, die Augen stumpf.

Hinter der Bar stand eine alte Frau mit harten, kalten Augen und verzerrtem Gesicht, in dem die Niedertracht, mit der sie ihr Leben lang ihre hoffnungslos süchtigen Kunden ausgesaugt hatte, eingegraben war. Außer den Junkies waren wir die einzigen Kunden in dem stinkenden Raum. Sie sprach Englisch. »Was zu trinken?« schnappte sie. In der Annahme, das Wasser zu trinken sei wenig ratsam, bestellte ich Scotch und Cola. Sie rief ins Hinterzimmer, und ein nacktes Mädchen mit ebenso blicklosen Augen erschien. Sie stellte sich vor mich, stützte ein Bein auf den Barhocker, steckte den Hals der Colaflasche zwischen ihre Schamlippen und öffnete die Flasche. Die Alte klatschte in die Hände und rief ein zweites Mal.

Von hinten kam ein anderes Mädchen, das genauso verbraucht aussah mit einem schmierigen Lappen in der Hand, den sie auf dem Fußboden ausbreitete. Sie war nackt und sehr häßlich. Sie legte sich drauf und hob dann ihre Beine über den Kopf, daß wir ihre Genitalien sehen konnten. Sie griff sich eine Packung Zigaretten und steckte sich zwei davon in den Hintern und zwei in die Scheide. Sie zündete sie an. Wir sahen zu, wie sie sie ganz aufrauchte. Ein nervöser Lachkrampf schüttelte mich. Danach stand sie auf, präsentierte mit demselben blöden Blick zwei Kerzenstummel, zündete sie an und tropfte das heiße Wachs auf ihre Brüste. Als das Wachs eine dicke Schicht gebildet hatte, steckte sie die Kerzen darauf, so daß eine von jeder Brust stippte. Sie tropften flüssiges Wachs auf ihren Bauch. Immer noch die Kerzen balancierend, öffnete sie die Beine und zog eine Kette Rasierklingen aus der Scheide. Verwirrspiel der Brutalität. Zauber der Selbstverachtung. Angst stieg in mir hoch. Ich fürchtete mich vor den körperlichen Gefahren eines weiteren Ausflugs in die Erniedrigung, aber noch mehr fürchtete ich mich vor den seelischen Verwüstungen.

»Mehr sehen?« fragte die Frau. »Mädchen schneidet sich mit Messer.«

»Ich will gehen«, sagte ich. Kurz darauf gingen wir ins Hotel zurück. Ich bin sicher, wir hätten unsere *Deerhunter*-Szenen gefunden, wenn wir gewollt hätten. Wer will so etwas?

Nach dem Konzert im Stadion wollten wir einige Zeit am Strand von Pattaya verbringen. Paula hatte sich zu mir gesellt, aber nach ein paar Tagen im Sand packte mich die Langeweile. Ich ließ sie im Hotel zurück und nahm einen Bus nach Bangkok, um einen Zug nach Norden zu erwischen. Am Hualompong-Bahnhof traf ich die anderen, die vor der spiegelnden Luft der Nachmittagshitze Zuflucht suchten. Drinnen schlenderten Menschen ziellos umher, fächelten sich gelegentlich, und ihre Stimmen verloren sich in der bunten Glaskuppel hoch über unseren Köpfen wie in einer kühlen Kathedrale. Der Schalterbeamte sagte, der Bangkok / Chiang-Mai-Nordexpress sei belegt. Ich drückte ihm noch etwas Geld in die Hand, er gab mir mein Ticket. Ich machte es mir bequem, während der Zug anfuhr, ratternd die Abwasserkanäle der Stadt passierte und die Sonne wie eine riesige Apfelsine versank. Es wurde sofort dunkel. Um sieben mußte ich die Metalljalousie herunterlassen, nicht nur um Staub und Insekten auszusperren, sondern auch, wie der Schaffner mir erklärt hatte, damit keine Banditen einsteigen konnten, wenn der Zug im nördlichen Hochland das Tempo drosseln mußte. An jedem Ende des Wagens stand ein Wachtposten mit Helm, Maschinengewehr und Sonnenbrille. Mein Sitz ließ sich später in ein Bett umwandeln. Um halb acht ging ich in den Speisewagen, wo ich auf zwei vaterlandslose Gesellen traf, die beide auf Bohrinseln im Südchinesischen Meer arbeiteten. Einer hatte in London im Plattenbusiness gearbeitet, bei einem Tochterunternehmen meines eigenen Labels. Es stellte sich heraus, daß wir viele gemeinsame Bekannte hatten. Wir tranken Bier bei offenem Fenster und ließen uns die wundervolle Nachtluft um die Nase wehen. Über unseren Köpfen drehten sich träge die Ventilatoren, ganz nach bester Hollywoodart. An den anderen Tischen verteilten sich die verschiedensten Soldaten und Passagiere.

»Du kennst doch Pattaya«, sagte Joe (wie ich ihn nennen möchte). Pattaya ist ein Komplex von Hotels und Tripper-

Kliniken, der eigens für amerikanische Vietnamheimkehrer errichtet worden war. Jetzt versuchten sie es auf »Für die ganze Familie« zu trimmen. Ein Problem: Tripper-Kuren sind bei den meisten Familienurlaubern wenig gefragt. Am einen Ende der Promenade liegen diverse große Straßenbars. Die Barmädchen umschwirren dort die hauptsächlich deutschen Gäste. Die deutschen Männer sind meistens krebsrot im Gesicht und haben große, bleiche Körper. Die winzigen erlesenen Mädchen, die in ganzen Trauben an ihnen hingen, erinnerten mich immer an die Ameisen, die diese weiße blinde Motte auf meinem Fußboden in Spanien umkrabbelt hatten. Sogar das After-Shave, mit denen ich sie ausgemerzt hatte, roch genauso wie die rotwangigen Deutschen. Die Mädchen beherrschte ein simpler Gedanke: sich einen Mann für die Nacht zu angeln, zu hoffen, daß er sie ihrer Schönheit, Kunstfertigkeit und Gefügigkeit wegen für den nächsten Tag behält, und für den übernächsten und so weiter, bis zu seiner Rückkehr nach Düsseldorf oder wohin auch immer. Je länger sie »ihren Mann halten können«, desto mehr steigen sie im Ansehen bei ihresgleichen. Das größte ist natürlich, einen dieser Typen soweit zu bringen, daß er später die ferne Treue und Hingabe mit einem monatlichen Scheck honoriert. Nicht selten werden die Mädchen zu Gott weiß welchem Leben nach Übersee abberufen. Barmädchen stehen nicht auf einer Stufe mit Prostituierten, ich weiß nicht, warum, vielleicht weil sie andere Aussichten haben.

Joe hatte in Pattaya gelebt. Er nahm sich ein Barmädel und zog schließlich mit ihr zusammen. Sie schaffte weiter an, ohne daß er die kleinste Eifersuchtsregung gezeigt hatte. Fälschlicherweise nahm er an, diese freisinnige Denkweise beruhe auf Gegenseitigkeit, und ließ sich mit ihren Freundinnen ein. Eines Nachts, unmittelbar nachdem sie sich geliebt hatten und während sie noch auf ihm saß, griff sie nebens Bett, stand auf, zog ihn raus und schnitt ihm mit einem Krummsäbel den Penis ab. Dann steckte sie ihn in eine eisge-

füllte Plastiktüte, rief einen Krankenwagen und erklärte ihnen, was passiert war. »Dir bleibt eine Stunde«, sagte sie ihm und verschwand.
»Und dann?« fragte ich.
»Sie nähten ihn wieder an.«
»Das glaube ich nicht«, sagte ich.
Wir waren leicht angesäuselt, als wir in die Toilette schwankten, wo er mir den häßlichen violetten Wulst um seinen Schwanz zeigte.
»Und tut er's noch?« fragte ich.
»So gut wie neu, aber ich mag keine Mädchen mehr nach oben lassen.«
Später machte ich mich auf den Rückweg in mein eigenes Abteil.
Ich konnte nicht schlafen und stand früh auf, während wir malerische Gebirge überquerten. Ich frühstückte im Zug und stieg in Chiang Mai aus, wo ich mich in der Rikscha zum Hotel bringen ließ.
Nach zwei Stunden Schlaf mietete ich mir ein Motorrad, schnallte Benzin und Proviant auf und schlug mich alleine in den Dschungel, um nach den verborgenen Mohnfeldern des Goldenen Dreiecks zu suchen, die den Opium-Raubrittern unterstanden. Ich drang eine halbe Tagesreise weit in den Dschungel ein, während das Blätterdach über mir dichter und dichter wurde. Je undurchsichtiger der Dschungel wurde, desto unangenehmer wurde das Gefühl, den Boden unter den Füßen zu verlieren. In wilder Panik begann ich, Bäume zu markieren. Nur durch Zufall stolperte ich schließlich in ein kleines Dorf, dessen Einwohner mir den Heimweg und einen sauberen und ordentlich ausgeschilderten Pfad wiesen, der die ganze Zeit wenige Meter neben mir verlaufen war, während ich meine Indiana-Jones-Nummer abgezogen und mich durch unerforschtes Gelände gehackt hatte. Es war ziemlich verdreht, aber ich hatte ja ein Dorf sehen wollen, das vom Opiumanbau lebte. Die Leute waren nett, besonders die ver-

gilbten und zahnlosen undefinierbaren Alters. Von Chiang Mai nahm ich den Bus zurück nach Bangkok und traf Paula zur Cocktailstunde im Hotel Oriental. Auch Abenteuerspielchen haben etwas Erbärmliches.

Endlich zurück in London, machten wir uns sofort mit neuer Zuversicht und Begeisterung an die Arbeit für das nächste Album. Ich wollte nichts mehr davon hören, daß wir es hinter uns hätten. Zum Teufel mit ihnen. Das neue Album sollte *Five Deep* heißen. Das hatte ich aus der japanischen Beschreibung für eine bestimmte Liebestechnik »vier sachte, fünf tief«, die ich so süß fand. Es war unser fünftes Album, und nun, da Gerry ausgestiegen war, waren wir nur noch fünf in der Band, das paßte.

Als Produzenten gewannen wir Kevin Godley und Lol Creme. Sie waren brillante Songwriter und Musiker und echte Scherzkekse. Aber es funktionierte nicht richtig. Zur selben Zeit arbeiteten sie mit einer neuen Band namens Duran Duran, die ich vor einem Jahr bei einer Fernsehshow in Birmingham kennengelernt hatte. Ihr Sänger, ein Typ namens Simon Le Bon, hatte gesagt: »Mal ehrlich, Bob, wie lebt sich's als Popstar?« Außerdem begannen sich Godley und Creme einen Namen als erste Adresse für Rockvideos zu machen. Wir kamen gut mit ihnen aus, es gab immer was zu lachen, aber die Arbeit ging einfach nicht voran. Bei ihren eigenen Platten können sie es sich leisten, Jahre im Studio zu verbringen, weil sie zu Hause ein eigenes haben. Die Disziplin geregelter Arbeitszeiten, unerläßlich, wenn man ein Budget einhalten muß und Studiozeit nach Stunden bezahlt, hatten sie sich völlig abgewöhnt. Schließlich trennten wir uns in gegenseitigem Einvernehmen und kamen wieder auf Tony Visconti und Ibiza zurück. Wir waren sehr zufrieden mit dem Album. Es war als solide Sammlung guter Songs traditionelleren Popstils gedacht, anders als einige der überreizten Stimmungsexperimente von *Mondo*

Bongo. Meine Haltung war ganz so: »Die haben uns abgeschrieben, aber wir werden es ihnen zeigen.« Einen Song, den ich in Indien zu schreiben begonnen hatte, machten wir zum Schlüsselsong des Albums. Er hieß »Never in a Million Years«. Er faßte meine widerspenstigen Gedanken in Form eines Dialogs zwischen mir und der Band:

I'd tear down the sky
Don't stop now
No, never in a million years, I'd spit in their eye,
Don't stop now
But I won't be a volunteer
And now I'm always dreaming
Of dreams that lie in state
Waiting for me to wake
And make a life for them.
I know I'll never let
Those self-defeating fears
Spoil those golden years.

Doch die ›Träume im Dornröschenschlaf‹ mußten noch eine Weile liegenbleiben.

Fünf der Leute, auf deren Musikgeschmack ich größte Stücke hielt, Fachtna, Chris und Nigel von Ensign, Clive Banks, unser Promotionmann und Chris Briggs, der Chef der A&R-Abteilung von Phonogram, waren überzeugt, die Platte müßte ein Hit werden. Als sie rauskam, ging sie unter wie ein Stein. Ich konnte es nicht fassen, ich war völlig niedergeschmettert. Natürlich, ich wußte, daß wir nach den Gesetzen des Pop Schnee von gestern waren, aber das allein hatte mich nicht weiter gekümmert, da ich immer in dem Irrglauben gelebt hatte, daß jeder, der in England nur einen Song, der gut genug war, anzubieten hatte, auch einen Hit landen würde, ganz egal, wer er war und welchen Rang er bekleidete. Das war natürlich ein Hirngespinst. Clive sagte mir: »Sei nicht naiv Bob, was meinst du, warum wir die Jungs mit den komischen Haarschnitten kaufen?«

Es war ein gutes Jahr seit unserer letzten Platte vergangen, und obwohl sie in England vergoldet worden war, waren wir nirgendwo sonst weit damit gekommen. Während der Dreharbeiten zu *The Wall* und während des Aufenthalts in Asien war eine neue Generation von Bands herangewachsen: Human League, Adam Ant und so weiter. Wir waren ein alter Hut. Die Musikpresse überschlug sich vor Freude, sie sah sich als Sieger. Obwohl die Leute, die mittlerweile bei den Musikzeitungen arbeiteten, viel zu jung waren, um die eigentlichen Gründe für diese Feindschaft zu kennen, setzten sie das angefangene Werk fort, weil es mittlerweile Tradition hatte. Ich sah die Gründe für den Flop. Unser Erfolg war immer vom Verkauf der Singles abhängig gewesen, da wir aber die unterschiedlichsten Singles veröffentlichten, hatten wir keinen so unverkennbaren Sound oder den dazugehörigen Anhang. Wir hatten es mit dem wankelmütigeren Pop-Publikum zu tun. Ehe wir keine Hitsingle hatten, hatten wir auch keine Fans. Und keine Fans hieß keine Verkäufe.
Mit dem Mut der Verzweiflung beschlossen wir auf Tour zu gehen. Normalerweise geht eine Band auf Tour, um eine Platte zu promoten, die schon gut im Rennen liegt. Dann stabilisiert eine Tour die Verkäufe oder gibt ihnen noch einen kleinen Auftrieb. Es galt als Zeitverschwendung, ohne Hitsingle auf Tour zu gehen, weil ja doch niemand zum Konzert kommen würde, solange man nicht im Blickpunkt öffentlichen Interesses stand. Plattenfirmen rückten nur ungern Geld heraus, um so ein Unternehmen zu stützen. Wir wagten es trotzdem.
Wir machten es billig und schusterten eine große Bühnendekoration aus geliehenen Säulen aus Holz und Stuck und einigen Bahnen ausrangierter Gaze, die so gut wie nichts kostete. Wir mieteten eine Windmaschine, um die Gaze wehen zu lassen, und das nötigste an Beleuchtung. Es sah sehr schön aus. Wir gaben gute Konzerte, aber die Tour ging nicht über England hinaus. Danach tingelten wir im Mittelmeerraum. In

Griechenland hörten wir, daß »House On Fire«, ein Reggae-Track, den wir in einem Rutsch aufgenommen hatten, während ich die Akkordwechsel über Mikrofon ankündigte, in den Top Thirty war. Wir flogen zurück und traten in *Top of the Pops* auf. Das war der einzige bescheidene Hit des Albums. Eine Tour durch die Staaten zogen wir gar nicht erst in Betracht. Nach dem *Mondo Bongo*-Fiasko hatten wir dort unser Pulver verschossen, und wir wußten es. Alles, was wir in langen Jahren aufgebaut hatten, schien einzustürzen wie ein Kartenhaus. Deprimiert und erledigt hatte ich in »Skin On Skin«, einem der Stücke auf dem Album, geschrieben: *Tonight I go to sleep with the lullaby sound of buildings falling down.*

Wir machten ein paar Ausflüge, um die Lebensgeister wach zu halten. In Israel spielten wir am ersten Tag des Libanonkriegs von 1982. Als wir von Heathrow abflogen, war gerade das Ende des Falkland-Krieges bekanntgegeben worden. Bei der Landung in Tel Aviv erwartete uns schon der nächste Krieg. Im Hotel wurde ich von einem dumpfen, grollenden Geräusch geweckt. Ich sprang unters Bett, weil ich glaubte, wir lägen unter Beschuß. Es waren nur startende Düsenmaschinen. Unten im Ballsaal unseres Hotels hatte man eine Blutspendezentrale eingerichtet, in der ältliche amerikanische Ladies mit blaustichigen Haaren in Oberteilen und Shorts neben ihren fetten, gebräunten, Bermudashorts und Golfmützen tragenden, mit Zigarre und Sonnenbrille bewehrten Gebietern Schlange standen, um ihr überflüssiges Blut abzuliefern. Weiter die Straße hinunter starben Hunderte. Israel war ein seltsamer Ort.

Ich hatte immerhin Schwein. Mein Promotrip für *The Wall* entführte mich aus tiefer Niedergeschlagenheit. Ich flog erster Klasse zur Premiere nach Hollywood und fuhr in einer Limousine vor, die mir zehnmal so groß erschien wie die, die die pucklige Verwandtschaft von der Plattenindustrie vorweisen konnte. Mir gefiel das Filmstardasein. Ich kam in LA an und wurde im Beverly Wilshire Hotel untergebracht. Kaum hatte ich die Tür meiner Sechs-Zimmer-Suite geschlossen, klingelte auch schon das Telefon.

»Mr. Goldblat? Hier Paramount Studios. Ihre darstellerische Leistung in *The Wall* hat uns tief beeindruckt, und einer unserer Regisseure würde sich im Hinblick auf eine Rolle in seinem nächsten Film gerne mit Ihnen unterhalten. Sind Sie interessiert, Mr. Goldfarb?«

Paramount Studios. Leck mich am Arsch. »Na, ja, ich würde ihn gerne treffen.«

»Sehr schön. Könnten Sie zu uns herunterkommen? In ungefähr einer halben Stunde?«

»Ja, das paßt mir sehr gut.«

»O.k., Mr. Gilfat, ich schicke einen Wagen, der Sie abholt.«

Dieser Schlitten war sogar noch größer. Ich passierte den berühmten Paramount-Torbogen schwankend zwischen Aufregung und Unglauben. Man führte mich in ein geräumiges Büro, hinter dessen Schreibtisch ein Cockney-Regisseur, Adrian Lyne, saß, der sich als Freund von Alan Parker herausstellte.

»Ich drehe einen Film mit dem Titel *Flashdance*.«

»Schrecklicher Name für einen Film!«

»Tja, das ist so ein ›*ciné noir*‹-Ding.«

»Wie, so was wie diese düsteren Orson-Welles-Sachen. *A Touch of Evil, Body Heat*?«

»Na, so was Ähnliches. Du spielst einen abgebrühten Rumtreiber aus Philadelphia.«

»Und was machen wir mit dem Paddy-Akzent?«

»Macht nichts, da fällt uns schon was ein.«

Noch in derselben Nacht las ich das Script. »Adrian, das ist grausam, mit der größte Müll, den ich in meinem Leben in die Finger bekommen habe.«

»He, warum drückst du dich nicht etwas klarer aus, Bob?« antwortete er lachend. »Nur frisch von der Leber weg.«

»Im Ernst, es ist Schrott. Ich weiß nicht, warum du das machst. Doch wohl nur, weil das Studio drauf besteht.«
»Das hat auch was damit zu tun. Aber ich glaube, es kann ganz gut werden.«
»Wir reden doch hier von diesem Mädchen, das als Schweißer arbeitet, aber natürlich von allen Kollegen respektiert wird, und in der Fabrik grapscht ihr auch keiner an die Titten. Sie rackert sich ab, weil sie Tänzerin werden will, dann verliebt sie sich in den Boß mit der Kohle ... Adrian, der letzte Quatsch.«
»Es ist wirklich eine gute Rolle, Bob, und wir spielen mit dem Gedanken, dich an allem zu beteiligen, was der Film einspielt.«
»Vergiß es, Mann.« Das war vielleicht die teuerste Absage meines Lebens.
Ich flog nach New York, um die Band für zwei gut bezahlte Clubgigs zu treffen, die wir ausgemacht hatten. Um fünf Uhr morgens wurde ich von einem Anruf aus England geweckt.
»Ich bin's.«
»Hallo Liebchen.« Es war Paula. Was zum Teufel ist jetzt los? dachte ich. Am anderen Ende der Leitung klang es ziemlich wäßrig. Ein Todesfall? ahnte ich Böses. »Was ist passiert?« fragte ich.
Kurze Pause. »Ich bin schwanger«, heulte sie und brach in Tränen aus.
Da wird der Hund in der Pfanne verrückt, dachte ich. »Das ist ja wundervoll«, sagte ich und hoffte, es würde zuversichtlicher rüberkommen, als mir wirklich zumute war.
»Es macht dir nichts aus?« schluchzte sie.
»Nein, aber nein, ich finde es himmlisch. Was gibt es da zu heulen?«
»Ich weiß auch nicht«, blubberte sie. »Ich bin so... überfahren.«
Da war sie nicht die einzige. Wie jeder, dem eine kleine Über-

raschung bereitet wird, war ich erst mal umgeschmissen. Ich sah auf die Uhr, um sicherzugehen, daß ich nicht geträumt hatte. Wir hatten nie ernsthaft über ein Baby gesprochen. Ich hatte sie mit denen von anderen Leuten knuddeln sehen, und wir hatten uns Katzen angeschafft – ein beunruhigendes Zeichen, fand ich immer –, aber wir hatten nichts geplant. Ich hatte keine Einwände, aber wenn sie mich gefragt hätte, hätte ich mich vielleicht mit Finanzgründen herausgeredet. Sie war sich nie ganz sicher gewesen, ob sie überhaupt welche kriegen könnte, bei ihr lief immer alles drunter und drüber. Als ich mich jetzt selbst im Spiegel betrachtete, war ich angenehm berührt. Es stand nicht alles zum besten. Finanziell ging es uns nicht gerade blendend, genau gesagt, unsere Situation war katastrophal. Ich hatte gerade mein ganzes Geld für ein Haus ausgegeben, und der Rest ging dafür drauf, die Band am Laufen zu halten. Ich hatte keine Ahnung, was mir die Zukunft bringen würde. Aber Paula hatte immerhin einen festen Job. Ich sah nicht sehr nach Vater aus, als ich mich so im Spiegel betrachtete. Ich fühlte mich seltsam. Ich schwor mir, ich würde nicht sein wie mein Vater. Hauptsache glücklich. Zum Teufel mit der Schule. Ob es ein Junge oder ein Mädchen wird? Ich wünschte mir ein Mädchen.

Jesus, war ich platt. Wir hatten gedacht, Paula sei krank. Die ganze Zeit hatte sie gekotzt und geheult. Ich machte mir Sorgen, sie könnte einen Nervenzusammenbruch kriegen, und der Arzt sagte, es sei die Arbeitsüberlastung, und ihre Rückenschmerzen kämen vielleicht vom Ischiasnerv. Sie war schon fast fünf Monate schwanger, ehe sie dahinterkam und mich anrief. In seltsamer Eintracht taten wir beide das gleiche, um uns an den Gedanken zu gewöhnen. Ich ging zu Bloomingdale's und kaufte einen kleinen Strampelanzug, zumindest, was ich für klein hielt; Fifi mußte noch ganz schön reinwachsen. Zur selben Zeit saß Paula in London über einem Paar Babyschühchen, die aussahen wie flauschige Küken mit Marabufedern, und heulte.

Paula hatte gerade einen Job als Moderatorin einer neuen Rockshow im Fernsehen, *The Tube*, bekommen. Zusammen mit Clive Banks (der ihr den Job verschafft hatte) mußten wir nun der Fernsehgesellschaft die Idee einer ständig anschwellenden Yates als besondere Attraktion schmackhaft machen. »Gerade das, was ein radikales neues Jugendprogramm braucht«, erklärten wir. Sie kauften es. Fifi wurde geboren, als gerade die ersten Folgen von *The Tube* durchgelaufen waren. Eine Schwemme von Geschenken, Blumen und Karten der Zuschauer brach über uns herein. Wir nannten das Kind Fifi Trixibelle, für mich nach Tantchen Fifi, die mir immer den Rücken gestärkt hatte, und für Paula, weil sie schon immer gerne eine Südstaatenschönheit gewesen wäre. Mit so einem Namen, fanden wir, stand ihr alles offen: »Und der diesjährige Nobelpreis für Physik ergeht an Dr. Fifi Trixibelle Geldof«. Anderen tat das Kind leid, weil es mit einem solchen Namen durchs Leben gehen mußte, aber die waren auch nicht als Robert Frederick Zenon Geldof aufgewachsen. Die meisten Leute fragten sich, wenn sie meinen dritten Namen hörten, was meinen Vater dazu bewogen hatte, mich nach einem Edelgas zu benennen.

Paula und ich lieben einander – es liest sich kitschig, aber es ist die simple Wahrheit. Nach dem Ärger des Tages war da immer Paula, zu der man heimkommen konnte. Das Haus in Clapham war eine Oase des Friedens und der Ruhe. Ich sprach nie mit ihr über Arbeit, über Songs, die Band, den Tourärger. Es war schön, einfach zu einem entspannten Abendessen aus dem nächsten Imbiß nach Hause zu kommen und vor den Fernseher zu sinken. Sie ist lustig und aufgeweckt, warm und liebevoll – das perfekte Gegenmittel zur kalten Außenwelt. Mit ihr war alles lustiger und kompletter. Ich war stolz auf sie.

Als sie anfangs zu mir nach Chessington gezogen war, hatte

sie keinen Job. Ich hatte den Eindruck, daß sie das ganze erste Jahr im Bett verbrachte, wann immer ich heimkam, räkelte sich sich in den Federn wie ein Fifties-Starlet, an dem die Zeit spurlos vorübergegangen war, eine atemberaubende Wasserstoffblondine, umgeben von Heftchen, Krimis, Kätzchen und Pralinenschachteln.

Eines Tages hatte ich ihr eine Predigt gehalten und sie auf Jobsuche geschickt. »Abgesehen davon, daß es unglaublich ist, wenn ein begabter Mensch so herumgammelt, paßt es mir nicht, wenn Frauen finanziell von Männern abhängig sind. Und das sage ich nicht, weil ich zu geizig bin, dir Geld zu geben, sondern weil finanzielles Ungleichgewicht der Grund für die meisten häuslichen Kräche ist, und überhaupt. Ich finde es entwürdigend, wenn du mich fragen mußt und ich dann Geld für dich locker machen muß. Warum arbeitest du nicht als Journalistin? Wenn du so schreibst wie du redest, wirst du steinreich.«

In der nächsten Woche traf sie sich mit Alf Martin vom *Record Mirror*, der ihr einen Job als Klatschkolumnistin anbot. »The Natural Blonde Column« war ein Riesenerfolg. Eine ihrer echten Errungenschaften war, daß sie nie über *irgendwen* ein böses Wort verlor. Warum auch? Zu Hause hatte sie nur zu gut miterlebt, was man damit anrichten konnte. Warum Gift verspritzen, war ihre Überlegung: Die meisten Leute, die sich für die Persönlichkeiten der Popwelt interessierten, über die sie schrieb, waren Fans, die sich tatsächlich freuten, etwas Nettes über ihre Idole zu lesen. Davon abgesehen kannten wir die meisten Leute, über die sie schrieb, und die waren normalerweise sehr viel angenehmer als die Journalisten, die über sie herzogen.

In Reaktion auf ihre Kolumne hatte man sie gebeten, für *Cosmopolitain* und andere Illustrierten zu schreiben, damit war sie im Geschäft. Arbeit ist für sie ein notwendiges Übel, es macht ihr keinen Spaß, aber als Schreiberin, Moderatorin, Model und Komikerin macht sie ihre Sache zum Glück sehr gut. Am liebsten bleibt sie zu Hause und nutzt jede Gelegenheit, sich vor der Arbeit zu drücken. Das einzige, was sie zur Arbeit treibt, ist ihre Einkaufswut. In New York kaufte ich ihr ein T-Shirt mit der Aufschrift: *»When the going gets tough, the tough go... shopping«*.

Auch sie hatte eine verdrehte Kindheit gehabt. Ihre Eltern hatten sich getrennt und waren geschieden, und ihr Vater, Englands anerkanntester Produzent der beliebten religiösen Fernsehprogramme, landauf, landab als »Der Bischof« bekannt, war von der Boulevardpresse zum Rücktritt gezwungen worden, nachdem man seine Affäre mit einem Showgirl aufgedeckt hatte. Paula und ihre Mutter hatten damals einiges mitmachen müssen. An einen ruhigen Alltag war nicht mehr zu denken, weil sich die Schmierfinken im Vorgarten niedergelassen hatten und ständig durchs Fenster spinxten. Als sich der Nachrichtenwert ihres Vaters schließlich abnutzte, konzentrierte sich das Medieninteresse auf die Punktochter des Bischofs.

Für die Zeitungen war sie »die Punk-Prinzessin« und mußte als Aushängeschild für Jugendkultur herhalten. Eine Kultur, deren Existenz sie immer bestritten hatte, es sei denn, man wollte Einigkeit in Modefragen als Kultur bezeichnen. Sie haßte Discos und das ganze »hey-wow-wie-jung-wir-wieder-sind«-Ding. Wie ich fand sie Pubs gräßlich. Sie hat nie getrunken oder geraucht. Wie ich war sie von der Herablassung abgestoßen, die in den Begriffen »Jugend« oder »Jugendkultur« mitschwingt.

Es war nicht alles eitel Sonnenschein. Während *The Wall* war der Wurm drin, weil ich mich nach einem harten Tag als Größenwahnsinniger knurrig abkapselte. Am Tag filmte ich, nachts war ich im Studio. Ich glaubte, die ganze Welt würde mich hassen. Zu Hause war meine Laune giftig und unerträglich. Und durch das ausgedehnte Touren gingen unsere inneren Uhren nicht mehr im gleichen Takt. Während meiner langen Abwesenheit schrieb sie, arbeitete als Modell und lebte ganz ihr eigenes Leben. Wenn ich dann zurückkam, war ich noch immer auf Tour-Zeiten eingestellt. Am frischesten war ich immer zu »Konzertbeginn«, zwischen acht und und elf. Ich wollte ausgehen; sie war schläfrig und wollte zu Hause vor dem Fernseher sitzen. Sie ging um neun ins Bett, ich saß noch um zwei da und wartete auf den Schlaf oder geisterte im Haus herum. Oft schrieb ich meine Songs um diese Tageszeit. Manchmal überkamen mich Depressionen, wenn ich nachts so alleine dasaß. Vielleicht die beiden besten Voraussetzungen, um Songs zu schreiben: All meine besseren Sachen sind aus Depressionen, Frustration und Zorn entstanden. Nach diesen Trennungen brauchten wir beide unsere Zeit, um uns wieder aufeinander einzustellen. Nicht daß wir uns fremd geworden waren, aber irgendwie traten wir uns gegenseitig auf die Füße. Das verflog stets wieder, und in unserem Haus in Clapham gelang es uns, das Heim zu schaffen, das uns beiden immer gefehlt hatte.

Eine Woche bevor wir entdeckten, daß Paula schwanger war, hatten wir eine kleine Eigentumswohnung am Chalcot Square gekauft. Die Wohnung war reizend, aber zu klein für uns drei. In den Monaten vor der Geburt des Babys ging ich auf Häusersuche. In Clapham war bei uns in einem Jahr fünfmal eingebrochen worden. Beim ersten Mal hatte ich die Diebe geschnappt, aber sie wurden immer kaltschnäuziger und stiegen schließlich sogar unten durchs Fenster ein und klauten das Video, während ich oben saß und las. Keine Gegend für eine schwangere Frau, keine Gegend für ein Baby. Ich hatte noch ein bißchen Geld und beschloß, ein hübsches Haus in der näheren Umgebung von London zu suchen. An einem Tag fuhren wir auf dem Motorrad, das mir die Plattenfirma geschenkt hatte, nachdem ich genörgelt hatte, sie würden nie so schöne Weihnachtsgeschenke ausloben wie die anderen Firmen, raus in Richtung Canterbury. Ich wußte, daß dort am Weg, in Faversham, ein Haus zum Verkauf stand. Eigentlich lag es zu weit draußen, aber ein Blick konnte ja nichts schaden. Es war eine alte Abtei, die bei der Liquidation der Klöster in Privatbesitz gekommen war. Als wir eintraten, sagte ich zu Paula: »Das müssen wir haben.« Noch nie hatte ich irgendeinen materiellen Besitz so sehr gewollt. Es war nicht nur der altertümliche Charakter des Hauses, obwohl er in jedem der Räume mit zum großen Teil erhaltenem Mauerwerk, Wandmalereien und einigen sehr alten Glasfenstern gegenwärtig war. Es waren nicht nur die Tudorgärten mit ihren kleinen Buchsbaumhecken. Es hatte etwas mit der Stimmung des Ortes, mit seiner kleinen angebauten Kirche zu tun, in der immer noch jeden Sonntag Gottesdienst gehalten wurde. Hier herrschte ein Gefühl von Ruhe und Frieden, von Zuflucht vor der Welt. Wir kauften es und zogen ein.

Als Paulas Schwangerschaft bekannt wurde, hatte die Presse einen neuen Aufhänger für ihre Haßattacken gegen uns. Im *Melody Maker* hieß es: *»Jemand sollte Bob Geldof sagen, daß ein Geldof-Bastard mehr als genug ist.« Sounds* brachte ein Foto von Paula mit der unverzeihlichen, grausamen Unterzeile »Abtreibung des Jahres«. Ich weiß immer noch nicht, womit wir soviel Gift und Galle verdient hatten. Paula weinte und war zutiefst bestürzt und so schmerzlich verletzt, daß ich nur noch dieses Schreiberschwein in die Finger kriegen wollte, um ihm dasselbe anzutun. Das war Abschaum, genau wie die Redakteure, die so etwas als guten Witz durchgehen ließen.

Wir hatten keine genauen Vorstellungen davon, wie wir uns als Eltern zurechtfinden würden, aber wir waren sehr gespannt. Paula arbeitete weiter bis zum letzten Moment. Es war seltsam anzusehen, wie ihr Kopf an einer Sache arbeitete, während ihr Körper mit etwas ganz anderem beschäftigt war. In einem Punkt gab es bei uns keine Diskussionen. Wir wollten nichts mit dem ganzen Späthippie-Kram von bewußter Geburt zu tun haben, bei der der Vater für den großen Moment »Gebärtraining« macht. Ich hatte keine Sehnsucht danach, auf dem Boden rumzuliegen und Atemtraining zu machen, als wäre ich nicht ganz dicht. Es war zwar mein Baby, aber ich mußte es ja nicht selbst zur Welt bringen, warum sollte ich also so tun als ob. Paula bestand darauf, ich solle den Flur auf- und abtigern oder nach fettigen Kebabs oder Kohletabletten, oder was sonst schwangeren Frauen schmeckte, rennen. Ich hielt dagegen und sagte ihr, ich hätte mich entschlossen, nach der Schule Evelyn Waughs Vater zu werden – der Typ verzieht sich ans andere Ende der Welt und schickt dann ein Telegramm: »Ist das Kind schon da und wenn, wie heißt es?« Wir kümmerten uns einfach nicht um Verhaltensmaßregeln für Väter oder die »sanfte Geburt«. Paula ging nicht einmal zur Schwangerschaftsgymnastik, und sie las kein Buch. Der Körper weiß schon, was er zu tun hat. Am Abend bevor Paula ins Krankenhaus kam, rief uns ein befreundeter Arzt an.

»Was passiert dabei?« fragte Paula.

»Weißt du das wirklich nicht?« fragte Phil.

»Nein«, antwortete die völlig unbekümmerte Paula.

Phil gab ihr einen kurzen Überblick, was geschehen würde und was sie zu erwarten hatte, und das war's.

Ich war im Zimmer im St. Mary's in Paddington, als es soweit war. Paula bat darum, während der Geburt den Fernseher anzulassen. Sie hatte gerade *The Sullivans* gesehen, als es losging. Ich war damals, erinnert sie sich, eine große Hilfe, weil ich sie ständig auf dem laufenden hielt.

»Oh, Gott, Paula, dein Gesicht ist ganz blau angelaufen.«

»Danke Bob, das macht mir wieder Mut.«

»Mein Gott, ich kann seinen Kopf sehen – wie das aussieht.«

Dann war Fifi raus, und sie patschten sie ganz blutverschmiert auf Paulas Bauch. »Och guck mal«, sagte sie, »ist sie nicht süß?«

Das Baby war ganz still, darum zwickte der Arzt sie in den Zeh, um sicherzugehen, das alles in Ordnung war. Sie gab einen kleinen Quietscher von sich. Paula knuddelte sie und begutachtete jeden Quadratzentimeter des Gesichts und der Hände.

Dann fiel mir ein zu fragen, »Was ist es denn?«

»Ach ja«, sagte der Arzt und sah nach, »es ist ein kleines Mädchen.«

Ich stand da und versuchte mir vorzustellen, wie sie als alte Dame sein würde. Ich war nicht überwältigt vom »Wunder der Geburt«, nur fasziniert. Mir war es sehr animalisch erschienen, aber nicht im geringsten würdelos. So schmalzig es klingt, mein Beschützerinstinkt für die beiden erwachte sofort.

Ich sah zu, wie Paula sich auf eine Kiste Türkischen Honig stürzte und zwei Flaschen moussierenden Apfelsaft trank, die zur Feier des Tages in Champagnerflaschen abgefüllt waren. Dann wurde ihr schlecht.

Ich war nun so gut wie pleite und hatte riesige Steuerschulden im Nacken sitzen. Ich arbeitete gerade in einem Büro, das mir die Plattenfirma zur Verfügung gestellt hatte, als ein alter Freund von einer anderen Plattenfirma mich mit einem Script besuchen kam. Es hieß *Number One*. Die Autoren waren G. F. Newman und Les Blair, die einen Ruf für erstklassige Fernsehfilme hatten und auch Regie führen sollten. Es wurde ausgemacht, daß ich in dem Film mitspielen sollte. Die Hauptrolle hatte Mel Smith, ein ausgezeichneter Schauspieler und Regisseur; außerdem ist er zum Totlachen. Er hat einen Sinn für die schönen Seiten des Lebens. Wenn ich morgens um sechs auf dem Weg zu den Dreharbeiten bei ihm hielt, um ihn mitzunehmen, war er meistens eben erst ins Bett gegangen, weil er nicht vor fünf zu Hause gewesen war. Nach einer Stunde Schlaf schleppte er sich zum Wagen, wickelte sich in seinen Mantel und schnappte sich das Script, das er auf dem Weg las. Beim Maskenbildner frühstückte er, und um acht war er frisch wie der junge Morgen, kannte seinen Text im

Schlaf und ging an sein hartes Tagewerk. Kaum war die letzte Klappe gefallen, verschwand er zur nächsten Sause. Mel hat das passende Gesicht für diesen Lebensstil, eine ins zwanzigste Jahrhundert versetzte Hogarthsche Figur.
Die Hauptdarstellerin von *Number One* war Alison Steadman, ohne Zweifel eine der größten Schauspielerinnen Englands. Ich spielte den Guten, einen draufgängerischen Snooker-Spieler, »Flash« Harry Gordon, der durch einen unglücklichen Zufall Mel Smith in die Hände fällt, der ihn durch Bestechung, Korruption und andere Kniffe zum Snooker-Weltmeister aufbaut. Harry soll sich geschlagen geben, um den »Bösen« ein Vermögen einzubringen, aber die Redlichkeit siegt im letzten Moment. Den Film zu drehen war ein Vergnügen, und finanziell riß es mich in diesem Jahr raus.
Wir hatten laut Vertrag noch ein Album abzuliefern. Wir waren pleite und hatten einen Berg Schulden. Den halben Vorschuß für das geplante Album hatten wir schon verbraten, ehe wir auch nur angefangen hatten zu schreiben. Uns stand das Wasser bis zum Hals. Keiner interessierte sich für die Band. Wir waren ins Schwimmen gekommen und mußten einer verfahrenen Situation ins Auge sehen. In Acton Vale begannen wir mit den Proben für die neue Platte und arbeiteten und feilten monatelang an den neuen Songs. Kein Mensch besuchte uns während der ganzen Zeit. Noch nicht einmal Fachtna, der nun vollauf damit beschäftigt war, seine neue Band Bananarama zu managen, die einige bescheidene Chartserfolge aufzuweisen hatte. Wir hatten keine Gigs in der Hinterhand, niemanden interessierte, ob das Album gut oder schlecht werden würde. Wir lebten vom Eingemachten und hatten keinen Schimmer, was aus uns werden sollte. Jeder Nachmittag im Übungsraum war wie ein Irren im Morast immer beklemmender werdender Verzweiflung und Mutlosigkeit. Wir hingen herum und warteten auf jemanden, der uns sagte, was zu tun war, aber niemand tat es. Schließlich mußten wir einsehen, daß Fachtna nicht länger interessiert

war. Wir, die wir früher so gut zusammengearbeitet hatten, sahen uns jetzt kaum noch, und wenn, dann in einer Atmosphäre klebriger Kumpelhaftigkeit. Fachtna hatte nie besonders frisch ausgesehen – er war ein Vegetarier, der sich ausschließlich von Eiskrem und Süßigkeiten zu ernähren schien. Aber mittlerweile wirkte er abgestumpft und ausgelaugt.

Die Konversation blieb einseitig. Ich sagte ihm, die Band würde das Letzte geben, vierundzwanzig Stunden am Tag für das neue Album arbeiten, während von ihm gar nichts kam. Der Karren war in den Dreck gefahren. Ich zählte es ihm an den Fingern auf, als hätte er nicht längst Bescheid gewußt. Unsere Steuererklärung war nicht anerkannt worden, weil sich herausstellte, daß sie nicht ganz legal gewesen war, und nun saß uns allen die Steuerschuld im Nacken. Wir hatten kein Geld, beschäftigten aber immer noch einen Manager, eine Sekretärin, einen Fan-Club-Vorsitzenden, Pressesprecher, einen Tourmanager, den Soundmixer, den Lichtmixer, den Vorarbeiter für die Roadcrew – sie alle standen auf der Gehaltsliste oder ließen sich Vorschüsse geben. Schulden hatten wir bei unserem englischen Anwalt, unserem amerkanischen Anwalt, unserem Buchhalter, den Hilfsarbeitern, sogar bei der Crew.

Mit diesem Album sollte unser Vertrag bei Phonogram auslaufen, aber ein neuer war weit und breit nicht in Sicht. Die Band war entmutigt. Von Fachtna kam nicht der kleinste Impuls, sie wieder zusammenzuschweißen oder die Moral zu heben. Er wusch seine Hände in Unschuld. »Himmel noch mal, wir haben sogar schon den Vorschuß auf den Kopf gehauen, von dem wir eigentlich das nächste Album finanzieren sollten!«

Er schwieg, aber seine dunklen, eingefallenen Augen funkelten vor Zorn.

Ich war verletzt. Wir waren einmal gute Freunde gewesen. »Was zum Teufel ist los, Fachtna?«

»Nichts. Nichts ist los.«

»Dann mach was los, und zwar bis morgen. Ruf mich an und sag mir, was du vorhast. Wenn du bis morgen nicht angerufen hast, bist du draußen.«
Er rief nicht an. Ich hatte es nicht mehr erwartet, aber ich war traurig. Von da an nahm ich die Sache in die Hand. Ich rationalisierte unser Büro – ein Euphemismus für Kahlschlag. Ich ging zu Phonogram und versuchte irgendeinen persönlichen Kontakt mit den Leuten dort aufzunehmen, weil ich kaum je mit ihnen zu tun gehabt und das ungute Gefühl hatte, daß sie glaubten, ich hätte etwas gegen sie und sei absichtlich unkooperativ. Ich gab mir alle Mühe, sie freundlich zu stimmen, weil Verhandlungen über die Vertragsverlängerung anstanden. Wir konnten uns nicht erlauben, ins Ausland zu gehen, und würden in England aufnehmen müssen. Wir brauchten Hilfe.
Aber zuallererst brauchten wir etwas Geld. Das konnten wir nur über Auftritte reinholen. Aber es war mittlerweile zwei Jahre her, seit wir unseren letzten großen Hit gehabt hatten, und bei den großen Hallen kriegten wir einfach keinen Fuß in die Tür.
»Entweder wir hauen jetzt direkt in den Sack und vergessen die ganze Angelegenheit, oder wir tingeln durch die Universitäten, um ein paar schnelle Mark zu machen«, erklärte ich der Band. »Ich weiß, daß die Universitäten ein Rückschritt sind, aber was anderes bleibt uns nicht. Entweder wir kämpfen mit dem Rücken zur Wand, oder wir schmeißen hin.«
An den Universitäten kratzten wir genug Geld zusammen, um die Platte zu produzieren. Es war nicht ganz das Studio, an das wir gewöhnt waren, aber es war alles, was wir uns leisten konnten, ein kleines Reggae-Studio in Southwark mit einer einsamen Vierundzwanzig-Spur-Maschine. Das Equipment war altertümlich und leierte manchmal ohne Vorwarnung. Oder wir kamen morgens zum Abmischen ins Studio und mußten feststellen, daß alles, was wir am Abend vorher aufgenommen hatten, sich auf eine andere Tonlage verlang-

samt hatte. Einen Produzenten zu bezahlen konnten wir uns nicht leisten, und jeden Zuschuß, den wir noch aus Columbia herausquetschen konnten, wollten wir in New York in eine wirklich gute neue Abmischung investieren. Also erinnerten wir uns alter Gefälligkeiten und beschworen alte Freundschaften, damit uns die erstklassigen Tontechniker und Produzenten, mit denen wir früher gearbeitet hatten, unter die Arme griffen. Manche kamen zwar wirklich nach Southwark, flohen aber, als sie die Studioeinrichtung sahen. Andere legten sich ins Zeug. James Guthrie, der Tontechniker von Pink Floyd, produzierte einige Tracks. Mutt Lange half uns, einige Nummern für Amerika aufzupolieren. Bob Clearmountain, der schon mit Bowie, Springsteen, den Stones und Roxy Music gearbeitet und bei *Five Deep* am Mischpult gesessen hatte, leistete auch hier gute Arbeit.

Wir nannten das Album *In The Long Grass*, nach einer irischen Redensart. Wenn man jemanden lange nicht gesehen hat und dann fragt, wo er gesteckt hat, könnte er z. B. sagen: »Oh, ich habe im tiefen Gras gelegen«, das heißt, er war zwar da, ließ sich aber nicht blicken. Wir waren ganz zufrieden damit. Jeder, auf dessen Urteil wir etwas gaben, sagte, es seien drei Hits drauf. Wir beschlossen, einen davon zu veröffentlichen und dann, wenn er in den Charts war, das Album nachzuschieben, das wir dann mit den restlichen zwei Singles stützen konnten. Vorsichtiger Optimismus erwachte. Es gab sogar anerkennende Stimmen aus Amerika, obwohl sie ihre Vorbehalte gegen »Dave« hatten, einen Song, den ich für einen alten Freund geschrieben hatte, einen Tag nachdem seine Freundin tot in einer Toilette gefunden worden war, wo die Leiche schon drei Tage mit der Spritze im Arm rumgelegen hatte.

»Die Sache ist die, Bob, verstehst du, ›Dave‹ klingt wirklich gut aber... ich meine, der Text ist toll, aber der Titel... ich meine, du singst da schmachtend einen anderen Typ an. Ich muß dir sagen... mit Tunten kann man keine Platten verkaufen.«

Ich änderte den Text. Niemand konnte mir vorwerfen, ich hätte es nicht versucht. Eine Platte in die amerikanischen Charts zu hypen kostete 150000 Dollar, ohne jede Erfolgsgarantie, und Columbia war zu solchen Investitionen einfach nicht bereit. Trotzdem bestanden sie, als ich sie bat, die Band zu einer Plattenfirma mit mehr Interesse gehen zu lassen, auf einer Ablösesumme von fünf Millionen Dollar.

»Was wir brauchen, Bob, ist ein zweites Album wie Mingo Bingo«, radebrechte er, genau das Album, das er selbst abgelehnt hatte. »Ihr Jungs seit einfach eurer Zeit zu weit voraus.«

In England veröffentlichten wir die Singles eine nach der anderen, und sie lagen wie Blei in den Regalen. Ich konnte es nicht verstehen.

What's the story?
What's the score?
What did we do?
What are we guilty of?
Will you shoot us down?
Bring us to our knees?
And when we hit the ground
Kick us in the teeth?

Ich war abgrundtief verzweifelt.

Like a ship that's going under
I run for home through rain and thunder

Wir machten uns sogar selbst auf, um die zweite Single, »Drag Me Down«, zu hypen. Ich legte tausend Pfund beiseite. Wir gingen in alle Läden, von denen wir wußten, daß sie maßgeblich für die Charts waren, und kauften sie selbst, in der Hoffnung, sie irgendwie reinzuhebeln. Auf einem Einkaufstrip in den Midlands baute Gary einen Unfall mit dem Motorrad und lag monatelang im Krankenhaus. Zwei Gigs machten wir ohne ihn. Ich selbst konnte nirgendwo kaufen gehen, denn man hätte mich erkannt, und wenn man dabei erwischt wird, wird die Platte aus den Charts verbannt. Was blieb uns anderes übrig? Keiner spielte sie, also hörte sie keiner, also würde sie niemand kaufen. Der durchsichtigen Pressung von »Dave« legten wir ein Ticket für all unsere Konzerte bei. Nichts. In diesen Songs verarbeitete ich die feindselige Atmosphäre Englands und meine persönlichen Wehwehchen. Rückblickend wirkt »A Hold Of Me« wie eine Vorahnung dessen, was wenige Monate später passierte.

I'm for thinking
Between the ears
For mental process
For cogs and gears
I'm for flesh and
I'm for mind
I'm for people
I'm for life

Ich hatte wieder begonnen, über Menschen zu schreiben.

And Dave I see you bleed
I know you feel the squeeze

Die Songs waren wieder dichter als auf *Five Deep* oder *Mondo Bongo*. Außerdem waren sie kommerzieller. Die Plattenfirma verhielt sich großartig. Sie ließen mich vom Pressebüro aus arbeiten, ohne mich einmal zu nerven oder mit der Telefonrechnung zu wedeln. Sie versuchten es mit jedem noch halbwegs legalen Promotiontrick. Mit kleinsten Mitteln drehten wir vier sehr gute Videos. Die Idee macht's, nicht der Etat. Aber es lief immer noch nichts.
Wir entschieden uns, trotz allem mit dem Album auf Tour zu gehen und uns den großen Veranstaltern durch lächerlich geringe Festgagen schmackhaft zu machen – wir verlangten nur fünfzig Pfund pro Konzert und schliefen in Bead & Breakfast-Pensionen anstatt in schicken Hotels. Die Bühnendekoration

bastelten wir selbst – Simon malte ein riesiges Transparent mit langem Gras und einer Blattlaus, und wir besprühten lange Fahnen mit Kandinsky-ähnlichen Mustern. Der ganze Ramsch kostete uns vierzig Pfund, so billig hatten wir selbst in den Zeiten von Dun Laoghaire nicht gearbeitet. Die Tour lief gut. Wir zogen vierundvierzig Gigs in achtundvierzig Tagen durch und waren oft ausverkauft, sogar in Riesenläden wie dem Dominion oder dem Hammersmith Palais in London oder dem Apollo in Manchester.

Aber die Platten liefen nicht. Die dritte Single, »Dave«, über die ein Kritiker schrieb, es sei der beste Song, den ich je geschrieben hätte, und die Pete Townshend von den Who als »einen der besten Songs 1984« bezeichnete, war im Radio nicht zu hören. Ironischerweise wurde sie kurz vor Weihnachten '84 veröffentlicht und konnte sich nicht gegen einen Song behaupten, den ich gemeinsam mit Midge Ure geschrieben hatte.

Mit Tränen in den Augen

How can you say you are not responsible?
What does it have to do with me?
What is my reaction?
What should it be?
Affronted by this largest atrocity
Driven to tears
STING

Ich hatte den ganzen Tag am Telefon gehangen und versucht, etwas mit der Single in Gang zu kriegen. 1984 neigte sich dem Ende entgegen, und ich konnte keine Aussichten für die Veröffentlichung von *In the Long Grass* sehen, für das wir uns wirklich abgerackert hatten und auf das wir stolz waren. Zutiefst resigniert ging ich nach Hause und machte den Fernseher an. Ich sah etwas Gräßliches, das meine Sorgen in einem ganz anderen Licht erscheinen ließ.

Die Nachrichtensendung ging über die Hungersnot in Äthiopien. Schon von den ersten Sekunden an war klar, daß es hier um ein Grauen von unermeßlichem Ausmaß ging. Die Bilder zeigten Menschen, die so abgemagert waren, daß sie aussahen wie Wesen von einem anderen Stern. Ihre Arme und Beine waren dünn wie Strohhalme, ihre Leiber spindeldürr. Angeschwollene Adern und große, ausdruckslose Augen traten an ihren eingeschrumpften Köpfen hervor. Die Kamera wanderte wie ein hypnotisierter Zuschauer zwischen ihnen hindurch, gelegentlich auf einer Person verweilend, so daß sie mich direkt ansah, mich, der ich umgeben von den Kinkerlitzchen des modernen Lebens, die wir gerne als Notwendigkeiten betrachten, in meinem komfortablen Wohnzimmer saß. Ihre Augen blickten in meine. Da war eine ausgezehrte

Frau, die zu schwach war, irgend etwas zu tun, außer kraftlos ihr sterbendes Kind in den Armen zu halten. Da war ein zum Skelett abgemagerter Mann, der ein in Sackleinen gewickeltes Bündel hochhielt, damit es nicht übersehen würde; es sah aus wie ein festgeschnürtes Reisigbündel, aber es war der ausgedörrte Körper seines Kindes. Und da waren Kinder, deren Leiber so zerbrechlich und verletzbar wie die von Frühgeburten wirkten, in deren Augen aber matt ein Bewußtsein dessen glomm, was mit ihnen geschah. Über allem lag das Raunen des Todes, wie ein heiseres Flüstern oder das Summen von Fliegen.

Vom ersten Augenblick an war klar, daß es sich um eine Tragödie handelte, die zur Kenntnis zu nehmen die übrige Welt irgendwie umgangen hatte, bis sie ein solches Ausmaß angenommen hatte, daß es einen internationalen Skandal darstellte. Man konnte es schon am Tonfall des Reporters merken. Es war nicht die übliche leidenschaftslose Objektivität der BBC. Es war die Stimme eines Mannes, der Verzweiflung, Trauer und tiefe Empörung über das empfindet, was er sieht. Zum Schluß sagte der Nachrichtensprecher gar nichts mehr. Paula brach in Tränen aus und stürzte nach oben, um nach unserem Baby zu sehen, das friedlich in seinem Bettchen schlief.

Oft kann ich nachts nicht schlafen, weil in meinem Kopf widersprüchliche Gedanken durcheinanderwirbeln. Was am Tage noch klar und sicher war, schlägt um in Selbstzweifel und Selbstbefragung, in eine Verwirrung, die sich steigert, bis ich das Gefühl habe, mein Kopf müsse explodieren. In jener Nacht konnte ich nicht schlafen. Ich griff auf mein altes Patentrezept zum Einschlafen zurück, das ich immer so erfolgreich in der Schule eingesetzt hatte. Ich stellte mir dann vor, wie ich schneller werdend inmitten schwarzer Leere auf einen Punkt von absoluter Helligkeit zustürzte. Wenn ich die Höchstgeschwindigkeit erreichte, gelangte ich auch ans Licht und schlief fest ein. Aber diesmal war der Lichtpunkt ein Bild aus der Nachrichtensendung von Michael Buerk. In dem Camp in Äthiopien, aus dem die Aufnahmen stammten, waren Zehntausende von Menschen, und eine Handvoll europäischer Entwicklungshelfer verteilte eine klägliche Menge von Lebensmitteln. Einer jungen Krankenschwester oblag die übermenschliche Aufgabe, die wenigen Hundert Menschen auszuwählen, die verpflegt werden konnten. Sie saßen in einem von einer niedrigen Mauer umgrenzten Areal und warteten auf die Lebensmittel. Draußen standen Tausende ihrer Leidensgenossen und schauten zu. Sie waren zum Tode verurteilt und standen nun da und schauten jenen zu, denen eine kleine Chance zum vorläufigen Überleben gewährt worden war. In ihren Gesichtern war kein Zorn, keine Verbitterung und kein Protest. Da war nur die leere Würde, schweigend auf den Tod zu warten.

Das zweite Bild war das des rennenden Mannes. »Die Dinge geraten hier außer Kontrolle«, hatte der Reporter gesagt, als Massen von verhungernden Menschen wild über die staubige Ebene auf einen Lastwagen zuhasteten, von dem sie trotz allem noch hofften, daß er Lebensmittel brachte. Im Vordergrund war eine Gestalt mit spindeldürren Gliedern, die wie besessen hinter den anderen hertaumelte. Es schien unmöglich, daß er sich in seinem Zustand so schnell bewegen konnte. Auf seinem Rücken trug er eine andere Gestalt, vielleicht seine Frau, vielleicht ein Kind, der Körper war von der Unterernährung so entstellt, daß man es nicht erkennen konnte. Er rannte, Hunderte von Metern hinter den anderen zurückbleibend. Er rannte, ohne die geringste Chance, daß noch irgendwas übrig war, wenn er ankam. Er rannte, ohne das menschliche Wesen abzuwerfen, daß sich an seinen Rükken klammerte. Ich war empört, wütend und enrüstet, aber mehr als all das, zutiefst beschämt.

Die Bilder hörten nicht auf, mir durch den Kopf zu gehen. Was könnte ich tun. Ich könnte Geld spenden. Natürlich könnte ich Geld spenden. Aber das schien mir nicht genug.

Verlangte nicht schon das Ausmaß dieser ganzen Sache nach etwas anderem? Buerk hatte die Vokabel ›biblisch‹ benutzt. Eine Hungersnot von biblischen Ausmaßen. Es war etwas Gräßliches an der Vorstellung, daß 2000 Jahre nach Christus in einer Welt der modernen Technologie so etwas geschehen durfte, so als ob die Fähigkeit der Menschheit, die Umwelt zu beeinflussen und zu beherrschen, sich keinen Deut geändert hätte. Ein solches Grauen wie dieses kann heute nicht ohne unsere Billigung entstehen. Wir hatten zugelassen, daß so etwas geschieht, und nun, da es nicht mehr zu übersehen war, wäre es Mord gleichgekommen, es so weiterlaufen zu lassen. Ich würde Geld spenden, ich würde noch mehr Geld spenden. Aber das war nicht genug. Um jede Komplizenschaft an diesem Elend wirklich abzubüßen, mußte man etwas von sich selbst geben. Ich stand mit dem Rücken zur Wand. Ich mußte deutlich machen, daß ich dafür nicht meine Stimme geben würde.

Was könnte ich noch tun? Ich war nur ein Popsänger. Und bis jetzt nicht mal ein besonders erfolgreicher. Ich konnte dem taumelnden Mann nicht helfen, seine Last zu tragen. Alles, was ich tun konnte, war Platten machen, die niemand kaufte. Aber das würde ich tun, ich würde alle Einnahmen von der nächsten Rats-Platte Oxfam geben. Was würde das helfen? Es würde ein jämmerlicher Betrag sein. Aber es wäre mehr, als das, was ich auftreiben könnte, wenn ich einfach mein zusammengeschrumpftes Konto angreifen würde. Vielleicht würden einige Leute die Platten kaufen, weil der Erlös an Oxfam ging. Und ich hätte meine Stimme zurückgezogen. Trotzdem wäre das noch nicht genug. Ich fiel in einen unruhigen Schlaf.

Als ich am nächsten Morgen aufwachte, war Paula schon weg und hatte Fifi nach Newcastle zur dieswöchigen Aufnahme von *The Tube* mitgenommen. Auf dem Kühlschrank lag eine Nachricht. Sie lautete: »Äthiopien. Jeder, der von heute an in dieses Haus kommt, wird um eine Spende von 5 Pfund gebeten, bis wir eine Summe von 200 Pfund für die Hungerhilfe zusammenhaben.«

Ich ging zur Arbeit. An dem provisorischen Schreibtisch, den ich in der Phonogram Pressestelle hatte, versuchte ich, mir den Kopf über die gestrigen Probleme zu zerbrechen. Das Album sollte in der zweiten Dezemberwoche herauskommen. Mit großer Wahrscheinlichkeit würde es ein Flop werden. Keine der drei Singles, die als Auskoppelungen bereits erschienen waren, hatte irgendeinen Eindruck gemacht. Was von mir an jenem Morgen erwartet wurde, war dasselbe wie gestern: wegen der Verkaufszahlen der letzten Single, »Dave«, verschiedenenorts herumtelefonieren, um herauszufinden, wo wir die Promotionarbeit verstärken mußten. Nun schien das bedeutungslos. Ich machte den vier Leuten in der Presseabteilung den Vorschlag, eventuell eine Platte für die Äthiopier zu machen.

»Ja, das solltest du«, sagte Bernadette. »Ich habe es gestern abend gesehen, es war schrecklich«, meinte Mariella.

»Was für eine Platte?« fragte Steve.

Linda sagte: »Mein Freund fährt gerade einen Wagen mit Hilfsgütern runter nach Eritrea, aber sie wollen ihn nicht reinlassen. Kannst du da irgendwas machen?«

Ich hatte noch niemals von Eritrea gehört. Wie zum Teufel sollte ich da helfen? Heute scheint es lächerlich, daß mir, als ich zum ersten Mal die Platte erwähnte, ein transporttechnisches Problem angetragen wurde. Aber sie hatten nicht gelacht, sie sprangen auf die Idee an.

Ich rief Paula im Fernsehstudio in Newcastle an. »Ich hab mir überlegt, eine Platte zu machen, um etwas Geld für Äthiopien aufzutreiben ...«

»Das ist eine gute Idee.«

»Die Sache ist nur, wenn die Rats sie machen, wird sie sich nicht besonders gut verkaufen. Deswegen dachte ich mir, ich könnte ein paar andere Leute bitten mitzumachen. Wer ist diese Woche da?«

»Midge.«
Midge Ure von Ultravox war ein alter Freund. Er stimmte sofort zu. »Hast du schon ein Stück?« fragte er.
»Nein, ich hab nur so einen kleinen Einfall ... aber wenn du etwas hast ...« Ich hatte ein Stück namens ›It's My World‹, nur ein paar Zeilen und eine grobe Melodie. Aber es war mir peinlich, das vorzuschlagen. Schließlich war's Midge, der die Hits hatte. Ich hatte die Flops.
»Ich versuch mal, mir was zu überlegen«, erwiderte er. »Ich ruf dich morgen an, wenn ich zurück in London bin, und wir lassen uns etwas einfallen.«
Ich rief Sting an. Ich kannte ihn ziemlich gut und mochte ihn. Wieder war es peinlich. Popstars kriegen ständig Anrufe von Leuten, die um einen Gefallen bitten. Würdest du dies tun ... würdest du das tun, und ich wollte ihm nicht auf den Wecker fallen. Mein einziger Vorteil war, daß ich nicht jemand von einer Spendenorganisation war, sondern jemand aus einer anderen Band. »Hast du gestern abend die Sache über Äthiopien in den Nachrichten gesehen?«
»Ja, schreckliche Sache, nicht wahr?«
»Ich denk, wir sollten etwas unternehmen. Ich denk daran, ein paar Leute zusammenzukriegen, um vor Weihnachten noch schnell eine Platte zu machen, um etwas Geld aufzubringen.«
»O. k., ich bin dabei.«
Ich rief Simon Le Bon an.
»Wir gehen bald auf Tournee in Deutschland. Wann sollen die Aufnahmen sein?«
»Ich hab noch keinen Termin.«
»Gut, wir machen mit, wenn wir können. Plan uns ein.«
Ich verstand nicht, warum die Leute kooperationsbereit waren. Gut, sie waren Freunde, aber wie John Lennon sagte: »You can be benefited to death.« Vielleicht war's an der Zeit, und die *Stimmung* der Zeit. Vielleicht war alles zu lange schäbig, zynisch und egoistisch gewesen. Vielleicht wollten die

Leute aus den Bands irgend etwas tun, wieder teilhaben und aktiv werden. Oder vielleicht hatten sie auch gestern abend ferngesehen. An einem Nachmittag hatte ich genug Leute zusammen, damit es klappen konnte. Ich begann, Listen von noch mehr Leuten und Telefonnummern zusammenzustellen und rief die Büros von Bands an, die ich nicht persönlich kannte, und hinterließ Nachrichten. Auf dem Weg zum Haus, das wir in Chelsea bezogen hatten, hielt ich an, um ins Fenster eines Antiquitätengeschäfts in der King's Road zu schauen. Gary Kemp von Spandau Ballet war drinnen.

»Wir müssen nach Japan«, sagte er, als ich ihn ansprach. »Aber wenn du die Aufnahmetermine für zwei Wochen aufschieben kannst, bis wir zurück sind, machen wir's.«

Das, wußte ich, würde ein größeres Problem werden. Wenn es soweit wäre, den Aufnahmetermin festzusetzen, wie viele wären nicht verfügbar und müßten aussteigen? Ich wußte, ich brauchte noch mehr Namen. Auf einer Party an diesem Abend begann sich im Gespräch mit Martin Kemp, Garys Bruder und Bassist bei Spandau, die Vorstellung herauszuschälen, aus der Sache könnte mehr werden als eine einmalige Geldbeschaffungsaktion. Es könnte eine deutliche Geste werden, und deswegen galt, je mehr Leute wir auf der Platte hätten, desto besser.

An diesem Wochenende flog ich nach Irland, um meine kranke Tante Cleo zu besuchen. Auf dem Weg zum Flughafen sagte mein Vater, mit dem ich das alte Kriegsbeil schon lange begraben hatte und der jetzt ein guter Freund war: »Was machst du als nächstes?« »Ich weiß nicht«, meinte ich, »ich überleg mir, eine Platte wegen dieser Hungersnot in Äthiopien zu machen.«

»Das wäre großartig«, erwiderte er, »das solltest du tun.«

Am nächsten Tag machte ich mich auf den Weg, um Kuka, einen befreundeten Bildhauer, zu besuchen, der ebenfalls krank war. Im Taxi kritzelte ich den Text des Stücks in mein Notizbuch. Ich schrieb flüssig und ohne viel zu korrigieren.

Die Worte sprudelten nur so hervor. Ich wollte Mitgefühl und Betroffenheit auslösen und die Menschen zum Nachdenken bringen. Kukas Mutter war bei ihm, als ich ankam. Wir redeten über »Dave« und wie schlecht es lief. Dann erzählte ich ihm von der Idee mit Äthiopien. »Ich hab den Text auf dem Weg hierhin geschrieben.«

»Oh, spiel es uns vor«, sagte er und holte eine lädierte, alte spanische Gitarre hervor.

Normalerweise hasse ich so was, aber ich wollte sehen, ob der Text wirkt. Ich wußte nichts davon, aber aus irgendeinem Grund nahm er an diesem Tag alle Gespräche auf und hatte ohne mein Wissen ein kleines Tonbandgerät angestellt. Es ist schon merkwürdig, daß bei dieser Sache von Anfang an Aufnahmen der meisten entscheidenden Momente existieren. Die beiden mochten das Stück, und das stärkte mein Selbstvertrauen für den nächsten Tag, wo ich es Midge vorspielen mußte.

Ich fuhr fort, Leute anzurufen. Ich rief bei Virgin an, um die Nummern von Boy George zu bekommen. Ich rief ZTT wegen Frankie Goes to Hollywood an. Ich trieb die Nummer von Paul Young, Paul Weller von Style Council und Phil Oakey von Human League auf. Ich fing an, Vermerke in meinem Notizbuch zu machen. »Was ist die *BPI*? Jede Plattenfirma dazu bringen, 20000 Pfund zu spenden? Brauchen wir eine Stiftung? Wie handhaben wir die Veröffentlichung, und was ist mit der Performing Rights Society?«

Mir wurde langsam klar, daß dies alles mehr werden würde als eine bloße ›Geste‹ und daß es irgendwie einen formellen Charakter bekommen mußte. Ich organisierte ein Treffen mit vier der wichtigen Leuten bei Phonogram: Brian Shepherd, dem Geschäftsführer, John Watson, dem Rechtsberater, Tony Powell, dem Marketingdirektor, den ich seit den Tagen bei Ensign kannte, und John Waller, Produktmanager, verantwortlich für das Vinyl, die Labels, das Pressen, die Verpackung und alle anderen technischen Sachen. Sie erklärten sich bereit, das in die Hand zu nehmen.

»Was hat die höchste Priorität, wenn wir es schnell machen wollen?«

»Das Material für die Covergestaltung. Die Coverherstellung braucht am längsten. Wir müssen es innerhalb von ein paar Tagen haben.«

Wo es nun schon mal die erste Garnitur der britischen Musik sein sollte, entschloß ich mich, Peter Blake anzurufen, der wegen seiner mittlerweile klassischen Arbeiten für die Popindustrie seit Jahren einen Namen in der Musikszene hat. Als einer der Erfinder der Pop Art hatte er etwa die Pfeil- und Zielscheiben-Logos für The Who in den Sechzigern geschaffen und das Cover für *Sergeant Pepper's Lonely Heart's Club Band* der Beatles gestaltet. Blake ist einer der renommiertesten Künstler Englands. Ich wußte nicht genau, wie ich ihn erreichen konnte oder ob er überhaupt daran interessiert war zu helfen. Ich schlug im Branchenverzeichnis unter Galerien nach und rief auf gut Glück eine an. Es war Waddington's.

»Wir vertreten zufälligerweise Peter Blake.« Auch das war verrückt. »Gut, könnten Sie ihn bitten, mich zurückzurufen. Ich möchte mit ihm über ein Projekt sprechen.« Ich erwartete nicht, daß er anrief. Warum sollte er? Wahrscheinlich hatte er genug zu tun. Hatte niemals von mir gehört. Nach kaum einer halben Stunde ging das Telefon. In der Annahme, daß mich wegen unserer Erfolglosigkeit niemand mehr kennen würde, begann ich mit meiner langen Präambel.

»Ja, schon gut, ich weiß, wer du bist, Bob«, unterbrach mich Peter. Ich erklärte mein Anliegen. Am nächsten Tag traf ich ihn bei Fortnum and Mason zum Tee, und er sagte, er arbeite bereits an ersten Entwürfen. Direkt nach dem Telefonat hatte er mit einem Rohentwurf begonnen. Er zeigte ihn mir. »Klasse, das ist toll. Kannst du es in ein paar Tagen fertigstellen?«

Abends ging ich zu einem Empfang, auf dem, wie ich wußte,

Wham! und ihr Manager Simon Napier Bell sein würden. Ich glaubte nicht ernstlich, daß sie interessiert sein würden. Sie waren zu groß, schienen zu poppig und waren vermutlich beschäftigt. Ich kannte sie kein bißchen.

»Was meinst du, wie oft sie sich verkauft?« fragte Simon.

»Wenn wir sie drei Wochen vor Weihnachten, aber mit all den Namen drauf, rausbringen können, könnte sie auf Platz eins kommen und sich ein halbmillionenmal verkaufen.«

»Gut, wenn sie sich ein halbmillionenmal verkauft – und das wäre schon Glück bei nur drei Wochen – und du gute Prozente von Phonogram bekommst und all deine Ansprüche als Autor auch spendest, dann wären das 72 000 Pfund. Kannst du an Kosten nichts einsparen? Sonst ist es nicht viel.« Er dachte sofort praktisch.

»Ja, ich werd's versuchen, aber du hast recht, es ist nicht viel. Immerhin könnten Oxfam und Save the Children schon etwas damit anfangen. Und es ist eine Geste. Es wird die ganze Angelegenheit stärker publik machen, und das ist wahrscheinlich sowieso wichtiger als das Geld. Glaubst du, daß George Michael mitmachen würde?«

»Ich werd ihn fragen.« Ich glaubte nicht, daß er das würde.

Ich ging zurück in die Rechtsabteilung zu John Watson. »Können wir nicht einige der Kosten ausschalten?« Der Preis einer Platte kann in Einzelposten oder in Prozentsätzen aufgeschlüsselt werden: die Ausgaben sowohl für Aufnahme als auch für die rein technische Herstellung der Platte, die Anteile für die Band, für die Plattenfirma, für die Groß- und für die Einzelhändler. Wir, als Künstler, hatten bereits auf jeden Gewinn verzichtet. Er sprach mit dem Rest von Phonogram.

»Wir werden auf unseren Gewinn verzichten. Wenn du jetzt noch alles andere umsonst bekommst und auch die Großhändler rumkriegst, hast du so gut wie hundert Prozent Gewinn, abgesehen von der Mehrwertsteuer.«

»O. k., wer macht den größten Schnitt?«

»Die Einzelhändler.«

Ich setzte mich mit ihnen in Verbindung und erfuhr, daß die meisten Platten in England bei Woolworths, Smiths, HMV, Virgin, Boots und Our Price gekauft würden.
»Meinen Sie, daß die es für lau tun würden?«
»Nein. Warum sollten sie?«
Ich rief sie alle in einem Aufwasch an und belog sie systematisch. Wir hatten schon eine recht eindrucksvolle Liste von Interpreten, aber ich las ihnen nicht nur die vor, die schon zugestimmt hatten, sondern auch die, die ich noch ansprechen wollte. Ich erzählte auch, daß ich schon bei den anderen großen Händlern angefragt hätte.
»Und, waren sie einverstanden?«
»Ja«, log ich. »Bis jetzt waren alle einverstanden. Tatsächlich sind Sie der letzte, den ich anrufe.«
»O. k. Wenn sie es machen, sollten wir es auch, denke ich.«
Am nächsten Morgen kam ein Tape von Midge an. Es war etwas, was er während des Frühstücks auf seinem Casio Mini-Keyboard verfaßt hatte. Es war das Solo, das eventuell als Begleitung für den Schlußrefrain dienen sollte. Er rief an.
»Was hältst du davon? Ich dachte mir, das klingt so etwa wie ein Weihnachtslied.«
»Ich denk, es klingt wie *Z Cars*.«
»Nein, es ist nicht *Z Cars*. Eher *The Dambusters*«, meinte Midge. »Es paßt, glaube ich, ganz gut zu dem, was du schon zusammengeschustert hast.«
Ich fuhr raus zu seinem Haus in Chiswick mit eigenem Vierundzwanzig-Spur-Studio. Ich nahm meine akustische Gitarre mit und krächzte voller Verlegenheit die Originalversion von ›Do They Know It's Christmas‹.
»Nicht schlecht«, sagte er.
»Na ja, es könnte in Ordnung sein, wenn du dich dran machst.«
»Versuchen wir's mit einer anderen Tonart. Geh von A auf C.«
Ich nahm eine Rohfassung für ihn auf und fuhr zurück ins Büro. Es war immer noch schwierig, die Leute davon zu

überzeugen, daß es klappen würde, aber das Interesse wuchs. Die Sache kam ins Laufen. Ich hatte nun fünf volle Tage am Telefon gehangen. Erwartet hatte ich Widerstand im Stil von: ›nicht dieser abgetakelte Typ, was will denn der?‹, aber das war kein einziges Mal passiert. Alle Leute bei Phonogram arbeiteten auf Hochtouren. Die Leute aus der Produktionsabteilung sprachen mit den Coverherstellern und Labeldrukkern. Die Arbeiter des Phonogram-Werks sollten ihre Dienste gratis zur Verfügung stellen. ICI würde das Vinyl stiften. Die ZTT-Studios boten Tontechnik und Studiozeit gratis an. Die Aufnahmen sollten in ihren Studios in der Basing Street, Ladbroke Grove, stattfinden. Dort hatte auch Bob Marley Aufnahmen gemacht.

Ich rief immer noch Bands an. U 2 stöberte ich in ihrem Tournee-Hotel auf und sprach mit Bono. Es war 2 Uhr mittags, und er war gerade aufgestanden. Er klang, als wäre ihm eine Dampfwalze über die Kehle gerollt. Er sagte, er würde mitmachen. Die Liste in meinem Kalender lautete an diesem Tag: Eurythmics, Bananarama, Culture Club, Thompson Twins, Frankie Goes to Hollywood, Wham!, Sade, Paul Young, Human League und Style Council. Während ich telefonierte, kam Francis Rossi von Status Quo ins Phonogram-Büro. »Du kannst uns auch notieren, mich und Parfitt.« Mit einigem Muffensausen rief ich Paul Weller an. Ich nahm an, daß er mich für einen Schwachkopf hielt. Wir waren nie gut miteinander ausgekommen. Beim Bilsen Festival in Belgien hatten wir uns einen ihrer Verstärker ausgeliehen. Danach hatten wir ihnen, um unsere Dankbarkeit zu zeigen, drei Flaschen Scotch gekauft. »Wir trinken keinen Whisky«, sagte Weller brüsk. »Gut, dann kriegen wir ihn«, meinte ich.

Später im Hotel fragte Weller Gary: »Wie ist es denn so, in Bob Geldofs Begleitband zu spielen?« »Besser, als sein Leben als schlechte Pete-Townshend-Imitation zu fristen«, hatte Gary erwidert. Es hätte beinahe eine Schlägerei zwischen den Rats und Jam gegeben, die dem Lager angehörten, das New

Wave als politisches Phänomen betrachtete. Seit damals hatten wir uns häufiger in der Öffentlichkeit angegiftet. Aber als ich ihn anrief, mußte ich ihm nicht einmal das Verkaufsgesülze unterjubeln, das ich ausgearbeitet hatte.
»Ja, wir machen mit, Bob. Hast du schon ein Stück.«
»Nun ja, Midge und ich arbeiten an etwas ...«
»Wir sind dabei.«
Allmählich entdeckte ich, daß ich den Künstlern die Idee überhaupt nicht aufschwatzen mußte. Wenn ich direkt zu ihnen durchkam, war das Echo immer positiv. Aber wenn ich die Manager erwischte, war ihre Haltung oft ablehnend, etwa beim Manager von Phil Oakey. Es ist irritierend, wenn Manager die moralische Vormundschaft ihrer Schützlinge übernehmen. Oft stehen sie mit ihrer irrigen Vorstellung, sie müßten ›ihren Job tun‹, nur im Wege. Sades Manager sagte, sie könnten nicht mitmachen. Bei den Thompson Twins war es ähnlich. Später spendeten sie uns den Erlös aus einer ihrer Singles. Ich machte weiter und rief den Manager der Eurythmics an, der erklärte, sie seien in der Schweiz, aber sie würden ein Tape für die Rückseite schicken, auf die individuelle Botschaften kommen sollten. Ich hab's nie bekommen. Simon Napier Bell rief zurück und sagte, Wham! seien dabei. Wir hatten all die wirklich großen, absatzstarken Namen. Ich machte mich auf zu Paul McCartney, den ich über die Jahre hin ab und an getroffen hatte, und zu David Bowie, den ich von gesellschaftlichen Anlässen her kannte. Beide hätten keine Zeit, würden aber Tapes schicken. Peter Blakes Bildmaterial kam an: Es war perfekt. Wir hatten alle Kosten eliminiert, nur das Mehrwertsteuer-Problem blieb. Wir würden praktisch hundert Prozent des Geldes von jeder verkauften Platte bekommen und hatten zudem noch zwei Wochen über die von mir geschätzte dreiwöchige Verkaufsperiode hinaus zur Verfügung. Wir waren drauf und dran, eine Million Pfund zu machen.
Es war an der Zeit, einen Termin auszusuchen. Zwangsläufig

würde irgend jemand keine Zeit haben, egal welchen Tag ich aussuchte. Aufs Geratewohl wählte ich Sonntag, den 25. November 1984. Ich ging zu John Waller und fragte, wie schnell wir die Platte auf den Markt bringen könnten. Ich dachte, es würde mindestens zwei Wochen dauern. »Wenn wir alle Register ziehen, können wir's in vier Tagen schaffen«, meinte er. Das war außerordentlich. Aber jeder einzelne der Beteiligten war nun in einem professionellen und persönlichen Rauschzustand. Diese Erregung war ihr Beitrag. Nicht bloß Geld, sondern auch sich selbst einbringen. Alles, woran die Plattenfirma jetzt denken konnte, war diese Platte. Sie würden keinen Pfennig dran verdienen. Bei allen, die ich um Hilfe gebeten hatte, war es das gleiche. Ein absolutes Engagement.

Ich war von den endlosen Telefonaten genervt, und nun begann das Telefon auch noch zu Hause zu klingeln. Die Sache mit »Dave«, der Rats-Single, hatte ich völlig vergessen, so sehr war ich von der Organisation in Anspruch genommen. Nach zwei Jahren des Bittens und Bettelns für die Rats schien dies alles zu leicht. Nachdem wir zwei zusätzliche Wochen Verkaufszeit erreicht hatten, beeilten Midge und ich uns, den Song fertigzukriegen. Wir hatten ausgearbeitet, wie wir durch acht Takte im Mittelteil seinen und meinen Teil zusammenbringen konnten. Ich wollte über seinem Riff etwas, das wie ein Fußballchor oder »Give Peace a Chance« klang. Es mußte etwas absolut Direktes, Einfaches sein und treffend. Ich fing an, »Feed the World« zu singen, und erst klang es ein wenig wie eines von Midges alten Stücken, aber wir änderten es ausreichend und wußten, daß es alles sagte.

Ich hatte die Idee fürs Bandlogo gehabt, eine runde Weltkarte, wie ein Teller, mit einem Schwarzen und Messer und Gabel an der Seite. Das könnte aufs Label passen. Alles, was wir jetzt noch brauchten, war ein Name für die Gruppe von Stars. Im Pressebüro schlug ich ›Food for Thought‹ oder ›The Bloody Do-Gooders‹ vor. Dann schlug Linda Band

Aid vor. Alle taten es verächtlich ab, aber ich fand es brillant – abgesehen von dem offensichtlichen Wortspiel mit Band, hatte es noch eine zusätzliche Dimension. Was wir unternahmen und was wir auftreiben würden, wäre im Verhältnis zum Gesamtproblem so unzulänglich, wie ein winziges Pflaster auf eine Wunde zu kleben, die eigentlich mit zwölf Stichen genäht werden müßte.

Wir brauchten einen großen Auftakt – so spektakulär wie die Platte selbst. Alles, was mit der Platte zu tun hatte, mußte außerordentlich sein. Das Interesse der Medien an dem ganzen Projekt war immens gestiegen, als klar wurde, wie viele große Namen beteiligt waren. Ich nahm Kontakt mit dem *Daily Mirror* auf, der eine große Aktion durchgeführt hatte, um Geld für ziemlich melodramatische ›Mercy Flights‹ nach Äthiopien aufzutreiben. Da sie offensichtlich schon früher Verbindung zu den Hungergebieten aufgenommen hatten, bot ich ihnen Exklusivfotos von der Aufnahmesession an, wenn sie uns die ganze Titelseite zusagen würden.

»Tut mir leid, Bob, die Story werden wir bringen, aber es ist einfach nichts für die Titelseite.«

An jenem Morgen war die Titelseite des *Mirror* von einem Foto des Hinterkopfes der Princess of Wales eingenommen worden.

»Haben Sie das heutige Titelblatt Ihrer Zeitung gesehen? Wie können Sie es wagen, mir so was zu sagen, nach einer ganzen Seite mit dem Hinterkopf von irgendwem? Hier geht's nicht nur um irgendeine weitere Pop-Platte. Das ist die wichtigste Platte aller Zeiten, und es geht um Millionen von Menschen, die verhungern.« Ich bekam Robert Maxwells Privatnummer raus und verhandelte direkt mit ihm.

Der Angestellte, mit dem ich geredet hatte, rief zurück und meinte mit geheuchelter Nonchalance: »O. k., Bob, Sie haben die Titelseite.«

»Ich weiß, und ob ich die habe.« Das war meine erste Lektion, immer direkt ganz oben anzufragen. Ich hatte gelernt, mit dem Maschinisten zu reden und mich nicht mit seinem öligen Lappen zufriedenzugeben.

Ein außerordentliches Problem lag bei der Musiker-Gewerkschaft. Nach ihrer Übereinkunft mit der BBC hätte jeder einzelne Künstler jedesmal, wenn die Platte gespielt würde, ein Honorar bekommen müssen. Das war natürlich lächerlich. Es hätte die BBC jedesmal ein Vermögen gekostet; es wäre nicht in ihrem Interesse gewesen, die Platte überhaupt zu spielen. Die Künstler wollten auf ihr Honorar verzichten, aber das hätte dazu führen können, daß die Gewerkschaft die BBC boykottierte, folglich war die Zustimmung der MU nötig. Ich rechnete damit, daß die Gewerkschaft nicht zu Kooperation bereit sein würde und entwarf daher vorsichtshalber Pläne für eine neue Gewerkschaft, der Popmusiker-Gewerkschaft, die wir mit der geballten Kraft der Namen auf der Platte hätten gründen können, um ein separates Abkommen mit der BBC zu schließen. In dem Nonstop-Kontinuum, das mich im Griff hatte, dachte ich keinmal, ich könnte es nicht, und ich würde es tun, sollte man mich dazu zwingen. Ich war im Stande, *alles* zu tun, um diese Sache hinzukriegen, denn der eine Luxus dieser besonderen Aktion war die Gewißheit, daß alles, was man tut, moralisch gerechtfertigt war. Ich rief den Führer der Gewerkschaft an, und die Zustimmung zur Verzichterklärung kam fast umgehend. Sie hätten nicht hilfsbereiter sein können.

Phil Collins hatte gesagt, er wolle kommen und Schlagzeug spielen. Zwei Tage vor dem Aufnahmetermin rief Paul Weller an und fragte, ob wir wollten, daß er Gitarre für den Backing Track spielt. Sting und John Taylor von Duran fragten beide, ob sie Bass spielen sollten. Es war die größte Band aller Zeiten. Ich war überrascht und zufrieden. Ich hatte gedacht, die Leute würden an dem Tag nur mit halbem Herzen dabeisein. Weller kam und spielte was Nettes auf der Gitarre, auch wenn wir's am Schluß nicht benutzen konnten, weil Midge den Rest des Backings mit dem Synthi gemacht hatte und es halt nicht zusammenpaßte. Taylor hatte Nervenflattern, weil er vor Sting spielen mußte. Es war eine gute Session, und wir kriegten den Bass und ein paar Backing Vocals einen Tag vor der eigentlichen Aufnahme bei Chiswick hin. Vier Wochen waren vergangen, seit ich die Nachrichtensendung gesehen hatte, vier Wochen, in denen ich mir jene Bilder immer vor Augen führte, um den Leuten, mit denen ich sprach, mit echter Überzeugung und Eindringlichkeit gegenübertreten zu können.

Aber da war noch mehr. Ich bin zwar kein großer Anhänger des Glaubens an schicksalhafte Fügung, glückliche Zufälle, Duplizität der Ereignisse und all den Quark, das A und O des Glaubens, an die unerforschlichen Gründe des Seins, aber einige Dinge schienen einfach zu leicht zu gehen. Bei Sting beispielsweise ist es unüblich, daß er überhaupt im Lande ist, aber ihn auch noch nachmittags zu Hause zu erwischen, wenn man anruft, das ist schon außergewöhnlich. Und das geschah nicht nur das eine Mal, sondern häufiger. Als ich auf gut Glück den Aufnahmetermin festgelegt hatte, waren die Studios, die uns ihre Einrichtungen zur Verfügung stellten, auch genau frei. Und die meisten Leute würden an dem Tag in London oder zumindest in der Nähe sein. Den Song zu schreiben war einfach gewesen, die Worte waren mir nur so aus der Feder geflossen. Midge und ich arbeiteten schnell und gut zusammen. Daß Kuka das Gespräch und das Stück, als ich es das erste Mal spielte, aufnahm. Wie ich Peter Blakes Agenten zufällig gleich aus dem Branchenverzeichnis rauspickte und er bereits an einem Entwurf arbeitete, der fürs Cover zu gebrauchen war. Die Hunderte von Leuten, die alles stehen und liegen ließen, um sich auf diese eine Sache zu konzentrieren. Damals dachte ich darüber nicht nach, obwohl ich rückblickend glaube, daß ich mir dessen bewußt war, von dem Moment an, wo Linda im Pressebüro Eritrea erwähnte und niemand grinste oder lachte, als ich die ganze Sache vorschlug. Niemand schien gedacht zu haben, sei es blöd von mir, dies zu tun, niemand legte sich besonders quer; im Gegenteil, Türen, die eine Woche vorher noch fest verschlossen waren, standen nun offen. Ich glaubte, es hätte etwas damit zu tun, daß ich es nicht für mich tat. Die Leute sagten: »O. k., wir werden helfen«, aber es war mehr als das.

Es gab keinen vernünftigen Grund für die Plattenvertriebe, einen Verlust hinzunehmen. Sie kriegten jedes Jahr gut hundert Wohltätigkeitsplatten und kassierten dabei ab. Für sie war es die absatzstärkste Zeit, in der die meisten Läden, besonders die kleineren, genug verdienten, um gut über den Winter zu kommen. Offensichtlich würde es ein Hit werden, und sie würden auf eine Menge Geld verzichten; warum also erklärten sie sich so leicht einverstanden?

Für die Plattenfirma und die Beteiligten war es sozusagen die wichtigste Platte, an der sie jemals gearbeitet hatten. John Watson, der Chef der Rechtsabteilung von Phonogram, informierte Phonogram International, daß alle dieselben Konditionen bieten mußten wie London. Einige muckten auf. Watson erklärte ihnen, wobei er seine Befugnisse überschritt, daß er die Platte der Konkurrenz geben würde. Die Chefs von Phonogram International waren anfangs nicht gerade begeistert, aber schließlich überzeugte John sie. Er hielt dieses Problem für so wichtig, daß er sich gegen seine eigene Gesellschaft gestellt hatte. Niemand schmiß ihn raus, und wenn sie's getan hätten, wäre es nicht unwahrscheinlich gewesen, daß die gesamte Londoner Abteilung ausgestiegen wäre.

Ich war in einem Arbeitsrausch. Alles, was ich anpackte, schien zu klappen. Ich saß in der Presseabteilung, ohne richtig mitzukriegen, was um mich herum vorging. Leute kamen mit Entwürfen rein, und das Telefon klingelte ununterbrochen.

»Schau dir das mal an, Bob.«

»O. k.«

»Was ist hiermit, Bob?«

»O. k.«
»Bob, die Ladies, die die Plattenhüllen herstellen, arbeiten umsonst in Nachtschicht, um sie fertigzukriegen.«
Nicht einmal hielt ich inne, um mich zu fragen: »Warum tust du dies?« Aber ich weiß, daß ich mich oft fragte: »Warum du?«
Vier Wochen vorher hatte ich mit dem Kopf zwischen den Händen an irgendeinem Schreibtisch gehockt und fast vor Verzweiflung geheult. Und nun, wie *Life* Ende 1985 schrieb: »Wenn Sie diesen Mann treffen, werden Sie sich fragen, ›Warum?‹ Hat Gott versehentlich an die falsche Tür geklopft und, als dieser gammelige Ire öffnete, gedacht: ›Was soll's zum Teufel – er wird's schon hinkriegen.‹?«
Am Tag der Aufnahme kamen Midge und ich als erste im Studio an. Draußen war das Studio von Fernseh- und Pressefotografen belagert.
»Wie läuft's, Bob?«
»Bis jetzt noch gar nicht«, meinte ich nervös, »weil außer uns noch niemand da ist. Wir hoffen halt, daß der Rest noch auftaucht.«
Ich war mir nicht mal sicher, daß überhaupt jemand kommen würde. Sie sagten, sie würden, aber vielleicht hatten sie das nur getan, damit ich sie in Ruhe ließe. Es war ein merkwürdiges Gefühl, sie alle eintrudeln zu sehen. Es war alles recht unspektakulär. Die meisten sahen aus, als seien sie gerade aus dem Bett gekommen, was im großen und ganzen auch stimmte. Ich erinnere mich, gesehen zu haben, wie Sting, in seiner Sonntagszeitung lesend, die Straße hochgeschlendert kam, wie Paul Weller, energiegeladen, mit weiten Schritten aus der entgegengesetzten Richtung auftauchte und Marilyn wie ein schönes Starlet um die Ecke stolziert kam, das den Eckladen ansteuert, um sich etwas Milch zu kaufen. Ich schaute mich um und sah, daß in dem Raum die meisten der Stars der englischen Popmusik versammelt waren. Sie sahen aus wie ein Haufen Rowdys beim Sonntagsfrühschoppen im Pub.
Duran Duran waren früh von ihrer Deutschland-Tournee zu-

rückgekommen, um mitzumachen, Spandau Ballet waren gerade aus Japan zurück, U 2 hatten einen ihrer wenigen freien Tage während ihrer Welt-Tournee geopfert und waren von Dublin rübergeflogen, Culture Club waren zurück aus New York.

Mit Ausnahme von George. »Wo ist Boy George?«

»Vielleicht ist er noch in New York.«

»Welches Hotel hatte er?« Ich wählte die Nummer und ließ mir sein Zimmer geben. »George, Geldof hier, wo zum Teufel steckst du?«

Es war sechs Uhr morgens in Georges Schlafzimmer.

»Was? Äh ... ich bin in New York«, gähnte er.

»Was zum Teufel treibst du in New York?«

»Ähm ...«

»Du solltest doch hier sein.«

»Wer ist denn da?« fragte die verpennte Stimme.

»Alle. Sting ist da und Paul Young, die Spandaus, die Durans, Marilyn, Bono, Quo, Bananarama, Kool and the Gang, George Michael, Weller, Heaven 17. Alle sind da, nur du nicht. Um neun geht eine Concorde. Steh auf und komm her.«

»Ich werd's versuchen.«

»Nicht bloß versuchen. Es ist wichtig. Steh jetzt auf und mach voran.«

George Michael sah sich ein wenig verwirrt im Studio um. Um ihm die Befangenheit zu nehmen, führte ich ein reichlich bizarres und unnötiges Vorstellungsgeplänkel auf: »George, kennst du schon Midge Ure, Phil Collins, Paul Young...?«

Phil baute sein Drum Kit auf. Wir hatten da unsere Vorbehalte. Schlagzeug aufzunehmen ist bekanntermaßen knifflig, und wir hatten ja schon die Rhythmusmaschine auf dem Bakking Track. »Ne, es wird besser sein, wenn ich live spiele«, meinte Phil, »ich kann's dazwischen ein wenig auffüllen. Ihm mehr Nachdruck geben.« Er war sehr lässig dabei.

»Brillant«, sagte Midge unsicher.

Wir hatten die Anwesenheit der Presse beschränkt, indem wir einen offiziellen Fotografen bestellten, nämlich Brian Aris, der mit den Rats in Asien gewesen war und dem alle Bands vertrauten. Er sollte seine Fotos allen Zeitungen zukommen lassen, aber das Studio war voll von Fernsehteams. Wir mußten die Aufnahmen noch vor dem Song hinter uns bringen, um rechtzeitig vor Redaktionsschluß in die Fernsehnachrichten und den *Daily Mirror* zu kommen.

Wir spielten erst eine grobe Version, damit die Musiker mitkriegten, wie der Song funktionierte. Ich glaub, jeder war angenehm überrascht. Ich hatte den Eindruck, sie hatten erwartet, daß er ziemlich naiv und platt sein würde. Aber Midge hatte exzellente Arbeit geleistet, indem er für den Backing Track am Anfang so eine Art von hohlem, afrikanischen Trommelsound genommen hatte, der gleichzeitig traurig und bedrohlich wirkte. Es war völlig anders als das, was ich ihm ursprünglich vorgespielt hatte. Dann begannen wir, die erste Zeile des Refrains aufzunehmen: »Feed the World«. Wir nahmen es wieder und wieder auf, die ganze Zeit im Double-Tracking, um den Eindruck von Hunderten von Stimmen zu erwecken. Dann dasselbe mit der zweiten Zeile: »Let them know it's Christmas time«. Dann begannen wir, die Strophen aufzunehmen, die wir in individuelle Zeilen aufgeteilt hatten, so daß beinah jeder ein oder zwei Zeilen als Solo singen konnte.

»O. k., wer will der erste sein?« fragte Midge, der es ja produzierte. Es gab eine Menge Herumgedruckse. Niemand singt gern im Studio. Man macht es, während einem über Kopfhörer der Backing Track eingespielt wird. Alle anderen im Studio hören bloß deine kläglichen Anstrengungen. Normalerweise klingt es einfach scheußlich, und im Moment waren da noch vier verschiedene Fernsehteams, die filmten.

»Los, Tony, du als erster.«

»Was soll ich singen?« fragte Tony Hadley von Spandau Ballet.

Wir gaben Blätter aus, die jedem seine Zeilen zuteilten. Er hatte zwei Zeilen aus der Mitte des Stücks: »There's a world outside your window and it's a world of dread and fear«. Wir litten für den armen Kerl, als er in dem riesigen und, abgesehen von vier Fernsehkameras, leeren Raum stand und starr in den Kontrollraum blickte, wo all seine Kollegen waren. Es war früh am Tag für eine Gesangsaufnahme. Normalerweise wärmt sich die Stimme über Tag erst auf, und abends kann man besser singen; aber da stand Tony und nahm als erster auf, noch vor Mittag. Er war sehr couragiert und sehr gut. Als er fertig war, applaudierten alle. Die Soli wurden nicht der Reihe nach gesungen. Die ersten beiden, die ich in der Hoffnung geschrieben hatte, daß David Bowie rechtzeitig zur Session zurück sein könnte, aber die jetzt Paul Young übernommen hatte, kamen als nächste. Die übrigen waren mehr oder weniger willkürlich vergeben worden. Viele Leute brachten sich sehr kreativ ein, um einen gräßlichen Ausdruck zu gebrauchen. George Michael verbesserte seinen Part unwahrscheinlich, indem er den Song an einer Stelle noch einmal hochzog, an der die Melodie schon verebbte.
Stings Harmonien über dem Teil, den Simon Le Bon gesungen hatte, waren perfekt. Wir sparten zwei Zeilen für George auf, der schließlich aus New York eintraf und ins Studio schwebte wie Joan Collins. Er grabschte Le Bons Hand. »Simon Le Bon«, sagte er in seiner hochgeschraubten Camp-Stimme, »komm, laß uns die Gerüchteküche anheizen.« Er schleifte ihn hoch zum Studioeingang, wo mittlerweile Heerscharen von Jugendlichen waren, die den ganzen Tag über Radio und Fernsehen mitbekommen hatten, was los war. Als Simon und George Arm in Arm die Treppe hochkamen, veranstalteten die versammelten Medien ein Blitzlichtgewitter, und die Fans begannen zu kreischen. Dann, als er wieder ins Studio kam, begann er zu singen und Midge schlaue Tips zu geben.
»Mach voran, du alte Schwuchtel«, rief ich von hinten.

»Schnauze, du irische Nutte.«

Er hat eine so wunderbare Stimme. Er klang wie eine schwarze Bluessängerin. Soul. Egal, wie man aussieht. Entweder man hat es, oder man hat es nicht.

Es war das Nebeneinander der Stile und Einstellungen, was ich so faszinierend fand. Da waren Le Bon und Bono, George Michael und Paul Weller, Phil Collins und Bananarama, Sting und Boy George. Das waren einfach Leute, die Musik machten. Es gab Unterschiede zwischen ihnen, aber nicht die verbitterten Zwistigkeiten, die so liebevoll von den Wichsern der Musikpresse mit ihren i-Männchen-Schreibkünsten in die Welt gesetzt werden. In der einen Ecke brachten Rossi und Parfitt das Status-Quo-Äquivalent zu einer Morecambe-und-Wise-Nummer. In der anderen führte Paul Weller eine tiefschürfende politische Diskussion mit Marilyn und John Moss, der intelligent und mit Sachverstand argumentierte. Vor den Aufnahmen hatte Weller mit mir telefoniert und gebeten, ich solle die Leute dazu bringen, bei seiner Platte mitzumachen, mit der er Geld für die streikenden Bergarbeiter auftreiben wollte. Es war der Winter des großen Schaukampfes Scargill gegen Macgregor. Ich sagte ihm, daß das nicht ginge, weil Band Aid unpolitisch bleiben müsse, wenn es vernünftig funktionieren solle, daß er aber am Tag der Band-Aid-Aufnahme Gelegenheit haben würde, die Leute zu fragen, ob sie eine Platte für die Kumpels machen wollten. Band Aid war eine moralische Frage: Ob man rechts oder links stand, war gleichgültig. Es ging über Lokalpolitik hinaus, denn es war ein globales Problem. Vor der Aufnahme hatte ich gedacht, Paul Weller gäbe nur politische Platitüden zum besten. Nun sah ich, daß er aufrichtig überzeugt war. Ob ich seiner Meinung war oder nicht, war ohne Bedeutung. Er hatte aus heiterem Himmel einen Anruf von einem Typen bekommen, den er für einen Idioten hielt, d. h. von mir. Er hatte sich angehört, was ich zu sagen hatte, und war ohne Rücksicht auf seine Einschätzung meiner Person bezüglich des Problems meiner Meinung gewesen und machte mit. Er klopfte nicht nur Sprüche. Nun suchte er offensichtlich angestrengt Mitstreiter, aber erfolglos, wie es schien.

Im Korridor bekamen einige Curry und Chips, vom Studio spendiert, während andere ihren Part des Stückes übten oder sich im Kontrollraum drängten, um zuzuhören oder Verbesserungsvorschläge zu brüllen. Oben riß Brian Aris altbekannte Bands auseinander und fotografierte merkwürdige Kombinationen; ein bißchen von Duran plus ein bißchen von Wham!, Sting mit Bono und George; Midge und mich.

Georges Zeilen waren mehr oder weniger das letzte, was wir aufnahmen, aber die meisten Leute hingen noch bis sechs Uhr herum, wo wir uns selbst in der BBC-Nachrichtensendung sahen, einer ähnlichen wie der, die jenen schrecklichen Bericht gezeigt hatte und Anlaß zu dieser Versammlung gewesen war. Trotz all der Hochstimmung dieses Tages waren im Hintergrund doch immer die ausgezehrten Erscheinungen, deren Gesichter wir aus Äthiopien gesehen hatten.

Wir arbeiteten die ganze Nacht durch an der Abmischung der Platte, damit das fertige Tape sofort als erstes am Morgen in die Fabrik gebracht werden konnte. Mit der A-Seite waren wir um 2 Uhr nachts fertig und begannen dann die B-Seite abzumischen, wobei wir die Backing Tracks und etwas vom Gesang als Hintergrund benutzten; darüber legten wir Botschaften von McCartney, Bowie und Frankie Goes to Hollywood, die ich in Detroit angerufen hatte, wie auch die Botschaften, die wir im Studio von den Beteiligten aufgenommen hatten. Steve Norman, der Percussionist und Saxophonist von Spandau, hatte den Zweck der mitgeschnittenen Botschaften mißverstanden und, im Glauben, es handle sich um Fan-Tapes, die die Bands ständig für Radiosender aufnehmen, gesagt: »Ich möchte ›hi‹ zu all unseren Fans in Äthiopien sagen. Es tut uns leid, daß wir's dieses Jahr nicht geschafft haben, zu euch rüberzukommen, aber wir versuchen es im nächsten Jahr.« Wir haben's nicht benutzt.

The Band.

Um drei Uhr klingelte das Telefon. Es war Robert Maxwell vom *Daily Mirror*. Man hatte uns die Zeitung kurz nach Mitternacht vorbeigebracht. Wir hatten die ganze Titelseite bekommen. »Oh, hallo Robert, besten Dank. Sie haben Ihr Wort gehalten.«
»Das tu ich immer«, schepperte die Stimme am andern Ende der Leitung. »Wir würden gern das Gruppenfoto benutzen, um ein Poster zu machen und es für den Mirror-Äthiopien-Spendenaufruf verkaufen. Das geht doch in Ordnung, oder?«
»Nein«, sagte ich.
»Warum nicht? Wir haben euch einen Gefallen getan. Nun laßt uns das Bild benutzen.«
»Nein, verdammt noch mal. Sie wissen sehr gut, daß die Vereinbarung war, daß das Poster und das Geld an uns gehen.«

Ich war empört. Wir hatten ein langes Streitgespräch. Er hatte uns einen Gefallen getan, wir ihm aber auch, und nun schien es, als wolle er mich breitschlagen, die ganze Band-Aid-Sache zu einem Anhängsel seiner Zeitung zu machen. »Diese Leute haben eine besondere Leistung erbracht. Sie versuchen, es ihnen wegzunehmen. Es sollte ihre Sache bleiben: Band Aid.«

Während ich unsere Position gegenüber Maxwell verteidigte, begann sich für mich das gesamte Band-Aid-Konzept herauszukristallisieren. Aber wir wollten das Poster, und jetzt war nicht die Zeit, lang herumzustreiten. Ich schlug vor, das Geld von dem Poster fifty-fifty aufzuteilen.

»O. k., fifty-fifty, abzüglich der Kosten.«

»Was soll das heißen, Kosten?« fragte ich.

»Die Druckkosten.«

»Gut, aber das müssen sie uns belegen.«

»Können wir in der Zeitung schreiben, daß wir gemeinsam an neuen Projekten arbeiten werden?« fragte er. »Schließlich haben wir das gleiche Anliegen.«

Ich war mir da nicht so sicher, ob's dieselben Gründe waren. Aber er hatte recht. »Ja, wenn sie Flugzeuge haben, um Transporte durchzuführen, werden wir höchstwahrscheinlich zusammenarbeiten.«

Als ich den Hörer auflegte, dämmerte es mir, daß wir im Begriff waren, wesentlich mehr als die ursprünglichen 72000 Pfund einzunehmen. Warum sollten wir uns nicht überlegen, uns eigene Maschinen zuzulegen? Maxwells Gerede über Kosten hatte mich an eine der Sachen erinnert, die mich an den bestehenden Wohltätigkeitsorganisationen irritierte. Es gab ständig das Gerede über ›Verwaltungskosten‹. Es sollte doch bestimmt eine Möglichkeit geben, das *ganze* Geld für Äthiopien zu nutzen? Es war jetzt halb vier nachts, und ich schob diese Überlegungen beiseite, als Midge und der Tontechniker mit der Abmischung begannen.

Um sieben Uhr morgens waren wir fertig. Wir hielten die

genaue Zeit fest, als wir mit dem Ende der B-Seite fertig waren. Es ist komisch, sich das heute anzuhören. Als ich sprach, war ich sehr erschöpft. Es klang traurig. Als Bono die Lyrics sah, sagte er: »Ich glaub, du hast eine Hymne geschrieben, Bob.« Boy George hatte gesagt, daß das Dabeisein ›wie Weihnachten‹ gewesen wäre.

Sting sagte: »Man kann niemals genug Geld schicken. Man muß etwas von sich selbst geben.« Es war eine sehr emotionale Platte. Bei der abschließenden Botschaft dachte ich an all diese Leute, aber am meisten dachte ich daran, warum sie es getan hatten. Ich sprach diese abschließende Botschaft, an all das denkend.

Es war ein gewaltiger Tag gewesen. Es war nicht eine Sekunde Zeit für bittere Worte gewesen. Die Leute wollten dabeisein, miteinander reden, Vorschläge machen. Einige waren eingeschüchtert von den Fähigkeiten der anderen. In dem Raum war die einsame Spitze zeitgenössischer Musiker in der britischen Geschichte versammelt gewesen. Der gesamte Sicherheitsdienst hatte nur aus unserem Verbindungsmann zur Phonogram, Barry Murfitt, bestanden, der an der Tür postiert war, als die Leute reinkamen. Ich hatte mit Paul Weller und Gary Kemp Gitarre gespielt, eine alberne Kombination von Typen. Weller hatte die Gruppe »Die grinsenden Idioten« genannt. Mit seinen größten Kollegen ein Stück zu produzieren, dessen Co-Autor er war, hatte den Tag für Midge zur beruflichen Sternstunde gemacht. Trevor Horn, der Besitzer des Studios und einer der besten Produzenten Englands, war spätabends vorbeigekommen und hatte die Sänger für den Rest des Stückes betreut. Sting war im Glauben, er sei fertig, nach Hause gegangen und auf meinen Anruf hin ohne zu meckern den ganzen Weg durch London mit Freundin und Kind zurückgekommen. Es war ein gutes Gefühl, genauso wie es sein sollte. Es mag sich behämmert anhören, aber sie hatten mir vertraut, und nun war ich fest entschlossen, selbst mein Bestes zu geben.

Ich verließ das Studio, marschierte geradewegs zur BBC und bot Radio One an, das Tape exklusiv abzuspielen. »Ich möchte, daß Ihr diese Platte spielt. Ich möchte, daß Ihr sie ständig spielt«, sagte ich zu dem Produzenten bei der BBC.
»Danke, wir sehen's uns mal an, und wenn sie gut ist, wird sie genauso behandelt wie jede andere Platte.«
»Nein. Das ist nicht irgendeine Platte. Es ist eine Möglichkeit, Menschen vor dem Tod zu retten. Sie werden dies nicht spielen, weil es eine gute Platte ist. Sie werden es spielen, weil es unsere Art der Hilfe ist. Jeder muß tun, wozu er in der Lage ist. Wir machen Schallplatten, das ist unser Job: Wir haben diese gemacht. Sie spielen Schallplatten, das ist Ihr Job: Sie spielen sie, so können Sie helfen. Sting sagte: ›Man muß etwas von sich selbst geben.‹ So machen Sie es.« Er dachte, ich sei ein frömmlerischer, völlig überdrehter Arsch.
Bevor Simon Bates sie spielte, kommentierte ich für die Zuhörer: »Zuerst hören sie Paul Young, dann Boy George, dann ...« und endete, indem ich sagte: »So gut wie hundert Prozent der Einnahmen aus dieser Platte, abgesehen von der Mehrwertsteuer, gehen direkt an Band Aid, und ich schwöre, daß jeder einzelne Penny nach Äthiopien gehen wird. Ich will, daß jeder, der zuhört, sie kauft. Wir haben nur drei Wochen. Macht sie zur meistverkauften Platte aller Zeiten. Paul McCartneys ›Mull of Kintyre‹ hat zweieinhalb Millionen verkauft, und das ist bis jetzt das meiste. Aber es leben sechsundfünfzig Millionen Menschen in diesem Land. Also können wir das leicht schlagen. Selbst, wenn Sie noch nie zuvor in Ihrem Leben eine Platte gekauft haben, kaufen Sie sie. Es sind nur 1,30 Pfund. So wenig kostet es, jemandem das entscheidenste Weihnachtsgeschenk zu machen – sein Leben. Es ist zum Heulen, aber der Preis für ein Leben ist in diesem Jahr ein Stück Plastik mit einem Loch in der Mitte.«
Ich begann eine Tour von TV-, Radio- und Zeitungsinterviews. Die große Schauze, die mich so oft in Schwierigkeiten gebracht hatte, verbreitete nun das simple Ideal persönlicher

Verantwortlichkeit. Die Sache, die ich in der Simon Community in Dublin nicht richtig hatte erfassen können, wurde mir nun klar. »Jeder kann etwas tun. Egal, was du bist, du kannst etwas tun. Nutze dein Talent, deine Möglichkeiten, irgend etwas. Millionen sterben dort unter Qualen. Wie viele Kinder willst du noch in deinem Wohnzimmer sterben lassen, bevor du handelst? Du kannst etwas tun, und bitte kauf diese Platte. Kauf für jeden in deiner Familie eine. Und wenn ihr kein Geld habt, schmeißt zusammen und kauft eine. Selbst wenn du das Stück nicht ausstehen kannst, kauf die Platte und schmeiß sie weg.«

Die Idee reizte die Phantasie der Öffentlichkeit und die der Medien auch, die anfingen, die unzähligen, bizarren Reaktionen der Leute aufzulisten. Leute kauften die Platten gleich kartonweise und verschickten sie als Weihnachtskarten. Andere kamen rein, kauften fünfzig Stück, behielten eine und gaben die anderen neunundvierzig zum Wiederverkauf zurück. Ein Metzger aus Plymouth rief mich an und fragte, ob man eine besondere Erlaubnis zum Plattenverkaufen brauche. Als ich nein sagte, schmiß er das ganze Fleisch aus seinem Schaufenster und legte Platten rein. Die Lebensmittelhändler der Queen, Fortnum and Mason, riefen an und bestellten zwei Pakete, um sie in ihrem Restaurant zu verkaufen; am Schluß hatten sie dort Tausende verkauft.

Während der ersten Verkaufstage war es für die Platte unmöglich, in die Charts der laufenden Woche einzutauchen, weil diese bereits zusammengestellt waren. Als wir versuchten, das Video in *Top of the Pops* unterzubringen, mußte ich entsetzt feststellen, daß der Produzent, Michael Hurll, der wahrscheinlich durch ein unglückliches Versehen der mächtigste Mann der britischen Musikindustrie, ablehnte mit der Begründung, laut Programmpolitik würden nur die Platten gespielt, die bereits in den Charts wären. Ausnahmen würden nicht gemacht, sagte er. Nicht einmal für acht Millionen Menschen, die zu sterben drohten. Aber getreu der Lektion, die ich bei Maxwell und dem *Mirror* gelernt hatte, wandte ich mich direkt an die Spitze. Ich ging zur Rezeption der BBC und verlangte, mit dem Intendanten von BBC 1, Michael Grade, verbunden zu werden. Er sagte mir, ich solle das Video, das wir von der Aufnahmesession hatten machen lassen, hochschicken. Es war eine exzellente Arbeit von Nigel Dick, der die Crew und das Equipment zusammengestellt und umsonst gefilmt, entwickelt und geschnitten hatte. Er hatte es in der beispiellosen Zeit von achtundvierzig Stunden fertig. Das Video fing perfekt die Gefühle jenes Tages ein.

Ich wartete fünf Minuten in der BBC Lobby und rief Michael dann an. »Haben Sie es schon gesehen?«

»Ja, es ist brillant. Wo liegt das Problem?«

Ich erklärte ihm das mit *Top of the Pops*, aber schlug auch vor, uns unsere eigene kleine Fünf-Minuten-Sendung einzuräumen und vielleicht David Bowie das Video vorstellen zu lassen. Das wäre tatsächlich besser, als wirklich noch in *Top of the Pops* zu kommen. Ich wartete eine halbe Stunde in der Lobby, dann sprach ich noch mal mit Michael.

»In Ordnung«, sagte er, »ich hab das Programm für fünf Minuten direkt vor *Top of the Pops* eingeschoben.«

Das war phantastisch. Wir würden in den Zeitungen als eine Fernsehsendung angekündigt werden. Millionen würden zusehen. Wir wurden zwischen die Nachrichten und *Top of the Pops* eingeschoben, was uns höchste Einschaltquoten garantierte. Wie ich es erhofft hatte, erwies sich alles an dieser Platte als Superlativ.

Auf Nummer eins war in jener Woche ein Interpret namens Jim Diamond, der vorher noch niemals einen Hit gehabt hatte. Ich hörte ein Interview mit ihm über seinen Erfolg, und er sagte: »Ich freue mich, Nummer eins zu sein, aber in der nächsten Woche möchte ich nicht, daß die Leute meine Platte kaufen, ich möchte, daß sie statt dessen Band Aid kaufen.«

Das haute mich um. Als Sänger, der seit fünf Jahren keinen

Nummer-eins-Hit gehabt hatte, wußte ich, wie schwer es ihm gewesen war, das zu sagen. Er hatte für andere einfach seinen ersten Hit sausen lassen. Das war wirklich selbstlos. In der nächsten Woche landete »Do They Know It's Christmas« direkt auf Platz eins. Das entsprach genau der uneigennützigen Stimmung, die sich damals ausbreitete.

Die Platte war ein Phänomen. Wir preßten 320000 Stück am Tag, und das war immer noch nicht genug. Jede Plattenfirma in England, Irland und auf dem Kontinent preßte sie. Die T-Shirts, für die wir eine Konzession vergeben hatten, konnten nicht schnell genug hergestellt werden, und als Geschäftemacher anfingen, gefälschte Ware herauszubringen, konnten wir die TV-Vormittagsprogramme dazu bewegen, sie auffliegen zu lassen. Die Entrüstung der Öffentlichkeit und die schonungslose Bloßstellung setzten dem schnell ein Ende.

Die Dinge begannen unüberschaubar zu werden. Es war wie die Erfahrung, als ich das erste Mal nach England kam und Zutritt in die Popwelt fand, aber diesmal kam die treibende Kraft eher von außen als aus mir selbst heraus. Das schien der Sache eine unleugbare neue Qualität zu verleihen.

Ich flog in die Staaten. Auch dort war die Platte bereits massiv auf den Markt geworfen worden. Aber ich hatte weniger Zeit gehabt, mich auf Amerika zu konzentrieren, unsicher wie ich noch vier Wochen vorher darüber gewesen war, ob wir überhaupt in England eine Platte rausbringen würden. Wir hatten insgesamt nur eine zehntägige Verkaufszeit vor Weihnachten in den USA. Ich wollte diese zehn Tage so effektiv wie nur möglich gestalten. Wird es ein amerikanisches Band Aid geben? fragten sie. Das sei nicht auszuschließen, erklärte ich ihnen, aber es sei Sache der amerikanischen Bands, das zu organisieren, nicht meine. Ich wäre bereit, zu helfen und Ratschläge zu geben.

In der Nacht rief ich Cindi Lauper, die Cars und Hall and Oates an, die alle sagten, sie würden mit Begeisterung eine Platte machen. Aber mein wichtigstes Anliegen mußte die

Band-Aid-Platte sein, und in der Zwischenzeit konnten die Menschen in den Staaten ja die englische Platte kaufen. »Do They Know It's Christmas« verkaufte sich in den USA in zwei Wochen eineinhalb Millionen mal. Paradoxerweise kam sie nie auf Platz eins, obwohl sie sich um 400 Prozent besser verkaufte als die tatsächliche Nummer eins, aber die amerikanischen Charts basieren auf einer haarsträubenden Kombination von Faktoren, unter denen die Verkaufszahlen nur einer sind. Überdies erlebten wir auch nicht dieselbe Kooperation wie in England. Ich hatte viele Händler in Verdacht, die Verkaufszahlen nicht anzugeben, weil es nicht in ihrem Interesse lag, daß eine Platte, die keinen Profit machte, während ihrer umsatzstärksten Tage auf Platz eins steht. Ich rief bei *Billboard* an, um sie der Mauschelei zu bezichtigen. Wie war es möglich, daß wir die Nummer eins vier zu eins schlagen und nicht auf Platz eins kommen? »So funktioniert das nicht, Bob.« »Offensichtlich nicht«, dachte ich.

Bis jetzt hatte noch niemand Zeit gehabt, alles zusammenzurechnen, aber es war bereits ziemlich klar, daß wir rund zwei oder drei Millionen Pfund aufgebracht hatten. Eines Nachts saß ich zu Hause und hörte den Sternsingern draußen auf der Straße zu. Sie sangen »Stille Nacht«. Dann begannen sie »Do They Know It's Christmas« zu singen. Ich war allein, so konnte ich hemmungslos heulen. An Weihnachten kam das Band-Aid-Team bei *Top of the Pops* zusammen und sang das Lied vor der Rede der Queen an das Commonwealth.

Ich hatte angenommen, daß kurz nach Weihnachten alles gelaufen sein würde. Midge war mitten an der Arbeit an einem Album gewesen und machte sich wieder daran. Die Rats hatten eine Tournee auf die Beine gestellt, um *In the Long Grass* zu promoten. Ich hatte mich dagegen ausgesprochen, die LP wie geplant Mitte Dezember herauszubringen, weil ich fürchtete, die Leute könnten glauben, die ganze Band-Aid-Sache wäre nur ein Publicity-Gag für unsere Platte. In Wirklichkeit war es natürlich genau umgekehrt. Während die

Leute »Do They Know It's Christmas« spielten, dachte niemand daran, »Dave« zu spielen. Ich konnte das verstehen, aber es war deprimierend, sich damit abfinden zu müssen, daß »Dave« seine Zeit verpaßt hatte. Unsere Tournee war ein Erfolg, aber das Album, im toten Januarmonat veröffentlicht, war ein Reinfall, wie wir es im Innersten auch erwartet hatten. Die Musikpresse hatte nun wie erwartet angefangen, die Band zu attackieren, mit der Begründung, Band-Aid sei Effekthascherei von Geldof gewesen.

Aber die Tagespresse tat das nicht. Das ganze Band-Aid-Phänomen war eindeutig zu groß und zu tiefgehend, um auf so etwas reduziert zu werden. Tatsächlich heizten sie die Sache noch an.

»Wann gehst du nach Äthiopien, um dich selbst umzusehen, Bob?« Sie hörten nicht auf, mich zu löchern. Ich wußte, warum. Es würde eine gute Story abgeben: Der Popstar und das verhungernde Kind zusammen auf einem Foto. Das war exakt der Grund, warum ich nicht die Absicht hatte hinzufahren. »Es ist nicht nötig. Ich muß nicht dort hingehen, um es zu sehen. Ich habe es bereits im Fernsehen gesehen. Dort gibt es Experten, die entscheiden helfen, wie das Geld am besten zu verwenden ist. Sie brauchen keinen halbgaren Popsänger. Verstehen Sie nicht, wie geschmacklos das wäre?« Aber Geschmack war noch nie die starke Seite der englischen Massenblätter gewesen, diese Eigenschaft schien ihnen fremd zu sein.

Da gab es einen Mann namens Peter Searle, der mich auch ständig anrief. Er sagte, er sei von einer Hilfsorganisation namens World Vision.

»Ich weiß nicht, warum Sie mich anrufen. Ich kann keine Gelder verteilen.«

»Wir wollen gar kein Geld. Wir denken nur, sie sollten hinfliegen und sich das Problem vor Ort ansehen. Wir können einen Flug organisieren, und wir haben eine Maschine in Äthiopien.«

Ich war sehr mißtrauisch. Ich hatte noch nie von World Vision gehört. Dann erzählte man mir, sie seien eine ausgezeichnete Organisation, aber mit Verbindungen zur rechtsorientierten amerikanischen religiösen Erneuerungsbewegung. Später unterstützten wir mehrere ihrer Projekte.
Ich lernte äußerst schnell mehr über die Probleme Äthiopiens und seiner vom Unglück verfolgten Menschen, aufgerieben von Naturkatastrophen und Weltpolitik. Ich wurde mir über das Ungleichgewicht klar, daß das Verhältnis zwischen uns und den Armen der Dritten Welt kennzeichnet. Das Kinderhilfswerk der Vereinten Nationen, Unicef, hatte seinen Repräsentanten aus Addis Abeba geschickt, um mich detailliert über die Situation in Kenntnis zu setzen. Selbst Searle, der mich weiterhin mit der Bitte anrief, ich solle eins ihrer Projekte besuchen und damit die Aufmerksamkeit darauf lenken, gab mir nützliche Informationen über die Gegend.
Die Plattenverkäufe hatten mittlerweile fünf Millionen Pfund für das Konto von Band Aid eingebracht. Die Frage war jetzt, was mit dem Geld geschehen sollte. So gut wie jede Organisation, mit der ich sprach, hätte einen Teil des Geldes einbehalten müssen, um ihre immensen Unkosten zu decken. Diese sind unvermeidbar, wenn Einrichtungen ständig bestehen und einen großen Mitarbeiterstab brauchen, um vernünftig arbeiten zu können. Aber ich hatte mein Wort gegeben, daß hundert Prozent von jedem einzelnen Penny nach Afrika gehen würden, ohne abgezweigt oder verplempert zu werden. Wenn jemand ein Pfund gab, würde auch ein Pfund ankommen. Der einzige Weg, das zu gewährleisten, war den Mittelsmann auszuschalten und direkt an die Ursache zu gehen. Das hieße, nach Addis Abeba, der Hauptstadt von Äthiopien, zu gehen. Auch fühlte ich, daß nicht eine Organisation eines einzelnen Landes Zugriff haben sollte, wenn Geld aus der gesamten Welt einging.
Aber wie sollte ich entscheiden, wer was bekommt? Und genauso, wenn wir das Geld nicht einfach aushändigten, wie

sollte *ich* Getreide bestellen, Flugzeuge und Schiffe mieten, Bestellformulare ausfüllen, Zollformulare, Ladepapiere und so weiter. Band Aid, das waren ich, Philip Rusted, der Buchhalter, der sich bereit erklärt hatte, sich um das Geld zu kümmern, und der Rechtsanwalt John Kennedy, die beide von Midges Manager Chris Morrison angestellt worden waren. »Ich glaub, du solltest besser hingehen«, sagte dieser, »finde wenigstens heraus, was sie brauchen.«
Ich kapitulierte. Ich hatte kein Geld für die Reise und war aber entschlossen, nichts von dem gespendeten Geld anzurühren. Alles, was ich tun konnte, war diejenigen zur Kasse zu bitten, die darauf insistiert hatten, daß ich ginge. Der *Daily Star* übernahm meine Hotelrechnungen in Äthiopien, und das Frühstücksfernsehen, TV-a. m., zahlte den Flug. Am Schluß begleiteten sie mich doch nicht, wegen der engstirnigen und krämerischen Haltung der Fernseh-Unions, die alle Berichterstattung versauten, weil sie darauf beharrten, es sei ein Dokumentarfilm und nicht ein News Report, der nur eine halbe Filmcrew brauche. Ich fand das unglaublich. Der *Daily Express* würde meine Hotels im Sudan bezahlen.
Bevor wir flogen, sprach ich mit den beteiligten Zeitungen und Fernsehsendern. Ich sagte, es müßte nicht gerade Bilder mit mir und hungernden Kindern geben. Sie meinten, ich sei unvernünftig. Ich erwiderte: »Prima. Ich muß gehen. Ich habe selbst kein Geld. Band-Aid-Geld kann ich nicht benutzen, aber ich komme schon dahin, und ihr werdet nicht dabeisein.« Ich wollte nicht, daß eine Exklusivstory daraus wird, denn es wäre schäbig gewesen, so etwas für ein Flugtikket zu verkaufen. Alle hatten Geld gegeben, alle hatten ein Recht darauf zu wissen, wo es hingeht, jeder war beteiligt, es konnte keine Exklusivansprüche auf Band Aid geben. Schließlich stimmten sie zu und bezahlten trotzdem noch meine Rechnungen. Der *Daily Star* versuchte alle Plätze in der Maschine nach Addis Abeba zu reservieren, aber bekam eins auf den Deckel. Im Endeffekt saß im Flug nach Addis Abeba ein

ansehnlicher Trupp von Fernseh- und Zeitungsjournalisten von anderen Gesellschaften. Wir waren noch nicht lange in der Luft, als mir jemand auf die Schulter klopfte. Ich drehte mich um und sah einen rotgesichtigen, onkelhaften Menschen, der mir die Hand reichte und mit süffisantem Lächeln sagte: »Bob, Peter Searle, World Vision.«

Fast schon ein Heiliger

Es war kurz vor Mitternacht, und es war Heiligabend. Im Datumskalender ist Äthiopien dreizehn Tage hinter der abendländischen Welt zurück. Nimmt man die Jahrhunderte, so erscheint die Zahl sogar noch größer.

Innerhalb eines Tages war ich von London nach Addis Abeba gereist und dann weiter nach Lalibela, eines der ältesten Zentren des Christentums der Welt und wahrscheinlich das ursprünglichste. In dieser Bergfestung, im Herzen eines mächtigen Plateaus, das sich seit Jahrhunderten für Eroberungsheere als uneinnehmbar erwiesen hatte, hatte sich wenig verändert, seit das Christentum nur 400 Jahre nach dem Tode Christi zum ersten Mal in das Hochland gebracht wurde. Wir sollten eine Mitternachtsmesse besuchen, die länger als zwölf Stunden dauern würde.

Der Mond leuchtete silbern. Sein Licht hatte die Landschaft aus Braun- und Ockertönen in Schwarz und Silbergrau getaucht. Wir suchten uns über den unebenen Boden den Weg runter vom Zentrum der kleinen Stadt über den felsigen Hang zu den Kirchen. Überall um uns herum standen große, unidentifizierbare Gebilde.

»Paß auf die Felsen auf, Bob«, warnte mich jemand. Das Licht hob ihre Formen unheimlich hervor. Es war wie eine Szene aus einem Steven-Spielberg-Film. Hier erlebte ich nun eine der ältesten Kulturen der Welt und schleppte trotzdem den fremdartigen Plunder der Modernität mit mir herum. Es gab keinen Pfad. Meine Füße kratzen und stießen gegen die Steine, und von meinen Londoner Schuhen wurde mir der Absatz abgerissen.

Wir schlitterten den Geröllhang herunter, bis wir an eine große, flache Lichtung kamen. Sie war voller Menschen. Tausende waren dort, hauptsächlich arme Bauern, deren Felder verwüstet worden waren und die zur Stadt hingeströmt waren, in der Hoffnung, dort würde es etwas für sie geben. Sie hatten gehört, daß es dort Verpflegungsstellen gäbe, die von der Ferenji geführt wurden, die mit Flugzeugen und Lastwagen in die Berge kamen. Heute nacht versilberte das Mondlicht ihre Armut und ihre Verzweiflung. Es war Weihnachten, und sie waren zur Messe zu den elf in Fels geschlagenen Kirchen gekommen, die im zwölften Jahrhundert errichtet worden waren. Ich hatte noch niemals etwas auch nur annähernd Ähnliches gesehen wie die Kirche, auf die wir hinabblickten. Es war eine großartige architektonische Leistung. Sie war nicht *errichtet* worden, sie war aus Stein gehauen. An einer ebenen Stelle des Plateaus war ein gewaltiger Graben ausgemeißelt worden, Hunderte von Yards im Quadrat und gut sechzig Fuß tief. In der Mitte war wie eine Insel eine mächtige Säule des ursprünglichen Felsens stehengelassen worden. In diesen Felsen hatte man Eingänge und Fenster geschlagen und anschließend den Felsen dahinter ausgehölt, um einen riesigen Hohlraum zu schaffen, der zum Gewölbe eines Kirchenschiffs wurde. Es war das genaue Gegenteil aller Bautechniken, die unsere westliche Kultur entwickelt hatte. Selbst mit der heutigen Technologie wäre es eine beachtliche Leistung gewesen. Mit den Hämmern und Meißeln des zwölften Jahrhunderts war es einfach unglaublich.

Wir stolperten durch eine Reihe von Gängen und Gewölben, an einem Labyrinth von Durchbrüchen vorbei, bis wir unten in den Altarraum auf dem untersten Geschoß der Kirche anlangten. Über uns blickten Tausende von Gesichtern von den Galerien herab. Der Altarraum war mit Teppichen bedeckt. Ich kniete nieder, um sie zu befühlen, denn das Sammeln alter Teppiche war, als ich in Rats-Tagen ein wenig Geld locker hatte, ein Hobby von mir geworden. Aber es waren nicht die alten Teppiche, die ich erhofft hatte, sie waren aus modernem saudi-arabischem und belgischem Garn, einige sogar aus

Polyester, dachte ich, die Bürde unserer westlichen Zivilisation unangenehm auf meinen Schultern spürend. Das Mondlicht beleuchtete einige Details der Reliefs vor mir an der Kirche. Sorgfältig gestaltete, filigran wie Klöppelarbeit gemeißelte Kreuze standen neben vorchristlichen Symbolen, ähnlich dem Hakenkreuz. Der Ablauf der religiösen Feier war nicht formalisiert oder geradlinig, wie es ein westlicher Gottesdienst gewesen wäre. Es wirkte wie ein Chaos von gleichzeitigen Handlungen, mit einer Unzahl von Priestern und Meßdienern, die Regenschirme über die Köpfe der heiligen Männer hielten, die anscheinend völlig planlos herumliefen. Es war, als hätte der Vorbeter die Anordnung gegeben: »Betet nach Lust und Laune.« Die Männer stimmten Sprechchöre an, sangen und lasen aus der Bibel, alles scheinbar impulsiv, sich gegenseitig überschneidend, einander übertönend, ja manchmal brachen sie sogar ab, um, wie es aussah, ein völlig normales Gespräch mitten in der Zeremonie zu führen, und schenkten dem, was irgend jemand sonst tat, nur gelegentlich Beachtung. Sie sprachen Ge'ez, obwohl das eine tote Sprache ist, die nur noch für religiöse Zwecke gebraucht wird, etwa wie Latein einst in der katholischen Kirche. Ich saß da und hörte dem hypnotisierenden Gemurmel gut zwei Stunden zu, bevor wir aufbrachen, um uns wieder auf den Rückweg zu der kleinen Stadt zu machen.

Am Eingang zu dem Tunnel, der in die Außenwelt führte, trat gerade ein weiterer Priester herein. Er wurde mir als der Erzbischof vorgestellt, obwohl seine Kleidung nicht feierlicher wirkte als die der anderen Geistlichen. Er sprach ausführlich zu mir, was mir dann als eine Dankesrede für Band Aid übersetzt wurde. Ich war überrascht und gerührt, daß er überhaupt davon gehört hatte.

Wir suchten uns unseren Weg zurück den Hang hinauf und zwischen den Felsen hindurch. Der Abhang war ein unsicherer Untergrund, und an einer Stelle rutschte ich aus und fiel gegen einen der Felsen. Er bewegte sich und erhob sich dann zu der ausgemergelten Gestalt eines Mannes. Er schaute mir in die Augen und murmelte ein paar Worte, so als wolle er sich für seine Anwesenheit dort entschuldigen. Mit Ernüchterung wurde mir klar, daß diese Landschaft aus toten Steinen in Wirklichkeit eine Landschaft aus lebenden Wesen war, obdachlos, wie Embryos zusammengekauert, bedeckt mit ihren dünnen Decken, einfach dort schlafend, wo sie gerade gehockt hatten, als die Sonne über diesem abessinischen Hochland untergegangen war.

Wir waren nur ein paar Stunden vorher in Addis Abeba angekommen. Am Flughafen war ich als Ehrengast begrüßt worden. Ein kleines Mädchen hatte mir einen Blumenstrauß überreicht, und ich war von Berhane Deressa empfangen worden, dem Deputy Commissioner der Relief and Rehabilitation Commission der äthiopischen Regierung, RRC, die vor zehn Jahren gegründet worden war, nach der Revolution, die Haile Selassie während der Hungersnot von 1974 gestürzt hatte. Es gab Tee, Fotoaufnahmen und ein oberflächliches Gespräch. Dann sagte er: »Der 7. Januar ist Weihnachtstag in Äthiopien, also ist heute Heiligabend. Wir haben uns gefragt, ob sie vielleicht hoch nach Lalibela zu der Feier möchten?«

Ich hatte im Flugzeug über Lalibela gelesen. Es klang sehenswert, aber man hatte mir erzählt, daß es von den Tigre-Rebellen kontrolliert würde. »Wegen solcher Dinge bin ich eigentlich nicht hier. Ich bin hier, um Leute zu treffen, um herauszufinden, wie sich das Geld am besten verwenden läßt. Ich glaub nicht, daß ich Zeit dafür haben werde.«

»Gut, aber es gibt einige Versorgungs-Camps in dieser Gegend, die Sie am nächsten Tag besuchen könnten. Das würde Ihnen eine gewisse Grundkenntnis für Ihre Gespräche mit den Leuten der Hilfsorganisationen hier in der Hauptstadt vermitteln, wenn sie zurück sind. Wir können diesen Nachmittag eine Maschine einsetzen, und wenn Sie wollen, können Sie Mutter Theresa treffen, die dann auch am Flughafen sein wird.«

Er war offensichtlich erpicht darauf, daß ich hinflog, also stimmte ich zu. Wir fuhren zum Hotel. Addis Abeba überraschte mich. Es war mein erster Besuch in Afrika, und ich hatte mehr so etwas sehr Heißes und Staubiges erwartet, etwa wie die Städte in Mexiko. Aber es war sehr weiträumig und, mehr als 6000 Fuß über dem Meeresspiegel, kühl und frisch mit einem Duft von Eukalyptus. Die Straßen waren breit und gepflegt, und es schien eine Atmosphäre aus geschäftigen Treibens und Wohlergehens in der Luft zu schweben, selbst als wir durch die Shanty Town fuhren.
Als wir ins Zentrum kamen, fuhren wir durch einen gewaltigen Betonbogen, farbenfroh geschmückt und mit der Inschrift »Lang lebe die proletarische Internationale«. Darüber waren Hammer und Sichel. »Was zum Teufel ist denn das?« fragte ich.
»Das ist der Triumphbogen der Revolution.«
»Herrje, kein Wunder, daß hier Hungersnot herrscht, wenn sie unbedingt so einen Schrott hochziehen müssen. Überhaupt ist es eindeutig falsch. Wenn es wirklich einen proletarischen Internationalismus gäbe, dann hätte sie jetzt nicht Millionen Verhungernder hier.«
Berhane zuckte mit den Schultern. Der Wagen fuhr auf den Platz der Revolution, der von einem riesigen Poster von Marx, Engels und Lenin beherrscht wurde.
»Du lieber Schwan, was soll ein armer äthiopischer Bauer denn damit anfangen? Mit drei Europäern des neunzehnten Jahrhunderts mit Vatermörder und wallenden Locken?«
Berhane hob zu einer Erklärung an, erhaschte mit einem flüchtigen Blick den Ausdruck absoluter Ungläubigkeit auf meinem Gesicht und lachte dann nur. Später erklärte mir ein etwas mitteilsamerer Offizieller: »Wenn wir bereit waren, uns von den Koreanern einen Revolutionsbogen errichten zu lassen, wollten sie uns auch ein Hotel bauen. Und wir wollten das Hotel. So einfach ist das.«
Wir kamen am Hilton an. Wie ich später herausfand, gab es

da zwei Preisklassen. Die Zimmer waren alle gleich, aber für die mit Blick auf den Swimming-pool mußte man mehr zahlen als für die mit Blick auf die Shanty Town. Da der *Daily Star* zahlte, kriegte ich eins der ersteren.

Berhane schaute aus dem Fenster. »Vor der Revolution hatten wir dort ein Haus«, sagte er, hinter den Pool zeigend. Er stammte aus einer wohlhabenden Familie, aber nach dem Sturz des Kaisers hatte die neue marxistische Regierung sein Haus abreißen lassen und das Hilton draufgesetzt. »Während der Revolution war ich Student und nahm an den Unruhen teil, die die Armee an die Macht brachten. Wir brauchten die Revolution. Unter dem Kaiser waren die Dinge einfach zu weit gegangen.«

»Lassen Sie uns einen Spaziergang machen«, sagte ich. »Nur Sie und ich, ohne Ihr Gefolge und ohne meinen Trupp von Reportern.« Wir liefen vier Meilen durch die Stadt und kamen dann rechtzeitig zum Hotel zurück, um zum Flughafen zu fahren. Wir saßen in der Abflughalle, als Mutter Theresa mit mehreren anderen Nonnen eintraf, alle im weißen, blau abgesetzten Gewand der Barmherzigen Schwestern. Sie war erstaunlich klein. Als ich hinging, um sie zu begrüßen, stellte ich fest, daß ich sie um mehr als zwei Fuß überragte. Sie war eine gezeichnete, verhutzelte Frau. Was mich am meisten traf, waren ihre Füße. Ihr Gewand war sauber und gut gepflegt, aber ihre Sandalen waren ramponierte Lederfetzen, aus denen ihre Füße hervorragten, knorrig und verwachsen wie alte Baumwurzeln.

Ich beugte mich herab, um sie zu küssen. Normalerweise küsse ich Fremde nicht gleich beim ersten Treffen, aber hier schien es mir angebracht. Sie senkte schnell den Kopf, so daß ich gezwungen war, ihren Nonnenschleier zu küssen. Das störte mich. Später fand ich heraus, daß sie sich nur von Leprakranken küssen läßt. Die Fotografen drängten sich um uns herum. Wir setzten uns. Neben ihr kam ich mir wie ein klobiger Riese vor. Ich zeigte ihr meine Schuhe, die im Begriff waren, den Geist aufzugeben, und fragte, ob sie ein Paar Sandalen übrig hätte. Sie lachte. Tatsächlich gackerte sie laut los. Ich gab ihr ein Exemplar der Platte. Mehr fiel mir dann auch nicht ein. Ich bin mir sicher, daß sie sie weggeschmissen hat, kaum daß sie im Flugzeug nach Kalkutta saß. Dann begann sie mir von ihrer Arbeit in Äthiopien zu erzählen. Ihre Nonnen arbeiteten in den Slumvorstädten der Hauptstadt, und sie unterhielten dazu noch ein Versorgungs-Zentrum und ein Hospital in Alomata, in der von Hungersnot geplagten Provinz Wollo, wo sie sich um die Alten, die Blinden, die Behinderten und die unheilbar Kranken kümmerten – jene Leute also, die tragischerweise von anderen Hilfsorganisationen immer übersehen werden, weil diese sich mehr auf die Rettung der Kinder, der Schwangeren und der Mütter mit Babys konzentrieren. Nach demselben Prinzip arbeitete sie auch in Indien. Ich erzählte ihr, daß meine Band schon mal in Indien gespielt hatte und daß wir, wenn es ihr recht wäre, beim nächsten Mal dort ein Benefiz-Konzert für ihre Mission geben würden. Sie sagte, sie brauche keine Spendenaktionen – Gott würde für alles sorgen. Wie Gott das macht, führte sie gleich einmal deutlich vor.

Vor laufenden Fernsehkameras wandte sie sich zu Dawit Wolde Georgis, dem Chef der RRC, und sagte, sie habe auf dem Weg zum Flughafen eine Reihe von alten Palästen gesehen, die, wie man ihr gesagt habe, leerständen, und sie fragte ihn, ob sie sie als Heime für Waisenkinder haben könnte. Vor den surrenden Kameras versuchte sich Dawit tapfer herauszuwinden: »Nun ja, ich bin über die genauen Örtlichkeiten nicht informiert. Ich weiß nicht, wozu sie im Moment benutzt werden. Aber... äh ... ich bin sicher, wir werden passende Räumlichkeiten für ein Waisenhaus finden.«

»Zwei Waisenhäuser«, korrigierte sie.

»Zwei Waisenhäuser«, gab er sich geschlagen.

Zu Hause begann die Presse, mich zuerst zynisch, dann mit

Der Sünder und die Heilige, Weihnachtsabend in Addis, Januar 1985.

halbem Ernst, St. Bob zu nennen. Erst ging's mir auf den Wecker, aber dann fand ich es eher albern als beleidigend angesichts meiner Bedeutungslosigkeit. Als ich Mutter Theresa das zweite Mal traf, kam sie mir vor wie die Verkörperung des moralisch Guten. Ich fühlte, daß ich nicht das Recht hatte, neben diesem winzigen Titanen zu sitzen. Aber es war nichts Entrücktes oder Göttliches an ihr. Die Art, wie sie mit den Journalisten sprach, wies sie als einen ebenso gewieften Medienhasen wie jeden neunmalklugen amerikanischen PR-Experten aus. Sie hatte so eine Art »Ach ich bin doch nur eine zerbrechliche, alte Frau«-Masche drauf.

Sie war unverschämt ausgekocht. Sie brachte sie zum Lachen und diktierte die Fragen, die sie ihr stellen konnten. Ihr war klar, daß die moralische Position, die sie innehatte, ihr das Recht gab, zu jeder Fluggesellschaft hinzugehen und einen Freiflug nach Washington und, einmal angekommen, ein Treffen mit dem Präsidenten der Vereinigten Staaten zu verlangen, wohlwissend, daß er es nicht wagen würde abzulehnen. Es gab keine falsche Freundlichkeit an ihr, dafür eine Entschlossenheit, die sie nicht gerade zu einem Engel an Geduld machte. Aber sie war absolut selbstlos; jede Sekunde schien sie zu denken, wie kann ich diese oder jene Situation nutzen, um anderen zu helfen. Scheinheilig war sie deswegen nicht. Sie hatte ihre ganze Existenz aufgegeben, um ein moralisch wertvolles Leben zu führen. Das macht Heilige aus, nicht dieser ganze Quark der katholischen Kirche, von wegen nach dem Tode in ihrem Namen Wunder vollbringen. Sie ist einer der wenigen Menschen, die mich auf Anhieb beeindruckt haben. Ich hatte Ehrfurcht vor ihr. Als sie ging, nahm sie meine Hand und sagte: »Merke dir folgendes. Ich kann etwas tun, was du nicht kannst, und du kannst etwas tun, was ich nicht kann. Aber wir beide müssen es tun.«

Das Flugzeug nach Lalibela landete. Es war eine altertümliche DC 9, die irgendwie aussah wie aus *Casablanca*. Drinnen gab's Schalensitze und an den Seiten geflochtene Ablagen. Ich legte mich auf den Boden und döste etwas während des Fluges. Es war in Äthiopien erst früher Nachmittag, aber ich war schon vierundzwanzig Stunden auf den Beinen gewesen. Während meines neunstündigen Fluges von England hatte ich nicht geschlafen, und der Spaziergang mit Berhane hatte mich ermüdet. Ich erwachte aus einem leichten Schlummer, als die Maschine zum Auftanken in Kombolcha runterging, einem der Nahrungsmittelversorgungszentren der nördlichen Regionen. Das Tal war grün und fruchtbar. Ich hatte einen Pullover und eine Jacke an, dennoch war mir auf dem Rollfeld ziemlich kalt. Das war's nicht, was ich von Afrika erwartet hatte. Auf der anderen Seite des Landefeldes konnte ich ein paar sowjetische Kampfhubschrauber sehen. Lalibela lag hoch oben auf der nördlichen Hochebene, und damit hatte ich nicht gerechnet.

Wir drehten zwei Runden über der Stadt, in der Hoffnung, irgendein Hungerhelfer würde uns sehen und abholen. Wir landeten in einer Staubwolke auf einem ausgedörrten Schlammfeld.

Ein paar hundert Yards entfernt wurden wir von einer kleinen Gruppe Kinder und zwei Kühen unter einem Baum beobachtet. Im Umkreis von Meilen gab es sonst keine Spur von Vegetation. Wir wurden von einem deutschen Helfer in einem Land-Rover abgeholt, der uns über eine mörderische Route um steile Abhänge herum und herunter in versandete Schluchten holperte. Zum ersten Mal erkannte ich, welche Probleme das Gelände für den Transport von Lebensmitteln darstellte. Wenn in den Wintermonaten in den Bergen der Regen niederging, würden diese Schluchten vollaufen, und Lalibela wäre abgeschnitten. Als wir vorbeifuhren, blieben die Menschen am Straßenrand stehen oder kamen aus ihren grauen Strohhütten und beobachteten uns. Sie trugen Umhänge und Hemden aus einem sackähnlichen Material, stets in fahlem, blassem Braun. Einige standen nur da und starrten. Andere winkten und lächelten. Ich fühlte mich wie in einem Film, so offensichtlich gehörten wir, der Popstar und die Presse, nicht in diese Einöde.

Nicht gerade das geringste unter Äthiopiens Problemen ist der Zwei-Fronten-Bürgerkrieg gegen die Rebellen aus Tigre und Eritrea. Die Tigre People's Liberation Front hatte Lalibela sechs Wochen vorher eingenommen, und die Regierungstruppen hatten gerade erst die Kontrolle zurückgewonnen. Die Stadt war voller Soldaten. Es war meine erste Erfahrung mit einer afrikanischen Armee. Die Soldaten sind oft noch Kinder, und man hat immer den Verdacht, daß ihre Offiziere sie nicht ganz im Griff haben, wenn sie so lässig durch die Gegend schlendern und ihre AK 47 schwenken. Sie hatten das Hotel der Stadt besetzt. Berhane brauchte mehrere Stunden, um eine andere Bleibe für uns zu finden. Die war zwar primitiv, aber sauber, hatte Betten und einen Balkon, der Aussicht über die Stadt bot.

Die Dämmerung zog auf, als ich auf den Balkon trat. Als die Sonne unterging, nahm das ganze Land eine blutrote Tönung an. Bläulicher Rauch stieg aus den Kaminen der Stadt und vermischte sich mit dem Staub, der – wie die Strahlen der untergehenden Sonne zeigten – überall in der Luft hing. Der Abend war ruhig. Ich stand da und dachte daran, was für eine kurze Reise es doch war zwischen zwei Welten, von einer Autofahrt an einem trüben Januarmorgen durch die grauen, feuchten Straßen Londons, vorbei an Geschäften mit all ihren Sonderangeboten und ihrer nachweihnachtlichen Großzügigkeit, hin zu einem afrikanischen Sonnenuntergangspanorama und dem seltsamen weihnachtlichen Frieden in einem Land, das eine Hungersnot heimsucht.

Berhane kam mit einem scheppernden, kleinen Kassettenrekorder auf den Balkon. Er spielte »Do They Know It's Christmas«. Ich war völlig baff. Plötzlich schlossen sich die beiden Welten zu einer zusammen. Dieses kleine Lied, und jetzt all dies. Er hatte das nicht groß inszeniert, er spielte es einfach nur, um mir zu zeigen, daß er irgendwie an das Tape gekommen war. Er lächelte. Eine ungeheure Traurigkeit überkam mich. Ich wünschte, jeder, der bei der Platte mitgemacht hatte, könnte hier sein. Ich blickte hinaus über die strohgedeckten Dächer der kleinen, kreisförmigen Tukuls, den Rauch der Herdfeuer, der in den orange- und purpurfarbenen Himmel stieg, und hinaus über die gewaltige Ebene. »And the Xmas bells that ring there are the clanging chimes of doom.« Ich schaute auf die Menschen, zerlumpt, unterernährt und verzweifelt durch ein vermeidbares Elend, und ich sah die Journalisten um mich herum an, gerade als Bonos Stimme rief: »Tonight, thank God it's them instead of you.«

An jenem Abend wurde mir zu Ehren eine Ziege geschlachtet. Die Bewohner führten das Tier zu mir hoch und, bevor ich auch nur ein Wort sagen konnte, schlitzten sie ihm die Kehle durch, schnitten das Gekröse raus und begannen, es in Stücke zu hacken. Ich dankte ihnen für diese Ehre. Ich war nicht schockiert. In der Fleischfabrik hatte ich Schlimmeres gesehen. Wir wurden in einen pechschwarzen Raum geführt, um zu warten, während gekocht wurde. Kerzen wurden gereicht, und wir setzten uns hin und unterhielten uns. Wir hatten den ganzen Tag lang nicht besonders viel zu essen gehabt, und ich war sehr hungrig, als das Essen gereicht wurde, das äthiopische Nationalgericht, Wat und Injera, das erste ist ein kräftiger Eintopf und das zweite ein säuerlich schmeckendes, weiches Fladenbrot aus einheimischem Getreide. Wir stocherten auf der Platte mit zähem Ziegenfleisch herum und tranken köstliches Hirsebier. Länger als bis 2 Uhr morgens hielt ich nicht durch und zog mich zurück.

Am nächsten Morgen um sechs besuchten wir noch mal die Kirchen. Die Messe lief immer noch, aber ohne das versilbernde Mondlicht wirkte der Ort weitaus trostloser. Die Roben und Schirme der Geistlichen, die prächtig gemalt und bestickt waren, sahen nun alt, zerknautscht und ziemlich schäbig aus. Die Landschaft war ausgedörrt und steril, und in der Luft wirbelte Staub, der einmal Ackerkrume gewesen war. Die Menschen, die während der Nacht zusammengekauert wie Steine dagesessen hatten, saßen immer noch am Platz oder bewegten sich ziellos und lethargisch. Noch mehr kamen aus der Wüstenei ringsum, in kleinen Familiengruppen bewegten sie sich langsam und beharrlich auf die Stadt zu. Ihr Ziel war das Versorgungslager. Unseres auch, aber bevor wir aufbrachen, rief ich alle Fotografen und Kameramänner zusammen.

»Ihr müßt das jetzt wirklich begreifen. Ich möchte nicht, daß irgendwelche Bilder von mir mit verhungernden Kindern gemacht werden. Das haben wir ja schon reichlich gehabt, Politiker auf Stippvisite, die fett und bekümmert aussehen, während sie ein Kind in ihren Armen halten, das kurz vor dem Tod durch Unterernährung steht, das am Tag darauf wohl sterben kann, wenn die westlichen Berühmtheiten und ihre Fotografen das Lager verlassen haben.«

»Herrgott, Bob, du weißt genau, daß das das Foto ist, für das wir hergeschickt worden sind; du mit einem der Kinder auf dem Arm, denen Band Aid helfen will. Das ist *das* Bild«, sagte Kenny Lennox vom *Daily Star*.

»Ich weiß, daß es das ist. Und es ist das Bild, das ich nicht will. Versteht ihr nicht, wie billig das ist? Es ist widerlich reißerisch. Es setzt die betroffenen Menschen herab. Es bedeutet, ihr Elend ausbeuten, damit ihr einen netten Schnappschuß bekommt.«

»Aber ganz so ist es doch nicht. Du bist nicht wegen der Publicity hier, das wissen wir. Du bist hier, weil du versuchen willst zu helfen. Alles, was wir tun, ist lediglich, über das nun mal wirklich herrschende Grauen zu berichten. Außerdem wird es dir noch mehr Geld einbringen.«

»Aber so wird es nicht bei den Leuten zu Hause ankommen. Es wird einfach als schändlich, geschmacklos und herablassend verstanden werden. Ihr könnt Fotos von mir im Lager machen. Ihr könnt Fotos von den Kindern machen. Aber nicht beides zusammen. Das ist meine Reise, und jeder, der nicht bereit ist, sich nach meinen Regeln zu richten, der kann sich zurück zum Flugzeug verpissen.«

Ich traute ihnen nicht. Kenny hatte mir mal erzählt, daß er einer der Fotografen sei, die während ihrer Schwangerschaft

Bilder von Princess Diana im Bikini gemacht hatten. In jeder anderen Hinsicht war er ein netter Kerl. Er versuchte, mir von bestimmten Problemen den Rücken freizuhalten, und so etwas merkt man sich. Angesichts einiger der Kinder, die wir sahen, erzählte er auch von seinem eigenen Kind in einer Art, die einfühlsam und bewegend war. Aber es war verrückt, sobald er anfing, seinen Job zu tun, schien er jedwedes Moralgefühl beiseite zu schieben. Er erzählte mir, wie er mehrere Nächte lang in einem Boot gelauert hatte, um dieses Bikini-Foto zu machen.

»Nennst du das ehrliche Arbeit?« Von meiner Reaktion war er offensichtlich überrascht. Ich konnte mir vorstellen, wie er die Story im El Vino zum besten gibt, und jeder tönt: »Du Teufelskerl, Kenny, du hast es geschafft.«

»Die Öffentlichkeit hat ein Recht auf Information«, laberte er automatisch.

»Das Recht auf welche Information?« fragte ich. »Warum willst du Leute verletzen? Hast du Fotos von deiner eigenen Frau gemacht, als sie schwanger war, und in der Nachbarschaft herumgezeigt? Ich glaub nicht, daß sie sich danach noch mal im Bikini an den Strand getraut hat!«

Bemüht sich zu rechtfertigen, enthüllte er, daß er einer der Fotografen gewesen war, die Elizabeth Taylor davon abgehalten hatten, allein zu Richard Burtons Grab zu gehen, um Abschied zu nehmen. Manchmal, führte er aus, sei ein Fotograf bereit, Konzessionen zu machen, könne das dann aber nicht, weil ein Konkurrent sich weigert, dasselbe zu tun. Sie war noch vor der Morgendämmerung aufgestanden, um vor irgend jemand sonst am Grab zu sein. Als Liz dann am Friedhofseingang ankam, hatte sie sich den Fotografen gegenübergesehen und sie angefleht, sie nur dieses eine Mal alleine zu lassen.

»Wir sagten, wir würden alle abhauen, aber dann sagte ein Typ, er würde nicht gehen. Was konnten wir machen? Wir konnten ihn nicht allein lassen, damit er der einzige war, der das Foto kriegte. Was würden unsere Chefs dazu sagen?«

»Und, wie ging's weiter?«
»Nun, wie's das Schicksal so will, gab's überhaupt keine Fotos. Sie wollte nicht reingehen, wenn wir nicht weggingen. Also ging sie einfach wieder.«
»Also hat sie nicht mal die Möglichkeit bekommen, Abschied zu nehmen. Bist du etwa stolz darauf?«
»Nein, aber wenn ich gegangen wäre, hätte der andere Kerl trotzdem das Foto gemacht. Egal, was ich getan hätte, es wäre ohnehin so gekommen.«
»Aha, weil die Frau also ein Star ist, hat sie kein Recht, ungestört zu trauern? Ist es das, Kenny? Das kann man nicht akzeptieren. Wenn du da mitmachst, trägst du nur zu dieser gräßlichen Billigkeit und Geschmacklosigkeit bei. Du bist ein netter Kerl, Kenny, aber erspar mit deine Rechtfertigungen.«
Ich ging zu jedem einzelnen Fotografen und ließ mir sein Ehrenwort geben, es nicht zu tun. Wenn Leute das tatsächlich tun, ist es auch ernst. Sie taten es alle, selbst Kenny.
»Gut. Ihr habt euer Ehrenwort gegeben. In dem Moment, wo irgend jemand ein Bild macht, geh ich ihm ans Leder, hau seine Kamera zu Klump und bitte die äthiopischen Behörden, ihn mir zukünftig von der Pelle zu halten. O.k.?«
Sie waren als Reisegefährten ein guter Haufen. Ross Benson vom *Express* mit seiner Eitelkeit und seinem Fön war bekannt wie ein bunter Hund. Er ging mit Begeisterung an seinen Job, und wenn er beispielsweise einen Kriegsbericht machte, lief er in sorgfältig gebügelten Kampfanzügen herum, oder anläßlich des Kidnappings eines irischen Pferdes im Herrenreiterlook. Jetzt in Afrika trug er seine legere, leichte Tropenkleidung aus Khaki. Er stand drüben vor dem laufenden Propeller der DC7 und dachte wehmütig an seinen Friseur. Chris Morris von der BBC und sein Team stellten wieder mal ihre Gemütsruhe und ihren Humor unter Beweis. Der *Mail*-Mensch verpaßte wie immer das Flugzeug. Der Mann vom *Star*, zutiefst erschüttert und betroffen durch das, was er sah,

fragte mich zu Nutz und Frommen seines Herausgebers dauernd irgendwelchen hirnverbrannten Quatsch.
Sollte es nach diesen Meinungsverschiedenheiten irgendwelche Verstimmungen gegeben haben, so waren sie bald vergessen, als wir am Versorgungslager der deutschen Notärzte ankamen. Der Land-Rover hielt vor der kleinen Hütte aus Stroh und Pfosten, die ihre Klinik darstellte. An einer riesigen Rote-Kreuz-Flagge stellten sich Menschen in Schlangen an.
»Guter Gott, Bob, hast du dir das hier hinten schon angesehen?« Ein paar Journalisten kamen mit verzerrten Gesichtern zurück.
»Nein, ich glaub nicht, daß ich mir das ansehen muß.«
»Verdammt noch mal, Geldof, wir werden keine Fotos machen«, sagte Kenny. »Geh und schau's dir an.«
Ich hatte Angst vor Fotos. Ich hatte auch Angst vor dem, was ich sehen würde. Dort war eine Gruppe von Menschen, die gerade verpflegt wurden. Sie sahen aus wie die Ausgeburten einer kranken Phantasie. Ich stand da und beobachtete ihre langsamen, apathischen Bewegungen und wehrte mich gegen die schreckliche Wahrheit, daß dies menschliche Wesen waren. Es war nicht das physische Elend, was mich am meisten erschütterte, obwohl das schlimm genug war. Ihre Haut lag brüchig wie Pergamentpapier über Gliedern, die nur noch aus Knochen und zuckenden Sehnen bestanden, weil das Fettgewebe und selbst ihre Muskeln von innen heraus vom hungernden Körper aufgezehrt worden waren. Die Gelenke waren knotig und aufgebläht. Ihre Körper waren entstellt von Schürfwunden und eiternden Verletzungen, die nicht mehr heilen würden, weil ihre körpereigenen Abwehrsysteme keine Reserven mehr hatten, um sich zu regenerieren. Eine Frau trug in ihren Armen ein Baby, das von einem chronischen Hungerleiden, das die Ärzte Marasmus nennen, so eingeschrumpelt war, daß es wie ein kleiner Affe aussah. Aber was das absolut Schlimmste war, war der Ausdruck in ihren Augen. Sie waren glasig, leer und ausdruckslos. Sie schauten,

Die BBC filmt im Staub

aber sahen nichts. Es waren die Augen von Menschen, die aufgegeben hatten.
Sie starrten durch ein trübes Fenster auf die bedeutungslose Kette von Ereignissen, die vor ihnen aufblitzten. Diese Weißen sind gekommen, damit sie essen. Warum? Sie wollten gar nicht mehr essen. Essen ist eine Qual für den Magen. Sie saßen auf der Erde, und die milchige Haferschleim-Kraftnahrung tropfte von ihren Mundwinkeln, während ihre nässenden Augen voller Fliegen klebten. Die Augen schauten auf mich. Ich begann zu weinen. Ich wurde zornig. Weinen war nutzlos und eine Energieverschwendung.
Ich sah mich um. Die Pressevertreter schwiegen. Der Reporter vom *Star* war völlig weiß im Gesicht. Kenny, der Profi, konnte kaum eine Aufnahme machen. Er hatte zwei gemacht, dann war die schützende Distanz zunichte und er sich der

Die Kornration für eine Familie. Es gibt kein Wasser, um Porridge zuzubereiten, aber sie kocht es sowieso. Es wird durch sie hindurchfließen und Teile ihres Magens mitreißen.

Szenerie wirklich bewußt. Ich beobachtete ihn. Hinter seiner Kamera rann eine Träne über seine Wange. Chris Morris, der BBC Reporter, war sichtlich erschüttert. Ich fragte mich, was Berhane empfand. Dies war sein Volk. Doch er mußte das schon hundertmal gesehen haben. Und auch, wie Europäer darauf reagieren. Wir fuhren, ohne ein Wort zu reden, zurück zum Flugzeug.

Wir flogen weiter nach Mekele, einem der beiden größten Lager in Äthiopien. Es war sogar noch schlimmer. Mehrere Organisationen einschließlich des Roten Kreuzes unterhielten dieses Lager. Rund herum lagerten Zehntausende von Menschen auf freiem Feld. Der Mitte zu standen Reihe um Reihe Zelte wie aus Armeebeständen, die aus der ganzen Welt geschickt worden waren. Im Zentrum standen die Gebäude des Roten Kreuz für die schlimmsten Fälle: riesige Hütten aus Wellblech mit Betonböden, vollgestopft mit Hunderten von Menschen. Es erinnerte mich an die Filme, die ich über Auschwitz gesehen hatte. Als ich draußen an ein paar Kindern vorbeiging, griffen drei oder vier meine Hand. Aus dem Augenwinkel sah ich, wie Kenny ein Foto von mir mit einem Teleobjektiv machte. Ich entschloß mich, noch nichts zu sagen. Der Streit brach später los.

Alles entsetzte mich. Reihe um Reihe hatte jeder der Anstehenden eine Handvoll Getreide bekommen, das sie jetzt in Wok-Pfannen über winzigen Feuern rösteten. Wasser, um Porridge zu machen, hatten sie nicht. Wasser war rationiert. Feuerholz wurde immer rarer. 50000 Menschen waren schon hier, und jeden Tag kamen mehr. Heiß war es hier auch, und in den Zelten schwirrten die Fliegen und herrschten Krankheiten. Zum Aufpassen waren extra Lagerwachen eingestellt worden, aber die Menschen verrichteten ihre Notdurft, wo sie gerade waren. Viele von ihnen hatten so üble Darmkrankheiten (von verseuchtem Wasser und dem harten Getreide, das den Magen ruinierte), daß sie keine Kontrolle mehr über ihren Verdauungsapparat hatten. In diesem Lager setzte ich mich einer Szene aus, die mich seitdem unablässig verfolgt.

Ich kam aus einer der langen Unterkünfte und sah einen kleinen Jungen bei einer Lache aus seinem eigenen Urin und Durchfall hocken. Er sah aus, als sei er ungefähr vier Monate alt, aber Unterernährung täuscht oft. Er war eher zwei, das Alter meines eigenen Kindes in England. Ein zerlumpter, staubiger Fetzen hing von einer Schulter über seinen aufgeblähten Bauch. Sein Kopf war riesig, der Kopf eines Zweijährigen zu einem vier Monate alten Körper. Seine Augen waren riesengroß und mit Staub und Fliegen bedeckt. Er weinte, und die Tränen fielen auf seinen schrecklich angeschwollenen Bauch, bevor sie in der Hitze verdunsteten. Seine Familie war nur ein paar Schritte entfernt, aber sie waren alle zu krank, um etwas zu bemerken. Der Durchfall tröpfelte ohne Unterlaß heraus. Dann, während ich daneben stand, begann das Kind seine eigenen Gedärme auszuscheißen. Es hatte nichts mehr auszuscheiden, außer den zerrissenen Fetzen seines eigenen Bauches, der von dem trockenen Getreide aufgerissen worden war. Ich sah zu, wie ein Kind starb. Es gibt keinen Zweifel, daß der Junge jetzt tot ist. Aber in meiner Erinnerung wird er immer weiterleben. Nichts kann ihn dort von seinem qualvollen Sterben erlösen, eingebrannt in meinem Gedächtnis.

Zurück in Addis Abeba begann ich mit einer Reihe von Treffen, um Rat zu suchen, wie das Band-Aid-Geld verwendet werden sollte. Stärker als je zuvor wurde mir klar, was für ein Anfänger ich doch war. Nur eins war mir klar – meine Strategie mußte sein, alle Hilfsorganisationen zusammen kennenzulernen und mit ihnen herauszufinden, wo ihre Prioritäten liegen. Wir hatten nur einen begrenzten Geldbetrag zur Verfügung, sollten sie mir erzählen, wie er am besten zu gebrauchen ist.

Ich hatte schnell gelernt, wie viele Spitzfindigkeiten in der von Rivalität bestimmten Welt der Organisationen herrschten. Es war nicht unbedingt eine taktvolle Vorgehensweise, mit ihnen allein zu reden. Peter Searle nahm ich stets als Anstandsdame mit.

Bruder Gus O'Keefe war ein irischer Mönch, der die Christian Relief and Development Association leitete, die so was wie der Dachverband geworden war, der die Aktivitäten der privaten Gesellschaften wie Oxfam, Save the Children und Dutzende anderer koordinierte. Er berief eine Versammlung der Repräsentanten der meisten Hilfsorganisationen zusammen mit den Vertretern der internationalen Körperschaften wie Unicef ein. Sie kamen überein, eine Liste der am dringendsten benötigten Güter anzulegen und der Orte, wo sie zuerst verteilt werden sollten. Anschließend traf ich die Vertreter des Hilfsausschusses der äthiopischen Regierung. »Mir scheint, Ihr grundlegendes Problem ist eines der PR«, sagte ich zu Dawit, eingedenk des enormen Schadens, den sie sich

selbst zufügten, weil sie ihre Maßnahmen, etwa die Umsiedlungspolitik, nicht der Presse erläuterten. »Ich mag vielleicht nicht viel von Hungerkatastrophen verstehen, aber ich verstehe eine Menge von PR, und sie bekommen einen Großteil der schlechten Presse einfach aufgrund von Mißverständnissen. Die Presse ist der wichtigste Alliierte, den Sie haben, denn haben die Menschen in der westlichen Welt einmal das Ausmaß dessen, was hier geschieht, richtig verstanden, werden Sie sich vor Hilfe nicht retten können.«
»Was meinen Sie konkret?« fragte Dawit.
»Da wär schon mal Ihre Politik. Sie haben hier Tausende von sogenannten russischen landwirtschaftlichen Beratern. Sagen wir mal, von tausend sind dreihundert vom KGB. Das geht o.k., denn ich bin sicher, in einigen der Organisationen steckt dafür der CIA. Aber siebenhundert! Was tun diese ›Experten‹? Was wissen sie überhaupt von Landwirtschaft unter diesen klimatischen Bedingungen? Sie haben's hingekriegt, ihre eigene Landwirtschaft so zu vermasseln, daß sie schließlich Nahrungsmittel von ihrem Erzfeind, den Vereinigten Staaten, importieren mußten.«
Dawit lachte. »Sie dürfen so etwas sagen, ich nicht«, meinte er.
»Nehmen wir was anderes. Umsiedlung. Jedesmal, wenn Ihre Minister vor der westlichen Presse den Mund aufmachen, schaffen sie es, in diese Fettnäpfchen zu treten.«
»Stimmt. Aber das kann ich auch nicht sagen.«
»Gut, mir ist's egal, ich werd's Ihnen sagen. Ihr habt euch in eine Position gebracht, durch die ihr tatsächlich die Leute daran hindert zu helfen.«
Dawit lachte erneut. »Ich glaube, Sie sollten den Innenminister kennenlernen.«
Dann brachte ich die Einkaufsliste der Organisationen zur Sprache, und wir diskutierten die Prioritäten, wie er sie sah. Schließlich kamen wir überein, einen Koordinierungsausschuß einzurichten, der unter Leitung von Bruder Gus die Organisationen und den Hilfsausschuß zusammenbringen

sollte, um Vorschläge zur Nutzung des Band-Aid-Geldes zu liefern. Worauf sie sich auch immer einigen sollten, wir würden es zur Verfügung stellen.

Es war beim Innenminister Berhane Biyuh, wo mir zum ersten Male bewußt wurde, was für ungeahnte Möglichkeiten sich für mich im besonderen und für Band Aid im allgemeinen böten, das Unsagbare auszusprechen und die Machthaber mit Problemen zu konfrontieren, die vorzubringen die Hungerhelfer und sogar Diplomaten nicht wagten, aus Angst, langfristige Beziehungen zu gefährden. Band Aid war nicht nur ein Kurzzeit-Projekt, es war seinem Wesen nach auch eine eingleisige Angelegenheit. Ich hatte Helfer gefragt, was sie vorbringen würden, wenn sie eine Chance hätten, mit dem Innenminister zu sprechen. Ich brachte eine ganze Liste von Notizen mit, hatte aber auch eine gewisse Kenntnis der Probleme, wo ich doch drei volle Tage von ihnen umgeben war und genauestens instruiert wurde.

Ich hatte keine Gelegenheit, es mir im voraus gründlich zu überlegen. Ich ging einfach mit der Absicht hin, offen zu reden, und wurde, als ich eintrat, durch die unterwürfig herumschlurfenden Regierungslakaien in eine leicht gereizte Stimmung versetzt. Der Minister erhob sich und begann mit etwas, was ziemlich eindeutig eine feierliche Ansprache werden sollte.

»Im Namen des Revolutionskomitees von ...«

»Bitte, Herr Minister, lassen Sie uns diesen Mist vergessen und zum Geschäftlichen kommen.« Berhane blickte den Minister an und sagte: »Ich habe Sie gewarnt.« Der Minister lachte nur.

Ich fragte, ob die anwesenden Fernsehkameras bleiben könnten. Man hatte ihnen gesagt, sie müßten nach den Formalitäten, die überraschend kurz ausfielen, den Raum verlassen. Es paßte den Offiziellen offensichtlich nicht ins Programm, aber der Minister stimmte widerwillig zu.

»Sie können nicht Ihr Leben lang in Furcht vor der westlichen Presse leben«, begann ich. »Sie sind diejenigen, die Ihnen am meisten helfen werden, das zu bekommen, was Sie brauchen. Ich weiß, daß Sie in der Vergangenheit gesagt haben, Sie wollten keine Unterstützung unter solchen Bedingungen, aber ich komme gerade aus einem Teil Ihres Landes, wo man sie will, und zwar dringend. Und jedesmal, wenn Sie so ein absurdes Statement abgeben, von dem Sie im Grunde wissen, daß es Blödsinn ist, Sie es aber aus ideologischen Gründen vortragen, dann weichen Sie nicht nur den Problemen aus, Sie verraten auch Ihr Land und jene Menschen.«

»Aber es gibt eine Verschwörung in den westlichen Medien ...«

»Verschonen Sie mich damit. Sie haben gesehen, wieviel Mitgefühl die westliche Presse aufbringt. Neunzig Prozent der Berichte sind sehr positiv oder anteilnehmend. Als Antwort auf die negativen Berichte sollten Sie nicht die Presse attackieren, sondern sich Ihre eigenen Praktiken ansehen.«

Ich überreichte ihm eine Liste der Gebiete, von denen mir die Organisationen erzählt hatten. Ich konnte die Unterstützung durch die Journalisten hinter mir spüren. Plötzlich sah ich den Zweck von Band Aid. Sie mußten zuhören, weil ich nicht nur das Geld hatte, sondern auch die Vollmacht der Spender, die durch das Geld repräsentiert wurden. Und es war eine Vollmacht der einfachen Leute, nicht einer Regierung. Ich repräsentierte niemanden außer mich selbst und die Millionen, die helfen wollten. Ein Mandat des Mitleids.

Die Diskussion wurde hitziger. Die Journalisten schalteten sich ein. Der Minister argumentierte fundiert und sachlich. Ich glaub, er überraschte sich selbst. Er war ein überzeugter, sowjettreuer Marxist und vertrat nun seinen Standpunkt vor Vertretern der verhaßten westlichen Medien. Ich liebe eine gute Diskussion. »Ihre Regierung stellt sich ständig selbst ein Bein«, erklärte ich ihm und knallte zum Nachdruck die Faust auf den Tisch. ›Punk Diplomatie‹, wie sie später genannt wurde, erblickte an diesem Tag das Licht der Welt. Ich dachte, ich sagte einfach meine Meinung.

Es gab nichts Nützliches mehr, was ich zu diesem Zeitpunkt sonst noch in Äthiopien tun konnte, also ging ich in den Sudan, von wo wir Berichte über möglicherweise ebenso verheerende Zustände wie in Äthiopien bekamen. Bevor ich abreiste, ging ich mit Berhane auf dem großen Markt von Addis Abeba einkaufen. Viele der Stände boten Gold- und Silberschmuck an. »Das sind Familienschmuck und Hochzeitsringe von den zahlreichen Bauern, die sie als letzten Ausweg verkaufen mußten, um Lebensmittel zu bekommen«, sagte er.

An den Ständen gab es Zehntausende von hergegebenen Erbstücken. Ich kaufte zwei silberne Armreifen, wohl wissend, daß die ursprünglichen Besitzer nun wahrscheinlich schon tot waren. Ich zweifelte nicht an ihrer Herkunft. In Lalibela hatte mich auf der Straße ein Mann angesprochen, der mir eine alte, ramponierte Bibel verkaufen wollte. Der schweißbefleckte, hölzerne Einband, die abgegriffenen Pergamentseiten, die amharische Schrift und die tote Sprache, die sie bewahrte, brachten sowohl den Reichtum als auch die Armut der Gegend auf den Punkt, ein Erstgeburtsrecht, herausgegeben für einen Teller Linsen.

Nach Khartum flog ich mit Ethiopian Airlines. Plötzlich gab der Pilot bekannt, daß ich an Bord sei und daß er mir im Namen des äthiopischen Volkes danken wolle. Nach all dem, was ich gesehen hatte, fühlte ich mich wie ein Hochstapler.

Es war heiß und staubig, als wir im Sudan landeten. Es kam dem, was ich von Afrika erwartet hatte, wesentlich näher, nur das Arabische gab der Gegend einen leichten Touch von Mittlerem Osten. Diesmal gab's kein offizielles Begrüßungskomitee, und die schmuddelige Zollhalle war in einem Zustand völligen Durcheinanders. Später überlegte ich mir, daß sie so was wie ein Sinnbild darstellte, um dem Neuling gleich klarzumachen, wie das ganze Land geführt wurde. Im Foyer wartete ein Vertreter von Unicef auf mich.

Ich war im Sudan, um einen allgemeinen Eindruck vom Ausmaß des Problems zu gewinnen, aber auch, um jemanden aus

Westsudan, nahe Al Geneina, Oktober 1985.

dem Privatbüro des sudanesischen Präsidenten zu treffen. Kurz bevor ich London verließ, hatte ich eine merkwürdige Nachricht bekommen. Sie kam via Stewart Copeland, dem Drummer von Police. Sein Vater, ein ehemaliger CIA-Agent, arbeitete für den arabischen Millionär Adnan Khashoggi und hatte die Information weitergegeben, daß Khashoggi interessiert war, uns einige Flugzeuge zur Verfügung zu stellen. Die Maschinen wären nur für die Hungerhilfe im Sudan gedacht, und man würde ein Treffen zwischen mir und Präsident Numeiris persönlichem Berater, Baha Idris, arrangieren. Das schien alles reichlich kompliziert, aber das Angebot mit den Flugzeugen galt fest, wie mir versichert wurde.

Ich meldete mich im Hilton an und mußte feststellen, daß kein Telex vom *Daily Express* eingegangen war, daß sie meine Rechnung bezahlen würden. »Sie müssen bar bezahlen und Ihre Rechnung täglich begleichen.« Offensichtlich gefiel ihnen mein Aussehen nicht.
»Das geht in Ordnung«, sagte ich, entschlossen, mich aufs Glatteis zu wagen, »wenn das Telex nicht kommt, wird sich das Büro von Baha Idris drum kümmern. Ich bin hier, um mich mit ihm zu treffen.«
»Oh, Dr. Baha Idris. Ja, natürlich, dann ist alles in Ordnung, Sir.«
Ich arrangierte Treffen mit den Verantwortlichen vor Ort von Oxfam und Save the Children. Es fiel mir schwer, einen Überblick zu bekommen. Sicherlich strömten Hunderttausende von Flüchtlingen aus vier verschiedenen Ländern in den Sudan, und gewiß verursachte der massive Zustrom derer, die vor der Hungersnot und dem Bürgerkrieg aus Äthiopien flohen, enorme Probleme an der östlichen Landesgrenze. Aber das wirkliche Problem im Sudan war, daß sich das ganze Land, das auch noch mit seinem eigenen Bürgerkrieg beschäftigt war, permanent in einem Zustand des Chaos befand. Eine kurze Taxifahrt an den Stadtrand bewies das. In der Nähe von Omdurman hatten sich Zehntausende von gebürtigen Sudanesen in einem notdürftigen Lager ohne Essen, Wasser und sanitäre Einrichtungen versammelt. Die Regierung löste das Problem, indem sie die Leute regelmäßig zurück nach Hause verfrachtete, worauf diese sich erneut auf den Weg in die Vororte von Khartum machten.
Mit Andrew Timpson von Save the Children aß ich im Sudan Club zu Mittag. Wenn man sich in diesem ziemlich schäbigen Relikt des britischen Kolonialismus umsah, mit seinen Polotrophäen, dem eingerahmten Brief eines neunzigjährigen Winston Churchill und seiner Menükarte, die Steak und Nierenpastete an Tagen mit Temperaturen an die 40 Grad anbot, dann waren die Probleme dieses Landes, das das größte auf

dem ganzen afrikanischen Kontinent ist und dessen Wirtschaft und Regierung ein einziges Flickwerk zu sein schien, nur schwer zu verstehen. Die dringlichsten Probleme, so Timpson, gebe es im Osten mit den äthiopischen Flüchtlingen, aber innerhalb von sechs Monaten wären wahrscheinlich mehrere Millionen Sudanesen im Westen des Sudans bedroht, wo es im siebten aufeinanderfolgenden Jahr eine Fehlernte gegeben hatte. Sein Lagebericht war deprimierend, aber eine Information war aufschlußreich. Adnan Khashoggi wurden Ölinteressen im Sudan nachgesagt und besondere Beziehungen zu Präsident Numeri, die ihm seinen außergewöhnlichen Gewinn aus allen Investitionen sicherten. Man sagte, wenn irgend jemand einen Waffenstillstand in dem Bürgerkrieg aushandeln könnte, der den Ausbau der nach allgemeiner Schätzung größten Ölfelder in Schwarzafrika verhinderte, sei er es. Rätsel über Rätsel.

Meine Schuhe hatten nach dem rauhen Terrain in Äthiopien endgültig den Geist aufgegeben. Mittlerweile lief ich in Hauslatschen herum. Den britischen Botschafter überkam das kalte Grausen, als er feststellte, daß ich vorhatte, in ihnen zum Palast des Volkes zu gehen, um Dr. Baha Idris zu treffen. »Sie können unmöglich diese alten Dinger tragen«, meinte er. Er fragte nach meiner Schuhgröße und gab mir dann ein Paar von seinen eigenen Boots. Im Palast wurden an jenem Tag drei ausländische Botschafter empfangen, und es spielten Militärkapellen, die genau wie britische Regimentscombos aussahen, aber ausschließlich aus Sudanesen bestanden, die in voller Uniform paradierten. Ich trabte rein und sah mir die Tafel an der Treppe an, die die Stelle markierte, an der General Gordon von den Mahdi-Truppen umgelegt worden war. Während ich wartete, schaute ich den marschierenden Kapellen zu. Der Blaue und der Weiße Nil trafen sich vor den Palasttoren, gerade noch in Sichtweite. Es war schon verrückt. Was zum Henker trieb ich hier in Khartum, im Palast, darauf wartend, den höchsten Beamten der Regierung zu treffen?

Ich war in irgendein politisch-finanzielles Manöver mit sehr mächtigen und reichen Männern verwickelt, und es ging um eine so grauenhafte Hungerkatastrophe, daß die UN vom schlimmsten Unglück der Menschheitsgeschichte sprach. Was war los? Ich bin ein Popsänger, dachte ich ein wenig hysterisch, bevor ich hereingerufen wurde.

Das anschließende Gespräch mit dem guten Doktor muß als das absurdeste Gespräch gelten, das ich während all meiner Begegnungen im letzten Jahr mit einem Politiker führte. Er hörte zu, als ich eine Reihe von einleitenden Fragen stellte, die auf Informationen der Hilfsorganisationen basierten. Ich schloß damit, daß ich mich nach ihren Plänen bezüglich der Hungersnot erkundigte, die bereits an die Palasttore klopfte.

»Was meinen Sie bloß?« fragte der höfliche und erstaunte Doktor.

»Nun ja, ich komme gerade aus Omdurman. Da draußen sind Zehntausende von Menschen ohne Essen und Trinken. Ich habe Menschen vor Unterernährung zusammenbrechen sehen.«

»Das ist ja äußerst interessant. Wie sind Sie nach Omdurman gekommen?«

»In einem Taxi. Was hat das damit zu tun?«

»Es gibt keine Hungersnot.« »Keine Hungersnot? Sie wollen mich wohl auf den Arm nehmen. Ich komme gerade aus Omdurman.«

»Wir haben die Situation unter Kontrolle.«

»Ihre Vorstellung von Unter-Kontrolle-Haben scheint zu sein, die Leute zurück in die Wüste zu transportieren und dort abzuladen. Aber sie laufen umgehend zurück.«

»Das Problem der Lebensmittelversorgung im Sudan ist vollkommen unter Kontrolle. Mr. Geldof, das sagt mir meine Erfahrung als Wissenschaftler, wegen des Kälteeinbruchs in Europa nämlich; Sie haben vielleicht nicht bemerkt, daß es überall schneit. Sogar in Nizza. Deswegen wird es im Sudan garantiert in drei Wochen Regen geben.«

»Ist das die Regierungspolitik?« fragte ich ungläubig.
Der Mann war offensichtlich bescheuert, wenn er den Mist wirklich glaubte, den er mir da erzählte. Das Gespräch wurde zunehmend absurder. Ich ging schließlich, völlig baff. Hunger ist der destabilisierendste aller politischen Faktoren, und es überraschte mich nicht, daß, als das Numeri-Regime drei Monate später endgültig den Löffel abgeben mußte, Dr. Baha Idris vom neuen Regime als erstem der Prozeß gemacht wurde.
Ich fuhr raus zu den Lagern im Osten, um selbst zu sehen, wie die Lage war. Ich dachte, nach dem, was ich in Äthiopien gesehen hatte, wäre ich immun gegen weitere Schocks. Aber dies hier war noch viel schlimmer. Es war nicht nur der Zustand der Menschen, der mich verzweifeln ließ, es war auch der Zustand der Hilfsorganisation, es existierte nämlich gar keine. In Äthiopien gab es wenigstens eine gute, einheimische Organisation, auch wenn sie zuwenig Geld bekam und durch die von marxistischer Ideologie bestimmte Regierungspolitik weitgehend handlungsunfähig gemacht wurde. Im Sudan gab es überhaupt keine.
Ich besuchte ein Lager namens Tukalabab nahe der Stadt Kassala, nur ein paar Meilen von der Grenze zu Eritrea entfernt, wo die äthiopische Regierung seit fünfundzwanzig Jahren einen Bürgerkrieg gegen die Eritrea-Rebellen führte. Die Ausweitung der Kampfhandlungen und die Strenge der Dürre und Hungersnot in diesem Gebiet hatten dazu geführt, daß 80000 Menschen über die Grenze nach Tukalabab geströmt waren. Den Ort als Lager zu bezeichnen wäre ein Euphemismus gewesen. Es war einfach eine Masse von Menschen, die sich an einem Ort zusammengekauert hatten. Ihr einziger Schutz waren zerlumpte Stoffetzen, die sie zwischen Büschen aufgespannt hatten, um ein wenig Schatten in der Sonne zu finden, die erbarmungslos auf die Ebene niederbrannte. Zwei europäische Ärzte arbeiteten dort in tiefster Verzweiflung. Zusätzlich zu den Magen-Darm-Krankheiten,

die den Helfern in Äthiopien so zu schaffen machten, hatten sie hier einen hohen Prozentsatz von Fällen mit Lungenentzündung und Malaria. Sie führten mich in das, was sie auf mitleiderregende Weise ihr Vorratslager nannten. Dort lagen fünfzehn Säcke Mehl für 27000 Menschen.

Auf dem Rückweg besuchte ich den Provinzgouverneur in Kassala. Zuerst legte er sich quer, gab dann aber in die Enge getrieben schließlich zu, daß er keinerlei Hilfe aus Khartum bekam; es standen keine Gelder zur Verfügung, und es gab nicht einmal ein offizielles Eingeständnis, daß überhaupt ein Problem existierte. Da Band Aid auf der Platte angegeben hatte, daß alle Gelder für die Dürre-Opfer in Äthiopien bestimmt seien, konnten wir legal im Sudan nicht helfen. Wir würden irgendein gesetzliches Hintertürchen finden müssen, um schnellstens Vorräte und Ausrüstung hierhin schicken zu können. Darüber hinaus sprach ich während des Dinners mit Samir Basta von Unicef und Nick Winer von Oxfam, die mich mit ihrem Pessimismus und ihrer Schilderung der chaotischen Zustände noch mehr deprimierten. Was die Ausweitung der Katastrophe anbelangte, lag der Sudan nur sechs Monate hinter Äthiopien zurück.

Ich kehrte nach England zurück, und der Kopf schwirrte mir von Bildern unerträglicher Verwüstung, politischer Inkompetenz und Massensterben. Als ich landete, konnte ich den Impuls verstehen, der Leute manchmal veranlaßt, den Boden zu küssen. Es war gut, zu Hause zu sein, aber ich wußte nun, daß wir noch nicht genug getan hatten.

Der Schock der Rückkehr in die Welt, die ich als die meine anerkannte, war bestürzend. Niemand, der nicht den plötzlichen Wechsel vom Grauen der afrikanischen Hungersnot zum verschwenderischen Reichtum der westlichen Welt erlebt hat, kann das wirklich verstehen. Hätte ich mir auf dem Rückflug im Flugzeug darüber Gedanken gemacht, so hätte ich vermutlich gesagt, ich würde in die Normalität zurückkehren. Aber plötzlich erschien mir London nicht mehr normal. Die Dinge, die ich einst als selbstverständlich betrachtet hatte – die reiche Vielfalt an Nahrungsmitteln, die kunstvolle Beschaffenheit selbst unserer einfachsten Kleidung, die Ausgeklügeltheit der Häuser, in denen wir leben, mit unserer Elektrizität und fließend Heiß- und Kaltwasser – all dies schien nun wie ein wunderbarer und unverhältnismäßiger Segen. Aber ich empfand keine Schuld. Schuld war Unfug, wir hatten einfach Glück gehabt.

Die Gegensätze wurden noch verstärkt durch die Eindringlichkeit, mit der ich nach Hause gerufen worden war. Bevor ich Äthiopien verlassen hatte, waren zahlreiche Telexe und Mitteilungen eingegangen, daß ich an einem bestimmten Termin aus Afrika zurückkommen solle. Diese Dringlichkeit war noch von einigen Journalisten verstärkt worden, die rätselhafte Anspielungen machten über eine wichtige Entwicklung, die meine Aufmerksamkeit verlangen würde. Sie hatten eigentlich mit mir in den Sudan kommen sollen, hatten dann aber plötzlich einen Rückzieher gemacht. Was zum Teufel ging da vor? Mein erster Gedanke war, daß jemandem, den ich kannte, etwas Schreckliches passiert war. Aber nein, so etwas war es nicht, wurde ich beruhigt. Gab es unvorhergesehene Probleme mit dem Band-Aid-Geld? Nein, nichts dergleichen.

»Es ist wirklich wichtig. Vertraue mir einfach, Bob«, erklärte Kenny Lennox, der mich am hartnäckigsten an meine Abflugzeit und das Datum der Abreise nach London erinnerte.

»*Dir* vertrauen? Nachdem du dir dieses Bild mit dem Tele ergaunert hast, als du dachtest, ich würde es nicht bemerken? Du Bastard.«

In Khartum waren noch einige Fernschreiben angekommen – sogar eins von einem der Reporter, der jetzt in Nigeria war –, die mich eindringlich an meinen Abreisetermin erinnerten.

Zurück in London machte ich die Runde durch die Fernseh- und Rundfunkanstalten, um über das Ergebnis der Reise zu berichten und ein Bild dessen zu zeichnen, was ich gesehen hatte. Manchmal reichte es schon aus, die Erinnerung wachzurufen, um mich zum Weinen zu bringen. Es machte mir nichts aus. Ich wollte, daß sie es auch so empfanden. Ich sagte, wir müßten ›geben, bis es schmerzt‹.

Bald entdeckte ich den Zweck der ganzen Geheimniskrämerei. Als ich wieder einmal ein Studio betrat, erhob sich Eamonn Andrews aus einem Stuhl, auf dem er mit dem Rücken zu mir gesessen hatte, und sagte, sein rotes Buch umklammernd: »Sie dachten, Sie wären hergekommen, um ein Interview für den BBC World Service aufzunehmen, aber Bob Geldof ...«

»Oh, nein ...« Ich hatte mich immer gefragt: »Was denken die Leute, wenn das passiert? Ich würde ihm sagen, er soll...« Mein erster Wunsch war, die ganze Sache platzen zu lassen, aber dann fiel mir ein, daß all meine Freunde und Angehörigen da oben sitzen mußten, wartend hinter der *This-is-Your-Life*-Bühne mit all ihrer scheußlichen Vertraulichkeit. Nur ein paar Tage vorher hatte ich zusehen müssen, wie ein Kind starb, aber ich wußte, daß es unfair war zu erwarten, daß jemand, der nicht beide Welten erlebt hatte, das verstehen könne. Als ich die Treppe zur Bühne runterging, spürte ich eine große Wärme im Beifall des Publikums. Es war das erste Mal, daß ich persönlich die Stimmung fühlte, die Band Aid bei den Menschen erzeugt hatte. Es war nicht die Art von Verherrlichung oder Bewunderung oder gar reiner Begeisterung, die von einem Publikum bei einem Popkonzert rüberkommt. Es war eine Art von Freundschaftlichkeit. Ich glaub, die Show war ganz nett.

Ich startete nun eine Tournee mit der Band. Es war eine gute Tournee mit vollen Hallen in bedeutenden Läden, aber sie brachte wenig für den Plattenumsatz der Rats. Band Aid ging mir nicht aus dem Kopf. Das Publikum hatte sich verändert; es gab die treuen Rats Fans, es gab die Fans, die nicht mehr gekommen waren, als sie älter wurden, und deren Interesse jetzt durch Band Aid wieder angefacht worden war, und es kamen Leute wegen Band Aid. Am Ende von jedem Gig spielten wir ›Do They Know It's Christmas‹. Zum ersten Mal erlebte ich das ›Gott-Syndrom‹; Leute, die nachher mit feuchten Augen ankamen, einen betatschten und einen anschauten, als erwarteten sie, man würde auf einer Wolke auffahren. Ich scheuchte sie weg. Ein salbungsvoller Schwachkopf erklärte mir, wenn Christus auf Erden wäre, wäre er mit mir. Ich erwiderte: »Wenn Christus auf der Erde weilte, würde ich ihn fragen, warum er nicht in Afrika war.« Ich informierte das Publikum, daß hinten Sammelbüchsen ständen und es nett wäre, wenn jeder 50 Pence geben würde – sie spendeten reichlich. Wir brachten auf diese Weise zusätzliche 50000 Pfund für Band Aid zusammen. Selbst bei dieser simplen Sache wurde ich beschuldigt, Band Aid zu mißbrauchen. Ohne daran zu denken, daß, selbst wenn es wahr gewesen wäre, das Geld für Tausende Hilfe bedeutete.

Aber je mehr Geld reinkam, desto größer wurde das Problem, wie es am besten auszugeben war. Mir war klargeworden, daß Band Aid eine vernünftige Organisation brauchte. Bis dahin hatte ich im Pressebüro der Phonogram gesessen, wo sich die Belegschaft mit der Zeit daran gewöhnt hatte, gleichzeitig mit Telefonaten wegen der neuen Tears-for-Fears-Tournee und Telefonaten wegen der derzeitigen Marktpreise für Sorghum in Port Sudan zurechtzukommen. Aber die Probleme wuchsen mir langsam über den Kopf. Ich mußte nun all die Sachen beschaffen und verfrachten, die die Organisationen bestellt hatten. Ich hatte keine Ahnung von Getreide oder Medizin. Keine Erfahrung, was die Verschiffung anbelangte. Keine Erfahrung in gar nichts. Wie alles andere, improvisierte ich es. Ich fragte mich, wie zum Teufel ich anfangen sollte. Offensichtlich brauchten wir einen Ausschuß von Kuratoren, um die Ausgaben zu kontrollieren, und eine Gruppe von Leuten für die praktischen Arbeiten.

Eines Tages Anfang 1985 kam ein schnieke gekleideter, bärtiger junger Mann und bot seine Hilfe an. Kevin Jenden war ein Architekt, der erfolgreich so modische Dinge wie Plattenstudios, Restaurants und Geschäfte entwarf. Aber Jenden hatte auch schon in Äthiopien gearbeitet und dort Lagerhäuser für das Rote Kreuz gebaut und gemeinsam mit seiner Frau, die Anthropologin war, einige Zeit in Indien gelebt. Wir verstanden uns auf Anhieb. Wir betrachteten beide die Ausgaben- und Kosteneffektivität der herkömmlichen Agenturen mit Mißtrauen. Jenden bot an, nachmittags umsonst mitzuarbeiten, nachdem er den Vormittag in seinem Architektenbüro verbracht hatte. Aber wie ich zwei Monate vorher, stellte er bald fest, daß das nicht ausreichte, und begann, seine ganze Zeit unserer Arbeit zu widmen, während er seine Geschäfte seinem Partner überließ. Seine Frau Penny schloß sich ihm an und konzentrierte ihre berufliche Sachkenntnis auf die Probleme der Entwicklungshilfe. Später richtete sie ein Komitee ein, mit Leuten aus mehreren Expertenkommissionen, das sich um die Ausgaben für unsere Langzeitprojekte kümmern sollte.

Die Ausschußmitglieder hatten von Katastrophenhilfe oder der Dritten Welt keinen blassen Schimmer. Ich bat sie um ihre Mitarbeit einfach deswegen, weil jeder von ihnen in hohem Ansehen stand oder ein erfolgreicher Geschäftsmann war, der nachweislich ausgezeichnete Leistungen erbringen konnte, ausgesprochenen Geschäftssinn besaß und einen Ruf zu verlieren hatte. Ich erklärte den Ausschußmitgliedern, daß ihre Arbeit darin bestände, das Geld für diejenigen, die es am dringendsten brauchten, treuhänderisch zu verwalten. Sie mußten für die Finanzierung bürgen. Ich ging zum Kultusminister, Lord Gowrie, und bat ihn, die Schirmherrschaft zu übernehmen. Er erklärte sich dazu bereit. Anschließend stellte ich den Beirat zusammen; Mitglieder wurden Lord Harlech, der Chef von Harlech TV, Michael Grade, der Intendant von BBC 1, Chris Morrison, der Manager von Ultravox, Maurice Oberstein, der Vorsitzende vom British Phonographic Institute, John Kennedy, ein Anwalt aus der Musikbranche, und Midge Ure. Ich war Vorsitzender. Es sollte so funktionieren, daß Organisationen oder Einzelpersonen aus Afrika dem von Penny eingerichtetem Komitee geeignet erscheinende Projekte vorschlugen; die realisierbar wirkenden würden dann herausgesucht und dem Beirat zur Absegnung vorgelegt.

Zwei andere Freiwillige, die sich auf meinen Aufruf ›Jeder kann etwas tun‹ gemeldet hatten, übernahmen nun die Büroarbeiten und die eiligen Einkäufe: Judy Anderson, eine amerikanische Arbeitsrechtlerin, die gerade einen Forschungsurlaub in England machte, und Valerie Blondeau, die mir eines Nachmittags in einem Café eine Nachricht hatte zukommen lassen. »Brauchen Sie noch Hilfe?« hatte sie auf die Rückseite einer Serviette geschrieben. »Ja«, schrieb ich auf die andere Seite. Wir bekamen jetzt freiwillige Helfer aus verschiedenen Wirtschaftszweigen. Ich erklärte Kevin, daß wir noch nutzbringender arbeiten könnten, wenn wir einzelne ›Aids‹ in den Branchen einrichten würden, aus denen unsere wichtigsten Anschaffungen kamen. Dee Flowers vom *Motor Transport Weekly* organisierte Spediteure für Band Aid, um umsonst an Fahrzeuge und Ersatzteile für den Transport in Afrika zu kommen. Bauunternehmer für Band Aid suchten in ihrer Branche nach überschüssigen Produkten, die in Afrika von Nutzen sein könnten. Die Spediteure schafften sie dann in unser zentrales Lager, das Gebäude, das uns vom Greater London Council zur Verfügung gestellt worden war. Ein weiterer Grundgedanke der Band-Aid-Philosophie nahm Gestalt an: Was auch immer anlag, in der entsprechenden Branche war jemand, den man um Hilfe bitten konnte. Das half dabei, das von der Öffentlichkeit gespendete Geld nur auf die wirklich lebenswichtigen Dinge zu verwenden. IBM, British Telecom, Gestetner und Canon, sie alle versorgten uns kostenlos mit der nötigen Büroausstattung.

Ein Reedereivertreter namens Ken Martin rief mit einem Plan

an. Ich war von den gigantischen Kosten der Verschiffung schockiert gewesen. »Wenn wir diese Preise bezahlen«, hatte ich in einem Fernsehinterview gesagt, »dann können wir uns nur eine oder zwei Fahrten leisten.« Es sei ein Käufermarkt, sagte er, warum also Ladungen einzeln verschiffen? Warum nicht Schiffe für sehr lange chartern, und dann, wenn man eine Flotte aufgebaut hat, nicht nur die eigenen Waren verschikken, sondern auch all den anderen Organisationen Laderaum anbieten, damit sie ihre Güter kostenlos verschiffen können. Es war die Art von Alleingangunternehmen, die sich eine einzelne, traditionelle Hilfsorganisation nie hätte leisten können und für deren Rechtfertigung ihr einfach die entsprechenden Ladungen gefehlt hätten. Ein perfekter Plan. Dies war ein weiteres Charakteristikum von Band Aid – wir waren flexibel und konnten peilen, wo die anderen Organisationen Lücken gelassen hatten, und diese dann ausfüllen. Indem wir ihre Güter gratis verschifften, gaben wir ihnen die Möglichkeit, ihr Geld auch wirklich für ihre Projekte einzusetzen.

Ich bekam Anfragen aus der ganzen Welt. Channel 9 aus Australien bat mich, runterzukommen und an einem Telethon gegen den Hunger teilzunehmen. Aber es war zu weit weg, und ich hatte zu viel zu tun. Dann bekam ich einen Anruf von Ken Kragen aus Los Angeles. Er war Manager einer Reihe großer amerikanischer Popstars, einschließlich Lionel Ritchie und Kenny Rogers. Er hatte mich schon mal angerufen, um nach den Aussichten für eine amerikanische Band-Aid-Platte zu fragen, und ich hatte mich mit ihm darüber unterhalten. Er hatte früher einen Sänger namens Harry Chapin gemanagt, der sein Leben dem Kampf für die Ausmerzung des Hungers in der Welt gewidmet hatte und über Jahre hinweg einen großen Teil seiner Einkünfte diversen Entwicklungshilfeprojekten hatte zukommen lassen. Chapin war bei einem Autounfall ums Leben gekommen.

Kragen sah in Band Aid die Verkörperung dessen, was Harry versucht hatte zu tun, um dies zu einem öffentlichen Anliegen zu machen. Er hatte sich mit Harry Belafonte zusammengesetzt, der mich im Fernsehen gesehen hatte, als ich in New York gewesen war, um Werbung für den Band-Aid-Christmas-Song zu machen. Belafonte hatte öffentlich erklärt, er sei »beschämt zu sehen, wie ein Haufen weißer englischer Kids das macht, was eigentlich schwarze Amerikaner hätten tun sollen«. Kragen und Belafonte hatten eine amerikanische Version von Band Aid auf die Beine gestellt. Er rief an, um zu fragen, ob ich für die Plattenaufnahme rüberkommen würde.

Ich hatte kein Geld fürs Ticket. Die Jahre des Herumkrauchens mit den Rats hatten nicht gerade was für mein Bankkonto getan. Und Band-Aid-Geld konnte ich nicht anrühren, denn das war ausschließlich für Hilfszwecke. Dann begriff ich, daß die Aufnahme in derselben Nacht stattfinden sollte wie das australische Telethon. Ich rief Channel 9 an und sagte, wenn sie mir den Flug zu der Aufnahme bezahlten, würde ich von dort, aus ihrer Sendestation in LA, an ihrem Programm teilnehmen.

Die Aufnahme war für dieselbe Nacht festgelegt, in der auch die Verleihung des American Music Award stattfand, zu dem Paula und ich bereits als Ehrengäste mit Plätzen in der vordersten Reihe eingeladen waren. Es war ein klug gewählter Zeitpunkt, denn er garantierte, daß die meisten der amerikanischen Künstler, die für die Aufnahme gebraucht wurden, in dieser Nacht in der Stadt sein würden.

Der Unterschied zwischen der britischen und der amerikanischen Aufnahme hätte nicht dramatischer sein können. Während in London jeder einfach so eintrudelte, wie er an einem normalen Sonntag zu Hause auch wohl aussah, war hier in LA die ganze Sache echtes ›Show-Biz‹. Wenn man in Hollywood ist ...

In England hatten wir einen Typen am Eingang stehen; in LA waren die Sicherheitsmaßnahmen respekteinflößend. Wir wurden alle mit Kennkarten ausgestattet. Meine verschaffte mir Zutritt zum eigentlichen Studio, ebenso wie zu den Umkleideräumen, aber die von Paula erlaubte ihr nur den Zutritt zur Freunde-, Schnorrer- und Nassauerbudike. Ich ging mit ihr rein, vorbei an Wachen, die alle paar Meter die Passierscheine sehen wollten. Drinnen war vor zwei riesigen Videobildschirmen, die über die interne Fernsehanlage mit dem Studio verbunden waren, ein riesiges Festmahl aufgebaut, mit einer Überfülle von hollywoodtypischer Extravaganz. Es gab Fische mit herausgestreckten Zungen, aus Eis gehauen, und aus ihren Mäulern quoll Kaviar auf die silbernen Tabletts darunter. Die Tabletts waren überladen mit Räucheraal, mit Fleisch und Appetithäppchen aller Art. Getränke waren in Unmengen aufgebaut. Der Raum war voller Hollywoodbonzen samt Gattinen, die lässig spachtelten und tranken und dezent darüber plauderten, wie toll doch alles sei, dieser Beitrag zur Hungerhilfe. Ich wußte, daß das Essen gespendet worden war. Aber es ging zu weit. Der Unterschied zwischen diesem Raum und dem, was in dem Studio auf der anderen Seite der Halle passierte, waren zu extrem. In London hatte es die Spenden aus einer örtlichen Imbißbude gegeben. Ich verdrückte mich voller Ekel und ging ins Studio.

Quincy Jones, der Produzent, war da mit drei Assistenten und arbeitete an Arrangements auf den letzten Drücker. Das Stück, das von Michael Jackson und Lionel Ritchie geschrieben worden war, hieß ›We Are the World‹. Michael Jackson war bereits eingetroffen und stand nun in der Mitte des Raums und nahm einige Vocals auf. Selbst ohne Begleitung klang es phantastisch. Er sang die Melodie zu Ende und improvisierte dann einige Harmonien.

»Versuch eine Terz, Smelly«, schlug Quincy Jones vor, sich umdrehend, um Michael Jackson anzusehen. Aus irgendeinem Grund nannten ihn alle Smelly oder Smelly Socks. Michael Jackson sang eine perfekte Terz.

»Oder eine Quinte.«

Er machte es noch mal, mit einer absolut reinen Stimme. Er

Ray und Stevie streiten über Kopfhörer. Smokey unterbricht. Dylan kann nicht drüber lachen.

übte nur, aber es hätte schon als die Endfassung aufgenommen werden können. Es war ein unglaubliches Maß an Professionalität und Talent.

Die Tür ging auf, Bob Dylan kam herein und setzte sich neben mich. »Hi«, sagte er. Er sah fürchterlich aus. Sein Gesicht war völlig aufgequollen, und unter den Augen hatte er schwarze Säcke. Er sah aus, als wäre er gerade aufgestanden. Wir begannen über seine letzte Tournee in Irland zu reden. Er fing an zu lachen, als ich ihn an Sachen erinnerte, die man mir darüber erzählt hatte. Da saß ich und unterhielt mich mit Bob Dylan. Es war, als würde man mit irgend jemandem in einem Pub reden.

Die Tür ging wieder auf. Es war Diana Ross. »Hi, Bob.« Sie meinte mich, nicht ihn. »Es ist großartig, was du gemacht hast. Wir sind wirklich stolz auf dich.« Wir sprachen über

Kinder. Sie erkundigte sich nach Fifi. Dann holte sie die Bilder von ihrem eigenen kleinen Jungen raus.

Jedesmal, wenn die Tür aufging, war es, als würde ein Teil meiner Jugend den Raum betreten: Paul Simon, Dionne Warwick, Stevie Wonder, Tina Turner, Smokey Robinson, Ray Charles.

Herein kam Ken Kragen, ein großer, schlanker, besorgter Typ mit freundlichen Augen. Er ist äußerst clever, aber war genau wie ich bei Band Aid völlig überrascht von dem, was er in Gang gebracht hatte. »Bruce Springsteen hat gerade seinen Wagen auf der anderen Straßenseite geparkt und läuft – selbst – herüber zum Studio. Kannst du dir das vorstellen?« Ich konnte es mir vorstellen. »Nein, ich meine, er ist selbst gefahren, kein Chauffeur, keine Limousine. Dann ging der Boß allein rüber, keine Bodyguards, keine Sicherheitsmaßnahmen.« Paul Simon warf mir einen Blick zu und grinste über solche West-Coast-Attitüden.

Springsteen und ich unterhielten uns gerade, als Ken Kragen verkündete, er wolle, daß ich, bevor man mit der Aufnahme beginne, eine Ansprache halte. Ich erklärte ihnen, daß ich eigentlich nicht wüßte, was ich einer Gruppe wie ihnen erzählen sollte, außer daß ich gerade aus Afrika zurückgekommen sei und ihnen berichten möchte, was ich dort gesehen habe, in der Hoffnung, daß es ihnen dabei hilft zu verstehen, wie wichtig diese Platte ist, nicht nur um Geld aufzutreiben, sondern auch als Geste und um das ganze Problem mehr publik zu machen. Ich schilderte es ziemlich unerbittlich, in der Hoffnung, es würde dem, was sie taten, mehr innere Überzeugung verleihen.

Es war merkwürdig, diese Leute, die ja zu den berühmtesten Entertainern der Welt zählten, wie für ein Klassenfoto vor mir aufgestellt zu sehen. Diana Ross hielt Stevie Wonders Hand. Die übermütige Schuljungenatmosphäre verschwand schnell. Ich erzählte, was ich gesehen hatte, und sie wurden ernst. Als ich fertig war, sagte Quincy: »Falls ihr vorher nicht

gewußt habt, was wir hier machen, dann wißt ihr es jetzt.«
»O.k.«, meinte er, auf den Zehenspitzen stehend und mit seinen Fingern gestikulierend. »Gehen wir es mal durch ... O.k., kannst du uns den Ton angeben, Stevie?« Stevie sang mit absoluter Präzision. Sie stimmten sich nach seiner Stimme ein. »O.k., machen wir's noch mal, nur eine Terz höher, alle Kollegen mit hoher Stimme, bitte... Bruce, hast du da mitgesungen? O.k., laß es diesmal ... noch einmal, bitte ...« Ich fühlte mich total auf die Plätze verwiesen, nicht nur wegen der Geldof-Krächzstimme, sondern auch wegen der absoluten Professionalität dieser Leute. Ich hörte auf zu singen und verbrachte den Rest der Nacht damit, Fotos mit meiner winzigen Olympus Trip zu machen. Ich stellte mich neben jeden einzelnen dieser großartigen Künstler. Es war eine große Ehre für mich. Später nahm ich die Notenblätter und ließ sie von jedem signieren.
Am nächsten Morgen gab es eine Pressekonferenz, um die Gründung der Band, die sich USA for Africa nannte, offiziell bekanntzugeben. Harry Belafonte sprach phantastisch, doch vorher versuchte ich noch einmal, der Presse klarzumachen, wie überaus wichtig sie für den Erfolg dieses Projekts sei und wie entscheidend nicht nur für den Plattenverkauf, sondern auf eine besondere Art auch für uns. »Ihr seid nicht hier, um einfach irgendwas zu berichten. Ihr könnt hier auch einen eigenen Beitrag leisten. Mir geht's nicht einfach darum, daß ihr die Platte kauft, um das Geld runterschicken zu können. Ich möchte, daß ihr dafür sorgt, daß diese Story statt zwei Absätzen eine halbe Seite kriegt. Das dient uns wesentlich mehr. Bringt eure Geschicklichkeit ein. Das kann euer Beitrag sein.«
»Bevor sie alle gehen«, sagte Ken, »werden wir jedem von ihnen ein USA-for-Africa-T-Shirt geben.«
»Nein, das werden wir nicht. Sie sollen dafür bezahlen. Zehn Dollar das Stück. Los, rückt damit raus.«
»Ah, jetzt kapier ich, wie es funktioniert«, meinte Ken und lachte.

Den ganzen Tag und die ganze Nacht

»Und die andere Sache ist, ich will, daß es in Amerika ganz genauso abläuft. Wir können die beiden Konzerte über Satellit zusammenschalten, zwischen beiden abwechseln, live, dann können die Leute auf der einen Seite des Atlantik Leute auf der anderen Seite des Atlantik sehen – im selben Moment, in dem sie auftreten. Wir senden per Satellit in jedes Land, mit dem Konzert verknüpfen wir die ganze Welt.«

»Wie bitte?«

»Erinnert mich dran«, sollte Harvey Goldsmith, der Chefpromoter von Live Aid, später sagen, »wenn Bob das nächste Mal eine Idee hat, bin ich nach Diktat verreist.«

Ich weiß selbst nicht, wann die Live-Aid-Idee zum ersten Mal in mir aufkeimte, und ich konnte nicht wissen, daß es die größte Spendenaktion, das größte Fernsehereignis und das gigantischste Konzert der Geschichte werden würde. Hätte ich das von Anfang an geahnt, hätte ich wahrscheinlich nie den Nerv gehabt, es durchzuziehen. Aber mit Sicherheit hatte ich die Idee schon im Hinterkopf, kurz nachdem wir die Band-Aid-Aufnahmen abgeschlossen hatten, denn ich erwähnte sie Nik Kershaw gegenüber, dem ich im Januar in Heathrow in die Arme lief. Er sagte mir auf der Stelle zu, obwohl es noch gar keinen festen Plan gab. Bei den Aufnahmen zu USA for Africa fügte ich meiner Rede noch eine Bitte an: Falls ich Sie auf ein Konzert ansprechen sollte, würde ich mich sehr über eine positive Antwort freuen. Berichte und Nachfragen bezüglich der Band-Aid-Hilfsgüter, die aus Äthiopien und dem Sudan über uns hereinbrachen, ließen keinen Zweifel daran, daß acht Millionen Pfund nicht annähernd ausreichten. Ich wußte, daß in Afrika zweiundzwanzig Millionen Menschen den Hungertod starben und daß acht Millionen gerade aus-

reichten, um sie für zwei Wochen am Leben zu erhalten. Der Sinn der Platte hatte auch darin gelegen, Geld aufzubringen, aber mehr noch, das Gewissen wachzurütteln und einen ersten Schritt zu tun. Nach meiner Reise nach Afrika wußte ich, daß man das neuerwachte Problembewußtsein weitgehend nutzen mußte. Ich hatte die Welle der Anteilnahme erlebt, die England ergriffen hatte und bald durch andere, ähnliche Projekte auf die ganze Welt übergreifen sollte – USA for Africa, Austria für Afrika, Chanteurs Sans Frontières, drei deutsche Gruppen, die Northern Lights in Kanada, alles in allem fünfundzwanzig Gruppen. Es müßte doch möglich sein, sie unter einen Hut zu bringen, dachte ich. Ken Kragen von USA für Afrika meinte, man solle es nächste Weihnachten machen. Ich war anderer Ansicht. Wir müßten schnell handeln, um die Stimmung auszunutzen. Die Leute brauchten schon früher etwas, das sie bei der Stange hielt und der von mir befürchteten »Mitleidsmüdigkeit« vorbeugte.
Während der langen Tour mit den Rats Anfang 1985 begann ich, mir Notizen zu machen. Ich telefonierte mit Ian Flukes, dem Agenten der Rats, und bat ihn, sich um Wembley zu bemühen. Das Treffen verlief nicht sehr erfolgreich. Chris Morrisson, einer der Band-Aid-Treuhänder, und der Manager von Midge Ure versuchten, mit ihnen zu verhandeln, aber man konnte immer noch zu keiner Einigung kommen. Ich vermute, beide fanden die Idee eines zwei Kontinente umspannenden Konzerts reizvoll, aber auch einen potentiellen Rohrkrepierer. »Verlaß dich auf andere, und du bist verlassen«, dachte ich gereizt. Aber ich mußte mich gedulden. Die Tour dauerte noch bis zum dritten März. Am vierten März rief ich in Wembley an. Damals wußte ich noch nichts davon, aber um alles auf die Beine zu stellen, blieben mir noch zwanzig Wochen.
Der Auslöser war ein Brief, den ich von einer Sekretärin des Wembley Stadions erhielt. Falls ich daran dachte, ein Band-Aid-Konzert zu organisieren, ließen sich sicher Mittel und

Wege finden, daß uns Wembley umsonst zur Verfügung stehen könnte. Ich erwähnte meinen Plan einigen Bands gegenüber. Die Reaktion war überwältigend.

»Ganz egal, wo ich auf der Welt bin, dafür komme ich zurück«, sagte Paul Young.

»Wir schmeißen alles hin«, sagten Spandau Ballet.

»O.k.«, sagte Paul Weller.

»Kein Problem«, sagte Mark Knopfler von den Dire Straits. »Wir sind in Wembley für vierzehn Konzerte gebucht, dann könnt ihr uns vielleicht nach dem Soundcheck reinquetschen, und wir kommen rüber, machen unser Teil und sind zu unserem eigenen Gig rechtzeitig fertig.«

Das Telefon klingelte. Es war Harvey Goldsmith, Englands führender Popveranstalter. »Mir ist zu Ohren gekommen, daß du an einem Band-Aid-Konzert arbeitest. Ich hoffe, du weißt, daß du vorsichtig sein mußt, sonst kann es verdammt in die Hose gehen. Ich bin dir immer gerne behilflich, wenn du mich brauchst.« Harvey ist in der englischen Musikindustrie genauso ein Begriff wie die unzähligen Topbands, die er promoted hat. Außerdem war er bekannt für seine Arbeit mit Wohltätigkeitsveranstaltungen wie z. B. Konzerte für den Prince of Wales' Trust und erfreut sich eines Rufs als abenteuerlustiger und widerspenstiger Geschäftsmann. Das war ein guter Anfang. »Ich muß jetzt mit Wham! nach China. Laß uns telefonieren, wenn ich zurück bin«, sagte er.

In der Zwischenzeit meldeten sich andere Bands. »Wir sind dabei. Wir sind schon dabei, Freddie zu bearbeiten«, sagten Roger Taylor und Brian May von Queen, die ich bei den Ivor Novello Music Awards traf. Midge und ich hatten einen Preis für »Do They Know It's Christmas« abgestaubt. Elton John war auch dort. Ohne zu zögern, willigte er ein, beim Konzert mitzumachen. Eine Stunde später rief John Reid, sein Manager, an. Mir sank das Herz in die Hose. Jetzt ging der Ärger los. Wie viele Künstler hatten schon Abmachungen getroffen, die dann von ihren Managern abgeschmettert wurden.

»John Reid hier. Ich wollte nur noch mal sagen, wie scharf wir auf das Konzert sind. Können wir uns sonst noch irgendwie nützlich machen? Du brauchst doch sicher Büroraum, Telefone oder so was?«

»Danke John. Es gäbe da eine Sache. Du kennst die Manager von anderen Bands. Hauptsache, du reibst ihnen bei jeder Gelegenheit unter die Nase, daß Elton mit Leib und Seele dabei ist.«

Ich führte kein Tagebuch, aber in meinem vollgekritzelten Terminkalender kann ich nachlesen, daß ich bis zum 15. April einen Haufen Leute angesprochen hatte. Eric Clapton sagte, er sei zu jeder Schandtat bereit. Er war auf Tour in Amerika, aber er konnte im Notfall jederzeit absagen. Ich telefonierte mit Queen in Australien, mit Rod Stewart in Los Angeles, mit Hiroshi Koto in Japan und mit Bill Curbishley, dem Who-Manager, in Spanien. Ich hatte schon eine recht imposante Liste zusammen, als ich zu jenem ersten Treffen mit Harvey Goldsmith ging. Ich glaube, der Erfolg der Band-Aid-Platte hatte jedermanns anfängliche Bedenken zerstreut. Ich bat auch Maurice Jones, einen anderen großen Veranstalter, zu dem Treffen mit Harvey am 18. April. Ich fand, die Veranstalter könnten ruhig alle ehrenamtlich mitwirken wie die Künstler; und in jedem Fall überforderte ein solches Unternehmen die Kapazität jeder Einzelorganisation. Maurice und Harvey steckten ihre Arbeitsgebiete ab, Harvey kümmerte sich um die Acts und den Bühnenaufbau, und Maurice war für Ticketverkauf, Marketing und Promotion verantwortlich. Nachdem all das geklärt war, überfiel ich sie mit der transatlantischen Satellitenschaltung. Ihre Reaktion war einmütig.

»Was?« riefen sie im Chor. Dann »Warum?«

»Ich hatte mir vorgestellt, daß wir hier um Mittag anfangen und bis fünf machen. Dann schalten wir Amerika live über Satellit dazu. Wir haben fünf Stunden Synchronschaltung, immer abwechselnd ein Act von hier und ein Act von drüben, und um zehn übergeben wir ganz an Amerika, und sie machen noch fünf Stunden. Während der ganzen Zeit strahlen wir noch Spendenaufrufe aus und geben Telefonnummern durch, damit die Leute per Kreditkarte spenden können.«

»Du mußt völlig bekloppt sein«, sagte Harvey.

»Ist technisch gar nicht möglich«, sagte Maurice pragmatisch.

»Warum denn nicht?«

»Weiß ich nicht, warum nicht, es ist eben so.«

»Klar geht das«, sagte ich, obwohl ich mir bewußt war, daß ich auftrat wie Mickey Rooney als Andy Hardy: »Hey Jungs! Dann machen wir die Show eben im Hinterhof!« »Paßt auf, das ist ja keine politische Angelegenheit, also sollte es doch nicht schwierig sein, zu den internationalen Medien Zugang zu finden. Der andere entscheidende Grund ist, daß zur gleichen Zeit viele Engländer in Amerika auf Tour sind und viele amerikanische Bands in England, und dann kann sich niemand rausreden. Sie können auftreten, wo sie gerade sind.«

»Kein Mensch macht für Popmusik siebzehn Stunden Sendezeit frei«, sagte Harvey.

»Aber es wird die Weltspitze sein, Harvey, ein weltweites Ereignis, sie können es sich gar nicht erlauben, darauf zu verzichten. MTV, der amerikanische Popkabelsender, wird es unter Garantie nehmen, und hier bei uns fragen wir bei Channel 4.«

»Und wer kümmert sich um den Fernsehkram?« fragte Harvey.

»Keine Ahnung. Ich finde schon einen. Macht ihr mit oder nicht?«

»Wann soll's losgehen?« seufzten sie matt.

Ich hatte den 6. Juli angesetzt, das ist in den Staaten der Unabhängigkeitstag, wo die Leute wahrscheinlich eine gute Gelegenheit hätten, ins Stadion zu kommen oder zu Hause vor dem Fernseher zu sitzen.

»Und in der Woche ist Springsteen hier. Das hat mir noch

gefehlt zu meinem Glück«, sagte Harvey. Er hatte Springsteens England-Tournee organisiert.
»Ist ja prima. Dann kann er hier spielen«, sagte ich.
»Dann können wir auch seine Bühne benutzen. Die steht sowieso da rum«, fiel Harvey ein.
»Wir sollten versuchen, die wichtigsten Rockmusiker der letzten fünfundzwanzig Jahre zusammen auf einer Bühne zu haben.«
»Es wird immer besser. Du bist total bescheuert. Wie machen wir das jetzt wieder?« Die typische Harvey-Antwort. Zuerst sah er das Problem. Dann den Reiz der Idee, dann die Lösung. Wann immer man ihn herumkriegen will, ist es das beste, ihn zuerst vor unlösbare Aufgaben zu stellen. »An wieviel Bands hattest du so gedacht?«
»Um die fünfzig.«
»Fünfzig! FÜNFZIG? Auf der ganzen Welt gibt es keine fünfzig Bands.«
»Mann, wir wollen doch Geld zusammenkratzen. Wenn die Leute im Fernsehen ein Konzert sehen, langweilen sie sich bald, egal, wer spielt. Wir wollen, daß sie Geld geben, also je mehr millionenschwere Verkaufsschlager, desto besser, weil die Leute ihre Lieblingsbands sehen und mitmachen können. Zweitens langweilen sie sich nicht, weil jede Band nur fünfzehn oder zwanzig Minuten hat und gerade ihre Hits spielen kann. Ich werde sie darum noch mal extra bitten. Es soll eine Art weltweite Musikbox sein.« Daran hatte ich vorher noch gar nicht gedacht, aber jetzt, wo ich davon sprach, gefiel mir die Idee immer besser.
»Nichts zu machen, du kriegst eine Band mit Equipment nicht in fünfzehn Minuten auf die Bühne und wieder runter ... außer, man würde die Bühne aufteilen ...« Harvey hatte Feuer gefangen. Maurice machte Skizzen und Notizen. Harvey sagte: »So haben sie es bei dem Rockfestival in Rio gemacht. Das haute sehr gut hin, aber die hatten auch nicht alle fünfzehn Minuten eine neue Band.«

»Die ersten fünf Stunden sind kritisch«, sagte ich. »Auf Bühne A spielt eine Band, während auf Bühne C die letzte Band abbaut und auf Bühne B die nächste aufbaut.«
»Müßte klappen«, sagte Maurice.
»Und wenn Amerika dazu kommt«, ich sah, wie Maurice die Augen verdrehte, »haben wir die doppelte Zeit für den Umbau, weil wir mit ihnen abwechseln.«
»Was anderes, du erwähntest vorhin, die Leute sollten ›mitmachen‹. Wie darf man das verstehen?« fragte Maurice ahnungsvoll.
»Es wird ein weltumspannender Fernsehmarathon.«
Die beiden sahen mich an. »Wie?« sagte Harvey und sah auf den Boden.
Ich zuckte mit den Schultern.
»Warum?« sagte Harvey, den Blick noch immer auf den Boden gerichtet.
»Weil die Menschen sterben, Harvey.«
Uns blieben noch vierzehn Wochen.
Ich hatte nie geglaubt, daß es ein Problem sein würde, die BBC zu bitten, uns siebzehn Stunden Sendezeit freizumachen. Ich weiß auch nicht, warum. Mir schien es zu diesem Zeitpunkt einfach keine ungewöhnliche Bitte zu sein. Aber ich rief erst mal Channel 4 an, wo ich den Chef des Jugendprogramms, John Cummings, kannte.
»Die Idee ist genial, aber um das abzuklären, muß ich weiter oben anfragen«, sagte er.
Ich klingelte bei Tony Boland an, dem leitenden Produzenten bei RTE, dem irischen Fernsehen. Ich kannte Tony seit Ewigkeiten. »Das kann ich nicht alleine entscheiden, Bob«, sagte er.
Harvey scharte sein Team um sich. Andy Zweck wurde darauf angesetzt, ein System für die technischen und zeitlichen Abläufe des Konzerts zu entwickeln. Pete Smith übernahm es, alle Bands, die ich angesprochen hatte, anzurufen, ihnen das Datum mitzuteilen und abzusprechen, was sie an Equip-

ment brauchten – teils aus praktischen Gründen, teils aus psychologischen Erwägungen, um fest in ihren Köpfen zu verankern, daß sich wirklich etwas tat und daß sie ihre Versprechen einlösen mußten. Harvey kümmerte sich ums Wembley-Stadion.

Ich rief Bill Graham, Amerikas wichtigsten Veranstalter, in Kalifornien an. Bill Grahams Mitwirkung würde, wie Harvey Goldsmiths in England, den Bands gewährleisten, daß es eine professionelle Angelegenheit und kein Schmierentheater würde.

»Das Stamford-Stadion könnte ich euch umsonst besorgen«, sagte Bill.

»Das bringt nichts, Bill. Es muß schon die Ostküste sein, sonst haut es mit der Zeitverschiebung nicht hin.«

»In Stamford läßt sich wesentlich mehr Geld machen. Ich könnte euch sechs Topacts besorgen und ...«

»Es geht ja nicht nur darum, an den Gigs selbst zu verdienen. Es ist in erster Linie eine Spendenaktion über Fernsehen. Außerdem erhöht die weltweite Ausstrahlung die Bedeutung. Das ist doch klar.«

Es mag ihm wohl klargewesen sein, aber er klang weder sehr begeistert noch sehr überzeugt, obwohl er versprach, sein Bestes zu tun. Ich begann, mich bei den amerikanischen Bands durchzutelefonieren. Aus irgendeinem Grund fragte ich zuerst Ric Okasek von den Cars. Ein merkwürdiges Zusammentreffen, denn ein Song von den Cars spielte auch eine unschätzbare Rolle in bezug auf die Mammutsendung. Ric sagte sofort zu. Er versprach, seinem Manager, Elliot Roberts, Bescheid zu geben. Ich hatte bei Managern noch immer ein ungutes Gefühl, die Manager würden uns alles verbauen oder zumindest unnötige Steine in den Weg legen.

Ich rief bei Bruce Springsteen an und wurde zu seinem Manager, John Landau, durchgestellt.

»Bruce ist dann gerade in England und fliegt entweder in der Nacht oder in der nächsten nach Hause.«

»Er könnte es entweder in England machen, oder wir verschieben die ganze Sache auf den dreizehnten, dann kann er in Amerika auftreten, wenn ihm das lieber ist.«

1985 gab es keinen Rockstar über Bruce Springsteen: Wir brauchten ihn. Wenn er zustimmte, würde es einfacher sein, alle anderen zu bekommen. Ich war ziemlich nervös wegen des Anrufs – Bruce Springsteen wird jeden Tag um tausend Wohltätigkeitskonzerte angebettelt. Aber damit haben sich andere schließlich auch herumzuschlagen. Ideologisch stand er dahinter, soviel wußte ich. »O.k., ich rede mit ihm. Wir müssen mal drüber nachdenken«, sagte Landau. Ich rief in Amerika die Manager von allen möglichen Leuten an.

Harvey kam aus Wembley zurück. »Im Aufsichtsrat tobt der Kampf der Giganten. Es gibt zwei Konsortien, die je vierzig Prozent der Anteile halten. Kein Mensch weiß, wem der Kasten eigentlich gehört. Ein Typ deutete an, wir könnten umsonst rein, ein anderer genau das Gegenteil.«

»Aston Villa sagt, wir könnten ihren Fußballplatz haben, und Maurice glaubt, wir könnten die Arena in Milton Keynes für lau bekommen.«

»Wir versuchen's lieber noch mal mit Wembley. Das ist einfacher. Es liegt in London und hat vier solide Wände.«

Zu dieser Zeit kam ein malaysischer Ölmillionär namens Ananda Krishnan für alle Ausgaben des Band-Aid-Büros auf. Während er sich in London aufhielt, besuchte er uns in unserem Haus in Chelsea. Er wollte Band-Aid in eine feste Institution umwandeln. Ich sagte ihm, das hätte keinen Zweck, weil wir uns nach dem Konzert wieder auflösen wollten. Ich erklärte ihm, daß wir eigentlich keine blasse Ahnung hätten, wie ein solches Fernsehereignis koordiniert werden könne.

»Du solltest dich mal mit einem Bekannten von mir treffen, Mike Mitchell. Er hat die Satelliten und die Finanzierung für die Olympischen Spiele mitorganisiert.« Ananda vereinbarte ein Treffen für die Woche darauf, für den 28. April.

Diesmal zahlte British Caledonian meinen Flug. Schon früher, im Kielwasser der Platte, hatte ich bei British Airways, Virgin und British Caledonian wegen freier Flüge nachgefragt. British Caledonian und Virgin waren mir entgegengekommen. Am 28. April traf ich Mitchell in einem gediegenen New Yorker Hotel. Von Anfang an war er Feuer und Flamme. Seine Firma machte in »Großereignismanagement«, und ein Ereignis wie Live Aid in die Hand zu nehmen war natürlich von hohem Werbewert für sie. Außerdem hatte er schon bei der »Stoppt-den-Hunger«-Kampagne mitgemischt. Genau der richtige Mann für den Job. Am selben Tag traf ich auch Tommy Mattola, den Manager von Hall and Oates, und Gary Kurfirst, der sich um die Angelegenheiten der Talking Heads und Eurythmics kümmert.

In England hatte mittlerweile Bernard Doherty von der PR-Agentur Rogers and Cowan die Medienbetreuung übernommen. Er war nebenbei auch Pressesprecher von David Bowie und Paul McCartney. »Versuch mal, Paul herumzukriegen, Bernard. Ich habe schon mit seinem Büro gesprochen, und sie meinen, es müßte drin sein. Er ist nur ein bißchen unsicher, weil er so lange nicht aufgetreten ist. Versuch's auch bei Bowie.«

Ich rief Sting an. Er war nicht da, deshalb sprach ich mit seinem Manager Miles Copeland. »Ich werd mal mit ihm reden. Wo wir schon mal dabei sind, was hältst du von Adam Ant?« Gar nichts eigentlich. Ich hielt ihn für ein bißchen überlebt. Aber das waren die Boomtown Rats schließlich auch, und beide standen für eine bestimmte Periode der Popmusik, also schlug ich ein. Außerdem hoffte ich, das könnte ihn anspitzen, Sting oder vielleicht alle drei von Police für uns zu gewinnen.

Harvey kam aus Wembley zurück. »Keine Chance, den Laden umsonst zu kriegen. Die Miete ist hundertfünfzigtausend Pfund.«

»Die Säcke. Alle anderen machen es für lau. Soll ich sie mir vornehmen?«

»Nein, ich bin noch nicht am Ende.«

An diesem Abend hing ich etliche Stunden am Telefon und versuchte, Queen aufzustöbern, die auf Welttournee waren. Um elf hatte ich endlich ihren Manager Jim Beech an der Strippe. »Machen sie's?«

»Tja, die anderen sind einverstanden.«

»Ja, aber was ist mit Freddie? Macht er mit?« Die Rede war von Freddie Mercury.

»Also, seine Eitelkeit wird ihm gar keine andere Wahl lassen, aber im Moment hat er den Kopf voll mit seinem Soloalbum. Laß uns noch ein paar Tage Zeit, Bob, wir bleiben dran.«

Es war Mitternacht. Das Telefon klingelte. Mike Mitchell in New York. »Ich habe einen groben Plan für die Übertragung aufgestellt. Ich schicke ihn dir rüber. Ich habe Hal Uplinger hinzugezogen, um die europäischen Fernsehsender auf Vordermann zu bringen. Später kommt noch Tom Verna dazu, der die ganze Sache am Tag direkt überwachen soll. Guter Mann. Ich habe bei der Olympiade mit ihm gearbeitet. Wie sieht's bei euch mit dem Fernsehen aus?«

»Wir arbeiten noch dran.«

Es war ein Uhr. Wieder klingelte das Telefon. Diesmal Elvis Costello aus London. »Tut mir leid, daß ich so spät dran bin, Bob. Ich hab eben deine Nachricht bekommen. Ich möchte gern was machen. Ich bin kurz vorher noch in Moskau, aber ich komme rechtzeitig zurück.«

Vier Uhr morgens. Das Telefon klingelt. Es war Bill Gordon aus Australien. »Bill wer?«

»Bill Gordon. Tut mir leid, daß es so spät ist, Bob. Paß auf, ich wollte dir vorschlagen, den Empfangsbereich auf Australien auszuweiten ...« Ich nahm ein Mützchen Schlaf. So sah mein Tagesablauf für die folgenden zwei Monate aus.

Am nächsten Tag rief ich Brian Ferry an. Wir hatten gemeinsame Bekannte. Seine Frau Lucy war am Apparat.

»Hat er sich entschieden?« Ich hatte Lucy auf das Problem angesetzt, sie in die Pflicht genommen, ihn weichzuklopfen.

Ferry ist ein sehr zurückhaltender Mann. Er hatte es sehr nervös aufgenommen, als ich ihn das erste Mal darauf angesprochen hatte.
»Er ist noch unschlüssig. Und die Band ist dann gerade in Amerika. Er sagt, es wird zu teuer, sie mit Sack und Pack für einen fünfzehnminütigen Auftritt einzufliegen. Da liegt das Problem.«
Ich seifte sie mit meiner mittlerweile üblichen Nummer ein. »Welches Problem? Probleme kennen wir nicht. Was auch immer für Probleme auftreten, sag mir Bescheid, dann räumen wir sie aus. Wenn er keinen Sax-Spieler findet, ich besorge ihm einen. Wenn er die Flüge nicht zahlen kann, ich finde jemanden, der das übernimmt. Was immer er will, läßt sich organisieren. Alles, was er zu tun hat, ist ja sagen.«
»Ich rede noch mal mit ihm.«
Harvey kam aus Wembley zurück. »Ich hab sie auf hunderttausend runter. Ich glaube nicht, daß wir noch mehr rausholen können. Da wären noch die anderen Möglichkeiten, über die wir gesprochen haben, aber Milton Keynes ist ein besserer Acker, und Aston Villa sitzt in Birmingham. Wembley ist ein abgeschlossenes Gelände und hat bessere Sicherheitseinrichtungen, liegt in London, das ist bequemer für die Bands. Und dann ist es natürlich der Großkotz-Laden. Wir haben ja schon die Bühne für die Springsteen-Konzerte da stehen, damit sparen wir einiges. Was meinst du?«
»Mach es klar. Es muß schon London sein, und sei es wegen des symbolischen Werts.«
IMG ist Mark McCormacks internationale Marketing Firma. McCormack managt herausragende Sportlerpersönlichkeiten und andere Prominenz. Sie hatten sogar die Englandtournee des Papstes auf die Beine gestellt. Schon im Anfangsstadium hatte IMG uns wissen lassen, daß sie bereit wären, sich um internationale Sponsoren und Fernsehgelder zu bemühen. Vor einer Woche hatten wir uns mit ihnen zu-

sammengesetzt, und sie hatten gesagt, das Konzert würde weltweit um die zweihunderttausend Dollar wert sein.

»Ein Witz, oder? Das treibe ich ja vor dem Frühstück auf. Sie haben vier Tage Zeit, einen neuen Vorschlag zu bringen. Wir rechnen mit mindestens drei Millionen aus den Fernsehrechten und Gott weiß wieviel an Sponsorengeldern.«

»Das können Sie sich abschminken«, sagte einer der Herren. Sie waren alle in ihren späten Fünfzigern.

»Ich glaube, daß Sie weder eine Vorstellung von dem haben, was wir hier machen, noch von Popmusik.« Die hatten sie allerdings nicht, und damit waren sie raus.

Ich rief Bernard Doherty an. »Wie steht es mit Bowie und McCartney?«

»Davids Büro hat ihm Bescheid gegeben und ihm gesagt, daß auch noch eine Anfrage für ein anderes Afrika-Benefiz vorliegt. Er hat gefragt, ›Ist Geldof dabei? Ich bin nur für die Geldof-Sache zu haben‹, also ist das klar. Nur ist er zu der Zeit mit Filmen beschäftigt, und es ist noch die Frage, ob er es schafft, eine Band aufzustellen. Pauls Leute finden die Idee alle toll. Sie versuchen wirklich, ihn zu überreden. Er ist einfach nur nervös. Hat seit acht Jahren nicht gespielt, und jetzt soll er sich gleich vor die halbe Welt stellen. Aber sie bearbeiten ihn weiter.«

Abends lief ich Steward Copeland, dem Police-Drummer, in die Arme. Steward hatte sich seit einiger Zeit mehr und mehr für Band Aid engagiert. »Warum spielen Police nicht? Hat die Band sich aufgelöst?«

»Offiziell nicht, aber es läuft darauf hinaus.«

»Warum schmeißt ihr hierfür nicht noch mal zusammen?«

»Red besser erst mit Sting.«

Ich rief Sting an. »Hat Miles dir von Live Aid erzählt?«

»Nicht, daß ich wüßte.«

Ich sagte ihm, was wir vorhatten. »Warum macht ihr nichts als Police?« »Oh, Bob, das kannst du nicht verlangen. Ich mache was eigenes.«

Mir fehlte immer noch die Zusage der Fernsehanstalten. Channel 4 war begeistert gewesen, aber als ich anrief, sagten sie mir, sie könnten es sich nicht leisten. Für einen ganzen Tag das Programm umzuschmeißen würde sie allein eine halbe Million Pfund an Konventionalstrafen kosten. Und dann noch einmal dieselbe Summe, um neue Sendetermine festzulegen. Eine Million Pfund. Das hatte ich nicht bedacht. Ich hatte geglaubt, ich würde ihnen einen Tag preiswertes Programm liefern. Ich hatte gedacht, sie würden es dankbar annehmen. Jetzt lehnten sie ab, und mir wurde mulmig.

Unser alter Promomann »Spanner« Sweeney hatte bei der BBC angerufen und mit Mike Appleton, dem Produzenten ihrer wichtigsten Rocksendung, *The Old Grey Whistle Test*, gesprochen. Appleton rief mich an und fragte, wer dabei sei, ich gab ihm die Liste der Mitwirkenden. Bei einigen schummelte ich, aber das war nur, weil ich noch nicht dazu gekommen war, sie zu fragen, sagte ich mir.

Wir schrieben den 13. Mai. Acht Wochen bis zum Termin, und immer noch kein Fernsehen. Appleton wandte sich an Roger Laughton, den Chef der Abteilung für Sonderprojekte. Er sagte ihm, er sei für die Show. Für ihn war eine All-Night-Rockshow eingeplant, die im Herbst ausgestrahlt werden sollte. Er sagte, er sei bereit, sie zugunsten des Band-Aid-Konzerts zu opfern. Am selben Abend fand ein Treffen mit dem Programmdirektor von BBC 2, Graeme McDonald, statt. Auf der Tagesordnung, in der letzten Zeile, stand als Punkt sechzehn: »Mike Appleton erwägt die Möglichkeit eines Band-Aid-Marathons.« »Hört zu«, sagte Mike Appleton später, »wir sind noch nicht hundertprozentig sicher, ob wir einsteigen, aber im Prinzip ist unsere Antwort ja. Es werden sich einige Probleme aus dem Fernsehmarathon ergeben, weil es gegen die BBC-Statuten verstoßen könnte, und wenn ihr irgendwelche Sponsoren findet, bekommen wir den größten Ärger. Aber die Idee gefällt uns, und wir sagen erst mal locker zu und befassen uns dann mit den Details.«

In der nächsten Woche waren wir von Punkt sechzehn auf Punkt eins gestiegen: »Sind uns einig, Band-Aid-Konzert ein Muß für BBC.« Aber am 13. Juli stand bei BBC 2 schon eine Live-Übertragung von Händels Feuerwerksmusik aus dem Hyde Park auf dem Programm. Die Händel-Veranstalter willigten ein, es als Konserve senden zu lassen. Außerdem war es gesetzeswidrig, die Open-University-Programme kurz nach Mitternacht ausfallen zu lassen, und daraus schien sich das Hauptproblem zu ergeben. Michael Grade, der Programmdirektor von BBC 1 und mittlerweile Band-Aid-Treuhänder, schlug vor, die Show ab zehn Uhr für die letzten fünf oder sechs Stunden auf BBC 1 umzuschalten. Das war erstklassig. Wenn BBC 1 einstieg, war auch Radio 1 dabei. Damit war lückenlose nationale Ausstrahlung für siebzehn Stunden Popmusik gewährleistet. Eine der vielen Premieren.

Tony Boland, der irische Produzent, hatte zurückgerufen und gesagt: »Wir sind dabei. Komplett. Volles Telethon. Kein Problem. Bis dann.« Ich glaube, ich habe dann nichts mehr von ihm gehört, bis er mit seinem Partner Niall Matthews beim Treffen der internationalen Produzenten auftauchte. Ohne Zweifel schoß die Produktion des irischen Telethon den Vogel ab und sorgte für die größte Zuschauerbeteiligung pro Kopf der Bevölkerung.

Danach wurde es ernst. Ich hatte den amerikanischen Musikkanal MTV dazu gebracht, uns einen ganzen Tag zu widmen; sollten wir gar keinen Rundfunksender bekommen, waren uns damit doch immerhin vierzig Prozent des amerikanischen TV-Marktes sicher. Ich hatte MTV gefragt, wie es mit Geld aussähe. Sie hatten keines, aber sie wollten uns alle Werbeeinnahmen des Tages abtreten, ihren Satelliten zur Verfügung stellen und Verbindung zu ihren angegliederten unabhängigen Sendern herstellen. In der Zwischenzeit hatte Mitchell Verhandlungen mit den drei großen amerikanischen Rundfunksendern aufgenommen.

Ich rief Bowies Büro in New York an und fragte, ob er beim

Konzert dabei sein würde. Sie hielten mich weiter hin. Ich mußte jetzt wegen Bowie Bescheid wissen, schließlich war er eins unserer Zugpferde. Frechheit siegt. »Hört mal, es macht ja nichts, wenn er keine Lust hat, wir müssen nur langsam wissen, was los ist.« David schlug ein. Harvey hatte Phil Collins' Manager in Japan angerufen, wo Phil auf Tour war. Phil sagte zu, schlug aber vor, auf *beiden* Konzerten zu spielen. Harvey war einverstanden.

Ich sprach mit dem Büro von Lord King, dem Aufsichtsratsvorsitzenden von British Airways, um zu hören, wie es mit Freiflügen für alle Künstler aussah. Ich hatte einen Aspekt westlichen Technologievorsprungs herausstreichen wollen, um zu verdeutlichen, wie lächerlich es war, daß man solch eine Sache auf die Bühne bringen konnte und trotzdem noch Menschen verhungern mußten. Was lag näher als die Concorde. Ich bat Lord King um die Concorde als Verbindung zwischen beiden Gigs. Phil Collins war es mit dem Doppelauftritt ernst, und es gab sicher noch andere, die gerne rüberfliegen wollten. Das wäre sehr praktisch gewesen, aber nur mit diesem Flugzeug zu ermöglichen, das die Strecke über den Atlantik in weniger als vier Stunden zurücklegte. Sie sagten, ich würde von ihnen hören.

Ich arbeitete überall, wo ich ein Telefon fand, und überall, wo ich aus anderen Gründen sein mußte – zu Hause, in Harveys Büro, im Band-Aid-Büro, bei Phonogram. Ich saß eines Tages im Büro der Plattenfirma und versuchte, aus Stevie Wonders Büro eine verbindliche Antwort zu bekommen, als Francis Rossi hereinkam. Status Quo hatten sich vor einiger Zeit aufgelöst.

»Wie läuft es so, Bob?«

»Was willst du hören, die guten oder die schlechten Nachrichten? Vom Erfolg oder von Problemen?«

»Versuch's mal mit den guten.«

Ich gab ihm eine Liste von allen, die mitmachen wollten.

»Der Wahnsinn. Ich wünschte, Quo hätten sich nicht aufgelöst. Das wäre was, bei so 'ner Sache dabeizusein. Vielleicht sollten wir uns dafür noch mal treffen. Willst du uns dabei haben?«

»Das mußt du nicht zweimal sagen.«

»Ich rede mit den anderen.«

U 2 waren in Amerika. Es kostete einige Zeit und viel Hin und Her, bis ich zu ihnen durchkam. Einen schrecklichen Moment lang glaubte ich, sie würden sich weigern. Sie waren eine der besten neuen Bands. Sie waren Iren wie ich selbst. Sie hatten so tolle Platten gemacht, warum sollten sie nein sagen? Sie durften nicht nein sagen. Sie sagten ja.

Harvey kam aus Wembley zurück. »Die haben da diesen Feinkostlieferanten, ARA, der einen Exclusivvertrag fürs Catering bei allen Wembley-Veranstaltungen hat ...«

»Wie schön. Dann können sie ja ihren Profit an Band Aid spenden.«

»Könnten sie. Aber sie werden's nicht. Sie sagten, sie würden auf keinen Pfennig verzichten.«

»Aber das können wir nicht durchgehen lassen. Es kann ja nicht ausgerechnet die Freßfirma als einzige absahnen, wenn alle anderen umsonst arbeiten, um den Hungernden zu helfen.« Ich überschlug kurz die Rechnung. »Ich schätze, sie können an dem Tag eine Dreiviertelmillion machen. Ich glaube, ich muß ein Wort mit denen reden.«

Beim regelmäßigen Donnerstagstreffen der Band-Aid-Stiftung machten die anderen Treuhänder einen weniger skeptischen Eindruck als zuvor. Langsam sahen sie Land. Sie waren zappelig gewesen, hatten befürchtet, ich hätte mich überschätzt. Jetzt fragten sie nur: »Wie willst du es nennen?«

»Es ist ja praktisch wie die Platte live, da dachte ich an ›Live-Aid!«

»Ja, gefällt mir«, sagte Harvey.

Sade, deren Manager seine Vorbehalte gegen die Platte gehabt hatte, ließ Harvey jetzt wissen, sie würde mit Freuden dabeisein. Wham! hatten wir sicher. Ich erinnerte Spandau Ballet und Paul Young, die schon vor so langer Zeit zugestimmt hatten, daß ich mir nicht sicher war, ob sie überhaupt davon wußten. Alison Moyet wollte spielen. Sie war schwanger und wollte deshalb keine voreiligen Versprechen geben, aber sie sagte, wenn möglich, würde sie einen Song mit Paul Young singen. George Michael würde mit Elton singen. Boy George hatte mir gesagt, es würde vielleicht nicht unbedingt Culture Club komplett zum Gig erscheinen können, aber er würde auf jeden Fall da sein und etwas zusammen mit einer schwarzen Sängerin namens Pauline machen, mit der er schon früher gearbeitet hatte.

Wir gingen zu einer Konferenz der European Broadcasting Union. Repräsentanten aller europäischen Fernsehstationen, die die BBC-Bilder übernehmen würden, waren anwesend, mit Ausnahme der Franzosen, die sich nicht blicken ließen und folgerichtig auch die dortige Spendenaktion im Chaos versinken ließen. Die Europäer fanden immer wieder ein neues Haar in der Suppe. »Hören Sie, ich bin kein Techniker«, sagte ich. »Aber mir scheint das einfach genug. Es gibt eine Eingabe aus England und eine aus Amerika. Die kommerziellen Sender haben drei Werbeminuten, sobald das Live-Aid-Logo eingeblendet wird. Sie können sich jederzeit aus den internationalen Signalen ausschalten, und falls sie eine heimische Band oder einen Moderator an der Hand haben, können sie die jederzeit über ihren eigenen Rundfunk zuschalten.

In derselben Nacht rief mich Mitchell aus New York an, um über den Stand der Verhandlungen mit den amerikanischen Rundfunkanstalten zu berichten. Er spielte ein sehr riskantes Spiel. Zwei Sender hatten von vorneherein abgelehnt. Nur ABC, der mit Einschaltquotenverlusten zu kämpfen hatte, zeigte Interesse. Sie hatten am wenigsten zu verlieren und durch einen gewagten Schritt am meisten zu gewinnen. »Sie haben eine halbe Million geboten, das ist nicht besonders, das ist gar nicht gut. Also habe ich ihnen gesagt, daß sie damit nichts werden können, weil die anderen beide eine Million angeboten hätten.«

»Haben sie?«

»Himmel, wo denkst du hin. Nichts haben sie geboten. Wir müssen einen Rundfunkdeal in der Tasche haben, ehe wir auch nur an Sponsoren denken können, Bob.«

»Ich habe gehört«, sagte ich, »wenn es nicht beste Sendezeit in den USA gibt, wollen die Russen es auch nicht nehmen. Stimmt das?«

»Ja, seltsamerweise. Was das Fernsehprogramm angeht, scheinen sich unsere Wertvorstellungen zu decken. Sie gehen davon aus, daß es sich, wenn es für den amerikanischen Rundfunk gut genug ist, auch für die Genossen eignet.«

»Was machen wir also als nächstes?«

»Ich gebe ABC noch bis Freitag mittag, um mit einem besseren Angebot rüberzukommen. Ich ruf dich dann an.«

Am nächsten Morgen ging wieder das Telefon. Seit einiger Zeit schon hatte ich versucht, an Mick Jagger heranzukommen. Schließlich erwischte ich ihn zu Hause, und er versprach mir, mich im Savoy zu treffen, wenn er nach London kam. Ich kaufte ihm als Mitbringsel eine Ausgabe von *The Emperor*, einem bemerkenswerten Buch über Äthiopien des polnischen Journalisten Ryszard Kapuscinski. Meinen kleinen Hund Growler hatte ich auch dabei. Seine erste Amtshandlung war, nachdem wir die Hotelsuite betreten hatten, Jaggers Frühstück zu verschlingen. Ich hatte Mick Jagger bisher erst einmal auf einer Party nach einem Stones-Gig in Madrid getroffen, als ich mit Paula in Spanien gewesen war, um mir das Weltmeisterschafts-Endspiel anzusehen. Auch heute war die Atmosphäre freundlich. Ich berichtete ihm über Äthiopien und fragte ihn wegen des Konzerts.

»Tja, ich weiß nicht, ob die Stones es machen werden«, sagte er, »macht David mit?«

»Ja.«

»Wir stecken mitten im Album, und es sieht im Moment

alles nicht so rosig aus. Aber, ja, ich bin dabei, ich mache auch mit, wenn die anderen keine Lust haben.«

Mir fiel ein Stein vom Herzen. Je mehr Leute wie Jagger wir vorweisen konnten, desto eher würden die amerikanischen Rundfunksender kaufen. Seine Mitwirkung war lebenswichtig. Und ganz nebenbei frühstückte ich mit dem Mann, der meine Jugend erträglich gemacht hatte, einem der größten Rockstars aller Zeiten.

Mein Hauptproblem waren die amerikanischen Acts, erklärte ich ihm. Michael Jackson schien einfach keine Lust zu haben. Ich rief Quincy Jones an und bat ihn, mit ihm zu sprechen. Ich rief seinen Manager, Frank de Leo, und Walter Yetnikoff, den Präsidenten von Columbia Records, an. Um ehrlich zu sein, ich hatte mit allen schwarzen amerikanischen Acts größte Probleme. »Diana Ross' Entschuldigung ist, daß sie in LA ist, was immer das auch für eine Entschuldigung sein soll. Kragen sagt, Lionel Ritchie macht sein Album und kann deswegen nicht. Prince ist in den Ruhestand getreten oder so was. Tina Turner ist auf Tour, und Stevie Wonder ist total verdreht.«

»Warum?« fragte Mick.

»Ich habe Keith Harris angerufen, die beiden sind dicke Freunde, er hat Stevie angerufen, und der hat gesagt, er wollte nicht den Beuteneger machen. Also habe ich Keith gesagt, so wäre es ja nicht. Billy Ocean, Ashford and Simpson, Kendricks und Ruffin von den Original-Temptations würden alle dabei sein. Keith rief Stevie wieder an, und er sagte o.k., er würde es machen. Dann rief mich zwei Tage später ein Typ namens Epnet Abner an und sagte, er würde es nicht machen, und es würde ihn nicht interessieren, was Stevie gesagt hätte ... Zum Kotzen. Und von den meisten amerikanischen Bands höre ich sowieso nichts als: ›Macht Bruce mit ...?‹«

»Und *macht* Bruce mit?« fragte Mick.

»Er sagt, er will es sich überlegen, aber ich glaube nicht dran. Landau sagt, er sei abgespannt, und dann hat er gerade geheiratet ...

»Leck mich, ich dachte, das wäre ein Grund *fürs* Mitmachen.«
»Anscheinend würde er gerne ein paar Tage mit seinem Frauchen verbringen.«
»Leck mich am Arsch.«
»Jedenfalls treffe ich ihn in ein paar Tagen in Newcastle und frage ihn. Machst du es hundertprozentig?«
»Ja, definitiv, auch wenn der Rest nicht will, dann stelle ich eine Band zusammen und studiere was ein.«
In Newcastle traf ich den Chef der Wembley-Gastronomie, ARA, eine große amerikanische Firma, wie sich herausstellte.
»Entweder verzichten Sie auf Ihren Profit, oder Sie geben uns Prozente«, sagte ich.
»Wenn Sie für den Tag das Personal für die Gänge stellen, können wir Ihnen zehn Prozent von allem geben, was Sie verkaufen.«
»Wollen Sie mich verarschen? Wir stellen umsonst Personal, und Sie geben uns zehn Prozent vom Umsatz? Wie gnädig! Das ist doch weniger als die Löhne, die Sie sowieso zu zahlen hätten. Sie spenden entweder Ihren Profit, oder ich werde jeden, der ein Ticket kauft, bitten, sich seine Verpflegung selbst mitzubringen und Ihre Stände zu boykottieren.«
»Ich glaube kaum, daß Sie damit durchkommen.«
»Das glaube ich aber für dich mit, Freundchen.«
Am nächsten Tag gingen wir zu einer technischen Besprechung mit der BBC. »O.k. Wer macht die Telefone für die Spendenaktion?« Stille. »Wer kennt sich mit Telefonen aus?«
Im Hintergrund erhob sich eine Hand. »Meine Frau und ich arbeiten beim *Support Service*, das gehört zur BBC. Wir werden's versuchen, aber wir haben nicht viel Zeit.«
Früh am Freitag rief ich Mitchell in New York an. »Wie läuft's?«
»Die gute Nachricht ist, daß wir einen Sponsorenvertrag für

eine Million von Pepsi haben, sobald der Rundfunkdeal klar ist. Die schlechte Nachricht ist, daß wir den Rundfunkdeal bis jetzt nicht haben.«

»ABC haben nicht zurückgerufen?«

»ABC haben nicht zurückgerufen.«

»Scheiße.«

»Scheiße.«

Ich hatte mich in den letzten Jahren ein paarmal mit Pete Townshend unterhalten. Ich rief ihn auch jetzt an, und wie üblich war er erfrischend direkt.

»Ja, natürlich mache ich's. Aber was du wirklich willst, ist doch, daß die Who noch mal zusammen spielen, oder?«

Das war etwas, das ich nie zu fragen gewagt hätte. Der letzte Bruch der Who war, wie ich gehört hatte, bitter und unwiderruflich gewesen. »Das wäre unglaublich.«

»Ich werde sehen, was sich machen läßt.«

Das Telefon klingelte. Es war Mitchell. »ABC machen die Million locker.« Langsam begannen die Amis, mir Spaß zu machen.

Hal Uplinger war auf die Idee gekommen, ein Diplomatenköfferchen mit einer vierstündigen Zusammenfassung von den Staaten an alle Länder der Welt zu verschicken, die eine Fernsehstation hatten, aber nicht die Ausrüstung, sich direkt an den Satelliten anzuschließen. Damit konnten wir ein Publikum von weit über einer Milliarde Menschen erreichen. Die Vorstellung, daß kein Vertreter der größten Band der Popgeschichte anwesend sein sollte, schien undenkbar, also schrieb ich Paul McCartney nach Hause und fragte an, ob er »Let It Be« singen könnte: »Aus irgendeinem Grunde weckt die Musik der Beatles mehr emotionale Anteilnahme als jede andere. ›Let It Be‹ ist wie eine Hymne auf zerbrochene Träume.« Ich bat ihn, es am Ende der Show zu singen. »Wenn du das tust, wird die Welt in Tränen ausbrechen«, schrieb ich. Ich wußte, daß er wahrscheinlich Hunderte ähnlicher Anfragen bekam, aber ich wußte einfach, daß ein solches Programm ohne ihn nur die Hälfte wert wäre. Ich schrieb nicht an Paul McCartney, den Mann, sagte ich, sondern an PAUL MCCARTNEY, das Phänomen. Wenn er spielte, würden Millionen zuschauen, die für nichts anderes den Fernseher einschalten würden. Und damit würde Geld hereinkommen, das anderenfalls nicht hereinkommen würde. Falls er wirklich zu dem Schluß kommen sollte, es sei ihm unmöglich, solle er sich nicht weiter gedrängt fühlen. Falls er es aber machen würde, wäre es die Krönung des Unternehmens. Während ich den Umschlag zuklebte, war mir klar, daß ich alles getan hatte, was in meinen Kräften stand.

Vom Vorstand der British Airways hatten wir immer noch nichts gehört. »Mein Partner Ed kennt einen im Pressebüro von BA. Ich werde ihn mal drauf ansetzen«, sagte Harvey.

Ich beschloß, einen Besuch in Paris zu machen, wo sowohl die Stones als auch Duran Duran zu Plattenaufnahmen waren. Ronnie Wood hatte Geburtstag, und es gab eine Party in einem kleinen Club. Ich zog Bill Wyman beiseite und fragte ihn wegen Live Aid.

»Bob, laß uns damit in Ruhe. Wir haben Millionen von diesen Benefizgigs gemacht.«

»Aber den hier nicht. Es ist 'ne einmalige Sache.«

»Mann, selbst wenn wir alle mitmachen würden, könnten wir Keith nie breitschlagen.«

»Warum nicht?«

»Weil es Keith einen Scheiß kümmert.«

»Das ist das einzige Argument, auf das sich nichts mehr sagen läßt«, sagte ich. Wie es kommen sollte, trat Keith Richard dann in Philadelphia mit Bob Dylan auf, also wird Bill wohl danebengelegen haben.

Ich traf mich mit den Durans. Ihre Zurückhaltung war beunruhigend. Sie alle sind gute Freunde von mir, sie hatten mit zu den Bands gehört, die von Anfang an für die Idee gewesen waren. Jetzt konnte ich ihrer Mitarbeit nicht mehr sicher sein. Ich hatte Verständnis dafür: In der Band ging es drunter und drüber, sie durchlief eine der Überdruß-Phasen, mit der sich alle Bands manchmal herumzuschlagen haben. Zwei hatten die Band verlassen und Power Station gegründet, um sich etwas rock-orientierter Luft zu machen. Die anderen arbeiteten an ihrem eigenen Projekt Arcadia. Ich besuchte sie im Studio. Die Samtpfoten-Taktik erschien mir am erfolgversprechendsten. In einer Aufnahmepause fragte mich einer von ihnen, wie es bei uns laufen würde. »Ganz gut. Wir haben Jagger, Bowie, Phil Collins, Elton und Quo spielen noch mal zusammen. The Who vielleicht auch. Dann Paul Young, Wham!, die Spans, Sting, Sade. Wir können zufrieden sein.«

»Verdammt, das Line-up kann sich sehen lassen.«

»Vielleicht sollten wir es trotzdem machen.«

»Klar, wenn ihr Lust habt. Aber wir sind soweit komplett. Übrigens habe ich John in New York angerufen, und er sagte, Power Station wären dabei.«

»Davon hatte ich keine Ahnung. Scheiße, wir sollten es machen.«

»Hört mal«, schlug ich diplomatisch vor, »du und Nick und Roger könnten doch Arcadia in London machen, mit Phil Collins in die Concorde springen, Power Station kommen in Amerika auf die Bühne, und dann komplettiert ihr Andy und John zu Duran Duran. Das würde die ganzen Gerüchte zum Schweigen bringen und die Lage entspannen.«

»Genial«, sagte Simon, »ich würde gerne mal wieder auftreten.« »Tja«, sagte Nick etwas zurückhaltender.

Wieder in London, rief ich Sir Kenneth Newman, den Polizeipräsidenten der Londoner Städtischen Polizei, an und erbat für den Tag die Mithilfe der Polizei. Er rief am nächsten Tag an und sagte, die Leute würden uns kostenlos zur Verfügung stehen. Damit sparten wir nach meiner Schätzung fünfzehntausend Pfund.

Der Mann vom BBC Support Service rief an. »Wir haben zwanzig Telefone.«

»Zwanzig! Das hat gar keinen Zweck. Wir brauchen Tausende.« Keine Chance, daß British Telecom so kurzfristig so viele zur Verfügung stellen konnte. Sie sagten, wenn ich das Konzert um eine Woche verschieben könnte, hätten sie ihr neues Computersystem in Betrieb genommen. Aber wir konnten den Termin jetzt nicht mehr verschieben und machten uns an die Aufgabe, Firmen mit großen Telefonanlagen zu kontaktieren, die an den Wochenenden nicht benutzt wurden.

Harvey kam aus Wembley zurück. »Die Wembley-Leute haben angeboten, von ihren Ateliers ein Band-Aid-Logo entwerfen zu lassen, aber sie sagen, die Werbefirma, die genau wie die Bewirtungsfirma einen exclusiven Vertrag hat, verlangt Prozente. Die geben keinen Zentimeter nach.«

»So langsam glaube ich, wir sollten das ganze Stadion mit Ständen abriegeln, in denen Band-Aid-Souvenirs verkauft werden, und den Leuten sagen, daß alles andere nur Abzieherei ist und die Typen in ihre eigene Tasche wirtschaften. Es wäre relativ einfach, denen Konkurrenz zu machen.« »Ich glaube nicht, daß es nötig sein wird«, sagte Harvey. »Wembley ziert sich bloß ein bißchen.« Tatsächlich sah es dann nach einiger Zeit so aus, daß sich Mick Worwood, der Chef der Marketingfirma, immer mehr engagierte und uns schließlich mit dem Entwurf des offiziellen Programmhefts unschätzbare Dienst erwies. Durch Anzeigen und andere gute Deals warf es schon beachtliche Profite ab, noch bevor ein einziges Exemplar verkauft worden war. Er half uns auch bei der Suche nach Sponsoren – drängender, je näher der Termin rückte.

Ein Brief aus dem Büro der Stones traf ein. Darin hieß es, die Band wünsche Live Aid alles Gute, sähe sich aber nicht in der Lage teilzunehmen. Ich rief Harvey an. Harvey sagte, er würde mit Prince Rupert Lowenstein, dem Businessmanager der Stones, sprechen. »Gilt das für alle Stones, Rupert?«

»Ja.«

Ich rief Jagger an. »Mick, was zum Henker …«

»Ja, ja, schon gut. Ist nur Brassel mit der Band; ich muß das im Moment sagen. Aber ich bin da, das verspreche ich dir.«
Mittlerweile hatten wir ein Stadium erreicht, an dem in England alles seinen Gang ging, aber in Amerika schien sich, trotz regelmäßiger Telefonate mit Bill Graham, nichts zu tun. Man hatte sich immer noch nicht für einen Veranstaltungsort entschieden, und uns blieben nur noch wenige Wochen bis zu der Pressekonferenz, auf der alle Einzelheiten angekündigt werden mußten. Das Naheliegendste wäre New York gewesen, sowohl vom logistischen als auch vom symbolischen Gesichtspunkt. Im Hinterkopf hatte ich das Shea Stadion, in dem die Beatles ihr berühmtes Amerikakonzert gegeben hatten. Das sicherste schien mir, selbst hinüberzufliegen und nach dem Rechten zu sehen.
Der Trip war eine Katastrophe. Ich arrangierte ein Treffen mit Ron Delsner, dem großen New Yorker Promoter. Delsner ist ein lustiger Typ in seiner brüsken und rüden New Yorker Art, aber er schien weder die Fernsehwirksamkeit noch den weltumspannenden Symbolismus der Veranstaltung erkennen zu können. Er blieb bei seinem Vorschlag, wir sollten fünf Abende in Forest Lane auftreten, was uns wesentlich mehr einbrächte als eine einmalige Sache im Shea. Ich sagte ihm, wir seien darauf angewiesen, alles umsonst zu bekommen.
»Läuft nicht«, sagte Ron.
»Vielleicht doch«, sagte ich.
»Nicht mit den Gewerkschaften.«
»Können wir nicht Ed Koch einspannen? Ist doch ein volkstümlicher Bürgermeister.«
Er nahm mich zu einer Party mit, um mich Ed Koch vorzustellen. »Bürgermeister, dies ist Bob Geldof«, sagte Ron zum Bürgermeister, einem erstaunlich hochgewachsenen Mann, der sich geschwind durch den Raum bewegte, um im wunderschön restaurierten Sitz der Stadtverwaltung allerlei Grüppchen zu begrüßen.

»Was kann ich für Sie tun?« fragte der Bürgermeister, während er über meine Schulter ein Auge darauf hielt, ob nicht jemand Interessanteres den Raum betrat.
Ich setzte ihn kurz und schmerzlos ins Bild und bat dann um freie Stadionbenutzung.
»Wir gehen der Sache nach, Bob.«
Ich bat ihn um städtische Subventionen.
»Wir gehen der Sache nach, Bob.«
Ich bat ihn um Polizeieinsatz.
»Wir gehen der Sache nach, Bob.«
»Herr Bürgermeister, sind Sie sich darüber im klaren, daß wir eine halbe Milliarde Zuschauer erwarten?«
Plötzlich konzentrierte er seinen Blick auf mich. »Eine halbe Milliarde?« Er wandte sich an seinen Assistenten. »Da müssen wir einsteigen. Ron, Sie haben Bobs Telefonnummer. Wir bleiben in Verbindung, Bob.«
Aber das Shea Stadion war in jämmerlichem Zustand. Es wurde neu aufpoliert, und ein ganzer Sitzblock war unsicher. Die Kosten des Polizeieinsatzes wären enorm, und Koch mußte feststellen, daß er, wie Ron gesagt hatte, wegen der Gewerkschaften nicht an unbezahltes Personal kommen konnte. Andere Gewerkschaften waren genauso unkooperativ. Wir zogen den Madison Square Garden in Betracht, aber er war zu klein, und wir hätten zuviel für die Tickets verlangen müssen. Wir sahen uns im nahe gelegenen New Jersey nach einer Ausweichmöglichkeit um. Das hieß, wir mußten einen anderen Promoter, John Sher, hinzuziehen. Das gigantische Stadion in Meadowlands wäre ideal gewesen, aber dann stellte sich heraus, daß wir, um die Erlaubnis des Amerikanischen Fußballbunds zu erhalten, zehntausend Tickets zum Preis von je fünfundzwanzig Dollar für das Fußballspiel am Tag nach dem Konzert hätten abnehmen müssen. Sie verlangten, daß die Acts von ihren Spielern angekündigt werden sollten. Es war glatte Erpressung. Sie befürchteten, es könnten weniger Zuschauer zu ihrem Spiel kommen. Bill Graham be-

sorgte ihnen fürs Training einen Ausweichplatz. Ich traf mich auch wieder mit Mitchell, der mit den Sponsorengeschäften gut vorankam, und flog zurück nach London.

»Tja, New York ist aus dem Rennen. Damit bleiben uns vier Möglichkeiten«, sagte Harvey. »Wir können es mit Graham in Kalifornien machen, was wegen des Zeitunterschieds nichts bringt. Wir können uns für Meadowlands entscheiden und uns die Probleme mit Delsner, Sher und den Fußballern aufhalsen. Wir können uns für das RFK Stadion in Washington entscheiden, das keinen ansässigen Promoter hat, über den ich glücklich wäre, und wir könnten uns für Philadelphia entscheiden, das nur eine Stunde entfernt von New York ist, von vier Flughäfen bedient wird und einen der besten Promoter der Staaten hat, Larry Magid.«

»Washington könnte vom symbolischen Gesichtspunkt her gut sein ... London, Washington, weißt du.«

»Aber das Stadion liegt mitten im Autobahnkreuz am Arsch der Welt.«

»Philadelphia ist Schrott. Welchen symbolischen Wert soll das haben?«

»Keine Ahnung. Wen stört's?« sagte Harvey in seiner pragmatischen Art. »Das Stadion gibt's umsonst, keine Gebühr, was auch immer. Vollste Unterstützung durch den Bürgermeister. Polizei, alles.«

»Und warum sollten sie uns all das umsonst zur Verfügung stellen?« fragte ich.

»Na, ich nehme an, sie brauchen ein bißchen gute Öffentlichkeitsarbeit. Sie hatten gerade diesen Zwischenfall, wo die Polizei dieses Haus voller schwarzer Anarchisten ausgebombt hat, dabei alle getötet und dann den ganzen Block in Brand gesetzt hat.«

»Jesus, Harvey, und bei all dem sollen wir ausgerechnet Philadelphia nehmen?«

Pete Townshend rief an. »Paß auf, es sieht nicht gut aus. Ich will es machen, aber Roger will nur, wenn Kenny nicht mit-

macht. Aber wenn Kenny nicht dabei ist, macht *John* nicht mit.«
»Dann macht John nicht mit. Warum John?«
»Er sagt, wegen dem, was Roger in der Vergangenheit über Kenny gesagt hat. John sagt, Roger hätte Kenny nie verziehen, daß er nicht Keith ist.«
»Würde es dir was ausmachen, wenn ich John anrufe? Wird das irgend etwas nützen?«
»Schaden kann es jedenfalls nicht.«
Das waren also The Who, eine der größten Bands der Popgeschichte. Einer von ihnen, Keith Moon, der wilde Drummer, war tot. Kenny Jones hatte ihn ersetzt. Die beiden Protagonisten Roger Daltrey und Pete Townshend, den Sänger und das Songwriter-Genie, verband eine klassische Haßliebe. Und John Entwistle stand still am Baß, immer im Hintergrund, immer hin und her gezerrt von den Gehässigkeiten und bitteren Auseinandersetzungen der anderen.
»John, was ist dir über die Leber gelaufen? Ich dachte, das Problem wären Pete und Roger, aber nicht du.«
»Roger wird nie mit Kenny spielen, und überhaupt ist es nicht nur das. Ich kann es einfach nicht ertragen, noch mal auf die Bühne zu gehen und mich all dem auszusetzen.«
»Aber John, ich weiß nicht, aber ich habe gehört, daß ihr alle das Gefühl habt, ihr hättet euren Fans keinen ordentlichen Abschied bereitet. Also, was wäre dafür besser als ein Live-Aid-Auftritt? Natürlich gibt es Leichen im Keller, aber wie könnte man sie besser zur ewigen Ruhe betten als vor den Augen von Milliarden von Menschen? Die Chance kommt nie wieder.«
»Danke, Bob, aber weißt du, ich könnte es einfach nicht.«
»John, es kotzt mich an, mit dem Argument anzukommen, aber ich mache das schließlich nicht zum Privatvergnügen, ich mache das nicht, weil ich The Who mal wieder zusammen sehen will. Ich mach es, weil Kinder im Sterben liegen, und wenn The Who spielen, wird es schon ein Ereignis für sich

sein. Mehr Leute werden zuschauen, und mehr Leute werden spenden. Darauf läuft's hinaus.«
Ich rief Pete an. »Ich weiß nicht, ich glaube, er macht es nicht. Kann ich Roger anrufen?«
»Wenn du willst.«
Ich sprach ausführlich mit Daltrey. Zwischen den dreien gab es zuviel, was ich nicht verstehen konnte. All der unnütze Ballast und Unrat aus zwanzig gemeinsam verlebten Jahren. Zwischen ihnen herrschte ständig Hochspannung. Vielleicht war das die Quelle ihres Genies. Aber am Ende kotzte es mich an. Ich brachte mein letztes und wichtigstes Argument. Wenn sie spielten, würden sie einige Leben damit retten. Das stimmte, aber es klang schleimig. Letztendlich mußte das jeder mit sich selbst ausmachen.
»Es ist schwer, auf so ein Argument zu antworten, Bob.«
»Es ist das einzige Argument, das zählt, Roger.«

Harvey kam aus Wembley zurück. »Weißt du, dieses Emblem ...«
»Ja, nicht schlecht. Afrika als Gitarre und Live Aid über dem Hals.«
»Tja, das berechnen sie uns und bestehen darauf, daß der Designer jedesmal angegeben wird, wenn wir es benutzen.«
»Du machst Witze.« Ich schnappte mir das Telefon. »Ihr wart einverstanden, es umsonst zu machen, und jetzt liegt hier die Rechnung. Ihr habt doch begriffen, daß alle, die bei Live Aid dabei sind, umsonst arbeiten, alle, außer euch Typen. Ihr könnt mich am Arsch lecken ... ich spucke keinen Pfennig aus für eine halbe Stunde Rumkritzeln ... Leckt mich. Klar, verklagt uns ... und eure Einstweilige Verfügung könnt ihr euch in den Arsch stecken.«
Später sagte Andy Zweck, der bei Rock-in-Rio-Festival mitgearbeitet hatte, es wäre sowieso von ihrem Logo abgekupfert, sie hatten nur Südamerika durch Afrika ersetzt. Wir

schrieben an die Rioleute, und sie gaben uns die Erlaubnis, es zu benutzen. Trotzdem mußten wir den Typ bezahlen. Und er klingelt immer noch wegen irgendwelcher Urheberrechte an.

»Es muß Philadelphia sein. Die einzige vernünftige Möglichkeit.«

»Scheiße, Harvey. Es kann nicht Philadelphia sein, aus demselben Grund, aus dem es nicht Milton Keynes oder Stoke-On-Trent sein könnte. Es muß eine internationale Großstadt sein.«

»Bob, es bleibt bei Philadelphia. Es ist zwei Uhr nachts. Morgen müssen wir Live-Aid-Pressekonferenzen in London und New York geben. Und wir haben immer noch keinen Veranstaltungsort. Es muß Philadelphia sein. Verlaß dich auf mich.«

»O.k., o.k., Philadelphia, lieber Himmel.«

Am Morgen der Pressekonferenz rief Pete Townshend an. »Wir machen es als The Who.«

Die Pressekonferenz war heilsam und klärte wieder den Blick für das Wesentliche. Das ganze Unternehmen einer Gruppe von Leuten nahebringen zu müssen, die so gut wie nichts darüber wußten, war eine sinnvolle Ruhepause in unserem Hexenkessel von klingelnden Telefonen, Flügen, Konferenzen. Die Bilder des afrikanischen Völkermords hatten mir während des endlosen Anfragens und Forderns, Schmeichelns und Aufbegehrens, Schacherns und Bluffens, Organisierens und Reorganisierens ständig vor Augen gestanden. Sie drängten sich in den Vordergrund, wenn ich am äußersten Rande meiner Kräfte stand, und dann peitschten mich diese Erinnerungen vorwärts, die bei anderen ins Feld zu führen ich mich auch nicht scheute, wenn nichts sonst mehr half. Aber irgendwie fand sich alles von selbst, als wir in den Medien Farbe bekennen mußten. Wir hatten ein eindrucksvolles

Staraufgebot: David Bowie, Mick Jagger, Stevie Wonder, Sting, Phil Collins, Status Quo, Queen, Wham!, Spandau Ballet, Duran Duran, Paul Young, Sade, U 2, The Cars ... langsam hörte es sich an wie ein *Who's Who* der Popindustrie. Um dem Ganzen die Krone aufzusetzen, hatten wir die wiedervereinigten Who und einen Mann, der, wie wir stolz ankündigen durften, »einer der größten Namen der Popmusik« war. Zur gleichen Zeit waren schon zwei Band-Aid-Schiffe, beladen mit Getreide, Medikamenten und anderen Hilfsgütern, unterwegs nach Assab in Äthiopien. Wir hatten bereits beträchtliche Mengen an Medikamenten und Notrationen von Nährstoffkonzentraten nach Addis Abeba und Khartoum fliegen lassen. Kevin Jenden stand mit dem Sudan und Kuwait in Verhandlungen über den Ankauf von zwei Lastwagenkolonnen, die Band Aid dringend brauchte, um das Kartell der Lastwageneigner im Sudan zu durchbrechen, die ihre Monopolstellung ausgenutzt hatten, um die Preise für Lieferungen in die Hungergebiete hochzutreiben.

Die Pressekonferenzen gingen nicht ganz reibungslos ab, besonders in New York wurde ich von einem Teil der Presse angegriffen, der mir vorwarf, zu wenige schwarze Acts ins Programm genommen zu haben. Ich kochte, denn schließlich hatte ich mich auf den Kopf gestellt, um alle namhaften schwarzen Acts anzusprechen – Diana Ross, Lionel Ritchie, Michael Jackson, Prince –, und mir nur Abfuhren geholt. Ich hatte Quincy Jones um Hilfe gebeten, und er hatte zwei Leute aus seinem Büro abgestellt, die sich redlich bemühten. Daß sie nur magere Erfolge vorweisen konnten, lag sicher nicht an ihnen. Ich sagte: »Ich habe sie alle gebeten, vielleicht sollten Sie die Frage nicht mir stellen, sondern ihnen.«

Von da an lief das Live-Aid-Karussell aus Chaos und Verwirrung auf Hochtouren. Prince hatte gerade seinen Abschied verkündet, und es wäre peinlich gewesen, sich einen Monat später eines Besseren zu besinnen. Das schnellste Comeback der Popgeschichte. Wie wär's mit einem Video? O.k.

Harvey und ich kündigen Live Aid an.

Stevie bleibt bei Nein, Ja, Nein, Ja. »Und wir haben Stevie Wonder«, gaben wir bekannt.
Am nächsten Tag erhielt ich einen wütenden Anruf. »Hier Epnet Abner. Wer hat euch gesagt, ihr sollt Stevie Wonder ankündigen?«
»Eh – Stevie.«
»Bestimmt nicht.«
»Wer sind Sie überhaupt?«
»Ich gehöre zu seinem Management, wie sind Sie an ihn rangekommen?«
»Über Keith Harris, er hat noch um elf letzte Nacht mit ihm gesprochen.« »Ich rufe Sie zurück.«
Ich rief Keith an. »Keith, hier ist ein Knabe namens Epnet Abner und sagt, Stevie hätte abgelehnt.«

»Nein, er hat ja gesagt, er hätte sich entschieden, es zu machen.«
»Kannst du Abner anrufen?«
Epnet Abner rief mich an. »Bob, wir haben Verständnis für Ihre Position, aber Stevie ist eben dabei, das Album fertigzustellen, und kann jetzt nicht mehr unterbrechen. Wir haben schon sechs Monate überzogen, und Motown macht uns die Hölle heiß. Ich bin sicher, Sie verstehen das, also geben Sie die entsprechende Presseerklärung heraus, wären Sie so nett?«
»O.k.«, sagte ich mit Grabesstimme.
»Heute nachmittag, Bob, oder wir müssen es selbst machen.«
Ich tat es nicht. Sie riefen wieder an, und ich tat es trotzdem nicht. Vielleicht haben sie es gemacht. Ich weiß es nicht, mir war's egal.
In der Zwischenzeit hatte Kris Kristofferson sich angeboten, entweder allein oder zusammen mit Willie Nelson, der damals noch eingeplant war, und Waylon Jennings und Neil Young, den Elliott Roberts managte, zu spielen.
»Tom will ich ja gar nicht erst erwähnen, Bob«, sagte Elliott.
»Tom wer, Elliott?« seufzte ich.
»Tom Petty, aber vergiß, daß ich ihn auch nur erwähnt habe.«
Tom Petty war eine gute Ergänzung, ich weiß nicht, wie ich ihn vergessen konnte.
Aber Kris Kristofferson hielten sie die ganze Zeit hin, weil Bill Graham ihn nicht dabeihaben wollte, und schließlich zog er sein Angebot zurück. Brian Adams wollte aus Kanada kommen, was großartig gewesen wäre, weil er dort die Northern Lights gegründet hatte, das kanadische Band Aid. Dann änderte Cindy Lauper, deren Freund/Manager gesagt hatte, sie würde nicht mitmachen, ihre Meinung und sagte, sie käme doch.
Aber dann mußte sie operiert werden und kam ins Kranken-

haus. Sie sagte, sie würde es vielleicht im Rollstuhl machen, aber schließlich tat sie es doch nicht. Teddy Pendergrass *machte* es, um so bewundernswerter, weil es sein erster Auftritt nach einem schweren Unfall war. Mit den ansässigen Schwarzen gab es einiges Hin und Her, und Teddy Pendergrass war gefährdet, weil er selbst aus der Stadt kam und *vielleicht* lieber doch nicht auftreten sollte. Aber dann machte Patti Labelle mit, und sie ist auch aus Philadelphia. Am Tag selbst weinte Teddy und sang wunderschön und sagte irgendwas über ermordet werden ... Ich dachte nur noch: »Verdammt, was läuft denn hier?« Dann sagten Led Zeppelin, sie würden sich reformieren und Phil Collins würde Schlagzeug spielen, das sei wie eine Auferstehung in den Vereinigten Staaten, und dann sagte Paul McCartney zu und später sagte einer aus seinem Büro: »Hier hat keiner was dagegen, wenn ihr auch George und Ringo fragt.« Also rief ich George in Maui an, aber er antwortete: »Er hat mich vor zehn Jahren nicht gebeten mitzusingen, warum kommt er dann jetzt damit?« Ich sagte Denis, seinem Partner: »Es ist doch nett gemeint. Kannst du ihm einen Wink geben?« Aber es war nichts zu machen. Ich hatte es ohnehin nie für eine gute Idee gehalten, da einer der Beatles tot ist. In den Zeitungen hieß es, Julian könne einspringen, aber Julian ist nicht sein Vater, und es hätte ziemlich geschmacklos aussehen können. Wie Paul sagte, ehe sein Mikro ausfiel: »Let It Be.«

Ich rief Billy Joel an. Ich mochte ihn, ein netter Typ. Kein Problem, er wollte es machen. Das Problem war nur, die Band zusammenzukriegen. Dann rief sein Manager an. »Hi, Bob, Billy kann seinen Sax-Spieler nicht bekommen.«

»Kann er keinen anderen nehmen?«

»Nein, Bob, kann er nicht.«

»Hm. Vielleicht kann er sich alleine am Klavier begleiten?«

»Bob, du verlangst doch nicht von mir, meine Künstler in die Scheiße zu reiten? Ich würde ihn nie bitten, so was zu machen. Schließlich hängt seine Karriere da dran.«

»Es sind doch nur fünfzehn Minuten.«
»Ja, aber solange ich was zu sagen habe, leistet Billy sich keine halbgaren fünfzehn Minuten. Nicht, wenn die halbe Welt zusieht. Wenn er seine Band nicht komplett kriegt, ist er raus.«
In den Staaten hatte Bill Graham, der als Kind in Europa mit knapper Not Hitlers antisemitischer Verfolgung entkommen war, einen Protest gegen Reagans Besuch auf dem SS-Friedhof in Bitburg organisiert. Im Gegenzug hatte eine nazifreundliche Gruppe seine Büros in Kalifornien niedergebrannt, und Bill stand noch wochenlang unter Schock. Zu Hause hatte er ähnliche Probleme. Live Aid war im Moment die geringste seiner Sorgen.
Ich rief Paul Simon an, den ich schon von einem früheren erquicklichen Streitgespräch her kannte. Er sagte zu. Besser noch, er wollte versuchen, Dylan zu überreden, und vielleicht mit ihm zusammen auftreten. Ich rief die Beach Boys an. Einer von ihnen war gerade in Philadelphia, als ich anrief. Er meditierte und nahm es als Zeichen von oben, daß er gerade zur rechten Zeit in Philadelphia gewesen war. Sie sagten ja.
Paula interviewte Tina Turner für *The Tube*. Ich entschloß mich, hinzufahren und mit ihr zu reden. »Ehrlich Bob, wir können nicht. Wir sind dann in Kanada. Am selben Abend haben wir ein Konzert in Frederickstown«, sagte ihr Manager, Roger Davis. Er kramte seinen Terminkalender heraus, um mir zu zeigen, daß es keine faule Ausrede war.
In England war der Vorverkauf angelaufen. Die Tickets gingen weg wie warme Semmeln. Am selben Abend waren sie in London schon ausverkauft. Einige hatten wir an Busunternehmen gegeben, die sie landesweit verkaufen sollten. Nach drei Tagen waren auch sie vergriffen.
British Airways meldeten sich. Sie boten uns ein Paket an, das die Concorde – mit Direktleitung, damit Phil Collins vom Flugzeug aus gesendet werden konnte – und Tickets im Wert von fünfzigtausend Pfund einschloß.
Roger Davies rief wieder an. »Ich habe mit Tina gesprochen.

Sie will das Konzert in Frederickstown absagen. Mick hat auch schon mit Tina gesprochen, sie machen was zusammen.«
Bernard Doherty rief an. »David und Mick wollen ein transatlantisches Duett bringen. Können wir uns irgendwo treffen, um es zu besprechen?« Am Abend saßen wir in Bernards Büro zusammen: Mick Jagger, David Bowie und sein Presseagent, Coco, Harvey, Bernard und ich. Wir riefen Tom Verna, den technischen Direktor, in New York an.
»Das Problem ist, wenn Mick in den Staaten ist und David in London, gibt es eine Zeitverzögerung, während die Funkimpulse zwischen den Satelliten hin und her wechseln. Wir können sie auf eine halbe Sekunde reduzieren, aber eine Verschiebung gibt es.«
»Könnten wir die Zeitverschiebung nicht als Echo benutzen, wie im Reggae?« Ich sang als Beispiel Bob Marleys »One Love«. Jagger und Bowie fielen ein. Ich sang »One love, one heart, let's get together und feel all right.« Dann sang Bowie. Dann Jagger. Dann alle zusammen. Verna saß irgendwo in Amerika und ließ sich von Jagger und Bowie ein Ständchen bringen. Er sagte später, er sei zu verblüfft gewesen, um den Recorder anzuschmeißen und es für sich aufzunehmen. Ich konnte kaum glauben, daß ich in einem Raum mit diesen zwei Rockgiganten saß und mit ihnen einen Song einübte, Vorschläge machte, mit ihnen sang. Mit ihnen SANG! Leck mich am Arsch – es war so seltsam, die beiden vertrauten Stimmen zusammen in diesem winzigen Zimmer zu hören. Jagger war in seinen Stuhl zurückgefallen. Bowie saß neben mir auf dem Sofa. Ich begann »one love, one heart«, Jagger und Bowie stimmten auf die letzte Zeile ein, dann begann Bowie mit tiefer Stimme »one love«, dann wiederholte Jagger mit einem bluesigen Schrei »one love«, dann Bowie dunkel und melancholisch »one heart«, Jagger wie eine alte schwarze Mutter »one heart«, und dann in fröhlicher Eintracht »let's get together and feel all right«.

Die ursprüngliche Liste, einige spielten nicht oder fehlten.

»Nein, das wird nicht funktionieren«, sagte Tony Verna. »Weil Mick in Philly David in Wembley nicht hören kann und umgekehrt. Nur die Fernsehzuschauer können beide hören.«
»Das ist ja wenig hilfreich.«
»Die andere Möglichkeit wäre, einen von beiden auf Video aufzeichnen zu lassen, daß es so aussieht, als wäre es auf beiden Seiten live, einer müßte dann nur so tun ...«
Das Treffen endete in etwas gedrückter Stimmung. Der Trick wäre zu schäbig gewesen. »Scheiße«, sagte Harvey, »das hätte toll sein können.« David und Mick gingen zusammen raus und verbrachten einen Abend damit, sich gegenseitig auf der Tanzfläche auszustechen. Dabei kam ihnen eine Idee.

Mittlerweile hielt die European Broadcast Union wöchentliche Treffen bei der BBC ab. Es trat immer unübersehbarer zutage, daß die meisten den Zweck der Übung nicht begriffen hatten. Manche kümmerten sich überhaupt nicht darum, die notwendigen Einrichtungen für die Spendenaktion bereitzustellen; für sie war das Ganze nur ein riesiges Popkonzert. Andere, die mitgedacht und das aufgebrachte Flackern in meinen Augen gesehen hatten, erzählten mir große Sachen von ihren Telethons, hatten aber tatsächlich herzlich wenig vorzuweisen. Andere, wie das Dänische Fernsehen, wollten überhaupt kein Geld an Live Aid geben. »Wir geben immer nur an die evangelische Kirche.«

»Klar, dann lassen Sie sich auch von der evangelischen Kirche Ihr Konzert organisieren. Wenn Sie unseres wollen, geht das Geld an Live Aid.«

Die Deutschen waren plötzlich nur noch widerstrebend dabei, weil es bei ihnen erst kürzlich einen Skandal um die Spendengelder aus einem anderen Telethon gegeben hatte, sie hatten ganz allgemein kalte Füße.

»Jeder, der sich nicht beteiligen will, braucht uns doch nur Bescheid zu geben, und wir beschicken ihn nicht mit dem Programm.«

»Das kannst du nicht machen. Das ist gegen die EBU-Statuten. Wenn es einem zugänglich ist, muß es allen zugänglich sein. So kann man es nicht machen.«

»Das werden wir sehen.«

Paul Simon rief an. Er fühlte sich verschaukelt und war sauer. Immer, wenn er drüben jemanden anrief, um Dinge zu regeln, lief er gegen eine Wand. Er hielt das ganze für einen Sauhaufen. Er hatte das Gefühl, man würde ihm absichtlich Steine in den Weg legen, und hatte sich, da er und Bill nicht miteinander auskamen, entschlossen auszusteigen. Willie Nelson, ein sehr netter Mensch, hatte durch seinen Manager schon zugestimmt, zog aber nun seine Einwilligung zurück. Sie entschuldigten sich, aber ich mußte auch hören, daß es an

Bill lag. Der Verlust von gleich zwei Acts brachte uns übel aus dem Konzept. Ich machte ein paar Anrufe in die Staaten. Bill Graham schien immer noch von der Rolle zu sein. Wann immer einer der Teilnehmer in seinem Büro anrief, verbreitete er das Gefühl, alles stünde kurz vor dem Zusammenbruch, und die ganze Sache sei so gut wie abgeblasen. Er und Mitchell lagen sich in den Haaren, weil Mitchell angefangen hatte, die Acts direkt anzusprechen, anstatt über Bill Graham. Mitchell rechtfertigte sich, er brauche definitive Zusagen, mit denen er bei Fernsehsponsoren arbeiten könne, und Grahams Haltung sei nicht eben förderlich. Harvey und ich beschlossen, in die Staaten zu reisen. Uns blieben noch drei Wochen.

In New York trafen wir uns mit Bill Grahams Leuten und mit der Bühnencrew. Sie hatten noch nicht mit dem Vorverkauf begonnen, sie hatten keine endgültige Liste der auftretenden Künstler erstellt, und sie hatten sogar die Pläne für die Rundumbühne verschlampt, die ihnen schon vor drei Wochen zugeschickt worden waren. Graham hatte Michael O'Hearne, einen der besten Bühnenmanager der Welt, hinzugezogen. Er wußte, was er zu tun hatte, aber er wurde dafür bezahlt. Wir mußten feststellen, daß anders als in England, wo jeder umsonst arbeitete, in den Staaten fast jeder auf Bezahlung bestand. Nur die Bands, die Promoter und Mitchells Laden arbeiteten umsonst. Alle anderen, die Techniker, die PA- und Beleuchtungsfirmen und jedes Gewerkschaftsmitglied, mußten bezahlt werden. Wir sagten, es würde für niemanden Geld geben. Sie sagten, dann würde es keine Show geben. Wir fluchten, mußten uns aber geschlagen geben. Philadelphia kostete dreieinhalb Millionen. Wembley kostete fünfundzwanzigtausend. Es war enttäuschend, weil schließlich der Geist des Ereignisses zählte. Jeder sollte für die anderen sein Bestes geben.

Irgendwer hatte die kühne Idee gehabt, die Bühne mit Flaggen aus jedem Staat der Welt zu schmücken. Ich fand die Idee grausam. Es war schnulzige Gefühligkeit, ich hasse Nationalismus, und darüber hinaus, wie Harvey sagte: »Alles was uns noch fehlt, ist, daß ein Spinner Dschibouti oder so falschrum hängt, und schon haben wir einen Bürgerkrieg ausgelöst.« Drei Wochen hatten sie damit verbracht, den Vereinten Nationen kostenlose Flaggen aus dem Kreuz zu leiern, aber unsere Bühnenpläne hatten sie verloren. O'Hearne hatte sich eigene gemacht.

»Aber die nützen nichts. Du hast die Bühne zweigeteilt anstatt dreigeteilt. Damit hast du nie genug Zeit für die Umbauten, wenn jede Band nur fünfzehn Minuten hat. Aber auf alle Fälle sollte die Bühne auf beiden Hälften identisch sein. Es sind nicht zwei Konzerte, sondern ein und dasselbe.« Das Konzert selbst gab uns dann recht. Die Umbaupausen waren viel zu kurz, und die Bühne sah ständig aus wie eine Rumpelkammer. Die Thompson Twins hatten zum Beispiel absurde elf Minuten Aufbauzeit.

Wir flogen nach Philadelphia, wo sich Larry Magids Büro als Insel der Gelassenheit inmitten eines Meers tosender Konfusion erwies. Harvey entschied, zwei seiner Leute aus London zu schicken, die von dort aus mit den amerikanischen Bands dasselbe vorbereiten sollten, was wir für Wembley arrangiert hatten. Wir trafen den Vizebürgermeister und Stadtverordnete, das erste konstruktive Treffen unseres Besuchs. »Danke, daß Sie so viel für uns tun«, sagte ich zu einem der Stadtväter. »Wir brauchen das«, antwortete er mit schöner Offenheit.

Bill war beim Meeting wie neugeboren und hielt eine aufrüttelnde Rede an die Abgesandten der Stadt. Aber der Kontakt zwischen ihm und Mitchell war und blieb gestört.

Mike hatte nun diverse Sponsoren an der Hand, die die Kosten des Ereignisses übernahmen und damit gewährleisteten, daß alle Spenden und die Erlöse aus Ticket- und Andenkenverkäufen direkt an Live Aid gehen würden. Außerdem hatte er ein Aufklärungsprogramm zur Verteilung an Schulen und Colleges und für Radio und Fernsehen zusammengestellt.

Außerdem waren einige Nachrichten für den Öffentlichen Dienst zusammengestellt worden. Danach trafen wir Vertreter der ABC. Mittlerweile war uns klargeworden, daß wir uns mit ABC ziemlich in die Scheiße gesetzt hatten. Mitchell hatte ihnen das Blaue vom Himmel herunter versprochen, um überhaupt mit einem Rundfunksender ins Geschäft zu kommen. Zum Beispiel trugen wir die Kosten für die gesamte Außentechnologie der Übertragung, und das reichte ihnen immer noch nicht. Mitchell war es gelungen, einen »Stegreif-Rundfunk« aus unzähligen unabhängigen Stationen zusammenzusetzen, die mehr als fünfzehn Stunden der Show übernehmen wollten. Damit allein würden wir fünfundachtzig Prozent aller Fernsehhaushalte in den USA erreichen. Als ABC sich darüber klar wurde, kamen sie uns mit der Forderung, alle Superstars in den drei Stunden spielen zu lassen, in denen sie auf Sendung waren. Sie wollten exklusive Bands aus England, David Bowie, Elton John, Paul McCartney, The Who und Wham!

»Wir müssen zustimmen. Wir haben ihnen unser Wort gegeben«, sagte Mitchell.

»Scheiße haben wir. Die können mich mal.«

»Wir brauchen Rundfunk.«

»Nein, brauchen wir nicht. Mitchells Privatfunk repräsentiert schon fünfundneunzig Prozent aller unabhängigen Sender in den USA. Wir brauchen die nicht.«

Dann klappte Mitchell uns zusammen. In London war es zwei Uhr morgens. Harvey und ich sprachen über Konferenzleitung mit ihm. Es gab eine lange Pause. Ich glaubte, Mitchell würde weinen. Er hatte genausoviel gearbeitet wie wir, zwanzig Stunden am Tag, mit all den Problemen, die die US-Produktion nach sich zog. Er befürchtete, Graham wolle ihn ausbooten. Sein Team hatte die größte Satellitenschaltung aller Zeiten organisiert und gebucht. Sechzehn Satelliten und unzählige Bodenstationen waren angeschlossen. Jetzt war er ausgeblutet. Er hatte kein Geld und hatte sich, wie wir anderen, persönlich hoch verschuldet. Ananda Krishna half da aus, aber dies war das Ende. Seine ganze Strategie war auf den Zuschlag von ABC angelegt gewesen. Amerikas erste Rock-Fernsehübertragung. Stunden davor. »Prima, ich blase alles ab«, sagte er. »Ich habe alles versucht, aber wenn ihr es so wollt ...«, dann brach er ab. Ich war erschöpft. Den ganzen Tag, die ganze Nacht, monatelang. Ich sagte Mike, er sei ein Genie, daß wir ihn brauchten, daß es nicht mehr lange dauern würde, daß wir ABC brauchen würden, aber nur zu unseren eigenen Bedingungen.

Mir war selbst zum Heulen zumute. Wie oft würde ich das noch sagen müssen, und wann würde es endlich jemand zu mir sagen? Zwischen allen zerrieben, so fühlte ich mich. Jetzt riefen ununterbrochen Bands an. Menschen in aller Herren Länder hatten meine Telefonnummer, jeder Journalist hatte sie. Ich hielt es für besser, sie bekanntzugeben, für den Fall, daß sie etwas aufschnappten und mit mir abchecken wollten, ehe sie es druckten. Ich hatte schon Probleme damit gehabt.

Ich kannte Huey Lewis seit Jahren. Wir hatten gemeinsame Freunde in Mutt Lange und Phil Lynott von Thin Lizzy. Bei den USA-for-Africa-Aufnahmen hatte ich ihn wiedergetroffen. Er war mittlerweile ein Star, aber immer noch ein lustiger Vogel. Ich hatte ihn auf Live Aid angesprochen, und er hatte gesagt, es dürfte kaum Probleme geben. Er sagte, seine Frau erwarte ein Baby, und das einzige, was ihn vom Auftritt abhalten könnte, wäre, daß das Kind kurz vorher geboren würde. Er hatte nichts dagegen, daß wir seinen Namen benutzten, falls wir wollten.

Als ich ihn wieder anrief, weil die Presseverlautbarung näher rückte, hieß es, die anderen in der Band glaubten, mit der USA-for-Africa-Platte ihre Schuldigkeit getan zu haben, und außerdem hätten sie ein Stück zu der LP beigetragen, die danach kommen sollte. Ich wurde mißtrauisch. Warum waren all die Westcoastbands so widerwillig, was zum Teufel war los? Dann hörte ich aus anderer Quelle, daß irgend jemand herumerzählte, es würde in die Hose gehen, es wäre chaotisch und unprofessionell, und überhaupt sollten sie sich lieber raushalten, weil es eine rein englische Angelegenheit sei. Das wurde in einem Gespräch mit Hueys Manager, Bob Brown, ausgeräumt. Als mein Gespräch mit Huey beendet war, sagte er, er würde mit der Band sprechen und trotz allem versuchen, dazusein, wenn die Ankunft des Babys nicht dazwischen kam.

Nachdem wir bekanntgegeben hatten, daß Huey Lewis and the News dabei waren, stand eine Story in der Zeitung, in der es mehr oder weniger hieß, Huey könnte nicht auftreten, weil die Band sich nicht sicher sei, wie die Spenden genutzt würden. Das war grober Unfug und schlimmer, es stellte unsere Integrität in Frage und, sogar noch schlimmer, legte die Vermutung nahe, daß wir selbst nicht wußten, was wir seit Januar in Afrika taten. Ich war wütend. Ich rief Bob Brown an und behauptete, ich hätte wegen des öffentlichen Charakters des Ereignisses alle Telefongespräche aufgezeichnet, und in der Hand hätte ich zwei Aufnahmen eines Gesprächs mit Huey Lewis, in dem er mir versicherte, nur die Geburt seines Kindes könne ihn am Mitmachen hindern, und wenn er seine Anschuldigungen nicht unverzüglich widerrufen würde, würde ich am nächsten Nachmittag die Bänder an alle großen Rundfunkstationen geben.

»Wird dieses Gespräch auch aufgezeichnet?« fragte Bob.

»Natürlich«, sagte ich. Natürlich hatte ich kein Aufzeichnungsgerät. Ich bluffte nur, aber ich mußte ihn dazu bringen, diese Anschuldigungen zurückzuziehen, die unwahr und extrem ernst waren und uns schweren Schaden zufügen konnten. »Paß auf, wenn Huey nicht will, wenn *irgendwer* nicht will, kein Problem. Keiner wird dazu gezwungen. Es ist schließlich nur ein verdammtes Konzert.«

Dann erzählte Bob mir, was andere herumerzählten, und erklärte sich bereit, ihrer Presseerklärung eine Ergänzung an-

zufügen. Er las mir den Text der ursprünglichen Presseerklärung vor, der umgestellt worden war, sich aber immer noch übel genug las. Ich bedauerte, daß Huey ausgestiegen war.
Für jede gute Nachricht gab es eine haarsträubende. Es war der Druck, anderen Auftrieb geben zu müssen, ständig mit »Klar, das machen wir schon« um sich zu werfen, der mich zermürbte. Den ganzen Tag hing ich am Telefon, mit einem dräuenden Aufgebot an Fernsehkameras im Nacken. Es war ermüdend. Die Franzosen wollten sich nicht beteiligen. Jedes andere Land übernahm nicht nur unsere Sendung, sondern übertrug auch einen Auftritt seiner eigenen Band, wie es mehr oder weniger die ursprüngliche Idee gewesen war. Einer unserer Männer pendelte zwischen Moskau, Peking und Delhi und kümmerte sich um ihre Leitung und die Übertragung aus Rußland. Ich rief den französischen Kultusminister an. Er weigerte sich, mit mir zu sprechen. Ich rief den Intendanten der Fernsehanstalt an. Ich erklärte ihm, es sei ein übergreifendes kulturelles Ereignis. Nein, für sie war das ein Popkonzert, und Popmusik war nicht französisch. Sie wollten zehn Stunden zeigen, am späten Abend und vormittags. Würde das nicht genügen? »Ich will, daß Kinder und alte Leute und Leute, die Popmusik hassen, zusehen, damit sie mithelfen können«, redete ich ihm zu.
Die Deutschen konnten ihr Geld nicht an uns geben, weil wir keine deutsche Organisation waren. Sie versuchten, sich ganz ohne Spendenaufruf aus der Affäre zu ziehen. Die Malayen wollten wissen, ob sie ihr Geld behalten könnten. Bitte doch. Macht wenig Sinn, von der Dritten Welt zu kassieren, um der Dritten Welt zu geben.
Die Kameras surrten, Scheinwerfer versengten mir den Haaransatz. Nachts im Bett litt ich Todesängste; ich war buchstäblich gebadet in kaltem Schweiß. Oft fuhr ich nach einer Stunde Schlaf hoch, von plötzlicher Panik geschüttelt. Wenn etwas schiefginge! Ein Fehlschlag in dieser Größenordnung! Die Laken waren klatschnaß. Paula wischte mir den Rücken

mit einem Handtuch ab. Für Monate war sie es, die mich bei Verstand hielt. Sie und Anita, Fifis Kindermädchen, hatten den Dienst am unentwegt klingelnden Telefon übernommen. Ich hatte keinen Anrufbeantworter und wagte nicht, den Hörer danebenzulegen, weil jederzeit Wichtiges kommen konnte. Tag und Nacht klingelte es. Meistens stand ich um sechs schon auf, unfähig zu schlafen, mit dem Stein im Magen, von dem ich so oft gelesen hatte, ohne damit zu rechnen, einmal selbst davon gequält zu werden. Daß mein Kopf schmerzte und brummte, wurde zum Normalzustand. Ich aß sehr wenig. Stevie, Mariella, Bernie und Linda aus dem Pressebüro schoben mir Sandwiches zu, die ich zwischen den Telefonaten herunterwürgte. Mittlerweile war ich völlig bankrott. Paula steckte mir Geld zu, wenn ich es brauchte. Unser Plattenvertrag war ausgelaufen, und ich wagte nicht zu hoffen, daß ich einen neuen bekommen würde; außerdem hatte ich für solche Überlegungen keine Zeit. Ich konnte keinen Gig mit den Rats einlegen, um Geld zu beschaffen. Ich befürchtete, ich würde vielleicht das Haus verkaufen müssen. Aber das war die geringste meiner Sorgen, während ich dem x-ten Journalisten aus dem x-ten Land zum x-ten Mal erklärte, was geschehen würde und was von ihm und seinem Land erwartet wurde. Die Tage kamen und gingen. Ich hatte panische Angst, aber ich konnte sie nicht zeigen. Alles mußte vor Zuversicht strotzen: »Natürlich, kein Problem.« »Laß mich nur machen, ich rufe ihn an.« »Nein, Verträge haben wir mit niemandem, aber sie werden alle antreten.« Alles stützte sich auf Vertrauen und den Glauben an das Gute im Menschen. Ich war in Paris, New York, London, Newcastle, Philadelphia, New York, London. Wie betäubt kam ich nach Hause zurück, und mir grauste schon vor den Zeitungen am nächsten Tag, in denen ich lesen würde, daß wieder jemand ausgestiegen war und alle anderen durch den Dreck zog, um sich selbst vom Stigma der eigenen Schäbigkeit reinzuwaschen.

Und jetzt konnten wir endgültig nicht mehr zurück. Es war mir egal, ob ABC ausstieg, nichts hätte mir gleichgültiger sein können. Wenn das ganze wackelige, von keinem Vertrag gestützte Gebäude in sich zusammenfallen würde, mir war es egal. Ich hatte alles versucht. »Mike, wir brauchen dich, und die verarschen dich, also sag ihnen, sie können abziehen und sich ins Knie ficken.«

Bei dem Treffen mit ABC sagten wir ihnen, sie kämen uns gerade recht. »Entweder ihr nehmt es, oder ihr laßt es bleiben. Und wenn ihr kauft, dann geht der Preis noch mal um eine halbe Million rauf.« Wir stellten unser Ultimatum und nahmen den Flieger zurück nach London, damit Harry sein Zwei-Mann-Team für Bill und Larry Magid instruieren und Marschbefehl erlassen konnte.

ABC hatten es immer noch gut getroffen, und als das dreistündige ABC-Rundfunkspecial beschlossene Sache war, begann der Sturm auf die besten Plätze. Tatsächlich weigerten sich einige zu spielen, wenn sie nicht dort untergebracht würden. Andere sagten, sie würden spielen, aber nur, wenn ich Rundfunksendezeit garantieren könnte. Ihnen zu sagen, daß wir auch über die Unabhängigen noch neunzig Prozent der amerikanischen Fernsehhaushalte erreichen würden, war in den Wind gesprochen. Dann verlangte ABC, die Unabhängigen müßten sich »beschränken«, im Klartext, nicht auf Empfang gehen, solange ABC sendete. Schließlich einigte man sich darauf, daß MTV »dranbleiben« würde, und letztendlich erzählte ich jedem nur noch, was er hören wollte. Wenn mich jemand fragte, ob er »Rundfunk« hatte, sagte ich immer ja. Es war einfacher so.

Die letzten Zusagen gingen ein. Ich hatte alle und jeden in Bewegung gesetzt, um an Dylan heranzukommen: Freunde, Anwälte, die Plattenfirma. Er hatte nie förmlich abgelehnt, aber auch nie ja gesagt. Normalerweise verbrachte er um die Zeit mit seinen Kindern den Urlaub an der Westküste, aber wir brauchten dieses Sprachrohr der älteren Generation. Elliott Roberts, sein Manager, hatte vorher Großes geleistet, nun schaffte er auch noch Dylan ran. Das war eine Freudenbotschaft, weil ich von Ken Kragen immer noch nichts Definitives über Lionel Ritchie gehört hatte. Ich mußte daher befürchten, daß wir das Konzert in Philly nicht mit »We Are the World« würden abschließen können.

Ursprünglich hatte ich dann überlegt, wir könnten mit Paul Simons »Bridge Over Troubled Water« und Dylans »The Times They Are A'Changin'« enden und dann in »Blowin' in the Wind« übergehen. Jetzt war Paul raus und Bob drin. Der Herr hat's gegeben, der Herr hat's genommen.

Eric Clapton ließ einen Gig im Ceasar's Palace in Las Vegas ausfallen. Auch Black Sabbath fanden sich wieder zusammen. Das Resultat von Mick Jaggers und David Bowies Kneipenbummel war ein brillantes Video von »Dancing In The Street«, das das totgeborene transatlantische Duett ersetzen sollte. Außerdem gab es ein Live-Duett von Mick und Tina Turner. Hall and Oates, die sich schon früh für uns eingesetzt hatten, wollten mit David Kendrick und Jimmy Ruffin von den Ur-Temptations auftreten. Das waren die guten Nachrichten. Es schien, als wären die Band-Versöhnungen, angefangen bei den Who, und solche hinreißenden Kreuzungen unbeabsichtigt der eigentliche Reiz an Live Aid. Ich hatte nicht damit gerechnet, aber die Leute nutzten die Gelegenheit, endlich einmal so zusammenzuspielen, wie es sich viele von ihnen schon lange gewünscht hatten.

Die landläufige Meinung ist, es hätte die Bands schließlich nicht viel gekostet, mal eben auf die Bühne zu kommen. Das ist falsch. Wer weiß schon, wie oft diese Leute gebeten werden, sich für irgend etwas einzusetzen? Mick Jagger zum Beispiel hatte gegen die Opposition seiner ganzen Band Aufnahmen unterbrechen müssen, nach England kommen, mit Bowie einen Song einstudieren und aufnehmen (der seinerseits Dreharbeiten zu beenden hatte und selbst eine Band zusammenstellen und proben mußte), ein Video choreografieren und drehen, mit Tina Turner Kontakt aufnehmen, mit ihr eine Nummer einüben und schließlich aufzutreten. Das bedeutete Wochen unbezahlter Arbeit und beträchtliche Unannehmlichkeiten.

Wie auch die Simple Minds und die Pretenders, Billy Ocean und Duran Duran, die mit ihrem ganzen Equipment nach Amerika flogen. Sie suchten sich Übungsräume, spielten fünfzehn Minuten und flogen zurück, ohne einen Penny dafür zu berechnen. Paul Young, Spandau Ballet und U 2 mußten von Gott weiß woher einfliegen. Bands hatten Ausgaben für Proben und den Transport ihres Zeugs von Küste zu Küste, sagten lukrative Gigs ab, weil sie sich für uns entschieden hatten. Sie haben nicht wenig getan, diese Leute.

Bei diesem Stand der Dinge begannen die amerikanischen Bands endlich, die Sache mit dem gebührenden Ernst anzugehen. Auf einmal war Bill Graham voller Begeisterung bei der Sache, und mir dämmerte, wie er sich seinen guten Ruf erworben hatte. Er besorgte uns Madonna, Patti Labelle, Joan Baez, Judas Priest und viele andere. Dann begann er, uns Leute vom Hals zu schaffen, die wir nicht brauchen konnten. Besonders waren da zwei Acts, die er an der Westküste unter Vertrag hatte. Einer von ihnen drohte, die Tour abzubrechen, wenn er sie nicht ins Programm nehmen würde, und der andere kündigte an, sie würden Bill die Vermarktungsrechte entziehen. Ken Kragen, vor Ort bei Kenny Rogers, den ich angerufen hatte, sagte, Kenny würde in London auftreten, und Lionel Ritchie würde es jetzt vielleicht auch machen, das müßte aber unter uns bleiben. »Nein«, sagte ich, »er macht es, oder er läßt es bleiben. Wenn er's macht, werden wir es ankündigen.« Es wäre zu scheußlich gewesen, das amerikanische Konzert nicht mit »We Are the World« enden zu lassen. Schließlich brachte jedes Land seinen eigenen Song.

In England hatten The Who ihre erste Probe abgehalten. Erst eine halbe Stunde Katzenmusik, dann Massenkeilerei, dann waren sie beleidigt auseinandergegangen. »Die übliche Who-Probe«, sagte Pete.

Eines Nachts rief spät Mike Mitchell an. »Wir haben Probleme mit Cola und Pepsi.«

»Warum?« gähnte ich.

»Cola hat die gesamte Werbezeit während der ABC-Übertragung aufgekauft und will die Genehmigung, das Logo zu verwenden.«

»Das sieht doch aus, als würde das Ganze von Coca Cola veranstaltet.«

»Exakt. Und Pepsi würde auf die Barrikaden gehen. Sie sponsern uns mit einer Million.«

Cola rief an. Ich fühlte mich, als würde ich neunzehn Stunden täglich am Telefon hängen. »Können wir das Logo haben?«

»Nein, das hat Pepsi.«

»Aber wir lassen eine Million Dollar für Werbung springen.«

»Aber davon hat nur ABC was, nicht Band Aid und Äthiopien.«

»Kann man nicht was anderes arrangieren, mit T-Shirts zum Beispiel?«

»Naja, wir nennen es ja auch ›Globale Jukebox‹, dafür haben wir ein separates Logo.« Hatten wir nicht, aber wenn Geld winkte, konnten wir es beschaffen.

»Könntet ihr uns das überlassen?«

Am nächsten Tag ließ ich ein neues Logo entwerfen und schickte es ihnen rüber.

Zu allem Überfluß auch noch als Rassist dazustehen war ein eigentümliches Gefühl. Bei meinem Besuch in Äthiopien im letzten Januar war ich mit der Frau von Jesse Jackson in einem alten Herkules herumgereist. Mit von der Partie war auch der Direktor von Africare, einer schwarzen amerikanischen Hilfsorganisation. Er erzählte mir, daß er kaum einen schwarzen Sportler oder Entertainer dazu bringen könne, für sie einzutreten. Er sagte, sie hätten »wenig bis gar kein soziales Gewissen«. Sie spuckten große Töne, hatten aber wenig Überblick oder gar Interesse für grundlegende Inhalte. Jetzt hatte ich in England offensichtlich einer Schar junger schwarzer Aktivisten auf die Füße getreten, weil ich versäumt hatte, irgendeine schwarze englische oder westindische Band einzuladen. Darauf schossen sich auch die »Soulbrothers« in der englischen Musikpresse ein, die bisher wenig oder nichts für schwarze englische Bands getan hatten.

Ich versuchte zu erklären, die Aufgabe von Live Aid sei, Geld zu beschaffen. Wenn eine Band eine Million Platten verkaufte, bedeutete das mehr Zuschauer als bei einer Band, die tausend Platten verkaufte. Und mehr Zuschauer bedeutete Überleben für mehr Menschen.

»Schließlich sterben hier Schwarze, Mann.«

»Na und? Meinetwegen können sie rot gestreift sein und in Island leben, die Tatsache, daß sie schwarz sind, ist unerheblich. Erheblich ist, daß sie sinnlos verrecken müssen. Wer ist denn hier der Rassist?«

»Wir wollen repräsentiert sein.«

»Als was? Es gibt keine Reggae-Bands mit Goldenen Schallplatten. Wenn Bob Marley noch leben würde, würde ich ihn auf Knien anflehen mitzumachen, aber wer kennt denn außerhalb der Universitäten Aswad? Zeig sie im Fernsehen, und die Leute schalten ab. Und das *hier*. Gott allein weiß, wie sie es in Amerika oder in Indien oder in Afrika, wenn wir schon dabei sind, aufnehmen würden. Nichts gegen Aswad oder Steel Pulse, aber es ist nun mal nicht von der Hand zu weisen, daß sie recht wenig Platten verkaufen. Wenn ich bei dem Programm die Wahl zwischen Wham! und Steel Pulse habe, brauche ich nicht lange zu überlegen.«

»Du bringst doch nur deine Freunde unter. Du willst doch nur absahnen. Du irischer Drecksack.«

»Wenn es nach meinem persönlichen Geschmack gehen würde, wären dreiviertel der Bands nicht dabei. Und was Plattenverkäufe angeht, diese Bands brauchen Extra-Publicity so dringend wie ein Loch im Kopf. Ihr seid es doch, die darauf scharf sind. Und nenn mich nicht noch mal Rassist. Damit kenne ich mich aus, du Faschist. Erzähl mir bloß nicht, wie geknechtet du bist, du jaulendes Stück Scheiße, oder wie nah dir Afrika geht. Wann hast du denn was fürs »Mutterland« getan?«

»Wenn es nur um Topleute geht, was hat deine Band dann da verloren?« schoß mein sozial bewußter Quälgeist seinen letzten Pfeil ab. »Weil das mein Ball ist, und wenn ich nicht mitspielen darf, nehme ich ihn mit und gehe nach Hause«, antwortete ich.

Black Voice, das hauptsächlich für die leicht erregbare Natur seiner Reportagen und Journalisten berühmte Organ der schwarzen Gemeinde, kürte Live Aid zum rassistischen Ereignis der Saison. Was mich wirklich störte war, daß eben diese Leute nie eine Story über die Hungersnot gebracht hatten und nicht das leiseste Interesse gezeigt, den Menschen dort zu helfen. Das einzige, was sie interessierte, war genau das, was sie anderen ankreideten. Mir war der große Aufwand um Äußerlichkeiten noch genauso zuwider wie zu meinen Punk-Zeiten. Mir lag nichts an Onkel-Tom-Spielchen, einen Schwarzen dabeizuhaben, nur weil er schwarz war. Was soll's? Ich wollte auch keinen Afrikaner, nur weil er Afrikaner war – solange jemand ein paar Millionen Platten verkaufte, durfte er gerne aus der Äußeren Mongolei stammen. Mich interessierte nur die praktische Seite. Mir lag daran, Geld zu beschaffen, um andere vor dem Hungertod zu schützen. Etliche dieser betroffenen Bürger legten beim GLC Beschwerde ein, das sich leicht konsterniert zeigte, hatten sie doch nicht nur uns unterstützt, sondern setzten sich auch massiv für die Rechte der Schwarzen ein. Darüber hinaus hatte ich mich erst vor kurzem bereit erklärt, mich an ihrer »Equal-Rights«-Kampagne zu beteiligen, also kam es ihnen etwas sonderbar vor, jetzt eine Beschwerde wegen Rassismus an mich weiterleiten zu müssen.

»Würden Sie es unterstützen, wenn die schwarzen Bands ihr eigenes Konzert organisieren?« fragten sie.
»Jederzeit«, antwortete ich. Ich hörte nie wieder von ihnen.
Als David Bailey nach Afrika flog, um Aufnahmen für seinen Fotoband zu machen – der Band Aid schon zweihunderttausend Pfund eingebracht hat –, flog er hinten in einem Lastenflugzeug mit, kam für alle Spesen selbst auf, opferte jeden Moment seiner Zeit für nichts.
Als sein Buch in London vorgestellt wurde, attackierte ihn eine Reporterin dieses Betroffenheits-Blatts *Black Voice*, weil er Gelder verschleudere, die Äthiopien hätten zugute kommen können – ohne Zweifel in der Annahme, er sei erster Klasse gereist und auf Band-Aid-Kosten durch die Wüste gegondelt. Diese Haltung widerte mich an, erstaunte mich aber nicht.
Bill Gordon rief weiterhin um vier Uhr morgens aus Australien an. Jetzt kamen seine Anrufe mit schöner Regelmäßigkeit. Ich hatte angefangen, den Hörer danebenzulegen. Eines Nachts wurde ich durch ein Hämmern an der Vordertür geweckt. Es war ein Taxifahrer. »Tut mir leid, daß ich Sie aufwecken muß, Chef, aber Ihr Hörer liegt daneben, und ein Bill Gordon versucht ständig, Sie aus Australien zu erreichen, er ist aber nicht durchgekommen, da hat er bei der BBC angerufen, und die haben mich rübergeschickt, um Ihnen zu sagen, Sie möchten den Hörer auflegen.«
Ursprünglich hatte Kerry Packers Fernsehstation in Australien die Sendung übernehmen sollen. Sie stimmten allem zu, auch dem Telethon. Dann verloren sie durch einen Streik, der sie Tausende gekostet hatte, eine Menge Geld und sagten, sie könnten es sich nicht länger leisten, Live Aid auszustrahlen, noch die Satelliten-Schaltung zu bezahlen. Sie ließen bei mir anfragen, ob ich ihnen zweihundertfünfzigtausend Dollar auftreiben könnte, die die Show doch noch ermöglichen würden. Ich sagte, diese Entscheidung könne ich nicht alleine

treffen, würde aber mit den Kuratoren darüber sprechen. Ich argumentierte, eine viertel Million sei nichts im Vergleich zu möglichen Einnahmen von bis zu fünf Millionen aus Australien für Live Aid, und in diesem Stadium sei es fast unmöglich, noch irgendwo sonst unterzukommen. Die Kuratoren stimmten zu, und ich teilte Australiens Channel 9 mit, sie könnten das gesamte Sponsorengeld haben, vorausgesetzt, daß sie für den Fehlbetrag aufkämen, falls die Einnahmen aus Australien unter zweihundertfünfzigtausend bleiben sollten. Sie waren einverstanden. Am nächsten Tag schmissen sie die ganze Show aus dem Programm, ohne ein Wort der Erklärung zu Gordon oder mir. Daher der morgendliche Weckruf.

»Schnappt euch ABC«, sagte ich und dachte dabei an den staatlichen australischen Rundfunk.

»Sie machen aber kein Telethon«, sagte Bill.

»Versucht es«, sagte ich.

Wir sprachen beide mit Grant Rule von ABC. Er war sehr hilfsbereit und bat uns abzuwarten, bis er Näheres geklärt hatte. Ich konnte es kaum glauben. Ich hatte nie damit gerechnet, daß Australien ein Problem sein könnte. Und wir mußten es dabeihaben. Es wäre lächerlich, wenn Australien als einziges Land der Welt nicht bei Live Aid dabei wäre. Ich rief Molly Meldrun an, den Gastgeber von Australiens Popshow »Countdown« und bat ihn um Hilfe. Er ist ein großes Tier da unten, und wir brauchten ihn dringend. Harvey war mittlerweile bei Channel 7 gewesen, die gesagt hatten, sie würden es nehmen, aber als ich ihre Telexe sah, sagte ich zu ihm: »Sie werden dem Telethon nicht zustimmen.«

»Doch, werden sie, aber in jedem Fall ist es wichtiger, daß die Show überhaupt ausgestrahlt wird, und in jedem Fall bezahlen sie uns.«

»Ja, aber es geht um aktive Beteiligung, und gegen die Beträge, die wir daraus zu erwarten haben, sehen ihre Summen doch lachhaft aus.«

Harvey sagte: »Es ist zu spät, ich hab schon das Telex abgeschickt, mit unserer Zusage.«
Um vier Uhr morgens rief Bill Gordon an. »Was läuft? Channel 7 haben gesagt, ihr hättet den Vertrag abgeschlossen, und ich bin mir gerade mit Grant Rule einig geworden.« Ich sprach mit Harvey, und wir schickten ein Telex an Channel 7, in dem wir sie baten, uns aus dem Vertrag zu entlassen. Das taten sie äußerst gentlemanlike, und die Show konnte über ABC laufen, ein großes Konzert der Australier einschließend, organisiert von Gordon und Molly Meldrum.
Tears For Fears waren groß im Geschäft. Zur Zeit von Live Aid waren sie Nummer eins in den Staaten. Ich hatte sie schon sehr früh um einen Auftritt gebeten, und sie hatten gehofft, es möglich machen zu können, aber als es soweit war, ging es doch nicht. Wenige Wochen vor der Veranstaltung stiegen sie aus. Ihr Manager hatte mir »sein Wort gegeben«. Ich redete mit ihm. »Paß auf, ich will dich zu nichts zwingen, ist deine Sache. Aber ich finde es jämmerlich. Nach dem ganzen Aufwand mit den Amerikanern lassen mich jetzt die englischen Bands hängen.«
»Sie haben eine ziemlich haarige Tour hinter sich, Bob. In der Band gibt's eine Menge Reibereien. Wenn sie vielleicht mit Backing Tracks singen könnten?«
»Die können sich an den Eiern vom Gerüst abseilen, solange sie bloß live singen.«
Ihr Manager setzte sich wieder mit der Band in Verbindung und erklärte ihnen in ihrem Hotelzimmer oder am Strand in Hawaii, daß alle anderen Bands ihr Bestes geben würden, um ein paar Menschen das Leben zu retten. Dabei verabschiedeten sich zwei Bandmitglieder im Streit, und die übrigen überlegten sich, was man mit Backing Tracks machen könnte, machten sich aber Sorgen, weil sie keinen Soundcheck würden machen können, der nur bei den ersten drei Bands möglich war, und ließen folgerichtig in der Presse eine Erklärung verbreiten, in der sie mich moralischer Erpressung beschul-

digten. Ich hatte nie mit ihnen gesprochen. Boy George zog ganz ähnliche Sachen ab.
In den letzten vierzehn Tagen hielt ich mir täglich eine oder anderthalb Stunden für Interviews frei. In jedem der zehn Räume entlang des Flurs im zweiten Stock bei Phonogram in London waren Kameras aufgebaut.
Eins der Interviews war eine Unterbrechung des stumpfen Frage- und Antwort-Spielchens mit Fernsehen, Radio, Tageszeitungen und Illustrierten aus aller Welt. CBC kam, um mich in den Phonogram-Büros zu filmen. Als wir fertig waren, wollten sie mir noch etwas zeigen.
»Ich hab keine Zeit, Leute, ehrlich.«
»Es dauert nur ein paar Minuten.«
»Ich hab wirklich keine Zeit. Ich muß noch ein halbes Dutzend machen, ehe ich gehe, und ich muß in zehn Minuten weg.«
»Nur die erste Minute. Das ist was, was wir im Hilton in Addis Abbeba zusammengeklebt haben.«
Sie spielten ein Video ab. Es war eine kurze Einstellung von einem Kind, geschwächt vom Hunger, das wieder und wieder und wieder versuchte, sich auf seinen Zahnstocherbeinchen aufzurichten. Sie hatten es mit »Drive« von den Cars unterlegt. Das Nebeneinander war bizarr. Angesichts des erbarmungswürdigen Lebensmuts des Kindes wurde die Wehmut des Songs zu tiefem Schmerz. *Who's gonna pick you up when you fall down? We can't go on saying nothing's wrong. Who's going to drive you home tonight?* Mir traten die Tränen in die Augen, und die Worte blieben mir im Hals stecken. »Wir müssen das haben, Jungs, das brauchen wir für den Tag.«
»Wir hatten gehofft, daß du das sagen würdest.«
Das Video mit seinen zwei widerstreitenden Komponenten schien wie ein weiteres Symbol für das, worum es bei Live Aid ging. Es ist ein wunderschöner Song, vordergründig handelt er von Liebe, aber es ist auch ein Song über Abhängigkeit. Etwas, das weder mir noch dem Autor des Songs je auf-

gefallen war, und als ich ihm das Video zeigte, war er erschüttert. »Das habe ich nie so gesehen«, sagte er und brach ab, zu verstört, um weiterzusprechen. Die künstliche und oft selbstgefällige Popwelt in eine Ehe gezwängt mit der grundlegendsten menschlichen Empfindung Mitleid.

In Harveys Büro wurde es still wie in einer Kirche, als ich es zeigte. Telefonate endeten vorzeitig. Die Leute ließen alles stehen und liegen und sahen nur zu. Bowie weinte. Für ihn waren fünf Songs im gedrängten Zeitplan eingebaut. »Ich lasse eine von meinen Nummern ausfallen, damit wir das hier zeigen können. Ich würde es gerne ankündigen«, sagte er.

In den Staaten erhielt Mike Mitchell Ansprachen von geistigen Führern aus aller Welt, die während der Sendungen eingeblendet werden sollten. Sie hatten Julius Nyerere, Rajiv Ghandi, Coretta Scott King und andere. »Ich sehe da nicht viel Sinn drin, wenn wir nicht die Topleute dabei haben. Wir schnappen uns Reagan, und dann fragen wir Gorbatschow«, sagte ich. Reagan signalisierte Interesse. Aus dem Weißen Haus kam die Nachricht, er sei dazu bereit, wenn Thatcher auch bereit sei. Aber obwohl Downing Street nicht abgeneigt war, schien es eine unendliche Palette von Gründen zu geben, aus denen Mrs. Thatcher die Zeit nicht erübrigen konnte. Ich fürchte, sie mußten sich sagen, eine solche Ansprache sei zu sentimental und setze sie dem Vorwurf aus, aus einer Situation auch noch Kapital zu schlagen, die zu entschärfen sie und ihre Regierung bisher wenig getan hatten. Ich sprach sie auf ihre Befürchtungen an und erklärte, sie seien unbegründet. Wenige Regierungen hatten mehr getan, als ihre Standarderklärungen abzugeben. Obwohl das eine gute Gelegenheit gewesen wäre, sich hervorzutun und ihre Anteilnehme zu beweisen, besonders nach der großen Mehrwertsteuer-Schlacht um die Band-Aid-Platte, lehnten sie dankend ab.

»Wenn wir den Prinz und die Prinzessin von Wales bekommen können, wären wir gemacht. Das wäre sogar viel besser als alle Politiker. Halt die Schwafler da raus, halt es unpolitisch«, sagte Harvey.

»Wär möglich, daß sie es machen. Er schuldet der Popmusik noch was, nach allem, was du für seinen Prince's Trust getan hast.«

»Sie kommen zu einem Dire-Straits-Konzert für den Prince's Trust in die Wembley Arena. Wenn du sowieso bei Springsteen im Wembley Stadion bist, warum setze ich dich nicht später einfach zu den Ehrengästen, dann kannst du sie treffen und fragen.«

Die Prinzessin von Wales kam herüber. Sie war ganz in Lila.

»Sie sehen hinreißend aus. Ich mag ihr lila Zeug.«

»Tatsächlich? Vielen Dank.«

Ich erzählte ihr von Live Aid.

»Wird Phil Collins auch kommen?«

»Ja«, und ich erzählte ihr von Phils Doppelnummer.

»Oh, sehr gut, ich finde ihn fantastisch«, sagte sie begeistert.

»Was? Finden sie ihn sexy?«

»Ihnen werde ich nicht sagen, wen ich sexy finde. Bleiben Sie hier, um sich die Dire Straits anzusehen?«

»Nein, ich muß rüber ins Stadion, um Bruce Springsteen zu treffen.«

»Oh, Bruce Springsteen«, sagte sie eher noch begeisterter.

»Wie, *den* finden Sie auch sexy, was?«

»Ich sagte doch schon, Ihnen werde ich nicht sagen, wen ich sexy finde«, lachte sie. Ihr Kopf fiel herunter, und sie schaute unter den Augenwimpern hoch. Prince Charles kam zu uns herüber, und wir sprachen über Afrika. Später am Abend ließ der Prince's Trust Harvey ausrichten, sie würden mitmachen. Sie wollten es noch nicht öffentlich bekanntgeben, weil sie erst sehen mußten, welche anderen Verpflichtungen sich absagen ließen.

Die Leute vom BBC Support Service hatten nun fünfhundert

Telefone im ganzen Land aufgetrieben, über die wir das Telethon laufen lassen konnten – unerläßlich für die Registrierung all der Tausende von telefonischen Spenden, auf die wir immer gerechnet hatten. Die amerikanische Raumfahrtbehörde NASA rief an. Sie waren einverstanden mit einer Fernseh-Live-Schaltung aus dem Space Shuttle, das an diesem Tag in der Umlaufbahn sein würde. Der Captain würde eine Nummer ankündigen, während das Raumfahrzeug Philadelphia überquerte und, Minuten später, Wembley passierte.

»Ist Bruce dabei?« fragte der neunhundertfünfzigtausendste. »Wen interessiert das einen Scheiß?« dachte ich benebelt. »Ich denke schon«, sagte ich. »Super«, hörte ich durch den Nebel. Ich verfolgte Bruce. Für ihn muß es gräßlich gewesen sein. Seine Leute waren immer zu höflich, um mich zum Teufel zu schicken. Barbara aus dem New Yorker Büro hatte mit meinen ewigen Anrufen zu kämpfen: »Er hat heute geheiratet.« »Er dreht ein Video.« »Er hat sich ein Wochenende freigenommen.« »Er ist bei Proben.« Genauso Jon Landon, sein Manager, der wahrscheinlich pro Tag eine Million Arschgeigen am Telefon hat. »Ich weiß es doch nicht, Bob.«

»Für euch hab ich den Termin verschoben.«

»Ich weiß, laß uns bis England warten, wie er sich dann fühlt.«

»Hi Bruce.«

»Hey, hallo Bob, wie läuft's?«

»Ganz gut. Glückwunsch.«

»Danke, Mann.«

Ich habe ihn nie direkt gefragt. Ich konnte es nicht, weil ich die Antwort kannte und weder mich noch ihn in Verlegenheit bringen wollte. An drei Abenden schlich ich nach Wembley, dann flog ich nach Newcastle. »Harvey, hast du ihn gefragt?«

»Nein, ich will ihn nicht nerven.«

»Du mußt, Mann.«

»Hast du's getan?«

»Nein.«
»Na, dann halt's Maul.« In Newcastle saßen wir mit Paula und seiner Frau zusammen, nur zum Schwatzen. Wir sprachen über Truth and Consequences, das kleine Städtchen in Amerika, an dem wir vor Jahren vorbeigekommen waren, wir sprachen über alles mögliche. Später im Hotel unterhielten Springsteen und ich uns noch länger, über alles außer über das, worüber wir dringend hätten sprechen müssen. Später sagte ich Jon: »Jon, es ist in Philly. Knapp zwanzig Minuten von Jersey. Vergiß die Band, nur die Akustische mitbringen, einfach nur dasein.«
»Laß uns abwarten und sehen, was Europa bringt.«
»Jon, wie war's in Europa?«
»Er ist abgespannt, Bob. Er braucht Zeit für seine Frau. Sie haben sich kaum gesehen. Du verstehst schon. Du brauchst uns nicht. Du hast doch sonst alle. Du bist ausverkauft. Du hast die Bühne in Wembley. Die könnt ihr haben. Das ist ein Geschenk von uns, ja? Wir zahlen alles.«
Ein gemeinsamer Bekannter erzählte mir, er sei sicher, er wünschte, er hätte seine Gitarre auf den Rücksitz gepackt und wäre runtergekommen. Pech dabei.
Harvey kam aus Wembley zurück. »Diese Säcke machen wegen der Bühne die komplette Crew verrückt, kommen wegen jedem Dreck mit irgendwelchen lachhaften Auflagen. Das geht nicht, das geht nicht. Ganz offensichtlich macht die ARA bei Wembley Druck, weil sie sauer sind, daß du bei der Pressekonferenz alle aufgerufen hast, ihre eigene Verpflegung mitzubringen und ihre Bewirtung zu boykottieren.«
»Die sollen mich am Arsch lecken.«
»Die befürchten, die ARA könnte ihnen den Bewirtungs-Vertrag aufkündigen. Das bringt Wembley eine Menge Geld. Also machen sie mit unseren Jungs den Molli. Ich treffe mich mit Jarvis Astair. Er ist Vize-Präsident.«
»Ich komme mit.«
Das Treffen verlief sehr unerfreulich. Mick Worwood und

Andy Zweck, die Männer, die alles organisiert hatten, beschwerten sich, die Arbeit würde ihnen unmöglich gemacht. Harvey wies darauf hin, daß er seit vielen Jahren mit Wembley gearbeitet hatte und immer für mehr als eine viertel Million Profit im Jahr gut gewesen war. Trotzdem zeigten sie sich ihm gegenüber uneinsichtig, und besonders beklagte er sich über einen Mann, Astair, der völlig abgeneigt schien, Harveys Verdienste zu berücksichtigen. Ich fuhr aus der Haut. »Paß auf, du kleiner Scheißer«, sagte er zu mir, »glaub bloß nicht, du kannst in meinen Aufsichtsrat platzen und mir vorschreiben, wie ich meine Geschäfte machen soll.«
Es war der Tag vor der Show. Mein Rücken schmerzte. Bei allen anderen Arrangements in letzter Minute mußte auch noch diskutiert werden, ob wir ein Pferd unter der Bühne einpferchen sollten, um sie zu drehen, falls der Strom ausfiel. Dann bat man mich noch, den norwegischen Postminister anzurufen, um sicherzustellen, daß sein »Geldbomben-System« für das Spendensammeln funktionierte.
Dann waren Soundchecks für die drei ersten Bands. Die Rats spielten als dritte, also waren wir auch gefragt, aber ich kam nie dazu. Ich hatte noch soviel anderes zu erledigen, daß ich nur dem Rest der Band dabei zusehen konnte, während ich im Fernseh-Studio saß, um in der Terry-Wogan-Show aufzutreten, die uns im letzten Moment noch etwas Rückenwind bringen sollte. Zum letzten Mal betete ich mein Sprüchlein herunter, das mir schon zur Gewohnheit geworden war. »Morgen nicht in den Pub. Nur für dieses eine Mal, bleibt zu Hause und steht von der ersten Minute an am Telefon.«
Ich richtete mich auf eine frühe Nacht ein. Um zwei Uhr nachts klingelte das Telefon. Es war der Manager einer amerikanischen Band. »Meine Band braucht morgen mehr Zeit. Wenn das nicht klappt, steigen wir aus.«
»Dann steig doch aus, Arschloch. Ich gehe ins Bett.«

Komische alte Welt, was?

Während der Nacht verschlimmerten sich meine Rückenschmerzen. In den letzten Tagen hatte meine Hauptaufgabe neben den weltlicheren Krisen darin bestanden, die Zweifler aufzumuntern. Aber immer, wenn ich selbst mutlos wurde, blieb mir nichts anderes als meine eigenen Phrasen. Die Müdigkeit war mir in Fleisch und Blut übergegangen, und ich spürte am eigenen Leib, was »aufreibend« wirklich bedeutet. Körper wie Geist wurden nur noch vom Restschwung der vergangenen Wochen aufrechterhalten. Ich schleppte mich in geistigem Gänsemarsch voran, einfach weil ich ein weiteres Stück auf dem Weg zum Ziel hinter mich bringen wollte – zum 13. Juli. Ich war seelisch so erschöpft wie körperlich und außerdem in einem Zustand unterdrückter Panik. Ich lag wach bis in die frühen Morgenstunden, während mein Hirn ratterte wie ein heißgelaufener Motor, all die tausend möglichen Pannen um und um wälzte. Neben mir schlummerte Paula friedlich. Ich döste unruhig, und als ich um sieben Uhr morgens aufwachte, krampfte sich mein Magen nervös zusammen. »Verdammt, ich bin nervös«, sagte ich zu Paula.

Wenn ich auch in Kürze vor zwei Milliarden Menschen in aller Welt auftreten sollte, kam es mir nicht in den Sinn, irgend etwas anderes anzuziehen als die Klamotten, die ich mir schon seit einer Woche jeden Morgen überstülpte. Es hatte eine Zeit gegeben, da ich mir am Vorabend sorgfältig zurechtlegte, was ich auf der Bühne tragen wollte, und meine Garderobe im Hinblick auf die Erwartungen des modebewußten Fans ausgewählt. Jetzt warf ich mich einfach in die Kleider von gestern. Die Leute hatten sich während meiner zahlreichen Fernsehinterviews und Appelle in der letzten Zeit daran gewöhnt, mich so zu sehen, also hätte es wahrscheinlich sowieso ziemlich geschmacklos gewirkt, wenn ich mich für die Bühne aufgedonnert hätte. Als ich in die Staatskarosse kletterte, die mich zum Hubschrauberlandeplatz in Battersea bringen sollte, überwältigte mich aus gegebenem Anlaß das Paradoxe an dieser Geste. Aber das Auto war uns gratis von einer jungen Frau zur Verfügung gestellt worden, die nach Amerika gereist war, um dieses Mammut zu leasen, es nach England verschifft hatte und jetzt damit ein Geschäft aufziehen wollte. »Na schön«, sagte ich, »du kannst mich fahren.«

Die Show sollte erst in vier Stunden beginnen, aber die ganze Straße hinunter konnte ich Fernseher hören, die in Erwartung des Konzerts schon eingeschaltet waren. »*Und jetzt noch vier Stunden ...*« Ich wußte, daß, sollten unsere Berechnungen korrekt sein, heute irgendwann fünfundachtzig Prozent der Fernsehapparate in aller Welt Live Aid einschalten würden. In diesem mißgünstigsten aller englischen Sommer war ausnahmsweise einmal blauer Himmel, und als ich zum Goodyear-Zeppelin hinaufschaute, der die Kameras über das Station trug, war kein Wölkchen in Sicht. Leute hingen aus den Fenstern und winkten. Ein oder zwei riefen: »Viel Glück!«

»Es ist soweit«, dachte ich, »jetzt geht's los.« Ich fühlte mich wie ein Schwimmer, der vom Zehnerbrett hinab auf die Wasserfläche sieht. Ein weiter Weg nach unten.

Am Landeplatz wimmelte es von Personal rund ums Tor und laufenden Fernsehkameras dahinter. »Du Scheiße, der Schlitten ist *zu* protzig«, ging es mir durch den Kopf. Noel Edmonds hatte uns seine gesamte Helikopter-Firma zu Füßen gelegt, und wir flogen hoch über die Londoner Dächer hinweg Richtung Wembley. Schon nach wenigen Minuten kam Wembley in Sicht, und wir beobachteten Menschentrauben, die aufs Feld stürmten und sich nach vorne zur Bühne durchschlugen. Aus dieser Höhe sah die Bühne gut aus. Wir landeten beim Konferenzzentrum von Wembley, das wir zum Lager der Performer erkoren hatten, damit für alle reichlich Platz war, um zu parken und sich nachher gemütlich zum Stadion karren zu lassen. In zügiger Folge kamen sie an. Spandau Ballet sah ich als erste. Ich fing damit an, allen zu erklären, wie die Reihenfolge festgelegt war, aber als es dann losging, nutzten die wenigsten das Konferenzzentrum. Die meisten, die auftraten, lungerten den ganzen Tag in dem Restaurant herum, daß vom Hard Rock Café hinter der Stadionbühne errichtet worden war.

Während wir zum Stadion fuhren, umringten uns Tausende von Kids, die uns alle die besten Wünsche nachschrien. Das war das erste Hochgefühl des Tages. Ich schlug mich zu Harveys Produktionsbüro durch. Neben einer der zig Uhren, die die unterschiedlichsten Zeiten aus der ganzen Welt anzeigten, hing ein Schild an der Wand: »Schlag die Zeit tot, und du mordest den Erfolg«. Es war ein Hexenkessel, aber nicht schlimmer, als wir es aus den letzten Wochen gewöhnt waren. Fünfzig Telefone und Telefax-Maschinen im Hintergrund legten einen Soundteppich, den jeder zu überschreien versuchte. Ich drückte Harvey kurz an mich, und wir standen ein paar Sekunden beieinander, gönnten uns einen Moment stillen Stumpfsinns – die höchstmögliche Annäherung an ein Begreifen, die uns zu diesem Zeitpunkt möglich war. Die Leute in den Schlüsselpositionen waren schon ziemlich lange da – Andy Zweck, der Bühnenmanager, Pete Smith und Jeremy Thomas, die die ganze Produktion entworfen und auf die Beine gestellt hatten. Die Crew tummelte sich in letzten Vorbereitungen vor der Ankunft des Prinzen und der Prinzessin von Wales. Viele von ihnen hatten seit zwei Tagen nicht geschlafen.

Paula und Fifi trafen mit meinem Vater und Anita, Fifis Kindermädchen, ein. Seit Kanada hatten mein Vater und ich uns gut verstanden. Er hatte nichts Seltsames daran gefunden, daß sein Sohn aus heiterem Himmel Popsänger werden wollte, und war immer ermutigend und, wie ich glaube, auch stolz gewesen. »Kann man mit 'ner Band Geld verdienen?« hatte er gefragt. »Ich glaube schon«, hatte ich geantwortet. »Na dann viel Glück.« Ich fürchte, er war mehr amüsiert, aber er nahm es alles auf seine eigene Art. Jetzt wollte er diesen Tag mit mir gemeinsam erleben. Unsere Vergangenheit war tot und begraben.

Kurz bevor die Künstler sich aufstellten, um Charles und Diana vorgestellt zu werden, übte Fifi, nun knapp zwei Jahre alt, noch an ihrem Hofknicks. Sie sollte der Prinzessin den Blumenstrauß überreichen, von dem Paula noch mit den Zähnen das Preisschild abzerrte. Unsere schlimmste Befürchtung war, Fifi könne sich auf die Blumen versteifen, die ihr so gut gefielen. Um das zu vermeiden, war sie mit einem Räucherlachs-Sandwich bestochen worden, ihrer Leibspeise, und ein weiteres Sandwich stand in Aussicht, wenn sie der netten Dame brav den Strauß gegeben hatte. Wie nicht anders zu erwarten, schleuderte sie beim Anblick Dianas mit den Worten »Noch Fisch!« den Strauß in ihre Richtung.

Wir plauderten ein wenig. »Kaum zu glauben, wie klein so-und-so ist«, sagte sie.

»Hm, ein echter Zwerg.«

»Sind Sie nervös?« fragte Diana.

»Ein bißchen, ja.« Wir gingen in einen Nebenraum und betrachteten eine Karte von Afrika, um den Filmteams etwas zu drehen zu geben. Mein Rücken schmerzte, als ich auf die Karte deutete.

Als wir an ein paar Kids vorbeigingen, sagte einer von ihnen zur Prinzessin: »Ihr Kopf ist viel größer, als er im Fernsehen aussieht.«

»Keine Sorge«, ging sie lachend darauf ein, »es ist nichts drin.«

»Wenn Sie nicht wollen, kriegen Sie nichts davon zu Gesicht, wenn Sie auf Staatsbesuch gehen«, sagte ich zu Charles.

»Ich sehe, was Sie mir zeigen wollen.«

»Das wollte ich damit sagen.«

Wir sprachen noch über Afrika, als sich Harvey an mich heran schob und mir wild ins Ohr wisperte: »Verdammt noch mal, du hast oben in der Loge zu sein! Es soll gleich losgehen.«

»Ich darf doch bitten, Harvey«, sagte ich mit erhobener Stimme und stützte meine Hand in die Hüfte. »Du siehst doch, daß ich mit dem Prinzen und der Prinzessin von Wales plaudere.«

Wir begaben uns über das kleine Treppchen in die Königliche Loge. In dem kleinen Viereck des Himmels über uns konnten wir das Luftschiff sehen. Der Lärm der Menge war überwältigend. Als wir hinaustraten, wurde er zu ohrenbetäubendem Donner. Ein halbes Dutzend Trompeter und Trombonisten von einem Regiment der Guards spielten die ersten Takte von »God Save the Queen«, dann kamen Status Quo auf die Bühne und fingen gleich mit »Rocking All Over the World« an. Eine wundervolle Eröffnung. Quo wirkten wie eine Karikatur all dessen, was Rockmusik ausmacht – stinknormale Knaben in Jeans mit langen Haaren spielen laute Stumpfsinnsmusik.

Ich schaute zu Chuck und Di rüber. Sie wirkten überrascht, aber mir schien, als seien sie froh, gekommen zu sein. Die Welle der Sympathie aus dem Publikum war recht bemerkenswert. Immer wieder kehrten sie der Bühne den Rücken, um uns anzusehen und zuzuwinken. Es war nicht die Atmosphäre eines normalen Konzerts. Das war mehr als Vorfreude, mehr als Enthusiasmus, mehr als Wärme. Man hatte den Eindruck, daß dies der Tag des Publikums war, das sich darauf freute, uns alle dazu einzuladen.

Alle anderen in der Loge hatte es ebenso gepackt. Bowie grinste und winkte. Elton John beugte sich vor und packte mich an der Schulter. Kevin Jenden weinte. »Du hast es geschafft, du Arschloch«, sagte er. Ich sah mich um und sagte zu Charles: »Es ist wundervoll. Ich kann es noch nicht glauben. Die Erfüllung eines Traums.«

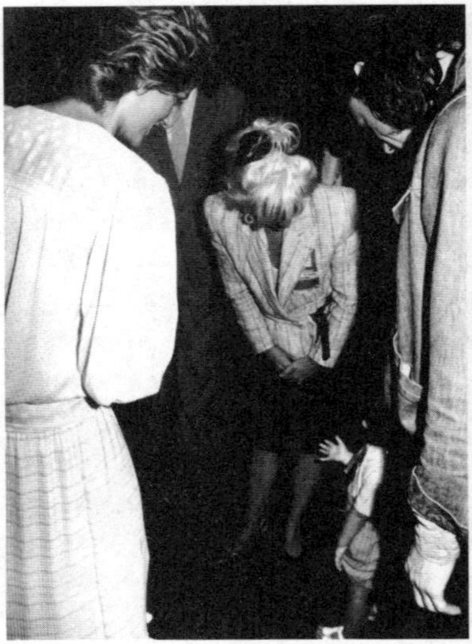

links: Begrüßung von Lady Di; Fifi sucht den Fisch.
rechts: Die Familie bei Live Aid.

Quo waren fast durch, als Charles sich umwandte und mir ins Ohr brüllte: »Wir geben nächste Woche ein Konzert im Palast. Kein Vergleich zu diesem hier, unglücklicherweise.«

»Wer denn?«

»Bach und Händel.«

»Ich bin nicht so scharf auf Klassik, aber ich mag Bach.«

»Würden Sie gerne kommen?«

»Na klar. Ich möchte mir den Palast ansehen.«

Beim zweiten Quo-Stück begannen seine Budapester zu zukken. »Kommt mir so vor, als hätte ich die Typen schon gesehen.«

»Ja, das sind Status Quo. Sie haben für ihren Prince's Trust gespielt.«

»Genau. Birmingham, stimmt's?«

»Mochten Sie überhaupt Popmusik, als Sie jünger waren?«

»Ja, sehr sogar. Es ist seltsam, als ich jünger war, sagte man immer, ich hätte ein angeborenes Gefühl für Rhythmus«, sagte er und klatschte hoffnungslos aus dem Takt seine Hände.

Diana amüsierte sich bestens und sprach mit Bowie und den anderen. Als Quo zu Ende waren, kamen Style Council auf die Bühne.

»O.k., ich muß gleich gehen, weil wir als nächste dran sind. Ich will es nicht vermasseln«, sagte ich.

»Wir müssen auch bald gehen. Wir sind mit meiner Mutter zum Lunch verabredet.«

»Da ist man wohl besser pünktlich.«

»Allerdings ... aber wie bleiben noch bis zu ihrem Auftritt.«

»O.k. Hoffentlich gefällt es Ihnen.«

Ich lief durchs Publikum zur Bühne. Es war komisch, denn alles wirkte so ... kumpelhaft, man kann es nicht anders sagen. Alle beglückwünschten einen oder klopften einem auf die Schultern und grinsten. »Mach's gut, Bob.« Sie gaben mir Auftrieb. Harvey war immer noch zappelig. Er hatte in der Königlichen Loge sitzen sollen, aber es hielt ihn nicht auf dem Platz. Er sagte: »Ich könnte mich bepissen! Wenn wir beim ersten Act nur zwei Minuten überziehen, sind es beim dritten schon zehn Minuten, und beim fünften ist alles im Eimer. Ich wußte ja, daß sich kein Mensch darum kümmern würde, mitten in irgend jemandes Auftritt die Bühne zu drehen, wenn ich nicht den Kopf dafür hinhalte.«

Das dreigeteilte Bühnensystem, das wir beim ersten Treffen diskutiert hatten, war angenommen worden. Jeremy Thoms hatte es entworfen und zusammen mit Andy Zweck gebaut. Springsteens rechteckiger Bühnenboden war abgenommen und die runde Drehbühne dafür eingebaut worden. Der Soundcheck am Vortag war katastrophal gewesen. Allein der Umbau der ersten Gruppe hatte eine dreiviertel Stunde gekostet. Keiner glaubte, daß es hinhauen würde. »Leck mich am

Arsch«, hatte Andy in markigem australischem Ton gesagt, »wir hätten doch besser die Pferde besorgt, um das verdammte Ding zu drehen.« Andy hatte ohne Unterbrechung mit Jeremy und Pete Smith gerackert. Jetzt, am Tag selbst, hielt er alles zusammen. Er war ruhig und gelassen, und am Ende, nach sechzehn Stunden Musik, hatten wir nur um zwei Minuten überzogen.

Auf der Bühne gab es eine Art Ampelschaltung. Grün für O.k., Orange für »Letzte Minute« und Rot für »Runter jetzt, fertig oder nicht«. Trotz der Erregung des Tages hielt sich jeder Act, jeder einzelne, an die Lichtzeichen. Alle machten rechtzeitig die Bühne frei, auch wenn das hieß, mitten im Song abzubrechen. Manche wurden sogar früher fertig.

Ich suchte nach Pete Briquette, dem Bassisten der Rats, der immer zu allem zu spät kam oder anderenfalls ohne Kabel für seinen Bass auf die Bühne marschierte und dann wieder nach hinten mußte. Ich wollte sichergehen, daß er bereit war. Wir warteten im Gang, als Paul Wellers Band auf die Sekunde pünktlich ihren Gig beendete. Die Bühne drehte sich, so daß unsere Klamotten vorne standen, und wir gingen raus.

Vor uns ein Meer von Gesichtern, die sich bewegten wie Ähren im Wind. Sie erstreckten sich über das Spielfeld und in alle Richtungen die Tribünen hinauf. Es war die größte Menschenmenge, die ich je gesehen hatte. Und das war nur ein symbolischer Teil des Publikums, das wir erreichten.

Ich drehte mich nach Fingers um, als er zu seinem Keyboard ging. »Scheiße«, mimte ich in ehrfürchtigem Horror vor der Größe und dem Lärm in seine Richtung, während ich mich aus der Jacke schälte.

Während der gesamten Vorbereitungen für Live Aid hatte ich zu Gesprächen mit meiner Mutter Zuflucht genommen, ganz wie als verängstigter Schuljunge. Ich könnte keine vernünftige Erklärung für vieles geben, das mir in der Zeit zu Hilfe kam, oder für die vielen glücklichen Zufälle. Während ich dies schreibe, bin ich mir wohl darüber klar, daß es nach geistigem Dünnschiß klingt und zu schön, um wahr zu sein. Das tut mir leid, denn das ist es, was passierte, und so empfand ich es. Nun blickte ich zurück auf das, was ich angerichtet hatte, und dachte: »Das ist es, Ma.« Ich senkte den Kopf in dem verzweifelten Versuch, meine Gedanken zu sammeln, die dieser Schock und die Monate der Vorbereitung durcheinandergewirbelt hatten. Konzentrieren.

Fingers stimmte die ersten Akkorde von »I Don't Like Mondays« an. Heute war ein Tag für unverdünnte Hits und Klassiker, die Welt-Jukebox. Diese ersten Noten wehten wie aus weiter Ferne zu mir herüber. Ich sah mich um. Zwischen mir und Fingers schienen Kilometer der Riesenbühne zu liegen. Ich gab der Bühnencrew ein Zeichen, die Monitore aufzudrehen. Ich konnte es immer noch kaum hören, aber es gelang mir, die Tonlage aufzuschnappen, und stürzte mich optimistisch in den Song. Sobald ich begonnen hatte, fühlte ich mich als Herr der Lage. Die Schmerzen in meinem Rückgrat verschwanden.

Nach all diesen Wochen, nach all diesen Unwägbarkeiten war ich endlich da, wo ich hingehörte, und machte, was ich gerne tat. Als ich sang, verschwamm alles, was mich am Tag in Anspruch genommen hatte. Alles fiel von mir ab, außer dem Song, der, wie so viele an diesem Tag, neue Deutungsmöglichkeiten eröffnete. »Mondays« war immer wichtig für mich gewesen, obwohl es eine Zeit gegeben hatte, in der ich den Song geradezu verabscheute, weil wir ihn so oft singen mußten, daß er sich abnutzte. Er war wie ein Klotz am Bein, und je mehr das Publikum danach verlangte, desto saurer wurde es uns, ihn zu spielen. Aber heute fühlte ich nichts dergleichen. Er paßte wie die Faust aufs Auge. Ich sang ihn mit neuer Zuversicht, und als ich die bestimmte Zeile erreichte, gab es keinen Zweifel an der Kraft, die darin lag.

And the lesson today is how to die.

Der Song wurde von einem Aufschrei der Menge unterbrochen. Ich ließ sie schreien und hob dann meinen Arm mit der geballten Faust, und atemlose Stille senkte sich über das Publikum. Ich lenkte alle Willenskraft auf diese Kanäle. »Bitte versteht«, hinauf zum Satelliten, zu den Bodenstationen und in die Wohnzimmer der Welt. Stille. Ich konnte das Rascheln der leichten Sommerbrise hören. Stille, während ich von rechts nach links schaute, das weite Stadion hinab, und versuchte, mir jedes Gesicht einzuprägen. Und über mir lag der wolkenlos blaue Himmel.

Die Spannung des Moments wurde von der plötzlichen banalen, aber trotzdem realen Befürchtung abgelöst, das Publikum könnte vor mir anfangen zu singen. Wahrscheinlich wären sie dann in der falschen Tonlage, und ich würde mich prompt nach ihnen richten, anstatt nach dem, was Fingers spielte.

Then the bullhorn crackles.

In der Königlichen Loge wandte sich Charles an Paula und flüsterte: »Das ist brillant. Recht brillant.«

Am Ende des Stücks rang ich nach Worten. Es war so normalsterblich, aber es war wahr. Der griechische Chor war verstummt, die Dämonen waren besänftigt, im Bürgerkrieg war der Frieden ausgebrochen. »Ich glaube, das ist der schönste Tag in meinem Leben«, sagte ich.

Dann stürzten wir uns in einem Fieber des Überschwangs und der Begeisterung und echter Leidenschaft mit Volldampf in die Rock-Nummern »Drag Me Down«, unseren totgeborenen Hit vom letzten Album, und unsere Nummer eins, »Rat Trap«. Fifi sang Charles während »Drag Me Down« laut ins Ohr, weil es ihre Lieblingsnummer war. Es muß ulkig für sie gewesen sein, ihren Vater auf diesen riesigen Leinwänden zu sehen, während das Publikum jubelte. Oder vielleicht war das ihre kindliche Vorstellung von Normalität.

Mitten in »Rat Trap« war zum ersten Mal der Saft weg. Der Ausfall dauerte ungefähr anderthalb Minuten, hoch geschätzt, aber in diesem Moment schien es mir zehnmal so lang. Es war kein Beinbruch. Die Menge sang für mich wei-

ter. Als wir von der Bühne kamen, waren wir alle erschlagen von diesem Erlebnis. Gary, normalerweise der große Schweiger der Band, drehte sich zu mir um, die Gitarre noch in der Hand, und sagte: »Verdammt fairer Empfang für dich, Junge.«
Elton John und George Michael kiebitzten aus den Kulissen. »Hey, macht, daß ihr hier wegkommt, ihr zwei. Hier hat keiner rumzustehen, außer denen, die mit dem nächsten Auftritt dran sind«, sagte Harvey, als hätte er es mit zwei Autogrammjägern zu tun, die sich backstage eingeschlichen hatten.
Backstage war eine Wohnwagenburg errichtet worden, die als Garderobe diente.
Die Band ging nach hinten, um sich umzuziehen. Eine halbe Stunde in der Garderobe war uns vergönnt, ehe man uns rausschmeißen würde, um Platz für die nächste Band zu machen. Ich war klatschnaß, aber ich hatte keine Kleider zum Wechseln dabei, also huschte ich rüber ins Produktions-Büro und sprach über Satellit mit Tony Verna.
»Wie macht es sich im Fernsehen?«
»Sieht toll aus.«
Aber als die ersten Bilder aus Amerika rüberkamen, lief mir die Galle über, weil man sich streng an den stereotypen Ritualen des Rockkonzerts orientierte – lange Einstellungen von nackten Mädchen, die auf den Schultern ihrer Jungs abwakkelten, inklusive genüßlichem Verweilen auf wackelnden Brüsten.
»Meinst du nicht, Tony, daß es, abgesehen davon, daß es keinen interessiert, in einigen afrikanischen und asiatischen Staaten, in denen Hungersnot herrscht, als Beleidigung angesehen werden könnte, wenn ihnen bei einem Konzert gegen den Hunger dralle Amerikanerinnen vorführen, wie gut sie beisammen sind?«
»Bob, ich habe hier vierzig Bildschirme vor mir ...«
»Es könnte außerdem provozierend auf Kulturen wirken, in

denen andere moralische Maßstäbe und Sitten herrschen als bei uns. Die warten nur auf eine Entschuldigung, uns aus dem Programm zu schmeißen, und das könnte genau das sein, was sie brauchen.«

»Verstanden. Keine Titten-Shots mehr. Und jetzt verzieh dich.«

Ich machte meine Runde, um überall nach dem Rechten zu sehen. David Bailey hatte in seinem improvisierten Studio schon mit der Arbeit begonnen. Er fotografierte jeden einzelnen, der an diesem Tag dabei war. Ich schaute im Hard Rock vorbei, wo alle auf ihren Aufruf warteten. Sie saßen herum, tranken Kaffee und schwatzten. Ein oder zwei winkten mit erhobenem Daumen zu mir herüber. In Harveys Büro schwebten alle auf Wolken.

Ich stieg in die Königliche Loge herauf, um nach Paula und meinem Vater zu sehen. Mein Vater hatte, wie üblich, Bekannte getroffen und sammelte bei allen möglichen Leuten Programme, die ich signieren sollte. »Vielen Dank, Da, das fehlt mir grade noch.«

»Gut gemacht, Junge«, sagte er, als hätte er nie den leisesten Zweifel gehabt, daß ich es mit links schaffen würde.

Die Produktions-Wohnwagen waren so voller emsig brasselnder Techniker, daß es unmöglich war, sich reinzuquetschen. Sie schalteten von Kanal zu Kanal, um die Ursache für die periodischen Stromausfälle zu finden.

Ich rief in Irland an. »Wie läuft es?«

»Toll. Das Geld strömt herein.«

Ich erkundigte mich nach den Fortschritten bei unserer eigenen Spendensammlung. Plötzlich trat ein BBC-Nachrichtenmann mit der Beschwerde an mich heran, wir würden nicht genug Spendenaufrufe im Fernsehen oder Radio durchgeben. In der Kabine, von der aus wir die Aufrufe ausgaben, stellte ich fest, daß die britischen Spenden noch hinter denen der Iren zurück lagen, obwohl Irland nur ein Zwanzigstel unserer Bevölkerung hat. Mir grauste davor, daß wir zuwenig Nachdruck in die Spendenaufrufe gelegt haben könnten, und hatte das ungute Gefühl, daß die Leute in der überschwenglichen Begeisterung eines gigantischen Konzerts das wahre Ziel aus den Augen verlieren könnten. »Laßt schon die Scheiß-Aufrufe raus. Wofür machen wir das denn? Gebt ihnen die Adressen. Gebt ihnen die Telefonnummern.«

Elvis Costello war auf der Bühne. Daß selbst ein Performer seiner Klasse nur Zeit für einen Song hatte, gibt einem einen Eindruck von der schieren Masse unseres Aufgebots. »Ein alter Folksong aus Nordengland«, sagte er. Er sang »All You Need Is Love«. Die Worte hatte er sich auf die Hand geschrieben, weil er sie sich nicht merken konnte. Sting sang auch alleine. Es war hinreißend. Dann begleitete ihn Phil Collins bei »Every Breath You Take«, einem weiteren Song, der an diesem Tag eine neue Dimension gewann.

Morgens hatten wir die Nachricht erhalten, daß der Start des Space Shuttles wegen schlechter Wetterlage abgeblasen werden mußte. Daher konnte der Captain die Bands nicht live aus dem All ankündigen, wie wir es vorgesehen hatten, eine herbe Enttäuschung, aber immerhin blieb uns die Concorde. Phil beendete seine Nummer um fünfzehn Uhr sechsundvierzig Londoner Zeit, und Noel Edmunds wartete schon darauf, mit ihm nach Heathrow zu flattern. Es war das erste Mal, daß man einem Hubschrauber gestattete, bei der Concorde zu landen. Phil brauchte nur noch hier raus und da rein zu marschieren. Am Ende des Überschallflugs würden ihm noch achtundzwanzig Minuten bleiben, um vom Kennedy Airport ins JFK Stadion in Philadelphia zu gelangen und Punkt zwanzig Uhr vierzig ostamerikanischer Zeit die Bühne zu betreten. Die Concorde machte extra einen Umweg über Wembley, unter dem tosenden Jubel der Achtzigtausend.

Paul Young war mitten in einem Song, als ich um fünf Uhr auf die Bühne kam. Er grinste, als ich ihm das Mikro aus der Hand nahm und sagte: »Und nun begrüßen wir Amerika bei Live Aid«. Philadelphia erschien auf den riesigen Bildschirmen rund ums Stadion. Es war ein verrücktes Gefühl, Jack Nicholson in Philadelphia auf die Bühne kommen zu sehen, um den nächsten Act, U2, anzusagen, und dann Bono in London auf die Bühne kommen zu sehen. Die Beach Boys, gesichtsalt, aber mit taufrischem Sound, winkten, und dreitausend Meilen entfernt winkte das Publikum zurück.

Ich rannte zurück ins Produktionsbüro und rief in Irland an.

»Wie läuft es?«

»Wir sind grade über die erste Million.«

Ich ging zum Raum, von dem aus wir die Aufrufe losließen. Mein Rücken machte mir jetzt wirklich zu schaffen. Ich lief mit krummem Rücken herum wie ein Schmierenkomödiant. Der Doktor bot mir eine schmerzstillende Spritze an, aber ich wollte mir jetzt noch nicht das Hirn vernebeln lassen. Es gab noch zuviel zu tun. Ich war müde, müde, müde, und ich wollte die Show sehen. Aber erst mal wütete ich, weil die Iren uns überholten, immer noch in der Sorge, daß die Leute den Faden verloren und die Spendensammlung für das hungernde Afrika völlig vergessen hätten. Die Telefone liefen nicht gerade heiß. Als ich mir nachher die Videos der ganzen Veranstaltung ansah, stellte ich fest, daß meine Befürchtungen unbegründet gewesen waren. Aber damals war ich völlig paranoid. Ich marschierte in den Kontrollraum. »Alles klar, wir machen einen neuen Aufruf.«

»Geht nicht. Gleich soll was von Amerika reinkommen. Es ist ...«

»Scheiß auf Amerika. Wir machen den Aufruf.« Ich ging rauf ins Studio, in dem Mel Smith und Griff Rhys Jones gerade den Aufruf starten wollten. Ich kam dazu, als der Moderator eben die Band-Aid-Adresse durchgeben wollte. »Scheiß doch auf die Adresse. Wer *überschreibt* uns denn sein verdammtes Geld? Die kommen doch nicht vor Montag zur Bank. Hört mal, die Telefone liegen völlig brach. Wenn Ihr schon Geld gespendet habt, geht zu Euren Nachbarn, ballert an die Tür und sagt ihnen, sie sollen auch spenden.«

Es gab einige Anrufe bezüglich meiner Ausdrucksweise, aber noch mehr Anrufe, die Geld einbrachten. Ich befürchtete, die Leute würden aufgeben, wenn sie nicht durchkämen. »Immer weiter versuchen«, sagte ich. Manche Leute aus dem Süden riefen die schottischen Nummern an und umgekehrt. Ich hatte gehofft, daß wir in ganz England eine Million aufbringen würden. Am Ende des Tages hatten wir vier Millionen. Am Ende der Woche hatten wir dreißig Millionen. Ungefähr zwanzig Millionen Menschen war es am Tag selbst nicht möglich gewesen, uns zu erreichen. Ich hoppelte herunter ins Produktionsbüro. Auf dem Weg hörte ich Queen ihren Gig beginnen.

Plötzlich rief jemand nach mir. »Schnell, Bob. Da ist einer, der eine Million Pfund spenden will, will mit Dir persönlich sprechen.« In Klappmesserpose sauste ich die Treppen wieder hoch. »Es ist Scheich Mani Al-Makhtoum aus Kuweit. Ihm gehören die Rennpferde, er regiert Kuweit.«

Die Stimme am Telefon sagte, sie wolle im Namen der Bevölkerung von Kuweit eine Spende machen. Eine Million Pfund Sterling. »Ich bin hier in London, aber Live Aid wird auch in Kuweit ausgestrahlt. Ich sehe es mir mit meinem Bruder zusammen an. Wir finden es wundervoll, daß Sie das alles für die Menschen in Afrika tun. Ich möchte gerne etwas spenden. Eine Million Pfund.«

Ich sagte: »Vielen herzlichen Dank« und legte den Hörer auf. »Leck mich am Arsch, gerade hat dir einer eine Million Pfund geschenkt.«

Wir hatten ein System eingerichtet, bei dem die Leute direkt per Telefon Geld über ihre Kreditkarten abbuchen konnten. Aber weil fünfundsiebzig Prozent aller Kreditkarten von Leuten im Süden Englands benutzt werden, hatten wir es landesweit so organisiert, daß Leute per Telefon Geld avisieren konnten, das sie am Montag auf ein Postgirokonto einzahlen konnten. Ein Computer verglich ständig die jeweiligen Einschaltquoten mit dem Anrufaufkommen. Meine Daumenschrauben, die ich etlichen Bands angelegt hatte – daß, wenn sie auftraten, Geld hereinkommen würde, daß uns anderenfalls verloren ginge –, rechtfertigten sich auf der ganzen Linie. Aber bei dem CBC-Video mit dem Cars-Song und der Großaufnahme des gemarterten Kindes und seiner Versuche aufzustehen, brach die Telefonanlage zusammen. Billy Conolly und Pamela Stephenson hatten nach dem Video einen neuen Aufruf machen sollen. Als die Kameras zu ihnen herüberschwenkten, waren beide in Tränen aufgelöst und brachten kein Wort heraus. Später am Abend zeigten sie es noch mal auf BBC 2, und als die Kamera auf den Moderator zurückkam, war er völlig aufgelöst, Tränen liefen ihm übers Gesicht. Er fing an, in seinen Papieren zu rascheln und schaute weg. Schließlich sagte er zum Kameramann: »Ich glaube, es ist nicht nötig, mich noch länger im Bild zu halten.« Der Film war ein traumatisches Erlebnis für jeden, der ihn sah, aber er gab dem Konzert auch die richtige Perspektive.

Ich rief wieder in Irland an. Irland wurde zur Meßlatte, die wir uns selbst anlegten. »Es ist umwerfend, Bob. Wir haben hier ein paar alte Ladies. Über ein Dutzend. Sie sagen, sie hätten nichts zu geben, außer ihren Eheringen. Sie möchten, daß wir sie nehmen und ins Pfandhaus bringen. Sie stehen hier und verlangen Seife, um sie von den Fingern zu kriegen, knallen sie auf den Schalter, weil wir sie nicht annehmen wollen. Was sollen wir tun?«

Ich überlegte kurz. »Nehmt sie.«

An diesem Tag war die Großzügigkeit überwältigend. Wir hörten von einem jungen Paar, das sein erstes eigenes Heim verkaufte und uns das Geld gab. Die Leute ließen sich von der Euphorie mitreißen. Monate später sollte uns ein Mann schreiben und anfragen, ob er etwas von den dreitausend Pfund zurückhaben könne, die er uns gegeben hatte. In Lateinamerika strömte das Geld genauso herein. Weltweit spielte sich höchst Ungewöhnliches ab. Aus welchem Beweggrund auch immer, die Menschen wurden sich dieser unseligen Opfer in Afrika bewußt und brachten ihr Mitleid und ihren Abscheu zum Ausdruck, so gut sie konnten.

Plötzlich fiel mir siedendheiß ein, daß wir für unser groß angekündigtes »Finale« eigentlich gar nichts eingeübt hatten. Ich trommelte alle im Hard Rock zusammen und verteilte Textblätter von »Do They Know It's Christmas«.

»Wir machen mal einen Durchgang mit akustischer Gitarre. Wer hat eine Akustische?« Die versammelten Größen der britischen Popindustrie waren nicht in der Lage, eine einzige akustische Gitarre vorzuweisen. Ein stechender Schmerz durchzuckte meinen Rücken, als ich mich bückte, um die nächste elektrische Gitarre aufzuheben.

»O.k., Gary, spiel die hier unverstärkt, ja?«

Das Licht ging aus. Die Sicherung war mal wieder raus. »Scheiße. Hat hier irgendwer 'ne Kerze?« Niemand hatte.

»O.k. Wir machen's im Dunkeln. David, bist du da?«

»Ja«, sagte Bowie.

»Gut, komm rüber, damit du die Gitarre hören kannst. Es ist in C. Du singst die beiden ersten Zeilen, weil Paul Young schon weg mußte. Also dann, wir halten uns, soweit möglich, daran, wie wir es auf der Platte gemacht haben. Wenn einer die Worte nicht weiß, einfach mitsummen, wenn das Licht wieder angeht, könnt ihr ja auf den Zettel sehen.« Wir gingen es einmal durch. Es war schräg, die ganzen berühmten Stimmen im Dunkeln abwechselnd singen zu hören. Ein schauriges Gequake.

»Hm ja. Das gleiche noch mal.«

Ehe wir dazu kamen, stolperte jemand herein und blökte: »Bowie, Geldof, Townshend und Alison Moyet. Auf die Bühne für »Let It Be« mit McCartney.«

»O.k. Könnt ihr es alleine noch mal üben, während wir weg sind?«

Mein Rücken war ein einziger Schmerz. »Wahrscheinlich ein eingeklemmter Nerv«, sagte der Arzt. »Möchten Sie was gegen die Schmerzen?«

»Nach dem Finale, jetzt noch nicht.«

Ehe McCartney aufgetreten war, hatte es einen kurzen, heftigen Regenschauer gegeben. George Michael und Elton John waren gerade auf der Bühne gewesen, um Eltons »Don't Let the Sun Go Down on Me« zu singen. Die Ironie des Regengusses verstärkte nur die Durchschlagskraft des Songs. Der Schauer dauerte nicht länger als zehn Minuten und war eine willkommene Abkühlung für die Menge an einem so heißen Tag. Aber es regnete auch in unseren Kabelsalat. McCartney stimmte »Let It Be« an, aber als er singen wollte, stellte er fest, daß das Mikrofon tot war. Er wollte es nicht glauben. Seit acht Jahren hatte er nicht live gespielt, und dann passierte so was. Er kriegte rote Ohren. »Profi bleiben, Paul«, sagte er sich, grimmig lächelnd, während er zum x-ten Mal den Song runterleierte, »das bringen sie bald in Ordnung.« Dann erbarmte sich ein Teil des Publikums und sang seinen Part.

Ich bekam nichts davon mit. Ich war an der anderen Seite der Drehbühne und hatte mich vor dem Auftritt kurz hingelegt. Bowie massierte meinen Rücken, und ich nickte für ein paar Sekunden ein. Townshend und Bowie und Alison standen da und warteten auf ihr Zeichen. Sie wußten nicht, daß er keinen Strom hatte, und fragten sich, warum er Strophe um Strophe sang, und nie zum Refrain kam. »Ich hatte das Ding kürzer in Erinnerung«, knurrte Townshend.

John Hurt, der Schauspieler, war auf der Bühne. Er rüttelte mich. »He, Bob, aufwachen. Alles o.k.?«

»Kennst du den Text?« fragte Bowie. Falls nicht, wäre es jetzt etwas spät gewesen.

Wir traten hinaus. Als unsere Silhouetten aus der Dunkelheit auftauchten, ging ein Raunen durch die Menge im Stadion von Philadelphia, weil die New York Post das Gerücht ausgestreut hatte, die Beatles würden wieder zusammen spielen – lange noch, ehe ich mit Geroge gesprochen hatte. Was mich anging, reichte mir das, was wir wirklich an Legenden hatten, voll und ganz. Das Line-up auf der Bühne war McCartney,

Auf den Schultern von Pete Townshend und Paul McCartney – verlegen, aber stolz

Bowie, Townshend – und Geldof. Es war wie ein wahrgewordener, verrückter Schuljungen-Traum.
Zum Schluß hatten Townshend und McCartney sich überlegt, mich von hinten zu packen und auf ihre Schultern zu heben. Ich hätte vor Scham in den Boden versinken können. Es war haarsträubend. Diese Leute waren echte Popgrößen. Mit falscher Bescheidenheit hatte das nichts zu tun. Ich fühlte mich schon als Hochstapler, als ich mit ihnen sang. Es war der Augenblick des Triumphs, aber im Gegensatz zu den Führern des antiken Rom brauchte ich niemanden, der mir ins Ohr flüsterte: »Denk daran, auch du bist sterblich.« Daran erinnerte mich schon allein der Schmerz in meinem Rücken.

Die größte Party, die es je gab.

»Scheiße, ist der Typ fett«, sagte Townshend.

»Bitte laßt mich wieder runter. Ich möchte das wirklich nicht.« Ich weiß noch, daß ich dachte, für jemanden, der nicht an Popmusik interessiert ist, sei das wahrscheinlich keine große Sache, aber wenn ich daran zurückdenke, bin ich noch immer beschämt, aber auch unerhört stolz darauf, daß ich auf den Schultern von Paul McCartney und Pete Townshend getragen wurde.

Dann kamen alle zum Finale heraus. Auf der Bühne herrschte ein enormes Gemeinschaftsgefühl. Es hatte an diesem Tag weder Rivalitäten noch Sticheleien, noch wilde Temperamentsausbrüche gegeben. Jetzt sangen alle gemeinsam. Sie hatten die Arme umeinander gelegt. Ich holte auch Harvey auf die Bühne und ließ ihn mitsingen. Elton weinte, alle weinten. Das waren keine billigen Showbiz-Tränchen, sondern echtes Gefühl. Unten in der Menge schluchzten die Fans. Sogar einige der Fotografen, die die Bühne bevölkerten, weinten. Die Performance war immer noch unter aller Sau, aber wahrscheinlich hatte das Publikum damit gerechnet. »Hier können wir uns gut zum Affen machen«, sagte ich. »Aber wenn man es nicht vermeiden kann, sich zum Affen zu machen, kann man es auch gleich vor der ganzen Welt tun.« Nun, die Welt sang mit. »Feed the World« explodierte in diesem Stadion und schoß buchstäblich um die ganze Welt. »All diese Satelliten da oben. All die Jahre seit Sputnik. Na, heute haben sie nicht nur Biep Biep gesagt.« Es war ein Moment, der Millionen zum Leben erweckte. »Denk immer an diesen Tag«, schrieb ich später.

Wir waren der neunundzwanzigste Act auf der Bühne des Wembley-Stadions, mit einer Minute Verspätung machten wir Schluß. Ich legte mich auf die Bühne und sah zu, wie die Menge sich verlief. Die BBC sendete weiter. Cliff Richard, der nicht hatte teilnehmen können, weil er sich schon für zwei Wohltätigkeitskonzerte in Birmingham verpflichtet hatte, spielte für die BBC-Kameras einen Song mit akustischer Gitarre. Ich war zufrieden. Wir hatten alle maßgeblichen englischen Popkünstler des letzten Vierteljahrhunderts zusammengebracht. Hinter der Bühne gab mir der Arzt eine Spritze, und ich ging auf die Suche nach Paula. Sie machte ein paar Interviews für *The Tube*. Es war auch eins mit mir eingeplant.

»Na schön«, sagte ich, »frag mich was.«

Sie fiel mir einfach um den Hals und sagte: »Ich bin so stolz auf dich.«

»Komm. Laß uns heimfahren.«

Wir suchten nach einem Wagen, der uns zurück nach London bringen sollte, aber sie waren alle schon weg. Wir ließen uns von ein paar Leuten mitnehmen, die wir auf dem Parkplatz trafen. Wir brauchten eine Ewigkeit bis zurück nach Chelsea, wo ich mich waschen und umziehen wollte, ehe es in einen Nachtclub in der Bond Street ging, Legend's, wo man einen großen Bildschirm aufgebaut hatte, auf dem wir uns die Übertragung aus Amerika ansehen wollten. In dieser Nacht war London verstopft, und wir krochen durchs Verkehrschaos dieser Sommernacht.

Ich summte »It's a Perfect Day« von Lou Reed. Über unseren Köpfen erfüllte das Feuerwerk des Händelkonzerts im Hyde Park den Nachthimmel. Leute hingen aus den Fenstern und schauten zu. Einige riefen: »O Bob, o Bob!«, nicht hämisch, auch nicht hysterisch, nur aus Anteilnahme und stillem Einverständnis. »Ich weiß«, war alles, was ich herausbrachte. Und ich wußte. Ich war mir nicht sicher, was genau in England und überall sonst geschehen war, aber ich »wußte«. Irgendwie war irgend etwas zurechtgerückt worden. Zynismus, Habgier und Selbstsucht waren für einen Moment niedergekämpft worden. Ein gutes Gefühl. Viele Menschen hatten etwas Neues in sich entdeckt. Das klingt pompös. Schade, sei's drum. Ich kam nach Hause und schaltete den Fernseher ein. Da war es. »Wie verrückt!« dachte ich. Ich wusch mich und zog mich um. Es war immer noch da. Ich rief mir ein Taxi und fuhr zum Legend's. Wir sahen uns die Übertragung an, tranken Scotch mit Soda und reichlich Orangensaft dazu, denn die Hitze des Tages lag noch schwer über der Nacht. Mick Jagger war wundervoll. Mit Tina Turner war er sensationell und herrlich witzig. Hall and Oates waren brillant. Phil Collins trat, unter dem Jubel der Legend's-Besatzung, mit den Worten auf: »Heute Nachmittag war ich in England. Komische alte Welt, was?« Er mochte Philadelphia nicht. Später sagte er mir: »Wenn ich gekonnt hätte, hätte ich mich gleich wieder in die Concorde gesetzt und wäre zurückgeflogen.« Es war nicht das Publikum – von ihnen war er begeistert. Er sagte, hinter der Bühne sei es zu übel gewesen; sogar die Schoßhündchen hatten einen Sicherheitspaß, und ein paar von den Leuten ließen die Superstars raushängen. Die Bühne war ständig von irgendwelchen Typen überlaufen, und die Umbauten dauerten viel zu lange. Immerhin, den Leuten gefiel es, sie tanzten, die Spendengelder flossen, und anderen Künstlern machte es großen Spaß.

Für mich war Dylan die größte Enttäuschung des Abends. Er sang drei seiner Klassiker, unter anderem »Blowing in the Wind«, was eigentlich einer der Höhepunkte des Konzerts hatte werden sollen. Unglücklicherweise war der Auftritt katastrophal. Er hatte Keith Richards und Ron Wood in der letzten Nacht in einem New Yorker Nightclub getroffen, und sie hatten angeboten, ihn zu begleiten. Da waren sie nun – der Ausnahmedichter des Pop und der weltbeste Rhythmusgitarrist mit seinem Partner. Aber sie kamen ständig aus dem Takt, konnten den Ton nicht halten und schienen für den Song nur ein müdes Lächeln zu haben. Dann offenbarte er sein völliges Unverständnis für die Ziele von Live Aid durch den unverzeihlichen Satz: »Es wäre schön, wenn ein Teil dieses Geldes an die amerikanischen Farmer ginge.« Etwas derart Einfältiges und dem Publikum nach dem Mund Geredetes war einfach nicht zu fassen. Bei Live Aid ging es darum, Menschen das Leben zu retten. Es besteht ein grundlegender Unterschied zwischen dem Verlust der Existenzgrundlage und dem Verlust des Lebens. Farm Aid wurde dadurch ins Leben gerufen, an sich eine gute Sache, aber es war taktlos, dumm und nationalistisch, dergleichen zu sagen. Das hätte das Finale sein sollen, aber, Gott sei Lob und Dank, hatte Ken Kragen Lionel Ritchie noch überredet, »We are the World« zu singen. Dylan ging von der Bühne, und als er an seinem Manager vorbeikam, sah er ihn nur kurz an und sagte: »Tut mir leid.«

Es waren noch ein Dutzend Leute im Legend's zurückgeblieben, wo man uns mit einer Methuselah-Flasche Champagner beehrte: eine Riesenflasche, die den Inhalt von vier Magnumflaschen faßte. Es gab auch zwei große Torten, eine davon mit schwarzem Zuckerguß und dem Live-Aid-Logo in Weiß darauf. Ich gab sie Harvey. »Leider muß ich feststellen, daß der Konditor die Credits fürs Artwork vergessen hat«, sagte ich zu ihm.

»Das kann ich nicht glauben. Vielleicht hat sie schon einer abgeleckt.«

Es war vier Uhr morgens, als wir uns endlich losreißen konnten, in ein Taxi sprangen und nach Hause fuhren. Der Morgen dämmerte. Der Nachthimmel begann sich grau zu färben. Einige Vögel zwitscherten schon.

»Na«, sagte Harvey. »Das war ein Spaß, was?«

Aber Premierminister …

Den Tag nach Live Aid verbrachte ich im Bett. Mein dringlichster Wunsch war jetzt, Ferien zu machen. Die Regierung von Mauritius war an mich herangetreten und hatte mir einen kostenlosen, vierzehntägigen Urlaub erster Klasse angeboten, ohne irgendwelche Bedingungen, abgesehen von einem Photo, das man mit ›Bob Geldof auf Urlaub in Mauritius‹ untertiteln könnte. Ich kramte meinen Atlas raus. In meiner begrenzten Vorstellung von Geographie lag Mauritius gefährlich nahe bei Afrika. Ich konnte mir schon die Schlagzeile vorstellen: ›Geldof sonnt sich am Strand, während ganz in der Nähe Millionen verhungern‹. Ich lehnte mit Bedauern ab und entschied mich dafür, einen Freund zu besuchen, der in einer stillen Ecke von Ibiza ein Bauernhaus hatte.

Es war ein verblüffender Anblick gewesen, am Morgen nach Live Aid Schlangen von Menschen vor jeder Bank und jedem Postamt darauf warten zu sehen, ihr Geld loswerden zu können. Aber das war nicht alles. Schon bevor das Konzert begann, hatten wir an Sponsorengeldern zehn Millionen Dollar kassiert; tatsächlich hatten wir, als das Konzert stattfand, bereits eine Million Pfund für eine Flotte von Lastwagen im Sudan ausgegeben. Am Montag nach Live Aid schätzten wir, daß in England rund vier Millionen Pfund gesammelt worden waren. Dann kam die Nachricht, daß Irland allein fünf Millionen aufgebracht hatte. Danach schienen sich die Zahlen praktisch stündlich zu ändern.

Bei der letzten Zählung hatte Live Aid hundert Millionen Dollar eingebracht, plus einer beträchtlichen Summe an Dollarspenden für bestimmte Projekte von verschiedenen westlichen Regierungen. Und aus dem Merchandising, aus Plattenverkäufen und weiteren Spenden kommt immer noch Geld herein.

Aber bei meiner Rückkehr von Ibiza war klar, daß wir ein weiteres Mal mehr als nur Geld zusammengebracht hatten. Wir hatten ein neues Potential an Mitgefühl geschaffen. Das zeigte sich schon, wenn man einfach die Straße langging. Leute traten auf mich zu und gaben mir Geld. Es ging soweit, daß ich mir für diese spontanen Spenden die Taschen freihalten mußte. Manchmal waren es Schuljungen mit zehn Pence, ein anderes Mal Erwachsene mit einem Fünfer oder Zehner. Hin und wieder gaben mir Leute fünfzig oder hundert Pfund. »Zahlen Sie es auf das Band-Aid-Konto bei einer beliebigen Bank ein, oder überweisen Sie es durch die Post«, erklärte ich ihnen dann. Sie zwinkerten mir dann zu oder grinsten und meinten, bei mir wäre es sicherer aufgehoben. Manchmal kam ich von einer Runde durch London mit 500 Pfund in den Taschen nach Hause. Oft fügten die Leute noch eine Bemerkung hinzu: »Du sagst es ihnen, Bob, du sagst ihnen, wie es ist. Wurde Zeit, daß es einer tut. Ich wünschte, ich hätte auch mal die Gelegenheit.«
Es war offensichtlich, daß ein sehr großes Maß an persönlichem Vertrauen eine Rolle spielte. Die Leute gaben ihr Geld zweifelsohne lieber *mir* und Band Aid als einer der herkömmlichen Hilfsorganisationen. Zuerst war es eine Last; ich wollte mir nicht ständig den Kopf darüber zerbrechen müssen, in welcher Tasche mein eigenes Geld steckte und in welcher das für Afrika. Wenn mir auf der Straße ein Kind einen Halfpenny gab, mußte ich mir das merken, damit er auch seinen Weg in den Hilfsfond fand. Ja, als Leute tatsächlich anfingen, Säcke voller Münzgeld aus Pubsammlungen nachts in meinen Briefkasten zu kippen, hatte ich den Verdacht, daß die Presse sich das Ganze ausgedacht hatte, um eine ›Geldof-Pocket-Cash‹-Story in die Welt zu setzen.
Aber bald gelangte ich zu der Einsicht, daß das, was die Menschen taten, eine weitaus größere symbolische Bedeutung hatte als eine praktische. Ich wurde eine Art Herr Jedermann, der hinging und das tat, was sie selber gerne getan hät-

ten. Wenn es ganz dick kam, brachte mich dieser Kult um meine Person zum Rasen und war eine Plage, sonst war er zumindest irritierend. Ich hätte liebend gern gewußt, wie ich dem entgehen konnte.

Ein wenig Übung in der Rolle des Jedermann hatte ich bekommen, als ich nach der Band-Aid-Aufnahme Margaret Thatcher bei der Preisverleihung vom *Daily Star* traf. Ich wußte, daß ich nur ein paar Sekunden mit ihr reden konnte und deshalb recht unverblümt sein mußte. Lloyd Turner, der Herausgeber, hatte mich auf sie zugelotst, und sofort waren die Fernsehkameras auf uns gerichtet, für die Konfrontation zwischen dem Hungersnot-Popstar und der Premierministerin.

»Ah, Mr. Geldof. Ich finde es wunderbar, was sie da mit der Band-Aid-Platte gemacht haben.«

»Danke, Frau Premierministerin, aber ich habe neulich in der *Times* gelesen, daß Sie vorhaben, 10 Millionen Pfund auszugeben, um überschüssige EG Butter loszuwerden. Finden Sie das nicht lächerlich?«

»An einer gesunden Landwirtschaft ist nichts Lächerliches …«

»Aber wir produzieren einen Überschuß, während ein Teil der Welt vor Hunger stirbt.«

»Mr. Geldof, diese Menschen können nicht Butter essen.«

»Sie können Butteröl essen. Das ist eine von den Sachen, für die Band Aid schon viel Geld ausgegeben hat, und Butteröl ist Nebenprodukt von Butter. Ja, es ist sogar ein entscheidender Bestandteil der Ernährung, wenn Menschen kurz vor dem Verhungern stehen.«

»Nun ja, wissen Sie, wir alle haben unsere eigenen Wohlfahrtsorganisationen …«

»Aber ich glaube nicht, Frau Premierministerin, daß der drohende Tod von 120 Millionen Menschen eine Frage der Wohlfahrt ist. Es ist eine Frage des moralischen Imperativs, daß wir etwas tun.«

Die ganze Zeit versuchte sie, sich von mir wegzubewegen, um so das Gespräch zu beenden. Gleichzeitig wollte sie mir aber auch nicht das letzte Wort lassen. Jedesmal wenn ich etwas sagte, kam sie zurück. Mittlerweile wurde ich mit dem eisigen Blick bedacht. Ich war nah heran geschubst worden, so daß ich sie deutlich überragte. Sie schaute mit mörderischem Blick hoch.

»Wir alle versuchen unser Bestes.«

»So einfach ist das alles nicht«, blaffte sie.

»Nein, Premierministerin, nichts ist so einfach wie Sterben.«

Sie erlaubte mir nicht, den Wortwechsel zu beenden; genauer gesagt, sie wurde von einem Würdenträger weggezogen, bevor sie etwas erwidern konnte. Ein Teil des Gesprächs wurde im Fernsehen gezeigt. Die Reaktion der Öffentlichkeit war eindeutig. »Du hast es ihr gegeben, Bob, du hast nicht den Schwanz eingezogen, als du die Chance hattest. Gut gemacht!« Es war, als hätte ich das Unsagbare ausgesprochen. Ich fühlte mich wie der Junge, der auf die wahre Beschaffenheit von des Kaisers neuen Kleidern hingewiesen hat. Es schien, als wüßte die gesamte Bevölkerung, daß die EG-Agrarpolitik Blödsinn war. Selbst all die Sophisterei und das Fachchinesisch aus Brüssel und Straßburg zusammen konnten das nicht verbergen. Aber jeder, der das öffentlich sagte, hatte anscheinend Angst, daß man ihn umgehend als Volltrottel brandmarken würde, der simplen Keks erzählt. Wichtiger war noch, daß sie dachten: »Er hatte keine Angst. Er hat ihr die Meinung gesagt. Würden die anderen das doch auch tun.«

Ich *hatte* Angst, mich zum Trottel zu machen, aber ich mußte auch die Gelegenheit nutzen.

Thatcher war in meinen Augen eine merkwürdige Frau. Sie war streitsüchtig und aggressiv, aber sie hatte mich nicht herablassend behandelt. Bei unserem einzigen kurzen Gespräch war sie zu einer Auseinandersetzung gezwungen worden, und sie schien durchaus fähig, dazubleiben und den ganzen

Nachmittag lang zu streiten. Aus einer äußerst verläßlichen Quelle habe ich gehört, daß sie auf einem EG-Treffen der Regierungschefs im März 1984 das Äthiopienproblem auf den Tisch brachte. Sie hatte anscheinend am Abend vorher einen Bericht über die Hungerkatastrophe gesehen und gemeint, man solle die vereinbarte Tagesordnung für eine halbe Stunde beiseite legen, denn ›müsse da nicht etwas unternommen werden?‹ Die anderen stimmten nicht zu, und die Sitzung ging wie geplant weiter. Aber das war genau das Gegenteil von dem, was sie im Dezember des Jahres öffentlich /ußerte. Ein Freund hatte gesagt, sie sei ›sehr emotional‹. Aber ihre privaten Ansichten und ihr öffentliches Handeln seien zwei verschiedene Welten. Er fand es ›sehr merkwürdig‹. Ich auch, wenn's stimmt. Ich war überrascht, daß sie, als sie das Essen früh verließ, zu mir an den Tisch kam, mir die Hand auf die Schulter legte und flüsterte: »Tut mir leid, ich muß jetzt gehen. Entschuldigen Sie bitte. Wir sehen uns noch mal, hoffe ich.« Am Tag vor Live Aid schrieb sie mir und wünschte uns viel Glück. Auch das schien wieder merkwürdig, vor dem Hintergrund des Krachs, den wir wegen dem Abzug der Mehrwertsteuer von den acht Millionen Pfund aus »Do They Know It's Christmas« durch die Regierung hatten. Damals war ich wochenlang rumgelaufen und hatte den Leuten erzählt, daß, abgesehen von der Mehrwertsteuer, hundert Prozent von ihrem Geld nach Äthiopien gehen würde. Dann fingen die Leute an zu fragen: »Warum *abgesehen* von der Mehrwertsteuer? Warum nicht inklusive?« Wenn alle anderen auf ihren Profit verzichteten, warum nicht auch die Regierung?

Wir hatten um das Geld gebeten, und die Regierung hatte nein gesagt.

»Wenn Hilfsorganisationen von der Steuer befreit sind, warum nicht auch eine Wohltätigkeitsplatte?«

»Weil dann alle Wohltätigkeitsplatten eine Befreiung haben wollen.«

»Nein, macht es nur für uns.«
»Das geht nicht.«
»Doch das geht, ihr könnt sagen, dies sei die einzige Ausnahme.«
Ich quälte mich sozusagen über den Dienstweg. Bewußt verzichtete ich darauf, die Regierung öffentlich anzugreifen. Ihr einen Ziegel über die Rübe zu dreschen oder sie in die Ecke zu treiben, schien mir der schlechteste Weg, diese Regierung zu attackieren. Sie gab einfach nicht nach. Intuitiv fühlte ich, daß es besser war, mit Reginald zu reden, der mit John reden würde, der mit Dick oder wem auch immer reden würde. Das blieb während der ganzen Zeit meine Taktik. Wenn Live Aid auch über einen erfolgreichen Samstag hinaus funktionieren sollte, mußte es über jeder Parteipolitik stehen. Die Strategie mußte sein, die Regierung – jede Regierung – um mehr zu bitten, und nicht, sie wegen des wenigen, was sie gegenwärtig tat, zu attackieren.
Ich besuchte Lord Gowrie, den symbolischen Schirmherrn des Band Aid Trust und zu der Zeit Kultusminister. Ob er mit einigen Leuten reden könnte? Hatte er die Zeitungskarikatur gesehen, mit Reihen von hungernden Afrikanern, die Schüsseln mit der Aufschrift MWSt. in den Händen halten, und einem grotesk fetten und verschwitzten Finanzminister, der die Reihen abläuft und Geld aus den Schüsseln in einen prall gefüllten Sack stopft? Ja, er würde mit einigen Leuten reden. Die irische Regierung sagte, ohne daß man sie groß beknien mußte, sie würde auf die Mehrwertsteuer für die in Irland verkauften Platten verzichten und das Geld auf die Hungerhilfe verwenden. Eine nette diplomatische Lösung. Aber nein, die britische Regierung wollte das nicht akzeptieren. Steuerberater von Band Aid standen mit den Finanzbehörden in ständiger Verbindung, aber weiterhin ohne Erfolg.
Die Frage der Mehrwertsteuererstattung verkam dann zu einem parteipolitischen Zankapfel. Der Führer der Opposition Neil Kinnock schrieb vertraulich an Mrs. Thatcher und

bat sie, die Mehrwertsteuer zurückzugeben. Er war bereit, kein politisches Kapital daraus zu schlagen, daher gab es eine gute Chance, daß sie zustimmen würde. Aber sie lehnte ab, und darauf ließ die Labour Party die parlamentarischen Hetzhunde von der Leine, und MPs wie Skinner und Canavan reduzierten die ganze Sache auf einen Parteienstreit, also das, was ich hatte vermeiden wollen.
Als Nächstes hieß es, auf das Angebot einer politischen PR Agentur zu reagieren, die einen Brief mit den Unterschriften aller lebenden Ex-Premiers beschaffen wollte, in dem Mrs. Thatcher gebeten wird, auf die Mehrwertsteuer zu verzichten. Doch bevor dies getan werden konnte, wurde in Londons Abendzeitung, im *Standard*, eine neue Meinungsumfrage veröffentlicht, die zeigte, daß die Tories enorm an Popularität verloren hatten. Von den Befragten hatte anscheinend ungefähr ein Drittel die Meinung bezüglich des Konservativ-Wählens geändert, und zwar ausdrücklich wegen des Verhaltens der Regierung hinsichtlich der Mehrwertsteuer auf der Platte. Es war in der Weihnachtszeit, und dieser eines Scrooge würdige Akt in einer Zeit der Nächstenliebe und der massiven Unterstützung für Band Aid hatte zu einem erheblichen Verlust an Wählerstimmen geführt. Man kann nur mutmaßen, ob das für die Ankündigung der Regierung verantwortlich war, die Mehrwertsteuer von der Band-Aid-Platte für zusätzliche Entwicklungshilfe speziell für Afrika zu verwenden. Die Nachricht wurde, absichtlich, wie ich annehme, Freitagnacht veröffentlicht; das war zu spät für die meisten Morgenblätter. Die Sonntagszeitungen waren bereits gedruckt worden, und am Montag war es schon Schnee von Gestern. Ein nettes Stückchen Veröffentlichungspolitik; niemand macht gern in der Öffentlichkeit einen Rückzieher. Ich sah die Nachricht nur auf einer Titelseite, bei der *Daily Mail*. Ohne daß ich, außer im Hintergrund, etwas getan hatte, war das Endergebnis wieder, daß die Menschen Band Aid als etwas betrachteten, was in einer von Egoismus und Hinter-

hältigkeit geprägten Welt für gesunden Menschenverstand und Anständigkeit stand.

Live Aid weitete all dies noch aus. Plötzlich hatten wir weltweit Anhänger. Bischof Tutu und die Abgeordneten des norwegischen, des britischen und des irischen Parlaments nominierten mich für den Friedensnobelpreis. Vom amerikanischen Kongreß und von den Australiern wurde ich eingeladen, um Auszeichnungen entgegenzunehmen. Selbst die Sowjetunion verspürte das Bedürfnis, mit uns ins reine zu kommen. Ich hatte mich von den Russen hintergangen gefühlt. Sie hatten uns gesagt, das Konzert würde auch bei ihnen live zu sehen sein. Das war es auch, aber nur für 2000 ausgesuchte Leute in einigen Moskauer Clubs. Es war zynisch. Sie wollten die Ehre haben, an diesem großartigen, globalen Ereignis teilzunehmen, um als ›friedliebend‹ und ›betroffen‹ zu gelten. Aber wo blieb die russische Spende? Hatten die Sowjetbürger die Erlaubnis zu spenden, und hatte man ihnen überhaupt mitgeteilt, daß es ein Massensterben in dem Land gab, das sie massiv mit Waffenlieferungen unterstützten? »Sie können keine Waffen essen«, schnauzte ich. Sie hatten eine ihrer Bands beteiligen wollen, um den Vorwurf der kulturellen Isolation abweisen zu können, wenn sie einen ihrer ›anerkannten‹ Künstler einsetzten. Und dann hatten sie uns gelinkt.

Ich war noch nicht daran gewöhnt, so ernst genommen zu werden. Wen kümmerte es schon, wenn dieser reizbare Popstar seinem Ärger Luft machte? »Geldof putzt den Iwan runter«, so oder so ähnlich lauteten die Schlagzeilen in England. »Die russische Regierung ist die einzige, die hält, was sie versprochen hat«, sagte ich. »Sie hat nichts versprochen, und das ist genau das, was sie gegeben hat.« Kein geringerer als einer von Breschnews Söhnen wurde aufgeboten, um zu erklären, daß ich keine Ahnung hätte, wovon ich rede, und daß die sowjetische Regierung ihrem revolutionären Genossen und Waffenbruder reichlich mit brüderlicher Hilfe gesegnet habe.

Klar, sie hatte Flugzeuge, Waffenladungen und Ausrüstung gespendet: Ich hatte sie gesehen. Ich hatte gesehen, wie eine Menge Getreide und Fracht aus Osteuropa entladen wurde, wo also blieben die Iwans? Sie finanzierten einen Krieg, denke ich.

Aber es war eine merkwürdige Erkenntnis, daß aus diesem Konzert eine Anhängerschaft hervorging, der man, wenn schon nicht aus anderen Gründen, allein wegen ihrer Zahlenstärke Rechenschaft ablegen mußte. Und ich war nolens volens ihr Exponent. Band Aid hatte die Angelegenheit publik gemacht und das Geld ausgegeben, das dadurch zusammengekommen war. Wir mußten die Karre dann am Laufen halten. War dies einmal getan, war es nötig, sich auch auf erzieherischer Ebene mit der Sache zu befassen, Schulen und Lehrer mit Filmen und Broschüren über die Hungersnot, ihren Ursachen und Auswirkungen, zu versorgen. Die vierte und, wie ich finde, edelste Verpflichtung ist, diese Anhängerschaft einzusetzen, um eine politische Veränderung hervorzurufen. All das schien jetzt so naheliegend, aber das einzige, was ich ursprünglich gewollt hatte, war, 72 000 Pfund aufzutreiben. Der Rest lief von selbst, und jeder neue Schritt erschien nur folgerichtig.

Ich war erstaunt, daß die Russen es für nötig hielten, auf unsere Kritik zu reagieren, war mir aber auch der eigenen Position bewußt. Ich repräsentierte niemanden außer mich selbst und ein paar Hundert Millionen Menschen, die mit mir in dieser Frage einer Meinung waren. Ich vertrat nur Leute mit einem gemeinsamen moralischen Anliegen, ich war nicht hinter irgendwelchen Stimmen her, daher konnte niemand Einfluß auf mich ausüben, und ich konnte sagen und tun, was ich für richtig hielt, vorausgesetzt, es war verantwortungsbewußt. Das war mir schon vorher in Afrika klargeworden, als ich Ministern Dinge sagen konnte, die zu sagen sich andere Organisationen nicht erlauben konnten. Die Regierungen dort hatten diese Organisationen in der Hand – sie konnten sie rausschmeißen, wie sie es auch früher schon getan hatten, wenn sie etwas sagten, was ihnen nicht paßte. Mit uns konnten sie das nicht machen, denn erstens waren wir nicht greifbar, so daß sie uns hätten rausschmeißen können, und zweitens mußten sie einfach auf uns hören, wenn sie das Geld haben wollten.

Aber wie in England, wo ich nichts mit parteipolitischen Machenschaften zu tun haben wollte, war es auch in Afrika. »Ich würde auch mit dem Teufel auf meiner Rechten und auf meiner Linken Hände schütteln, wenn ich dadurch die Leute erreichen kann, die Hilfe brauchen«, pflegte ich zu sagen, als ich anfangs Fragen zu den politischen Einstellungen bestimmter Regierungen zu hören kriegte. Das mußte auch so sein, denn man konnte sich leicht in unzähligen moralischen Zweifeln verzetteln, wenn man es mit einem fehlerhaften politischen System zu tun hat. Wenn uns eine dieser Regierungen daran hinderte, Hilfsgüter in das Gebiet A zu bringen, nahmen wir einfach das Gebiet B, wo genauso viele Menschen Hilfe brauchten. Wir hatten nur genug, um einer Gruppe zu helfen. Im Endeffekt ist es egal, wen man auswählt. Sie ringen alle mit dem Tod, sie alle brauchen Hilfe. Wir trafen Abkommen, die uns Zutritt zu bestimmten Gebieten verschafften, wir brachten über eine Luftbrücke Sachen in die Kriegsgebiete im Süden Sudans, während gleichzeitig die Regierung in Khartun uns über Mittelsmänner bat, Kontakt mit den Rebellen im Süden aufzunehmen. So was gab's häufig, aber man sollte es nicht so ausbreiten, da es Band Aid und andere gefährdet. Diese Leute nahmen sich wegen der Presse, wegen unserer Anhängerschaft und unserer Finanzkraft vor uns in acht, sie konnten uns aber auch gebrauchen. Das war nicht großkotzig, das waren einfach die Tatsachen, über die ich mir im klaren zu sein hatte.

Einer von Englands meistgeachteten politischen Kommentatoren sollte rückblickend sagen, daß Band Aid ein subversives Phänomen war, indem nämlich die politische Initiative einfach vom parlamentarischen Weg abgekoppelt und in die Hände der einfachen Leute gelegt wurde. Darüber hatten wir uns damals gar keine Gedanken gemacht. Aber wo immer ich hinging, stets begleitete mich ein riesiger Trupp von Photographen, so groß war das Interesse der Öffentlichkeit an den Aktivitäten von Band Aid. Jede Kamera wurde ein Symbol des Volkswillens. Ich mußte das nutzen. Es nicht zu tun, fühlte ich, wäre unverantwortlich. Hier bot sich nicht nur die Chance, durch gemeinsame Projekte mit irgendwelchen Regierungen das Band-Aid-Geld besser zu nutzen, sondern auch – wie ich es bei Mutter Theresa gesehen hatte – zu versuchen, eine Veränderung der Betrachtungsweise Afrikas durch den Westen zu erzwingen, eine Haltung, die die Lage dort nicht veränderte. Ich wollte, daß die Unterstützung nicht wie bisher mit finanziellen und ideologischen Bedingungen verknüpft wird, die von den nutznießenden Ländern nicht erfüllt werden können, weil sie einer sterbenden Bevölkerung aufs Kreuz geladen werden. Mir erschien es absurd, daß Afrika 1985 drei Milliarden Dollar an Entwicklungshilfe erhielt, aber sechs Milliarden Zinsen für Darlehen an internationale Banken zahlen mußte.

Die Höhe der Unterstützung ist direkt proportional zum Grad des Wohlwollens einer Regierung gegenüber dem Spender. Sie wird als Drohung, als Druckmittel und Köder benutzt. Das ist verkehrt. Wenn man helfen kann, soll man das tun und großzügig ohne Bedingungen geben. Das ist nicht naiv, das ist menschlich. Im großen und ganzen nützt Entwicklungshilfe dem gebenden Land genausoviel wie dem Empfänger, in Wirklichkeit sogar mehr, da sie durch den Handel die Wirtschaft des Spenders stimuliert, aber den Empfänger abhängig bleiben läßt. Letztendlich ist jede Hilfe wertlos, solange sie nicht durch Investitionen eine wirkliche Entwicklung des Landes vorantreibt. Es ist unbedingt nötig, die Afrikaner sich selbst weiterentwickeln zu lassen. Es ist sinnlos, durch Entwicklungshilfe unsere Wert- und Moralvorstellungen und unsere politischen Systeme Menschen aufzuzwingen, die völlig andere Grundlagen und Traditionen haben. In den meisten afrikanischen Ländern ist der Versuch, eine Demokratie einzuführen, reine Zeitverschwendung. Autokratie funktioniert oft besser in jungen Gesellschaften, wo die politische Wahl, ja jede Wahlmöglichkeit, eingeschränkt wird durch den Kampf ums nackte Überleben. Wenn ich Hunger leide, und man bietet mir Brot oder Wahlrecht, nehme ich natürlich das Brot.

Politische Stabilität ist ebenfalls eine Grundvoraussetzung für eine langfristige Entwicklung, daher sind die Kriege, die die Budgets dieser armen Staaten auffressen, nicht nur wegen der verballerten Kugeln tödlich, sondern auch wegen ihres Folgeeffekts, daß nämlich die Länder es sich nicht mehr leisten können, sich selbst zu ernähren. Solche Bedingungen verstärken die Hungersnot, und diese ist sogar politisch und wirtschaftlich noch destabilisierender als ein Krieg; folglich kann es in einem Land, das gleichzeitig von Krieg und Hungersnot gebeutelt wird, keinen Aufschwung geben, da die Wirtschaft von beiden ausgelaugt wird. Das öffnet der Erpressung mittels Entwicklungshilfe durch die Großmächte alle Türen. Das Land wird zu einem Entwicklungshilfe-Junkie.

Aber man stelle sich ein gesundes Afrika vor. Den Handel mit einem Kontinent, in dem Frieden und Fortschritt herrschen. Europa würde als erstes davon profitieren, aber unsere Politik und die der USA und anderer stehen dem genau entgegen. Unsere gegenwärtige Politik verschärft die Lage in Afrika noch. Langfristig gesehen hilft sie den leidgeprüften Gebieten nicht viel, und der unmittelbare Domino-Effekt ist, schwächere Gemeinschaften zu zerstören. Entwicklungshilfe mag *uns* wohl aus der Patsche helfen, dadurch, daß wir unsere Überschüsse loswerden, indem sie unser lachhaftes Agrarsystem aufrechterhält, uns politische Alliierte einkauft und Teile unserer Schiffahrts-, Handels-, verarbeitenden und landwirtschaftlichen Industrien über Wasser hält.

Aber ich kann nicht dasitzen und mir in meinem Fernseher ansehen, wie Menschen sterben. Entwicklungshilfe ist eine Pervertierung des menschlichen Bedürfnisses, einem leidenden anderen Menschen zu helfen. Der einfache, mitfühlende Akt, ein Pfund zu geben, ist aufrichtig und nicht mit Bedingungen verknüpft. Wenn Milliarden auf dem Spiel stehen, ist es niemals so einfach. In Afrika hat jeder seine Finger drin, nur die Afrikaner nicht. Vielleicht ist dies alles Blödsinn, aber trotzdem, vielleicht kann ich dies alles jenen sagen, auf die es ankommt. Das war das letzte, was mir zu tun blieb. Was war sonst noch übriggeblieben?

Das letzte Mal, als ich in Washington war, hatte ich Kissinger gesehen. Ich wurde gegen den Zaun des Weißen Hauses gedrückt und starrte hinüber zu den buntgestreiften Zelten, wo Sadat und Begin ihren Vertrag unterzeichnen würden. Einen Moment lang war Kissinger auf dem Rasen zu sehen. Die Rats hatten in jener Nacht ein Konzert gegeben, aber am Tag zuvor hatte das FBI eine Razzia in unserem Hotel durchgeführt, weil man die frischvermählten Westdeutschen aus dem Nebenzimmer für Baader-Meinhof-Terroristen hielt. Nachdem sie ihren Fehler erkannt und in ihre Jackets genuschelt hatten, fragten sie uns, wer wir seien, und zogen dann enttäuscht ab. Vielleicht hatten sie die Hoffnung gehabt, sie seien auf eine kämpfende Einheit der IRA gestoßen, die die Nahost Verhandlungen zunichte machen wollte.

Diesmal wurden Harvey, Kevin Jenden und ich von einem politischen Lobbyisten und Assistenten des Kongreßabgeordneten Carr aus Illinois, der unseren Besuch unterstützte, abgeholt und durch den Zoll gebracht. Kevin, der jetzt einen Großteil seiner Zeit als Band-Aid-Direktor arbeitete, hatte als begeisterter Amateur angefangen, aber war schnell ziemlich bewandert in den Grundfragen der Entwicklungshilfeangelegenheiten geworden. Wie wir alle feststellten, war es wirklich recht einfach. Ausgesprochene Laien können so Sachen schnell begreifen. In den meisten Branchen und Berufen muß man sich nur den Jargon aneignen, Jargon ist die »mysteriöse« künstliche Geheimsprache, die gleich Sachkenntnis bedeutet. Wir hatten den Rat eines professionellen Lobbyisten befolgt, wie man am besten durch den Urwald der Komitees findet, da man sich sehr leicht hätte verheddern können.

Zwei Schlüsselfiguren, die wir treffen mußten, waren Bob Carr vom Kongreßausschuß für das Transportwesen und Mickey Leland vom Ausschuß zur Hungersnot. Es wäre auch nützlich, den Vorsitzenden, Tip O'Neill, zu treffen, und vor allem mußten wir die leitenden Beamten der US Agency for International Development, US Aid, treffen. Carr war zudem noch im Arts Council und im House Appropriations Committee. Ich begriff die Machtstrukturen in Washington schnell. Anscheinend kam einem um so mehr Macht zu, je einflußreicher der Ausschuß war, in dem man saß. Berufungen in diese Ausschüsse oblagen anscheinend dem Vorsitzenden des Repräsentantenhauses, Tip O'Neill. Wie es schien, waren die Kongreßabgeordneten stets in Sorge, wild entschlossen, für die Leute zu Hause eine gute Figur abzugeben. Bob Carr stand da auf unsicherem Boden: Er wußte nicht, wie es morgen mit ihm aussehen würde.

Als die amerikanische Regierung den 13. Juli zum Live-Aid-Tag erklärte, war das Papier, das dies absegnete, wohl das Dokument mit den meisten Unterschriften, das je im Kongreß durchkam. Präsident Reagan unterzeichnete erst am 17. Juli, weil er nach seiner Operation noch im Krankenbett lag. Seine Unterschrift war etwas zittrig. Mir wurden Auszeichnungen vom Kunst-Ausschuß des Kongresses und später vom Ausschuß der Schwarzen verliehen.

Die Kunsttypen hatten gewollt, daß dieser Besuch mit Starbesetzung über die Bühne ging; die Preisverleihung sollte eine große Publicitynummer werden. Elton John wurde erwähnt, Jagger, der übliche Verein, ebenso wie Mitchell, Uplinger und Verna und seine Jungs. Ob wir auch alle zu jeder Party gehen würden? Ich sagte nein. Wir waren nicht zum Vergnügen da und erwarteten, mit greifbaren Resultaten aus Washington D. C. abzureisen. US Aid waren die großen Nummern, der größte Einzelspender der Welt. Es war wichtig, daß wir diskutierten, uns verstanden und Abmachungen erzielten. Wie immer hatte ich Angst, die Sache zu verpatzen. Ich fürchtete, daß diese Leute mir über wären und mehr Ahnung hätten. Aber die hatten sie nicht: Sie gingen alle wie auf Eiern. Das war beruhigend und stärkte die Moral.

Aber es war auch merkwürdig. Hier waren wir nun im Zentrum der Macht. Wir waren voller Ehrfurcht. Alles, was sich hier abspielte, betraf auch jeden Menschen auf diesem Planeten. Große Taten großer Leute sollten hier ganz alltägliche Angelegenheiten sein. Ich glaubte, jeder Stein würde hier vor Energie beben – aber von wegen.

Ich stieg die berühmten Stufen des Capitols hoch. Es war ein tolles Gebäude, mit seiner Kuppel im Zentrum und einem Gewirr von kleinen, säulengestützten Räumen außen herum. Ich hatte diesen Ort schon so oft in den Nachrichten gesehen, daß er mir schrecklich vertraut erschien. Der Film lief weiter.

Alle fielen etwas hinter mir zurück, als wir hinaufstiegen. Ich mußte vorne sein, ich war der, der reden mußte. Was war hier los? Was hatte mich an diese Hauptader der Macht geführt? Was trieb dieser gammelige Popsänger da, auf dem Weg, diese Senatoren und Kongreßabgeordneten zu treffen? Es war schon ungewöhnlich. Ich *war* Mr. Smith, und ich *war* nach Washington gekommen, und ich war mir dessen schmerzhaft bewußt. Wie Mr. Smith könnte ich nur einfach und freiheraus reden, und wenn das Problem im Labyrinth politischer Denkprozesse unnötig verkompliziert werden sollte, würde ich zur absoluten Moralität der Argumentation zurückkehren. Wir schritten durch die erlesenen Marmorzimmer und unter der Kuppel hindurch. Wir kamen an dem säulengestützten Tempel vorbei, in dem Lincoln oder irgendwer aufgebahrt gewesen war. Jetzt kamen Leute heran, um mir die Hand zu schütteln. »Kongreßabgeordneter soundso«, erklärte Bob Carr, während wir weitergingen. Schulkinder auf Besichtigung baten um Autogramme, Leute drehten sich um, um zu sehen, welche wichtige Honoratioren da über den Marmorboden unter der riesigen Kuppel vorbeitrappten. »Live Aid«, konnte ich verschiedene Stimmen in respektvollem Geflüster unter dem gewölbtem Tempel murmeln hören. Ich hatte mir auch Mühe gegeben. Es hatte mich mächtig beeindruckt, hier zu sein, und ich hatte mir meinen grün-weiß gesprenkelten tweedähnlichen Anzug und die unvermeidlichen gelb-grünen Baseballschuhe angezogen. Ich fand, ich würde wirklich nobel aussehen, und sie fanden es entsetzlich. Später meinten die Kids wegen meines Aussehens vor der Regierung, daß ich sie nicht verraten hätte. Selbst so was schien ihnen wichtig. Junge Kongreßassistenten standen in den Fluren Schlange und baten um Autogramme. Das wirkte unglaublich leger: Man stelle sich mal vor, wie Angestellte aus Downing Street oder dem Home Office Delegationen oder Würdenträgern, die zu Besuch kommen, Autogrammalben unter die Nase halten. An den Türen hinten waren kleine Messingtafeln angebracht, auf denen Namen eingraviert waren, die ich täglich im Fernsehen hörte. Wir bogen um eine Ecke in ein Gewitter von Blitzlichtern und Fernsehscheinwerfern. Von allen Seiten wurden mir Mikrofone hingestreckt. Wachen hielten die Journalisten zurück, als wir in einen großen Raum mit einem Podium und vielleicht dreißig oder vierzig darummontierten Mikrofonen rauschten. Drinnen waren wohl dreißig Mitglieder des Kongresses, denen ich vorgestellt wurde. Sie stellten sich ordentlich in eine Reihe. Noch mehr trafen ein, vermutlich von ihren Helfern alarmiert, daß es nicht so schlecht sein könnte, ein Foto zusammen mit ›diesem Live-Aid-Typen‹ für die Wähler daheim mitzunehmen. Der Kongreßabgeordnete Soundso grabschte meine Hand, und die Kameras klickten. Nur wenige sahen mich dabei an, meistens drehten sie sich zur

Kamera. Einige hatten ihre Kinder mitgebracht, was ganz o.k. war, denn dann war es nicht so gezwungen. Ich traf Mickey Leland aus Houston, der ein wichtiges Mitglied des Kongreßausschusses zur Hungersnot war.

Danach wurde mir die Urkunde des Kunst-Gremiums überreicht. Reden wurden gehalten und dann gab es noch mehr Händeschütteln. Langsam wurde ich ungeduldig. Irgendwas läuft da entschieden falsch, wenn so viele Politiker einem Popsänger um den Bart gehen. Ein paar waren nicht nur auf Stimmen aus, sondern wirklich beeindruckt und begeistert von mir. »Verdammt noch mal, ich bin nicht Mutter Theresa«, schnauzte ich einen an. »Lassen sie uns abhauen«, meinte ich zu Bob Carr. Ich hatte die Tagesordnung schon vor unserer Ankunft festgesetzt. Sie wußten, daß wir nicht bereit waren wegzugehen, ohne ihre feste Zusicherung, bei einigen unserer für beide Seiten vorteilhaften Projekte mit exakt gleicher finanzieller Beteiligung mitzuziehen. Wir würden auf diese Art und Weise die Kaufkraft des Band-Aid-Geldes verdoppeln.

Am wichtigsten war uns zuerst US Aid. Wir wurden in einen großen Raum mit einem hufeisenförmigen Tisch und Weltkarten überall geführt. Es war wie eine Kommandozentrale im Krieg. Die Wände waren übersät mit Uhren, die die Zeit in den verschiedenen Ecken der Welt anzeigten. Die, die Zulu-Zeit zeigte, war um 6.35 Uhr stehengeblieben. Wir wurden von Mitgliedern des festen Stabes der Organisation empfangen. Sie fingen an, uns über ihre einzelnen Funktionen zu informieren. Offensichtlich hatten sie all dies schon vor den USA-for-Africa-Leuten abgezogen.

Ich unterbrach. »Besten Dank. Ich will ja nicht unhöflich sein, aber wir begreifen schon die Funktion von US Aid. USA for Africa hat zwar erst kürzlich begonnen, aber wir haben tatsächlich mittlerweile schon seit zehn Monaten gearbeitet. Es gibt da ein paar Sachen, die wir gerne mit Ihnen detailliert besprechen würden.«

Kevin holte eine Kopie des Vertrages heraus, der die Verteilung amerikanischer Lebensmittelhilfe im Sudan festlegte. »Dies ist das Resultat der Aktivitäten von US Aid in Khartum. Die Art, in der ihre Transportorganisation eingerichtet ist, bedeutet, ob Sie es wissen oder nicht, daß Sie ein Kartell unterhalten, welches in den letzten paar Monaten die Kosten der Nahrungsmittelverteilung verdreifacht hat.«
»Ein Ergebnis war, daß wir auf Bitte der anderen Organisationen mit der Anschaffung eines Lastwagenparks beginnen mußten, was im Grunde genommen eine kartellsprengende Aktion ist, die uns ein Vermögen gekostet hat, und das sollte ja eigentlich nicht ihre Aufgabe sein«, erklärte ich. Wir reichten ihnen die Kopie eines *Times*-Artikels zu diesem Thema. »Die Presse steckt schon ihre Nase rein, die Sache fängt schon an zu stinken. Vielleicht sind Sie sich nicht darüber im klaren, aber Ihre Politik scheint hier doch völlig falsch zu sein.«
Plötzlich redeten sie ganz anders. Wir begannen eine ins Detail gehende Diskussion über die Vorgehensmöglichkeiten in den Gebieten, wo sowohl Band Aid als auch US Aid engagiert waren, wenn auch mit völlig unterschiedlichem Einsatz. Es war eine gute Besprechung, und sie waren sichtlich betroffen. Schließlich brachten sie uns nach oben zum Boss, Peter Macpherson, der aus politischen Gründen ernannt worden war. »Wir glauben, Sie sollten mal mit diesen Leuten reden. Sie haben da ein paar Argumente, denen man Aufmerksamkeit schenken sollte«, sagte einer der Offiziellen – ein General – zu ihm. Macpherson hörte zu.
Bevor ich direkt mit irgend etwas, das als Kritik verstanden werden konnte, anfing, wollte ich erst einmal ein günstiges Klima schaffen. Ich war aufrichtig in dem, was ich sagte, auch wenn ich nur redete, um ihm Spielraum zu geben. »Sie können es sich nicht leisten, hier ihr moralisches Ansehen zu verlieren. Jeder weiß, daß die Sowjetunion hauptsächlich Kriegsmaterial zur Verfügung stellt. Amerika muß hier auf die Karte setzen, stets großzügiger als die übrige Welt zu

spenden. Wenn die Leute es nur selten erwähnen, liegt das einfach daran, daß man es für selbstverständlich hält. Wenn Sie das verlieren, dann verlieren Sie alles.«

Macpherson schaute sich den Vertrag an, den Kevin hervorgeholt hatte. »Sie verstehen doch die Bedeutung dieser Klausel hier«, begann Kevin seine detaillierte Analyse ... Am Schluß schien Macpherson wirklich interessiert. »Ich glaube, wir sollten das tatsächlich überprüfen.«

US Aid war glücklich, mit uns zusammenzuarbeiten. Es gehört zum State Department und ist somit eine politische Institution. Sie fühlten, daß es für sie von Vorteil war, sich mit uns zu verbünden. Man würde zur Kenntnis nehmen, daß sie diese populäre Sache, auf die ihre Landsleute und Wähler so emphatisch reagiert hatten, unterstützten. Darüber hinaus sahen sie, daß wir seriös waren und effektiv sein könnten, aber vielleicht war genauso wichtig, daß, einfach weil sie politisch sind, ihre Anstrengungen durch die politische Einstellung des jeweiligen Landes behindert werden können. Äthiopien zum Beispiel war nicht gerade scharf auf die Hilfe von US Aid. Man verdächtigte die Arbeitskräfte, CIA-Agenten zu sein, und ohne Zweifel sind einige von ihnen das auch, aber wie ich das bereits dem Minister in Addis erklärt hatte, wird das durch die ›landwirtschaftlichen Berater‹ des KGB ausgeglichen. So lief's eben auf beiden Seiten. Weil Addis ›unfreundlich‹ ist, ist zum Beispiel US Aid weniger geneigt, in Äthiopien zu helfen als im Sudan. Wir könnten die Kluft überbrükken. Wir könnten gemeinsame Projekte aufbauen, bei denen sie gar nicht in Erscheinung treten mußten und wo wir unsere unpolitische Haltung einsetzen könnten, um Zugeständnisse zu erzielen. Wenn wir sagen könnten, daß wir Zugang zu Gebiet X haben können, könnten wir US Aid an den Mann bringen. So etwas geschah auch, und es funktionierte.

Zum Mittagessen wurden wir ins Speisezimmer des Sprechers des Hauses geführt. Kronleuchter funkelten, und auf dem hufeisenförmigen Tisch glitzerte Kristallglas. Verschiedene

wichtige Leute saßen da, einige hatte ich schon getroffen, und von den meisten hatte ich die Namen bereits wieder vergessen. Ich hatte die ganze Zeit geredet und freute mich auf ein ruhiges Essen, aber als ich mich auf den Ehrenplatz setzte, knallte die Tür auf und war im wahrsten Sinne des Wortes verstopft mit Kameras, Mikrofonen und Scheinwerfern. Alles drehte sich in die Richtung und lächelte. Fragen wurden gerufen. Verblüffenderweise waren da sogar einige Touristen (auch hier: Man stelle sich das mal bei einem formellen Essen in der Downing Street vor), die riefen: »Das ist der Aid-Typ«. »Später, Jungs, bitte«, sagten Bob Carr und Mickey Leland freundlich, um den allmächtigen Medien bloß nicht auf den Schlips zu treten. Zwei Kellner drückten sich mit ihrem ganzen Gewicht gegen die Tür und preßten sie zu. Aber ohne viel Erfolg. Sie sprang sofort wieder auf, und eine neue Gruppe von Politikern sagte hallo, plauderte, fragte, wie man helfen könne, und verschwand wieder. »Kommt Tip?« fragte jemand. »Ja, sagte er jedenfalls.« Die Tür sprang schon wieder auf, es gab eine große Unruhe, die Kameras und Scheinwerfer wandten sich von uns ab, und dann drängten sich Tip O'Neill und der Senator Edward Kennedy herein. Die Kellner versuchten, die Reporter zurückzuhalten, und im Zimmer standen alle auf und rückten ihre Krawatten und Jacketts zurecht. »Mr. Speaker«, jaulten sie alle. Tip O'Neill ist eine einflußreiche Persönlichkeit. Sie kamen ihm alle mit dem größten Respekt entgegen, ihre Jobs hingen davon ab. Das überraschte mich. Ich dachte, es sei mehr so wie in England, wo O'Neill ein angesehener alter Hase wäre und nicht viel mehr. Im großen und ganzen ignorierten sie Edward Kennedy, der mit ihm hereingekommen war.
Jetzt standen sie neben mir. Ein äußerst komisches Gefühl. Ich wünschte, ich könnte beschreiben, wie das alles war. Es war nicht bloß »Guten Tag« und »Auf Wiedersehen«, ich war hier, um als ein Gleichgestellter mit ihnen zu reden, um etwas zu erreichen. Im voraus hatte ich mir keine großen Gedanken gemacht, aber als ich dann da war, dachte ich: »Großer Gott,

jetzt haben wir den Schlamassel ...«, und jener beobachtende Teil von mir, von dem ich schon vorher gesprochen habe, stand beiseite und dachte: »Verrückt.« Ich war weder verlegen, noch zitterte ich vor Ehrfurcht. Ich strahlte Zuversicht und gute Laune aus. Aber immerhin, hier war ich nun zum Essen im Capitol, umgeben von einflußreichen Leuten vor hundert Kameras, und rechts und links neben mir Tip O'Neill und Edward Kennedy. Ich mußte damit aufhören, große Augen zu machen, denn da war so viel, was ich sie fragen wollte. »Also gut«, dachte ich, »werd dir nicht selber untreu, sag ihnen einfach, was du denkst. Wahrscheinlich kriegst du sie nie wieder zu sehen. Nutz die Gelegenheit.«

O'Neill war ein riesiger, onkelhafter und liebenswürdiger Mann mit einem roten Gesicht, einer Knollennase, buschigen, weißen Brauen und einem weißen Haarschopf. Er sah aus wie jemand, dem man in jedem x-beliebigen irischen Pub treffen könnte, nur daß der gebürtige Ire einen verhärmten Gesichtsausdruck hat, wovon auf den properen, gutgenährten Gesichtern der amerikanischen Iren keine Spur zu sehen ist. Keiner von beiden konnte am Essen teilnehmen, aber beide wollten, daß wir sie später am Tag in ihren Büros aufsuchten. Wir plauderten ein wenig, und als er aufbrach, fragte mich Tip O'Neill, woher ich sei.

»Ich glaubte, den Akzent zu hören«, meinte er, als ich ihm sagte, ich sei aus Dublin, aber er schien wirklich überrascht. Es war ein Beweis für die Macht der irischen Lobby dort. Er nahm meinen Arm und drehte mich herum, zu den knipsenden Fotografen. Die Kameras liefen. Seinen Arm um mich legend und mit Teddy Kennedy an meiner anderen Seite, wandte er sich an die Reporter. »Wir bewundern diesen jungen Mann sehr, und egal welches Gesetz wir verabschieden müssen, um ihm den Weg zu ebnen, und welchen Papierkram wir dafür weglassen müssen, wir werden es tun.« Ob er das auch so meinte, war unwichtig, er hatte es gesagt, und es war aufgenommen worden. Das war ein vielversprechender Beginn für die noch anstehenden Verhandlungen mit den Politikern.

Während des Essens sprach ich mit Vertretern der Farmer-Lobby darüber, wieweit sich ihre Interessen mit jenen der notleidenden Afrikaner decken ließen. Die Landwirtschaft in Amerika ist ziemlich offensichtlich in einem Teufelskreis gefangen. Es gibt Parallelen zu den Torheiten der Landwirtschaftspolitik der EWG. Im Prinzip gibt's einfach zu viele Farmer für Amerikas Bedürfnisse. Aber weil sie ein großes Wählerpotential darstellen, gibt die Regierung großzügige Subventionen an die Landwirtschaft. Das Problem ergibt sich aus dem Umstand, daß die meisten dieser Subventionen nicht von einzelnen Farmern kassiert und gesteuert werden, sondern von den großen landwirtschaftlichen Vereinigungen. Die kleinen Farmer müssen dann noch größere Subventionen fordern, und am Schluß hat man eine riesige Überproduktion und muß Unsummen für die Lagerung oder sogar für die Vernichtung von Lebensmitteln verplempern. Dadurch, daß viele der kleinen Farmer von der Agrarindustrie untergebuttert werden, wachsen ihre Schulden, und ihre Banken kündigen ihnen die Kredite. Schließlich machen dann ihre Banken pleite, was 1984 mehreren der größeren Geldinstitute des Mittelwestens passierte. All dies wird noch durch das ungeheure Handelsdefizit Amerikas von 95,9 Milliarden Dollar noch verschlimmert. Auch wenn ich Lebensmittelspenden prinzipiell skeptisch gegenüberstehe, so sind sie doch das einzige Mittel, um Menschen vor dem Verhungern zu retten. Also, erklärte ich den Vertretern der Farmer, würde mehr Lebensmittelhilfe für Afrika diesen Farmern echte Absatzmärkte erschließen. Schließlich könnten sogar die Agrarsubventionen reduziert werden. Aber der erste Schritt dazu wäre, daß die amerikanische Regierung ihr Hilfsbudget kräftig aufstockt und ihre allumfassende Subventionspolitik reduziert, die niemandem nutzt, außer der Agrarindustrie. »Es ist also nicht nur ein moralisches Erfordernis, mehr Hilfe für

Afrika zu spenden«, wiederholte ich, »sondern auch ein wirtschaftlich Vernünftiges. Eure Bosse verkünden großartig Platitüden, daß Afrika auf seinen eigenen Füßen stehen müßte, und geben im nächsten Atemzug eine Erhöhung von fünfzig Millionen Dollar bei den eigenen Agrarsubventionen bekannt. Ihr braucht den afrikanischen Markt so nötig wie die eure Nahrungsmittel«, schloß ich. Ich schlug ihnen vor, einen eigenen Ausschuß zu gründen und so ein Machtfaktor zu werden, um den kleinen Farmern zu helfen, indem man mit vereinten Kräften Druck auf die Regierung ausübt.

Ich hatte so viel geredet, daß ich nicht mal meine Suppe aufgekriegt hatte. Alles, was ich sagte, schien mir ganz vernünftig. Ich war überrascht, wieviel ich gelernt hatte, seit ich mit dieser ganzen Sache angefangen hatte, und wie viele komplexe Sachverhalte ich mir merkte und sie auch handhaben konnte. Wenn es sein mußte, improvisierte ich ein wenig, aber das war meistens überflüssig. Die Leute hörten zu und diskutierten, aber ich glaube, was sie am meisten mochten, war das Fehlen jeder Zwiespältigkeit.

Die Begegnung mit Teddy Kennedy war beklemmend. Harvey und ich wurden in sein Büro geführt, um dort auf ihn zu warten. Es war ein kleines Zimmer im Senatsgebäude. Während wir warteten, erklärte man uns, daß höhere Politiker gewöhnlich lieber größere Zimmer kriegen. Kennedy ist ein dienstälterer Senator, zog aber dieses kleine vor. Überall in Edward Kennedys Zimmer hingen Schnappschüsse, die zu Ikonen unserer Geschichte geworden waren: Mom und die Jungs, Dad und die Jungs, Robert über den Strand laufend, die Hosenbeine hochgekrempelt, den Fußball unterm Arm und der Hund hinter ihm herwetzend, John und die Kinder, John und Robert und Teddy. Es war traurig. Die Familienfotos hatten den Ausdruck von bloßen Auftakten zur großen amerikanischen Tragödie angenommen.

Ich war mit jedem einzelnen dieser Erinnerungsstücke vertraut, eine individuelle Geschichte, die gräßlich öffentlich

war. Kennedy kam herein. Er lächelte und war freundlich, aber etwas von der Atmosphäre jener Fotografien haftete auch ihm an. Es war so, als wäre die Wohnzimmerwand von irgend jemandem in Irland lebendig geworden. Dieser vertraute Bostoner Akzent. Er kriegte langsam Hängebacken. Seine Haut war großporig, seine Zähne waren immer noch weiß, und durch seinen roten Teint konnte man geplatzte Äderchen sehen. Ich musterte diesen Mund prüfend, den ich doch schon so genau kannte. Er stützte seine Stirn mit der Hand und rieb sich die Schläfe, als er sich in seinen Sessel setzte. Er wirkte erregt. »Aah«, sagte er mit mahlendem Kiefer und unruhigen Lippen. Ich brachte eine kurze Analyse dessen, was wir tun, und dessen, was wir für nötig erachteten. Wir sprachen über seinen Besuch in Äthiopien. Er war kurz vor mir dort gewesen. Einige von den Bildern über seine Reise hatten sich mir als Beispiele dafür eingeprägt, wie ich es nicht machen wollte. Jetzt schien er auf Reagans Betrachtungsweise der Äthiopier einzuschwenken. »Solange ihre Regierung uns unfreundlich gesonnen bleibt, sieht es so aus, daß sich die Dinge nicht wesentlich verändern werden.«
Er dachte pragmatisch, aber ich erklärte ihm, man müsse Nahrungsmittelhilfe anders als Entwicklungshilfe einschätzen und daß man die Grundsätze der Entwicklungshilfe selbst noch einmal überprüfen müsse. Eine Glocke rief zu einer Abstimmung in die Senatskammer, und er fragte uns, ob wir Lust hätten, uns das mal anzusehen. Wieder liebenswürdig plaudernd, führte er uns durch die Unmengen von Menschen, die auf den Korridoren herumliefen. Diesmal blickten die Besucher auf Kennedy, genauso beeindruckt davon, ihn in Fleisch und Blut zu sehen, wie ich es war. Er nahm mich mit in den Sitzungssaal, einen erstaunlich kleinen, aber perfekt geeigneten Raum, und kehrte dann mit uns auf die Galerien zurück und erläuterte das Verfahren, während die Auszählung vorgenommen wurde. Ich mochte ihn, aber ich konnte mir nicht helfen, ich bedauerte ihn.

Aber während wir damit beschäftigt waren, bei Hinterzimmertreffen die komplexen Zusammenhänge der Hungersnot zu diskutieren, brachten wir draußen für die Medien weiterhin die eindeutigen Wahrheiten und Gewißheiten zum Ausdruck. Wir entwickelten eine zweigleisige Herangehensweise, die mir bei meinen Reisen nach Australien, zum Europaparlament und durch Arika zugute kam. In der Öffentlichkeit warf ich die einfachen Fragen auf; privat drängte ich auf Antworten, Engagement und Finanzierungspakete für einzelne Projekte. Zuweilen verführten meine Wiederholungen jener einfachen, selbstverständlichen Wahrheiten die Leute dazu, uns zu unterschätzen und zu glauben, sie könnten uns ausnutzen.

Ich reiste nach Australien, um den renommierten Pater-Preis zu empfangen. Ausländische Auszeichnungen zu bekommen bedeutet, daß ich umsonst in die betreffenden Länder reisen kann, daß ich den Menschen für ihre Spenden danken und die Regierungen besuchen kann. Führende Politiker beider großen Parteien waren bei der Verleihung anwesend. Ich kam zur selben Zeit an, wie der Prince und die Princess of Wales. Die Presse schien zu erwarten, daß ich sie attackiere. »Finden Sie es nicht komisch, Bob, zur gleichen Zeit hier zu sein, bemüht Geld für die Hungernden aufzutreiben, wo Prince Charles eintrifft? Er muß einer der reichsten Männer der Welt sein. Wie kommen Sie mit dem Kontrast zwischen seinem Leben und dem der Menschen, die sie in Afrika gesehen haben, zurecht?«

»Solche Vergleiche stelle ich gar nicht an. Die Kluft zwischen der Dritten Welt und unserer Welt ist so groß, daß es Blödsinn wäre, sie miteinander vergleichen zu wollen. Würde ich das tun, so wäre die Diskrepanz zwischen eurem Lebensstil und dem des durchschnittlichen Äthiopiers ziemlich erschütternd. Im Vergleich zu ihnen ist selbst der ärmste Mensch im Westen unvorstellbar wohlhabend.«

Es war eine miese Frage. Tatsächlich hatte der Prince of Wales eine Menge für Live Aid getan. Zusätzlich zu einer großzügigen privaten Spende, deren Höhe ich nicht verraten darf, hat er uns ziemlich viel Unterstützung zukommen lassen. Allein seine bloße Anwesenheit bei Live Aid hat dem Ereignis eine ganz andere Dimension verliehen, und es ist erwiesen, daß je mehr Dimensionen so eine Sache hat, Spenden desto zahlreicher eingehen.

Von all den Menschen, denen ich, seit dies alles begann, begegnet bin, ist Prinz Charles ohne Zweifel derjenige, der mich am stärksten beeindruckt hat. Mit ihm fühlte ich mich mehr im Einklang als mit irgend jemandem sonst. Er ist engagiert, mitfühlend, hochintelligent und, glaube ich, etwas besorgt, wenn es darum geht, seine Meinung zu sagen. Er ist ein Einzelgänger und das nicht nur innerhalb der enggesteckten Grenzen der Royal Family.

Wenn sie mit Prinz Charles sprechen, neigen die Menschen dazu zu vergessen, daß er sich in einem großen Bezugsrahmen bewegt, aus dem er seine Argumente wählen kann. Er hat die meisten, wenn nicht alle, Staatschefs Afrikas und der übrigen Welt getroffen und kannte sie wahrscheinlich auch während der verschiedenen Phasen ihrer Karriere. Es ist interessant, ihm zuzuhören, wenn er von ihnen erzählt. Bevor er zurück zum Konzert ging, fragte er noch, ob ich ihn mal an einem Morgen auf einen Plausch besuchen würde. Nach meiner Afrikareise wurde ich in den Kensington Palace eingeladen, wo der Prinz sein Büro hat.

Ich erzählte ihm von meiner Reise. Er wollte von den Leuten hören, die ich getroffen hatte, und was Band Aid vorhabe. Seine Schwester war im Begriff, in den Sudan zu reisen, und erkundigte sich nach dem Land. Wir sprachen über das ewige Rätselraten bezüglich Entwicklungshilfe und Afrika. Wir diskutierten mehr über landesgerechte Technologien und kleinere Entwicklungshilfeprojekte als über teure, hochfliegende Projekte, wie sie früher bevorzugt wurden. Dann wandte sich das Gespräch der Architektur zu, wo ich ähnlicher Meinung war wie er. Schlechte Architektur und schlechtes Design haben vielleicht mehr als alle anderen Faktoren unseren Lebensstil verändert und unsere Straßen und unser Leben schäbiger und bedrückender gemacht. Alle modernistische Architektur ist eine Verleugnung des Geistes, des Einfallsreichtums und des Geschmacksempfindens des Menschen. Ich verabscheue so etwas und bin mit Auberon Waugh einer Meinung, der vorschlägt, daß, wenn man auf einer Party einen Architekten trifft, man ihm einfach eins überbraten soll.

Das Geld für Band Aid strömte herein. Wir hatten zwanzig Prozent des Geldes für Soforthilfe eingeplant, zwanzig Prozent für Fracht- und Transportkosten und den Rest für langfristige Aufbauprojekte, die sorgfältiger Prüfung durch unsere Expertenteams bedurften.

Seltsamerweise, und sehr zu meinem Mißfallen, schienen die Menschen nicht zu glauben, daß ihr Geld auch eingesetzt wurde, bis sie mich in Afrika sahen. Ich beschloß, noch einmal zu reisen, um sie zuversichtlich zu stimmen und den Leuten vorzuführen, was getan wurde, aber auch um die Aufmerksamkeit auf die anderen betroffenen Staaten der Sahelzone zu lenken, von denen in England die wenigsten auch nur dem Namen nach bekannt waren. Mit diesem Schachzug wollte ich das Medieninteresse an der Hungerhilfe bis Weihnachten wachhalten, andere Aspekte des Problems publik machen und nach Anregungen für die sinnvollste Verwendung der Gelder suchen. British Aerospace stellte uns einen achtsitzigen Jet zur freien Verfügung, und wir luden die BBC, *The Times* und die *Sunday Times* ein, uns gegen Übernahme der Benzinkosten zu begleiten. Die Idee dahinter war, das Projekt zu finanzieren, ohne die Spendengelder der Bevölkerung angreifen zu müssen.

Der Trip sollte von Mali in Westafrika ausgehen und sich dann durch die sechs Länder vorarbeiten, die sich über den Sahelstreifen am unteren Rand der Sahara quer durch Afrika erstrecken. Es war eine aufschlußreiche Reise, während der sich zeigte, daß, obwohl das Wetter günstiger geworden war, die Hungersnot noch lange nicht gebannt war. Außerdem erhielten wir einen Einblick in das tägliche Leben derjenigen afrikanischen Bauern, die zwar nicht von der apokalyptischen Krise betroffen waren, die das Hochland Äthiopiens heimsuchte, aber dennoch ein Leben zu führen gewohnt waren, das im Westen als menschenunwürdig gegolten hätte. Die BBC-Aufnahmen gingen um die ganze Welt und lenkten die Aufmerksamkeit auf eine Notsituation, die in so vielen Gegenden Afrikas unbeachtet bleibt.

Die Naturgewalten, die den Rahmen für die Entstehung von Hungersnöten bildeten, waren wahrhaft fürchterlich; die Sandmassen der Sahara kriechen Jahr für Jahr zwanzig Meilen weiter südwärts, und in anderen Gegenden wird Land durch Überweidung und anderen Raubbau verwüstet. In Burkina Faso zeigte sich, wie effizient Bauernkooperativen, und sei es auch unter der harten Hand eines nationalistischen Autokraten Nasserschen Stils, mit nichts anderem als ihren eigenen nationalen Reserven landwirtschaftliche Strukturen reorganisieren und neue Hoffnung für die Zukunft wecken können. In Niger stießen wir nordwärts in die Sahara vor, um uns über das Los einiger der Millionen verelendeter Nomaden zu informieren, deren Vieh und Geflügel schon vor langer Zeit einer Dürreperiode zum Opfer gefallen waren, die so intensiv war, daß gebietsweise sogar die Kamele verendeten. Den Tschad überflogen wir vorsichtig, ohne Positionslichter, um den Abwehrraketen einer der vier Armeen zu entgehen, die verschiedene Gebiete dieses verwüsteten Landes kontrollierten, das, wenn endlich Frieden herrschen würde, fruchtbar genug sein müßte, die gesamte Sahelzone zu ernähren. Im Sudan verstrickten wir uns in die Intrigen und Rivalitäten der ansässigen Hilfsorganisation. Afrikas größtes Land ist, obwohl eines der potentiell reichsten des ganzen Kontinents, gelähmt durch unproduktiven Merkantilismus, politische

Ränke und Bürgerkrieg. In Äthiopien durften wir einige Erfolgsstories früherer Einsätze bewundern, mußten aber auch erneut feststellen, daß die interne Politik der von den Sowjets gestützten Regierung im Verein mit der antikommunistischen Hysterie der westlichen Mächte die Arbeit sowohl der ansässigen wie der internationalen Hilfsbrigaden aufs wirkungsvollste lahmlegten. Mittlerweile hatten wir für Band Aid einen eigenen Stil und eigene Vorgehensweisen etabliert. Wir sahen unsere Aufgabe darin, durch Befragung der Menschen selbst und Gespräche mit den Hilfskräften vor Ort herauszufinden, was erforderlich war. Zum Teil hielten wir auch Ausschau nach Fällen, in denen mit speziellen Gesuchen in unserer Heimat besser gedient war als mit Geldzuwendungen. Wir wollten Band Aid eher als Schaltstelle für die Aktionen anderer verstanden wissen, als selbst eine aktive Organisation aufbauen. Wenn uns Projekte angetragen wurden, für die Geldmittel flüssig gemacht werden mußten, taten wir uns immer nach einer Regierung oder einer internationalen Körperschaft um, die wir um »Nach-und-nach-Finanzierung« angehen konnten; die amerikanische Regierung war uns auf dieser Basis sehr entgegengekommen, als sie sich bereit erklärte, eine Brücke über den River Chari im Tschad zu bauen, die den zügigen Transport der Hilfsgüter gewährleistet, die zur Zeit noch per Kanu verschifft werden. Mit US Aid und den Vereinten Nationen einigten wir uns über den Kauf einer dringendst notwendigen LKW-Kolonne, mit der Getreide in die aufständischen Provinzen von Wollo, Tigre und Eritrea transportiert werden konnte. Durch diese Reise quer durch den ganzen Kontinent ermöglichten wir es den Medien, aus Gegenden zu berichten und Themen auszustrahlen, die andernfalls untergegangen wären. Mein Presse-Einsatzkommando diente mir nicht nur als Plattform, sondern belegte auch, daß ich aus meiner Politik der großen Sprüche vor Publikum und fundierten Fragen in aller Stille das Beste rausholte.

Ich verlor meine Nervosität im Umgang mit den Regierungsoberhäuptern. Nun traute ich mir eher zu, es mit ihnen aufzunehmen.

Der erste der Staatschefs, die ich auf meiner Reise traf, war Captain Thomas Sankara, der Revolutionsführer von Burkina Faso, unserer zweiten Station. In Bamako, der Hauptstadt von Mali, hatte es nach einem nicht sehr vielversprechenden Start ausgesehen. Für meinen Geschmack ein bißchen viel Protokoll und Konzilianz, und ich hatte das Rote Kreuz, das sich um die Einzelheiten der Reise kümmerte, gebeten, in Zukunft diesbezüglich kürzer zu treten. In Bamako hatten wir zuviel Zeit mit Höflichkeitsbesuchen örtlicher Würdenträger verschwendet. In der Annahme, Kultus sei der größtmögliche Näherungswert an Popmusik, hatten sie noch den Kultusminister angeschleppt. Einer der Journalisten in unserer Begleitung, David Blundy von der *Sunday Times*, verglich unser Treffen mit dem Ventilator, der in einer Ecke des Ministerbüros vor sich hinschlappte. Er zuckte und grummelte, leierte dann aus und gab schließlich den Geist auf. Die Konversation nahm einen ähnlichen Verlauf. »Warum nennt man Timbuktu die Stadt der Geheimnisse, Minister?« fragte ich im verzweifelten Versuch, ein Gespräch in Gang zu bringen.

»Wenn ich das wüßte, wäre es kein Geheimnis mehr«, antwortete er. Was haben wir gelacht!!

»Kann man hier irgendwo hingehen, um Musik zu hören?« sagte ich im Bemühen, dem Gespräch eine kulturelle Note zu verleihen.

»In zwei Monaten wird ein Festival stattfinden«, entgegnete er.

»Heute abend, meinte ich«, gab ich zurück. In der ungemütlichen Stille kam mir der Gedanke, dies sei genau das, wovon Prinz Charles gesprochen hatte, nur das zu sehen, was sie wollen, leere Worte mit Männern wechseln, die einem nichts zu sagen haben.

In den nächsten Tagen entwickelte ich den reinsten Horror vor dem, was ich mein »Prince-Charles-Syndrom« taufte. Es trat immer dann auf, wenn ich mich in Gegenden von höchstem Interesse befand und mich dort in eine Zwangsjacke der Höflichkeit und Etikette stecken lassen mußte. Als wir in Ouagadougou, der Hauptstadt von Burkina, landeten, warf ich nur einen Blick aus dem Fenster, ehe ich dem Piloten zurief, er solle gleich wieder abheben. Auf dem Rollfeld stand eine Ehrengarde aus Pfadfindern, Musikern und Tänzern. »Willkommen, Bob Gilduff«, sangen sie klatschend zu Trommelbegleitung. Eine der nationalen Radiostationen verlieh mir, anscheinend ohne den leisesten ironischen Beiklang, den Titel »Geldof d'Afrique«.

In dieser Nacht floh ich in Ouagadougou mit rotem Kopf von der Bühne, nachdem mich Burkinas Ausgabe von Johnny Carson verschiedentlich gedrängt hatte, bei einem mir zu Ehren organisierten Konzert gemeinsam mit einer Band revolutionärer Kinder, den Kleinen Sängern der Gereckten Faust, zu singen. Vorher war er noch inständig gebeten worden, mich nicht darum zu bitten, aber er ließ nicht locker. Da verzog ich mich. Sie konnten nicht verstehen, warum ich nicht mit ihnen singen wollte. Ich konnte nicht verstehen, warum ihnen soviel daran lag.

Meine Laune war nicht die beste, als ich mich für eine Privataudienz mit Sankara in den Präsidentenpalast begab. Unter dem samtschwarzen afrikanischen Nachthimmel erhob sich der Palast schwer und feierlich über die prunkvollen Parkanlagen, die zweifellos im Stil der förmlichen Gärten der französischen Kolonialzeit gestaltet waren. Ein ausgeklügeltes System von Straßensperren, Checkpoints und Wachtposten trennte den Präsidenten von seinem Volk. Wir warteten in einem hochgebauten Vorzimmer, in dem es sich hart dreinblickende junge Männer in Armeekleidung mit ihren Maschinenpistolen auf Louis-Quinze-Stühlen bequem gemacht hatten. Sankara war anders, als ich erwartet hatte.

Er saß auf einem Stuhl im Flur vor dem Amtszimmer, ein anmutiger junger Mann im gutgeschnittenen Fallschirmspringer-Dreß, der gefährlich an Eddie Murphy erinnerte. Er schien wegen des Treffens mit mir ein wenig nervös zu sein. Er war ein eindrucksvoller Typ mit allzeit bereitem Lächeln, der mir mit weit ausholenden Armbewegungen die Philosophie der volksnahen Revolution nahebrachte, die er eingeführt hatte. Er schien die amerikanische wie die sowjetische Variante wirtschaftlichen Imperialismus, die so viele afrikanische Staaten im Würgegriff halten, gleichermaßen zu verabscheuen. Er hatte ein Netz revolutionärer Kommittees eingerichtet, die die Bauern in Kooperativen organisierten und aus den wenigen Ressourcen des Landes das Beste machten. Außerdem hatte er eine Reihe umwerfender Sparmaßnahmen eingeleitet, mit denen er sich den Unwillen der hauptstädtischen Bourgeoisie zugezogen hatte, die sich nun der französischen Weine, Parfums und Käsesorten beraubt sah, die sie früher importiert hatte, während die übrigen siebenundneunzig Prozent der Bevölkerung Kohldampf schieben konnten. Er malte kleine Diagramme, die die Wirtschaft und die unverhältnismäßige Verteilung des Geldes aufzeigten. »Als ich ein kleiner Junge war, sah man den Präsidenten im dicken Wagen herumfahren. Jetzt, wo ich selbst Präsident bin, muß ich die dicken Wagen loswerden, damit die Leute sehen, daß ich es ernst meine.« Er trampt zu den Treffen der Organisation der Afrikanischen Einheit. Die anderen Staatschefs lassen ihn nur ungern mitfahren. »Ich schmeiße kein Geld für nutzlose Dinge heraus.« Auf dem Heimweg vom letzten OAU-Treffen strandete er in irgendeinem Land. Der Präsident weigerte sich, ihm sein Flugzeug zu leihen. Wenn er unterwegs ist, nächtigt er auf dem Fußboden der möblierten Zimmer seiner Diplomaten. Es ist ihnen nicht gestattet, sich Hotelzimmer zu nehmen. All das mag sich kindisch anhören, aber es scheint zu funktionieren. Die Leute nahmen sich ein Beispiel an diesem Mann, und er machte es seinen Ministern gerade schwer genug, daß ihnen die kleinen Privilegien der Macht nicht zu Kopf steigen konnten. Das versorgte sie mit der nötigen Portion Realismus.

Im Korridor war es heiß. Die Luftfeuchtigkeit war hoch, und Schwärme von Insekten umschwebten die Lampen und krabbelten irritierend überall auf mir herum. »Ich habe ein Büro mit Klimaanlage, aber ich benutze es nicht«, sagte er. »Der Unterhalt ist zu teuer. Und warum soll ich so was haben, wenn meine Leute ohne auskommen? Ein großes Büro mit einem großen Schreibtisch.« Er dachte kurz nach und sagte dann: »Vielleicht möchten Sie es mir abkaufen?«

Sankara sagte, seine Sparmaßnahmen seien so drastisch, daß sie ihm selbst auf die Nerven gingen. Ob ich ihm vielleicht noch ein paar Tapes aus England schicken könnte? Er mochte Bob Marley, und ich hatte einem unserer Journalisten eine Kassette des jamaikanischen Sängers abgenommen, um sie ihm zu schenken. »Ich will in Ouagadougou ein großes Konzert veranstalten. Meinen Sie, Sie könnten vielleicht Leute dazu bringen, hier zu spielen? Ich spiele Gitarre. Vielleicht gründe ich eine Band.« Ich sagte ihm, ich sei zu beschäftigt, empfahl ihm aber, sich an den König von Thailand zu wenden, der kein übler Saxophonspieler ist.

Ich mochte Sankara. Er hatte Energie und Sinn für Humor. Es war ihm ganz recht, die potentiellen Schwachstellen seiner Revolution zu diskutieren, die, obwohl sie auf dem Wege zur Autonomie des Landes gute Fortschritte machte, eine autokratische Maschinerie aufgebaut hatte, die leicht in Faschismus umschlagen konnte. Amnesty International hatte berichtet, daß er seine Feinde barbarischer Folter mit Schweißbrennern unterwarf. Obwohl es nichts mit Hilfe zu tun hatte, glaubte ich, ihn danach fragen zu müssen. Es war wieder dieses Jedermann-Gefühl; das war das erste, was jeder, der irgend etwas über das Land wußte, in einer Pubdiskussion über den Mann ins Gespräch bringen würde. Wenn ich ihn unter Druck setzen, oder zumindest meine Abscheu vor solchen Praktiken zum Ausdruck bringen konnte, wer weiß, wozu es gut war. Ich griff ihn an. Er gab sich recht offen. Er holte zu einer weitschweifigen Erklärung aus, daß in Ländern wie dem unseren immer noch Menschen für Landesverrat wie zum Beispiel Putschversuche zum Tode verurteilt werden können. Nur, daß sich uns das Problem nicht stellt, im Gegensatz zu ihm, der im Jahr mindestens vier Putschs zu vereiteln hat.

Ich unterbrach ihn und fragte: »Aber foltern Sie Menschen?«

»Dazu komme ich noch, dazu komme ich noch«, sagte er lächelnd. Er sagte, er würde Menschen töten, die ihn stürzen wollten, weil er überzeugt sei, das Rechte für sein Land zu tun, und sollten in Zukunft Menschen gegen ihn intrigieren, würde er auch sie töten. Er sagte, Amnesty habe sich in bezug auf ihn geirrt und ein Entschuldigungsschreiben geschickt. Amnesty sagt, davon wüßten sie nichts.

Das Seltsame war, daß er und die anderen nichts dabei fanden, solche Fragen zu beantworten. Manchmal schienen sie geradezu scharf darauf zu sein. Vielleicht waren sie ihm nie so unverblümt gestellt worden, bestimmt nicht von seinen Beratern, und sicherlich auch nicht von Diplomaten und ansässigen Entwicklungshelfern, denen an einer längerfristigen Zusammenarbeit mit dem Mann gelegen war, oder von Journalisten, es sei denn als letzte Frage in einem endgültig beendeten Interview. Ich versuchte, die Konversation so familiär wie möglich zu halten, indem ich mich auf dem Stuhl fläzte, vor Körperkontakt nicht zurückschreckte, eine Menge saublöder Fragen stellte und ein paar Witze riß. Ich stritt mit Sankara über Gerechtigkeit, die die Volkstribunale meiner Meinung nach unmöglich gewährleisten konnten. »Wofür halten Sie sich, für einen afrikanischen Robespierre?« stichelte ich. »Nein«, lachte er, »aber Gerechtigkeit geht über Gesetz.« »Nein«, gab ich zurück. »Gerechtigkeit ist ein Nebenprodukt des Gesetzes, und Sie können keinen Staat aufbauen, wenn es kein Gesetz gibt und niemanden, der es vorurteilslos interpretiert.« Wir diskutierten bis spät in die Nacht. Er steht jetzt am Scheideweg, der ihn hinab zur Autokratie führen oder ihn zu einem leuchtenden Beispiel für die Zukunft Afrikas werden lassen kann. Andererseits kann er nächstes Jahr schon tot sein.

Genauso war's auch bei Präsident Habre im Tschad, als ich ihn fragte, ob er das Gefühl habe, daß die Franzosen sein Land verraten haben, indem sie es Colonel Gaddaffi preisgaben, der mittlerweile fast ein Drittel des Landes kontrollierte. Er zuckte mit den Schultern, seufzte und sagte ein wenig traurig: »Wie General de Gaulle sagte: ›Staaten haben keine Freunde, sondern nur Interessen.‹« Später wiederholte ich das gegenüber Präsident Mitterand, der auch mit den Schultern zuckte und meinte: »Fragen Sie ihn, wer seine Armee bezahlt.« Das waren die Fragen, die ich selbst stellen wollte. Es ist faszinierend, diesen Leuten zu begegnen, und für den Fall, daß ich ihnen nie wieder begegnen sollte, stellte ich ihnen lieber persönliche Fragen als Fragen zu ihrer Politik. Was in ihnen vorgeht, ist der Schlüssel zu dem Weg, den ihr Land einschlagen wird. Ich wollte Habre wegen der Behauptung fragen, er habe seinen Gegner mit bloßen Händen erwürgt, aber er wirkte gleichzeitig so traurig und staatsmännisch, daß es unpassend gewesen wäre und den Fluß eines wirklich konstruktiven Gesprächs unterbrochen hätte.

Es war ungefähr Mitternacht, als wir im Sudan ankamen. Die Straßen von Khartum waren völlig leergefegt. Wir erfuhren, daß eine Ausgangssperre vom frühen Abend bis zum Tagesanbruch verhängt worden war, nach einem Putschversuch nur einige Wochen zuvor. Die Einschränkungen taugten nur dazu, das Klaustrophobiegefühl und die Paranoia zu verstärken, die der Ort sowieso schon bei den verschiedenen Hilfs- und Wohltätigkeitsorganisationen genährt hatte. Wo immer die Organisationen arbeiteten, schien unvermeidlich ein gewisses Maß an Rivalität aufzukommen. Nicht immer wird das so drastisch ausgetragen, wie dieser Vorfall, von dem man mir in Westafrika erzählt hatte, wo es zwischen den Vertretern zweier führender britischer Organisationen zu einer Prügelei gekommen war, vor den verblüfften Augen einer Gruppe von Afrikanern, denen zu helfen sie angeblich gekommen waren. Aber fast immer herrscht eine gewisse Spannung. Ich hatte das schon bei meinem ersten Besuch in Äthiopien erfahren müssen, wo Leute von den verschiedenen Agenturen sich an mich heranmachten, um Cash für ihre eigenen Projekte abzusahnen, ohne Rücksicht darauf, daß ich ziemlich unmißverständlich klargemacht hatte, daß Band Aid einen gemeinsamen Überblick von ihnen allen über die Topprioritäten brauchte. Solche Rivalität zwischen den Organisationen lenkte die Energie der Leute von der wirklich anliegenden Arbeit ab. Manchmal verhindert sie tatsächlich ein Vorwärtskommen. Es war in der Treibhausatmosphäre von Khartum, als wir direkt damit konfrontiert wurden. Diesmal in der Form unmittelbarer Kritik an Band Aid in England. Erfahrene Nothilfe-Experten hatten sich an Blätter wie den *Daily Express* gewandt und sich darüber beschwert, daß sie Band Aid ihre Dienste angeboten hatten und diese nicht angenommen worden waren.

»Weiß Geldof, was er tut?«

»Wie kann ein Haufen von Amateuren eine so große Menge Geld vernünftig ausgeben?«

»Warum kümmern große Beträge von Band-Aid-Geldern auf Bankkonten vor sich hin, statt den Hungernden zugute zu kommen?«

Diese Beschuldigungen waren natürlich vorhersehbar gewesen. Band Aid wurde von Freiwilligen geführt, aber unter diesen Freiwilligen waren selbstverständlich erfahrene Geschäftsmänner und -frauen, Anwälte, Buchhalter und eine qualifizierte Anthropologin. Überhaupt, was macht einen Nothelfer zu einem Profi? War es der Unterschied zwischen bezahlt werden und nicht bezahlt werden? Wenn ja, waren wir alle definitiv Amateure. War der Mensch, den ich bei Oxfam ans Telefon kriegte und der dort seit drei Monaten arbeitete, ein Fachmann, und ich, der ich bereits seit zehn Monaten auf diesem Gebiet arbeitete, ein Amateur? Oder war es bloß diese typische Kniefìcker-Selbstschutz-Reaktion all dieser Profis, die sich dadurch bedroht fühlten, daß es plötzlich ziemlich offensichtlich ist, daß ihr Job recht wenig »Professionalismus« erfordert. Im Hauptquartier zu arbeiten ist bei den meisten Organisationen nicht besonders schwer. Vor Ort zu arbeiten verlangt Hartgesottenheit, körperliche Ausdauer und eine große Sachkenntnis, aber wir waren ja nicht in Konkurrenz dort. Die Entscheidungen über die Investitionen in die ursprünglichen, dringlichen Hilfsprogramme waren als schnelle Reaktionen auf Hilferufe aus dem Einsatzgebiet getroffen worden. Nun, wo es um komplexere Langzeitprojekte ging, handelte der Vorstand nach den Ratschlägen eines Teams angesehener Akademiker, die alle Praxiserfahrung vor Ort mitbrachten. Sie kamen von den Fachinstituten für Entwicklungshilfe der Universitäten von Sussex und Reading, von der School of Hygiene and Tropical Medicine und der School of Oriental and African Studies in London und der Georgetown University in Washington. Die Vorstellung, daß sie nicht wüßten, was sie tun, war lächerlich.

Aber solchen Behauptungen wurde wegen der Haltung gewisser Leute aus anderen Hilfsorganisationen Glauben geschenkt. Von Anfang an hatten wir uns den Annäherungsversuchen einzelner Organisationen widersetzt. Alle Entscheidungen, so empfanden wir es, ließen sich am besten vor Ort von fest eingerichteten Komitees aus Vertretern aller größeren Organisationen treffen. Sie würden uns eine klare Vorstellung von den Prioritäten für ein bestimmtes Land oder Gebiet vermitteln. Jeder für sich würden dieselben Leute wahrscheinlich nur auf Finanzierung ihrer eigenen Lieblingsprojekte drängen. Die Leute wurden sauer, wenn wir die Unterstützung ihrer eigenen speziellen Projekte ablehnten. Sachfragen wurden persönlich genommen.

Zurück zu Hause, ging das Lästern teilweise weiter mit der Behauptung, Live Aid habe gar kein neues Geld eingebracht, sondern einfach mit einem schnellen Wurf all das an Land gezogen, was den Hilfsorganisationen sonst in diesem Jahr zugeflossen wäre. Natürlich war es unmöglich, solch ein Argument zu widerlegen, denn alle aufgebrachten Geldbeträge hängen immer von der Katastrophe ab, die gerade stattfindet, und der Aufmerksamkeit, die sie in der Öffentlichkeit erhält. Nicht von ungefähr lagen in derselben Zeit die Einnahmen von Oxfam um zweihundert Prozent und die von Save the Children um dreihundert Prozent höher, und auch die meisten anderen Organisationen, die gegen die Hungersnot kämpften, verzeichneten große Mehreinnahmen. Wir hatten ihnen geholfen und sie keineswegs nicht eingesackt. Unsere Aufgabe war es eher, uns mit der ernsthaften Kritik auseinanderzusetzen, als auf die Nörgeleien zu antworten, aber es war schwieriger, sich aus der Politik der Hilfsorganisationen rauszuhalten als aus der Parteipolitik.

In Äthiopien sahen wir auf einem Rollfeld russische Transporter, die Menschen aus einem der Lager zu dem südlichen Umsiedlungsgebiet brachten. Das war eine umstrittene Angelegenheit. Kritiker aus den Hilfsorganisationen und aus westlichen Regierungen sagten, es sei ein übler Schachzug der Regierung, um umstrittene Gebiete zu besiedeln, und daß es auf eine brutale Art und Weise durchgeführt würde. Andererseits sagte Bruder Cesare, der italienische Mönch, der das Mekele Lager leitete, zu mir: »Wohin gehen diese Menschen, wenn sie hier weggehen? Kehren sie zurück nach Hause, wo es weder Lebensmittel noch Wasser gibt, wo die Bäume verschwunden sind und der Boden erodiert ist, nur um innerhalb eines Monats am Rande des Hungertodes wieder hierhin zurückzukehren? Wenn es irgendeinen anderen Ort gibt, an den sie gehen können, soll man sie auch dahin gehen lassen.«

Andere sagten, es wäre eine logische Entscheidung, aber daß die Gebiete, in die die Menschen gebracht wurden, nur eine beschränkte Fruchtbarkeit hätten und die ökologische Stabilität des Südens durch so einen massiven und plötzlichen Zustrom von Flüchtlingen gefährdet würde. Sie sagten auch, daß die Regierung diese Gebiete nicht auf den Zustrom vorbereitet habe und es keinerlei Einrichtungen für die Einwanderer gäbe.

Wiederum andere meinten, es wäre ein Weg, um die Landwirtschaft rasch zu kollektivieren, ein erklärtes Ziel der Regierung. Weitere sagten, daß es durch die Eigenart der Landschaft schwierig sei, die Bevölkerung zu kontrollieren, und daß, indem man sie alle in leicht zugängliche Gebiete zusammenbringt, die Macht der Regierung über sie verstärkt würde.

Wir konnten eine halbe Meile entfernt die auseinandergezogenen Reihen der Menschen sehen, wie sie ruhig die Laderäume der Antonovs betraten. Die Fotografen schraubten ihre Teleobjektive auf und begannen heimlich zu fotografieren. Ich stellte mir das Ergebnis vor, eine Aufnahme über große Entfernung, die impliziert, daß etwas Heimliches durchgeführt wurde, und die langen Reihen der »Opfer«, die – so erschien es mir tatsächlich auch – dem grauenhaften Anblick der hilflosen Opfer der Konzentrationslager glichen, die auf Viehwaggons verladen wurden. »Warum benutzt ihr Teleobjektive?« sagte ich. »Laßt uns hingehen und es uns ansehen.«

Wir überquerten die Rollbahnen und näherten uns den Flugzeugen. Niemand hielt uns auf. Es gab ein paar Wachen, die sich an den Wänden herumdrückten, aber an die hatte ich mich schon in den Lagern gewöhnt. Die russischen Crews trugen Zivilkleidung. Ich unterhielt mich mit einem jungen Mann aus Kiew, der gerade die Moskauer Universität abgeschlossen hatte und ein paar stockende Worte Englisch sprach. Ich schenkte ihm einen Band-Aid-Badge.

Die Menschen sahen elend aus. Sie trugen winzige Beutel auf dem Rücken und hielten sich bei der Hand, als sie die Laderampen des Flugzeuges erklommen. Nur wenige von ihnen hatten schon einmal ein Flugzeug gesehen, bevor sie in das Lager kamen, und noch niemand war jemals in einem drin gewesen. Sie hatten wahrscheinlich Angst, aber sie zeigten sie nicht. Sie verließen ihre Heimat für immer. Sie konnte sie nicht mehr ernähren. Sie und ihre Vorfahren hatten seit Tausenden von Jahren dort gelebt. Die BBC machte Filmaufnahmen, niemand hinderte sie daran. Später hörte ich, daß die Menschen so eng hereingestopft wurden, daß sie gezwungen waren, zu stehen und ihre Kinder über ihre Köpfe zu halten. Ich habe das nicht gesehen. Die Menschen saßen auf dem Boden des Militärtransporters. Später, als die Regierung die Umsiedlung verstärkte und Quoten einführte, pferchten übereifrige Beamte anscheinend die Menschen zusammen, drohten ihnen, wenn sie nicht weggehen wollten, und der Mißbrauch begann. Ich habe so was mit Sicherheit nicht gesehen, und ich war ja nun ein wirklich unerwarteter Besucher. Auch waren die Flugzeuge anscheinend später nicht auf Normaldruck gehalten, so daß die Menschen an Krämpfen und Übelkeit litten. Es war ein Alptraum.

Das Problem war klar: Helfen wir in einem Gebiet, das man bestenfalls zweifelhaft nennen kann, oder fällen wir ein politisches Urteil und weigern uns? Father Jack Finucane von Concern, der großen irischen Hilfsorganisation, sagte, als ich im Januar dort war, daß sie niemals in Umsiedlungsgebieten helfen würden. Aber ich als Ire wußte, daß Diaspora die natürliche Konsequenz einer Hungersnot ist. Wirklich Millionen von Menschen hatten Irland Mitte des neunzehnten Jahrhunderts verlassen, um dem Hungertod zu entgehen. Dennoch waren in einer bedrückenden Parallele zu diesen mit Menschen vollgestopften Flugzeugen Hunderte von ihnen unter Deck der »Totenschiffe« gestorben, die sie nach Amerika brachten.

Unsere Politik war es, daß wir den Menschen, wann immer sie leiden, helfen würden, und wenn sie in Umsiedlungsgebie-

ten, Bürgerkriegsgebieten oder irgendwelchen anderen politisch problematischen Gebieten leiden würden, würden wir unser Bestes geben, um zu ihnen zu gelangen.
Ich benutzte den Vergleich mit den Konzentrationslagern gegenüber jemandem, der fragte, ob ich nicht glaube, daß wir einem üblen politischen Programm den Rücken stärken, wenn wir seine Opfer unterstützen. Das Umsiedlungsprogramm würde weiterlaufen, egal ob wir helfen oder nicht, genauso wie Hitlers Judenvernichtung weitergelaufen wäre, ob nun Helfer es zuwege gebracht hätten, dabei zu helfen, die Leiden in den Lagern zu lindern, oder nicht. Hätte ich während des Weltkrieges gelebt und hätte man mir die Möglichkeit gegeben, jenen Menschen auch nur für eine Sekunde den Schmerz zu lindern, hätte ich das getan, wohl wissend, daß das Grauen weitergehen wird. Unsere Arbeit stützte sich auf dieselbe Überlegung. Concern, die Organisation, die gesagt hatte, sie würde niemals in Umsiedlungsgebieten arbeiten, ist nun, zwölf Monate später, die wichtigste Organisation, die dort arbeitet.
Ich habe all die Berichte über die Umsiedlung verfolgt und glaube, daß es teilweise ein ideologisches Programm ist, welches in Brutalität, Elend und Dummheit ausartete, aber ich weiß auch, daß die Kritik daran eigennützigen Zielen einer gegensätzlichen Ideologie das Wort redet. Die EWG hat ihnen nun das Versprechen abgerungen, daß gegen Hilfslieferungen die Umsiedlung gestoppt wird. Wer das glaubt, glaubt einem alles. Wenn sie sie stoppen, dann nur, weil sie sie nicht mehr brauchen, und wenn sie sie nicht stoppen wollen, werden sie es auch nicht tun.
Einen Tag nach meiner Rückkehr aus Afrika mußte ich nach Straßburg zu einem Treffen des Europaparlaments. Ich hatte Einladungen von Lord Bethell, einem Abgeordneten der Konservativen, und Catherine Crawley, einer Labour-Abgeordneten. Ich hatte unter der Bedingung angenommen, daß parteipolitische Erwägungen bei diesem Treffen außen vor

blieben. Ich reiste mit Nick Bethell, weil er auch in London lebte. Nach zwei Wochen Afrikaexpeditionen war ich nicht gerade hingerissen, als der Flug verschoben wurde und statt dessen eine lange Überlandfahrt mit Bethell am Steuer angesagt war. Als Taxifahrer müßte er verhungern, ganz zu schweigen von seiner Eignung für lange Geländefahrten durch die Wüste von Darfur. Im Parlamentsgebäude wurde ich von der großen irischen Abordnung empfangen, einschließlich des Vizepräsidenten der Kommission, Paddy Lalor. Ihnen war gesagt worden, sie sollten keine großen Umstände machen, also steckten sie mir irgendwie eine Goldmedaille der EG zu. Das war nett von ihnen; es war wie damals, als mir die alte Dame bei meiner Erstkommunion den Halfpenny zugesteckt hatte, oder als ob ein gütiger Onkel einem hinter dem Rücken etwas Geld zusteckt. »Schon gut, Bob, ist doch das Mindeste, was wir für dich tun können«, sagte Paddy. Ein walisischer Damenchor auf Besichtigungstour stimmte ein Lied für mich an, als wir in den Empfangssaal traten. Man bat sie um Ruhe, weil man den Eintritt des deutschen Bundespräsidenten erwartete. Die Ladies ließen sich nicht abhalten. Wie schon im amerikanischen Kongreß baten die Abgeordneten, ihre Assistenten und die Angestellten um Autogramme, sehr zum Mißfallen der protokollbewußteren Vorsteher. Kevin, ich und Ken Martin, unser Einkäufer und Spediteur, trafen uns mit der deutschen Abgeordneten Katherina Focke, einer der wichtigsten Interessenvertreterinnen der Hungerhilfe. Sie erläuterte uns die Mängel im System und die Basis, auf der Hilfe geleistet wurde. Es war ein unverzichtbares Treffen, für das ich später am Tag noch Gott danken sollte.

Auf dem Weg zum Mittagessen bat mich Barbara Castle, ein ehemaliges Kabinettsmitglied der Labourparty, zu einem Arbeitsessen der Labourparty. Es stellte sich heraus, daß sie mein Mittagessen boykottierten, weil es von einem Tory gegeben wurde und mich separat treffen wollten. Ich nahm mir gerade genug Zeit, um abzusagen. »Wir werden nicht an einem Essen teilnehmen, daß von Tories ausgerichtet wird«, sagte einer der Abgeordneten.

»Sie zahlen unser Happihappi. Und?«

»Sie können es sich leisten, das zu zahlen, aber ein vernünftiges Hilfsbudget für die Dritte Welt übersteigt ihre Mittel. Das beschneiden sie, wie alles andere. Alles, außer ihren Empfängen.«

»Warum scheren Sie sich nicht zurück in die Schule?« Diese kindische Haltung machte mich wild. War das das Level, auf dem man hier über Menschenleben diskutierte – wer das Mittagessen zahlte?

»Nun, wenn Sie hier solche Töne anschlagen wollen, Bürschchen ...« unterbrach uns ein anderer.

»Und du kannst mich auch mal.« Die Erregung schlug Wellen, ich ging zur Tür.

»Bob, bitte bleiben Sie noch, wir wollen Ihnen etwas sagen ...«

»Der richtige Ort dafür ist da, wo auch alle anderen sind. Ich werde jetzt gehen und mit Vertretern aller anderen Parteien zu Mittag essen – mit Kommunisten, Sozialdemokraten, Gewerkschaftern, Liberalen, Republikanern, Tories – mir ist das egal. Der Punkt bei Band Aid ist, daß Hunger vor Parteipolitik kommt, und Euer Haufen macht aus der ganzen Sache ein Chaos. Ihr beleidigt nicht mich oder die Tories. Ihr spuckt den Sterbenden ins Gesicht.«

Der Gedankenaustausch hielt sich dran. Sie brachten noch einiges vor, aber nichts weltbewegend Neues. Welche Hoffnung konnte man auf die konzertierte Aktion eines geeinten Europa setzen, wenn nationale Interessen und Regionalpolitik immer noch mit demselben Pathos verfochten werden?

Es war für jedermann ein konstruktives Essen, vom italienischen Kommunisten bis zum Unionisten aus Ulster, John Taylor. Das blieb mir besonders im Gedächtnis, weil er später, als es öffentliche Empörung auslöste, daß man mich nicht für die Britische Neujahrsauszeichnung vorgeschlagen hatte, anmerkte, es sei vielleicht ungewöhnlich für einen Unionisten, einen Iren aus dem Süden für eine Medaille vorzuschlagen, aber seiner Meinung nach hätte ich alle verfügbaren Orden verdient. Die Neujahrsauszeichnung war ein echter Sturm im Wasserglas. Mittlerweile wurde ich mit Ehrungen, Medaillen, Preisen und sogar Ehrendoktorwürden totgeschmissen. Eine mehr oder weniger machte wirklich den Kohl nicht fett, obwohl ich das damals nicht aussprach, weil es vielleicht undankbar gewirkt hätte. Aber immerhin brachte mich der Vorfall in den Genuß von Hunderten von Briefen von kleinen Leuten und anerkennendem Schulterklopfen von Leuten wie Taylor, die mich sehr rührten.

Nach dem Lunch mußte ich mich einem großen Publikum stellen. Es war nicht der eigentliche Sitzungssaal, aber ein beinahe genauso großer. Endlose Sitzreihen mit allen Schikanen, für Simultanübersetzungen ausgerüstet, und massenweise Fernsehkameras und Journalisten. Mir standen die Haare zu Berge. Ich war auf etwas von diesen Ausmaßen nicht eingerichtet und hatte mir auch keine Ansprache zurechtgelegt.

»Nun, wie Sie wissen, bin ich erst vor kurzem aus Afrika zurückgekommen. Ich bin nicht hierhergekommen, um meine formelle Aufwartung zu machen, sondern, um Ihnen einige grundlegende Argumente zu unterbreiten, und ich möchte Sie bitten, darauf zurückzukommen, und mich, nötigenfalls, zu korrigieren.« Das ließen sie sich nicht zweimal sagen. Der erste war ein irischer Abgeordneter. Plötzlich sehnte ich mich nach einer schönen Thekendiskussion mit irgendeinem Kneipenhänger in Grafton Street.

»Sie wollen keine Reform der europäischen Landwirtschaftspolitik, weil Sie damit die Hälfte ihrer Wählerschaft in den Kamin schreiben könnten«, sagte ich. »Die Landwirtschaftssubventionen der Gemeinschaft sind das einzige, was Irland über Wasser hält. Sie wissen so gut wie ich, daß viele irische

Farmer die meiste Zeit damit zubringen, mit ihren Lastwagen über die Grenze hin und her zu pendeln, damit sie die Subventionen einstreichen können.«

Ich begann, über den Tschad zu sprechen, und davon, wie die französische Regierung Hissène Habré auf Gedeih und Verderb den Libyern ausgeliefert hatte. Ein erboster französischer Abgeordneter sprang auf und protestierte lautstark. Ich hielt ihm Tatsache für Tatsache vor. »Welches geheime Abkommen haben Sie mit Gaddaffi getroffen? Wie kommt es, daß das nie an die Öffentlichkeit gelangte? Wie kommt es, daß die französische Armee einmarschierte und dann, ohne sich mit den Libyern auseinanderzusetzen?« Er begann, mich anzubrüllen. Ich brüllte zurück. »Was springt bei der Vereinbarung für Sie raus? Wie kommt es, daß Sie als einziges europäisches Land so mit Gaddaffi stehen?« Er stürmte aus dem Sitzungssaal.

Auf einmal klatschten Politiker und Journalisten und Leute, die mit ihren Kindern gekommen waren, zu fast allem, was ich sagte. »Das Schlimmste ist, daß die Europäische Gemeinschaft eine Menge guter Arbeit leistet. Sie sind die zweitgrößte Stiftung der Welt. Die Luftbrücke in den Westen des Sudan, die Sie organisiert haben, war ein nicht hoch genug zu bewertender Erfolg. Darüber gibt es keine Diskussion. Aber hätten Sie gleich auf frühere Warnungen gehört, hätte man für die Kosten einer Luftbrücke eine ganze Straße bauen können. Und die Straße wäre nächstes Jahr auch noch dort.«

Ich sprach noch eine Zeit lang und merkte plötzlich, wie ich flüssiger und flüssiger sprach. Plötzlich brachen alle Tatsachen und Statistiken, die Querelen und Frustrationen, die in den Wochen im Londoner Büro und vor Ort in Afrika zusammengekommen waren, aus mir hervor. Ich schloß meine Rede damit, daß ich sagte, das System der Europäischen Gemeinschaft leide unter Verstopfung. »Für heute stehe ich gerne mal als Abführmittel zur Verfügung.«

Am Ende erntete ich Applaus. In der Presse hieß es am näch-

sten Tag, ich hätte »mit brillanter Sachkenntnis alle Widersacher weggefegt« oder so ähnlich. Ich hatte das Gefühl, ich hätte mich ziemlich unmöglich gemacht und mich selbst, Band Aid und Otto Normalverbraucher verraten.
Ich reiste nach Canberra, um mich mit dem australischen Premierminister, Bob Hawke, zu treffen. Canberra ist eine Kompromiß-Hauptstadt, nur gewählt, um den Stolz der Bürger von Sydney und Melbourne nicht zu verletzen. Wie jeder Kompromiß ist auch dieser nicht ganz zufriedenstellend, hier ist es ein trockenes Bürokratenklima, wie auch in Brüssel oder Straßburg. Außer Regierungsgeschäften spielt sich hier nicht viel ab, und ich vermute, daß Canberra an Wochenenden zur Geisterstadt wird.
Bob Hawke ist ein volkstümlicher Typ und daher sehr auf sein Image bedacht. Er ist sehr gerissen. Wir hatten eine Auseinandersetzung über die Gepflogenheiten afrikanischer Staatsregierungen. Er sagte: »Ich kann Ihre Analyse Afrikas nur unterschreiben, aber wenn Afrika funktionieren soll, dürfen Sie nicht voraussetzen, daß die jeweiligen Regierungen das Wohl ihrer Bevölkerung im Auge haben.« Damit hat er wohl recht, ein Großteil der Macht in Afrika liegt in den Händen einiger weniger Individuen, die nur darauf aus sind, ihren eigenen Schnitt zu machen.
Ich sagte: »Sie müssen diejenigen unterstützen und aufbauen, die Veränderung suchen, ungeachtet ihrer Ideologie oder Regierungsform. Vorausgesetzt, daß sie wirklich dem Land dienen, muß man sie bestärken. Die Geschichte und die politische Entwicklung wird mit dem anderen schon fertig werden.«
Dann kam das Gespräch auf Australiens Hilfspolitik und ihr Engagement für die betroffenen Länder Afrikas. Australiens Politik ist streng regional ausgerichtet; die meiste Hilfe geht direkt an ihre weniger glücklichen Nachbarn in Südostasien und im Pazifik. Das, machte ich geltend, war nur bedingt stichhaltig. Es mochte vielleicht politisch vorteilhaft sein,

aber wenn die Krisenherde in Afrika oder sonstwo lagen, mußte man auch dort dagegen angehen. Einfach zu sagen, man sei nur zuständig, wenn die Leute vor der eigenen Haustür sterben, führt zu nichts. Das, sagte er, sei eine große Vereinfachung. Sie hatten schon in bilateralen und multilateralen Abkommen mit Afrika massive Hilfe geleistet.

Ich drückte ihm die drei Anfragen rein, die mich diverse Organisationen, unter anderem auch australische, gebeten hatten, dem Premier zu unterbreiten. Ich bat um weitere zweihundertfünfzigtausend Tonnen Weizen, ein Hilferuf von den Leuten, die in Afrika »vor Ort« arbeiteten. Ich bat um Einrichtung afrikanischer Versuchsstationen für Urbarmachung von Ödland, die sich die Erfahrung der Australier zunutze machen sollten, wie mir die australischen Organisationen nahegelegt hatten. Ich bat um Überlassung und Instandsetzung von zehn Flugzeugen der Marke Herkules, die in Melbourne herumstanden und Spinnweben ansetzten, eine Möglichkeit, die Action Aid Australia für uns ausbaldowert hatte. Für mich persönlich waren die Herkules am wenigsten attraktiv, aber im Wissen um die Mechanismen der Publicity auch das vielversprechendste Projekt, weil es eine gute Story abgeben würde. Flugzeuge sind für den Transport der Hilfsgüter in die unzugänglichen Gegenden des Sudan und Äthiopiens unerläßlich. Für die Hilfsorganisationen sind sie eine zweifelhafte Segnung, weil ihr Unterhalt ein Vermögen verschlingt, und die meisten Organisationen, wie auch Band Aid, legen ihr Geld lieber in langfristigen Projekten an, die über die kurzfristige, dringlichere Soforthilfe, die das nackte Überleben gewährleisten soll, hinausgehen. Band Aid hatte die Kosten für eine zehntägige Luftbrücke übernommen, die die Menschen im Süden des Sudan mit Hilfsgütern versorgte, die durch den Krieg von jeglicher Nahrungszufuhr abgeschlossen waren. Das lag daran, daß die Regierungen sich politisch nicht die Finger verbrennen wollten.

Mein wahrheitsgetreuer Hinweis darauf, daß Australiens einmalige Sachkenntnis in der Urbarmachung von Ödland in Afrika von unschätzbarem Nutzen sein könnte, schmeichelte seinem Nationalstolz, aber er brachte das Gespräch wieder auf Flugzeuge und Budgets. Er sagte, er würde sehen, was sich machen ließe. Ich sagte, wir könnten versuchen, im Zusammenschluß mit mehreren Regierungen oder Organisationen einen Teil des Projekts zu finanzieren, wenn der Verzicht auf ein paar angestaubte Flugzeuge Australiens Möglichkeiten übersteigen sollte.

Bei meiner Rückkehr nach England erfuhr ich, daß der Premierminister in *Countdown,* Australiens erster Rock-Show, verkündet hatte, er würde uns zwei Herkules und 1,7 Millionen Dollar zur Instandsetzung zur Verfügung stellen. Wochen später teilte man uns unter der Hand mit, daß die Regierung von uns erwartete, ein Drittel der Kosten zu übernehmen, die zwischen dem Roten Kreuz, der australischen Regierung und, logisch, uns aufgeteilt werden sollten. Das überraschte mich, weil die meisten Regierungen die vollen Kosten für die Flugzeuge übernehmen, die in den Hungergebieten eingesetzt werden. Die RAF, die Luftwaffe, die Dänen, die EEC, die Polen und Russen, alle kamen für ihre Kosten selbst auf. Die Belgier hatten dem Roten Kreuz schon eine Herkules zur Verfügung gestellt, stellten die Crew und standen für alles gerade. Wir riefen alle Organisationen an und fragten sie, ob sie sich an einer gemeinsamen Patenschaft beteiligen wollten. Die Antwort war, wie vorauszusehen, nein; »unser Geld steckt schon in langfristigen Projekten. Das Band-Aid-Budget für Direkthilfe war bereits ausgeschöpft, also wandten wir uns an die Regierungen. Die Vereinigten Staaten und England lehnten ab, sie zahlten schon genug für ihre eigenen Flugzeuge. Ich sprach Mitterand an und wies darauf hin, Frankreich könne damit sein angeschlagenes Image im Südpazifik wieder aufpolieren, aber diese eine Bitte wurde uns von den Franzosen abgeschlagen. Band Aid verfügt in Australien noch über zweihundertfünfzigtausend Dollar, die die Australier während Live Aid gespendet hatten. Verwaltet und überwacht wurden sie vom Internationalen Katastrophen Einsatzkomittee in Australien, aber sie sagten, es sei ihr Geld, nicht unseres, eine verdrehte Sichtweise, weil es ja schließlich nicht ihnen gespendet worden war. Wir steckten in einer Sackgasse. Wir sprachen mit der Regierung von Neuseeland. Sie sagten, es ließe sich vielleicht was machen. In der Zwischenzeit rief uns Australiens oberster Regierungsausschuß an. Wir legten ihnen unsere Situation dar und sagten, die Regierung solle alle laufenden Kosten für die Flugzeuge übernehmen. Es war ein Klacks für eine Regierungskasse, aber ein ziemlicher Batzen für jede Hilfsorganisation. Die Flugzeuge sind in Afrika im Einsatz, und wir haben nichts weiter gehört. Ich frage mich, wer schließlich das Geld locker gemacht hat.

Meine zweite offizielle Reise in die Staaten hielt ich, um eine Ehrung der Vereinigung Schwarzer Parteiführer entgegenzunehmen. Ich bin nicht leicht zu beeindrucken, aber mir war klar, daß diese Auszeichnung wirklich etwas bedeutete. In der Vergangenheit war sie an Menschen wie Martin Luther King gegangen. Ich war der erste Weiße, der damit geehrt wurde.

Das Galadiner war eine aufwendige Sache, an der alle hochstehenden schwarzen Persönlichkeiten Amerikas teilnahmen. Atemberaubend schöne Frauen funkelten von Juwelen und entschwebten in monströsen Cadillacs und Limousinen. Was in diesem pompösen Umfeld befremdlich wirkte, war die unreflektierte Art, in der Schwarze davon ausgingen, zwischen ihnen und den verschiedensten Menschen in Afrika herrsche Übereinstimmung in Interessen und Ansichten. Ich umriß das Problem in meiner Danksagung, die auf eine Reihe vorhersehbarer Haßtiraden gegen Südafrika folgte.

»Ich möchte keine Mißverständnisse bezüglich meiner tiefsten Abscheu vor dem Grundübel Apartheid aufkommen lassen. Diese Narbe an meiner Stirn sollte das belegen. Sie ist ein

Andenken an eine Anti-Apartheid-Demonstration während meiner Schulzeit, bei der ich von der irischen Polizei zusammengeschlagen wurde.
Dieses System ist widerlich, und Gott sei Dank sind seine Tage gezählt. Aber ich möchte eine Parallele aufzeigen. Ich bin Ire, und irische Amerikaner haben mich immer irritiert. Sie geben sich als Iren, obwohl sie in Wahrheit durch und durch Amerikaner sind. Sie haben amerikanische Ansichten und amerikanische Werte, was ihr gutes Recht ist und worauf sie mit Recht stolz sein können. Die Probleme beginnen, wenn sie ihre Wertvorstellungen auf eine Situation in Irland übertragen, die jenseits ihres Verständnisses liegt. Das führt zu Spendensammlungen, die nur die Schwierigkeiten drüben anheizen, die nur dazu führen, daß noch mehr meiner Landsleute getötet werden. Machen Sie keinen Fehler, Schwarzamerikaner sind keine Afrikaner. Sie sind Amerikaner und verstehen die Probleme Afrikas nicht automatisch besser als zum Beispiel ich.«
Ich erzählte ihnen, was ein schwarzer Kameramann von ABC, der mit mir an einem Tisch saß, mir gesagt hatte. Er war erschüttert von den Lebensbedingungen der Menschen in Südafrika gewesen. »Es steht so schlimm da unten, daß sie manchmal sogar kein Klopapier haben.« Ist das die endgültige Definition von Armut? War das die grundlegende amerikanische Sorge? Daß irgendwann das Klopapier ausgehen könnte?
Als ich in Äthiopien war, hatte ich von einem schwarzamerikanischen Besucher gehört, der einem der hungernden Kinder, die er filmte, die Kopfhörer seines Sony-Walkmans aufgesetzt hatte. Das Kind wand sich in Krämpfen der Angst. Es hatte nie vorher westliche Popmusik gehört, und plötzlich war da dieses infernalische Lärmen, das wie ein böser Geist von seinem Hirn Besitz ergriff. Das Kind zuckte weiter vor Angst. »Hey, sieh dir das an, der Kleine fährt echt ab auf die Musik«, hatte der Amerikaner gesagt. Eine Metapher für das,

was sich dort an der politischen, wirtschaftlichen und sozialen Front abspielte.
»Woran Afrika immer gelitten hat und noch leidet, ist der Druck fremder Werte, der ihm von Außenseitern auferlegt wird. Man muß nach Afrika gehen und herausfinden, was die Menschen selbst wollen, und dann die Regierung dazu bringen, wirkungsvolle Hilfe zu leisten, anstatt ihnen weiterhin durch die Weltbank und die IMF wirtschaftliche Tatsachen zu schaffen und Bedürfnisse zu wecken, die, wissentlich oder nicht, für die Bevölkerung Afrikas mehr eine Last als eine Hilfe sind. Und das gilt für die Unterdrückten Südafrikas ebenso wie für die Hungergebiete. Das verabscheuungswürdige Apartheid-Regime wird untergehen, aber hier geht es um einen Holocaust, der ganz Afrika bedroht, von Nord nach Süd, von Ost nach West, und es braucht mehr als gut gemeinte Platitüden von wegen Brüderlichkeit, um diesen Menschen zu helfen.«
Jedwede Befürchtungen, die ich gehegt hatte, meine Beweggründe könnten mißverstanden werden, wurden durch den nachfolgenden Applaus zerstreut. Jesse Jackson löste sich von seiner Entourage und sprach mich danach an. »Ich komme in Kürze nach London. Ich schreibe mir Ihre Telefonnummer auf, dann können wir uns treffen, zusammen ausgehen und die Köpfe ein bißchen zusammenstecken.«
In Europa bildeten sich derweil täglich neue Band-Aid-Ableger: Actor Aid, Air Aid, Asian Live Aid, Art Aid, Bear Aid, Bush Aid, Cardiff Valley Aid, Fashion Aid, Fool Aid, die Liste zog sich länger hin als das Alphabet. Einer der erfolgreichsten war School Aid, ein Projekt, bei dem das notwendigste an Ausrüstung und Grundnahrungsmitteln wie Zucker und Mehl gesammelt wurden, um sie auf British-Rail-Kosten zur Verschiffung zu den Band-Aid-Schiffen in die Docks von Tilbury zu transportieren. Die Bedeutung lag nicht so sehr in den Gütern selbst als in dem öffentlichen Interesse, das durch die Aktion wachgerufen wurde. Wir stellten Videos

und Info-Pakete zur Verfügung, die dazu beitragen sollten, eine neue Sichtweise auf die Probleme der Dritten Welt zu vermitteln und einige der unausgesprochenen, veralteten Klischees auszuräumen, die Afrikaner seien faule, nichtsnutzige und ignorante Vögel, die sich all ihr Unglück selbst zuzuschreiben hätten. Wir zeigten, daß unsere eigene Politik sich ändern mußte und daß Hilfe keine Frage von Schuldgefühlen oder fehlgeleiteten Vorstellungen von »Wohltätigkeit« sein mußte.

In Frankreich hatte School Aid besonders üppige Blüten geschlagen, zum Teil dank des brillanten Organisators Lionel Rotcage und teils wegen der Weigerung der Lehrer, sich dafür zu engagieren, durch die es für die Schüler, die sogar Regionalkonferenzen organisierten und Schul-Aid-Botschafter wählten, zu einem Symbol der Rebellion geworden war. Der Erfolg von Action Ecole ermöglichte mir einige Monate später ein Treffen mit Mitterand, bei dem er wichtige Zugeständnisse machen mußte.

Völlig verwirrt war ich durch den Zuspruch aus Irland. Jahrelang hatten die Leute sowohl mich wie die Band entweder verabscheut oder ignoriert. Ich hatte in Irland nie gelogen oder ein Blatt vor den Mund genommen. Schon vor Jahren hatte ich endgültig meine Thesen an die Kirchentür genagelt und öffentlich verkündet, wo es meiner Meinung nach stank. Ich war angefeindet und von der Kanzel weg exkommuniziert worden, und unsere Auftritte hatte man verboten. Man war stolz auf unsere Nummer eins gewesen, nicht anders als ich, als ich in *Top of the Pops* die Medaille mit den irischen Farben trug. Aber jetzt war ich »eine Zierde meines Volkes«. Gleichzeitig änderte sich meine zwiespältige Haltung zu Irland. Ich sah die Energie, die dort freizusetzen war, die grenzenlose Großzügigkeit der Bürger und träumte davon, was sich hier erreichen ließe, wenn man den geschichtlichen und moralischen Schutt abtragen würde. Ich kehrte dorthin zurück, um allen für ihre Spenden von insgesamt sie-

ben Millionen Pfund zu danken. Das sind zwei Pfund für jeden Mann, jede Frau, jedes Kind, jeden Säugling. Im Vergleich hätten in den USA fünfhundert Millionen Dollar zusammenkommen müssen.
Ich atmete auf, als der »offizielle« Mercedes, der zu unserer Begrüßung bereitstand, nach wenigen Metern streikte und Paula, Fifi und ich uns in den Fond eines VW-Minibusses quetschen mußten, der dem Filmteam gehörte, das über unsere Ankunft berichtete. Wir wurden nach Aras An Ūachtairan, zum prachtvollen Präsidentensitz im Phoenix Park, gefahren. Wir stolperten aus dem Lieferwagen in dieses köstliche gregorianische Bauwerk. Der Präsident führte uns stolzgeschwellt herum. Ein erfrischender Mangel an Pomp kennzeichnete sowohl das Haus wie die Angestellten oder Dr. Hillary, den Präsidenten, der mich den Serviererinnen vorstellte, die um Autogramme baten. Dies war ehemals Sitz des englischen Vizekönigs gewesen, mit hinreißender Einlegarbeit aus dem achtzehnten Jahrhundert an den Decken und ebenso kostbaren Donegal-Teppichen. Ich fragte Dr. Hillary, ob sein Job nicht manchmal ziemlich langweilig sei. Immerhin war er ein Mann, der Präsident der EG-Kommission gewesen war und immer aktiv im politischen Leben gestanden hatte. Die irische Präsidentschaft ist ein durch freie Wahlen bestätigtes Pöstchen für sieben Jahre, aber ohne jede politische Bedeutung. Hauptsächlich beschäftigt man sich mit Ansprachen, Verleihungen oder Schwimmbaderöffnungen. »Sie versuchen, mich zu weiteren ›sieben Jahren Einsamkeit‹ zu überreden, wie ich immer sage«, sagte der Präsident unverblümt.
Man überreichte mir einen Scheck über sieben Millionen Pfund. Der Präsident hielt eine kleine Rede, und Fifi krabbelte auf dem Fußboden. Ich sagte: »Da der Präsident Irland repräsentiert, kann ich ...« und beugte mich vor, um den Überrumpelten auf die Wangen zu küssen. Er lief rot an. Ich sagte, ich sei, vielleicht zum ersten Mal, stolz darauf, Ire zu sein, und

würde mit dem Geld am liebsten eine Runde für das ganze Land schmeißen, wären da nicht andere Menschen, die größeren Durst hätten als wir und denen ich dieses Geld schuldig sei. Der Oberbürgermeister von Dublin schenkte mir einen Silberkrug und von der Stadtverwaltung gab es den Dublin-City-Schlips. Sie fanden es unhöflich, daß ich in meiner Rede die Zerstörung Dublins anprangerte. Ich hatte nicht unhöflich sein wollen, ich kann nur nicht ertragen, wie eins der einstmals schönsten Städtchen Europas zu Schleuderpreisen verramscht wird.

Garrett Fitzgerald, der Premierminister, ist einer jener Politiker, die man stets wählen würde, wenn der Instinkt die Entscheidung treffen würde. Er ist außergewöhnlich aufrichtig und verblüfft durch einen erfreulichen Mangel an Hinterlist, für den Politiker der sichere Untergang. Sein Problem ist, daß er Intellektueller ist, was für Politiker noch nie hilfreich war. Sie werden zerfressen von Selbstzweifeln und Sachzwängen. Außerdem ist er mit einer Minderheitsregierung und rückläufiger Wertung in den Meinungsumfragen geschlagen, aber er ist ein grundanständiger Mensch.

Wir sprachen lange miteinander. Er versprach mir, über die EG alles Menschenmögliche zu tun. Die Konversation streifte alle irischen Belange. Meine alten Enttäuschungen stiegen wieder in mir hoch, und ich fragte ihn, warum es bei dieser Verbindung von Ziel, Energie und Fähigkeit, die während Live Aid unter Beweis gestellt worden war, den Iren immer noch unmöglich zu sein schien, selbst ihren Nutzen daraus zu ziehen. Er zuckte mit den Schultern und seufzte: »Ich weiß es nicht.«

Die Frage war, wie es weitergehen sollte. Es galt, etliche lose Enden zu verknüpfen. Ich sprach bei der Indonesischen Botschaft vor, um der Verbreitung von Raubkopien des Live-Aid-Bands vorzubeugen, die dort halbwegs legal hergestellt werden können, weil Indonesien keinerlei internationale Copyright-Abkommen unterzeichnet hat. Ich verlangte, daß das sofort unterbunden werde und alle Steuereinnahmen der Regierung an uns zurückflössen. Ich drohte, in Australien zu einem Tourismus-Boykott gegen Bali aufzurufen und zu einem Boykott importierter indonesischer Lebensmittel, und falls mir das nicht gelingen sollte, mich mit meinem Schlafsack unter den Fernsehkameras der halben Welt vor dem Präsidentenpalast niederzulassen, bis sie klein beigaben. Mit den Raubkopien war danach Schluß, aber vielleicht hatten sie die Produktion ohnehin abgeschlossen. Nachdem solche Affären beigelegt waren, ließ sich schwer sagen, ob und inwieweit ich oder Band Aid noch von Nutzen sein konnten.

Mein Ziel war gewesen, die Menschen aufzurütteln. Das war mir gelungen. Eine der Errungenschaften von Band Aid war die bleibende Erinnerung an einen Tag der Redlichkeit in einer schmierigen Welt. Wir hatten bewiesen, daß Edmund Burke richtig lag, als er gesagt hatte: »Niemand hat einen größeren Fehler begangen als der, der nichts tat, weil er nur wenig tun konnte.« Live Aid hatte gezeigt, daß jede Tat, so klein sie auch ist, ihren Nutzen hat, daß jede Hilfe willkommen ist.

Ein oder zwei Leute sprachen davon, Band Aid zu einer festen Einrichtung zu machen. Darin konnte ich keinen Sinn sehen. Warum ein zweites Oxfam gründen, wenn das erste Oxfam so gute Arbeit leistete? In keinem Fall war es unser Anliegen gewesen, in Konkurrenz zu den alteingesessenen Hilfsorganisationen zu treten. Unsere Aufgabe war gewesen, ihre Arbeit zu unterstützen und, angesichts des Massensterbens in Afrika, neue Kräfte zu mobilisieren; an der Schaffung eines neuen Klimas gegenseitiger Verantwortung mitzuwirken. Wir hatten es spannend gemacht, anderen Menschen zu helfen, und eine fundierte Basis zum besseren Verständnis geschaffen. Wir hatten unsere politische Macht ausgespielt, wir hatten Schiffs- und Lastwagenflotten und Luftbrücken organisiert, ganze Kliniken, Tonnen von Lebensmitteln, Medikamenten, Kleidung, Decken; unendliche viele Projekte waren finanziert worden, und wir hatten Millionen Menschen das Leben gerettet. Viel war geschehen seit den ersten zweiundsiebzigtausend Pfund. Ich beschloß, mich gegen Ende 1985 aus den Band-Aid-Geschäften zurückzuziehen, und Penny Jensen, die ihren Mann als neue Vorsitzende von Band Aid ablösen sollte, die Leitung aller Aktivitäten, die die Organisation für die folgenden Monate plante, zu überlassen.

Ganz so einfach war es nicht. Ende Dezember, als ich mich bereits damit beschäftigte, was das Jahr '86 mir wohl bringen würde, erhielt ich ein Telex, das von allen wichtigen Vertretungen im Sudan unterzeichnet war. Es sei alles beim alten, hieß es darin. Aus den Lektionen des letzten Jahres hatte man nichts gelernt. Seit der letzten Krise hatte man keinerlei Vorkehrungen für Lebensmitteltransporte in den Westen des Sudan getroffen, wo einmal mehr Mißernte herrschte, und während der Regenzeit 1986 waren Millionen vom Hungertod bedroht. Ich klärte die Presse über die neue Notlage auf. Die Möglichkeit eines »Sports Aid« wurde erwogen. Es schien, als würde es dringend notwendig sein.

Während eines Erkundungsflugs durch die Wüste bei Timbuktu kollidierte ein Hubschrauber mit einer Sanddüne. Darin befanden sich der Organisator der Rallye Paris-Dakar und der französische Popsänger David Balavoine, der in Frankreich bei School Aid eine tragende Rolle gespielt hatte. Er war dort gewesen, um sich über die Möglichkeit einer Kombinierung der Rallye mit Sports Aid zu informieren. Alle fünf Insassen waren auf der Stelle tot. Man teilte mir mit, Präsident Mitterand ließe mich zum Lunch in den Elysée-Palast bitten. Ich nahm an, aber vorher gab ich der französischen Fernsehstation, die Live Aid übernommen hatte, ein Interview, in dem ich die neue Krise im Westen des Sudan ansprach. Außerdem wusch ich den Intendanten für ihre Handhabung von Live Aid gründlich den Kopf, das sie als reines Popkonzert mit einem auf nahe Null heruntergeschraubten Hilfscharakter präsentiert hatten, woraufhin die Spenden aus Frankreich beschämend hinter denen anderer Länder zurückblieben.

Mitterand ist ein kleiner, gelassener Mann, der in seinem Palast so heimisch ist, daß er mit größter Selbstverständlichkeit absolute Autorität ausstrahlt und auch ausübt. Der Elysée-Palast ist ein wunderhübsches, großes Puppenhaus, dem seinen persönlichen Stempel aufzudrücken anscheinend kein Präsident widerstehen konnte. Jeder Raum in dieser Wabe ist in einem anderen Stil eingerichtet, an dem sich verflossene Epochen und Präsidenten ablesen lassen. Es wirkt, als hätte man »Kilroy was here« über die Annalen französischer Geschichte gekritzelt.

Man führte uns in den Salon Napoleons des Dritten, in dessen Kamin ein fröhliches Holzfeuer knisterte. Der Président de la Republique wurde von einem förmlichen Majordomo in Cut und schwarzem Schlips angekündigt. Er setzte sich aufs Sofa und bat eine hübsche blonde französische Chanteuse, neben ihm Platz zu nehmen. Mich führte man zum Armsessel neben dem Sofa. M. Nucci, der Minister für Übersee-Angelegenheiten, und andere Regierungsfunktionäre waren über den kleinen Raum verstreut. Lionel Rotcage, der französische Band-Aid-Maestro, und zwei französische Popstars, die aktiv bei Band Aid Frankreich mitgewirkt hatten, saßen zu meiner Rechten. Smalltalk über einen Übersetzer zu machen ist nicht ganz einfach, aber als das Gespräch auf den Palast kam, regte sich sein Hausbesitzerstolz. Ich bemerkte die smaragdgrünen Damastbezüge der Stühle und sagte ihm: »Sie haben den gleichen Geschmack wie Nancy Reagan.« Er warf, aus Grausen oder Resignation, die Arme hoch und schob dann alles auf Napoleon III. Er gab die Geschichte zum besten, wie er zu Beginn seiner Präsidentschaft ein aufregendes Dokument mit der Aufschrift »Top-Top-Secret« erhalten hatte, dessen Dreifachversiegelung allerhöchste Priorität andeutete.

Im Umschlag war noch ein »Nur zu persönlichen Händen des Präsidenten« und darin noch ein weiterer Umschlag. Als er schließlich das letzte Siegel erbrochen hatte, konnte er die Speisekarte für den Lunch des Kabinettsmeetings entnehmen.

Mme. Mitterand betrat den Raum. Er stellte sie vor, und wir zogen ins Speisezimmer um, ein im Stil der Siebziger gehaltenes Andenken an Georges Pompidou. Sieht aus wie die Art Ambiente, mit dem sich die Führungsspitze von Smersh in einem James-Bond-Film umgeben würde.

Madame Mitterand saß zu meiner Linken und der Präsident direkt mir gegenüber an dem großen, runden Tisch. Wir sprachen über Afrika. Ich erklärte, daß ich an mich persönlich gerichtete Telexe verschiedener Vertretungen im Westsudan erhalten hatte, die von hundertprozentiger Mißernte und damit Hungersnot, trotz der Vorratslager im übrigen Sudan, berichteten. Band Aid wie U S Aid hatten drei Millionen Dollar für Lebensmittelversorgung im Lande und Transport aufgewendet, aber angesichts dieses Problems war es ein Tropfen auf den heißen Stein. Sofortige und drastische Maßnahmen waren gefordert, aber dazu sah sich anscheinend niemand in der Lage. Ich erklärte, hunderttausend Tonnen importierter Lebensmittel lägen noch in Port Sudan und könnten verschickt werden, aber das kostete Zeit, und wiederum war das Geld dafür knapp.

Plötzlich sagte Mme. Mitterand: »Das stimmt, Francois. In Dschibouti gibt es französische Lebensmittel. Ich habe gesehen, wie sie dort lagern, ohne daß etwas mit ihnen passiert.«

Nucci, der Minister, sagte: »Ja, aus irgendwelchen Gründen hat Addis den Zug, der es aufnehmen sollte, nicht zurückgeschickt, und jetzt staut es sich da.«

»Wieviel ist es?« fragte der Präsident.

»Um die dreißigtausend Tonnen.«

»Dann weg damit«, sagte Mitterand, »zieht die Air Force

Mrs. T. sagt, sie können keine Butter essen.

Mit Präsident Mitterrand nach einem exklusiven Essen.

Der widerwillige General, Führer des Sudan.

Peres de Cuellar, Generalsekretär der UN und ich diskutieren übers Fischen.

Bob Hawke empfiehlt seinen Frisör.

Ich und die Ministerin, Ouagadougou, Burkina Faso.

Tip O'Neill sagt›How‹. Ted Kennedys Jakkett rutscht von der Schulter. Der Kongreßabgeordnete Carr und ich finden das witzig.

Der Premierminister rät dem Champion, es sauber zu halten.

hinzu. Das Hauptproblem scheint der Transport der Lebensmittel von Port Sudan in den Westen zu sein. Wir übernehmen das.« M. Nucci machte sich Notizen.

»Die Vertretungen haben mich außerdem gebeten, Sie zu fragen, ob man uns Zugang zu Ihrem Spot-Satelliten gewähren kann«, sagte ich. Der Satellit war noch nicht im eigentlichen Einsatz, aber er machte detaillierte geografische und landwirtschaftliche Fotos der Erde. Wenn unsere Niederlassungen Zugang zu diesen Fotos hätten, wären sie über jede drohende Katastrophe vorgewarnt. Sie hatten sowohl die sowjetische wie die amerikanische Regierung um diese Informationen gebeten, die ihnen aber entweder verweigert wurden oder so teuer gekommen wären, daß es sich von selbst erledigte. Die Hauptaufgaben dieses Satelliten waren militärischer Natur, aber sowohl Nucci wie der Präsident sagten, warum nicht? Ich hatte Nucci schon früher in Mali getroffen. Er war ein netter Mann und der fähigste der Entwicklungsminister.

Ich hatte noch andere Bitten, wie zum Beispiel die Frachtkosten für L'Action Ecole, das französische School Aid, zu übernehmen. Auch diesen stimmten sie zu. Als wir beim Dessert angelangt waren, hatten wir das Versprechen auf etliche Millionen Dollar für dringende Notfälle in der Tasche. Es löste die Probleme der Menschen im Westsudan nicht, aber vielleicht konnte man damit ihr Überleben sichern. Ich fragte mich, warum es nicht immer so reibungslos abging, aber andererseits ist nicht überall ein ideologisch nahestehender Mann an der Macht, der einen Blick für anstehende Wahlen und potentielle Werbewirksamkeit hat.

Nach dem Lunch geleitete Mitterand mich in ein kleines Vorzimmer. Es war unverändert so, wie Napoleon es verlassen hatte. Sein Rücktrittsgesuch, das er unterschrieben hatte, lag auf einem kleinen Tisch. Die Tinte auf seiner Unterschrift ist tränenverschmiert. Der Präsident hatte mich hereingeführt, nachdem ich ihm erzählt hatte, daß meine Tochter Fifi heißt.

Er wies auf eine der violetten Chaiselongues und erzählte mir, einer der Präsidenten des neunzehnten Jahrhunderts habe sich dort einiger recht hitziger Amouren erfreut und sei schließlich in den Armen der fraglichen Dame, einer gewissen Madame Fifi, verschieden. Daß sei, sagte ich ihm, genau das, was man von französischen Palästen erwarte.
Wir gingen in den Ballsaal mit seinen erlesenen Gobelins und Aubusson-Wandbehängen. Er zeigte mir, wo er an acht Stellen die Wand durchbrechen und französische Bogenfenster hatte einsetzen lassen, die den Blick auf den Garten freigaben, in dem seine ausgesuchten modernen Skulpturen prunkten. Ich sagte, ich fände sie gräßlich. Ich erzählte ihm von Mrs. Thatcher und ihrer Umwelt-Abteilung und daß die Museen immer die schönsten Stücke verstecken, wenn ihr Besuch ansteht, falls sie sie für Downing Street haben will. Er sagte, er hätte seine extra in Auftrag gegeben. Sein Büro und sein Vorzimmer sind in wunderschönem Louis-XV-Stil gehalten. Er hatte auch zwei riesige Weltkugeln als Gastgeschenke für andere Staatsoberhäupter dort stehen. Ich fragte, ob ich auch eine haben könnte. »Wenn Sie ein Staatsoberhaupt geworden sind, was sicher nicht mehr allzu lange auf sich warten lassen wird«, sagte er. Dann schrieb er den Brief an meine Tochter, um den ich ihn gebeten hatte. Für einen Mann, den sein Mittagessen gerade zehn Millionen Dollar gekostet hatte, war er bemerkenswert guter Laune.

Wieder in London, diskutierten wir von neuem darüber, wie man Band Aid am besten auslaufen lassen könnte. Im letzten Jahr war Band Aid das A und O meines Lebens gewesen. Jede wache Stunde des Tages, sieben Tage die Woche, waren dafür draufgegangen. Ich wußte, daß ich, wenn ich jetzt nicht ausstieg, den Rest meines Lebens damit zubringen würde. »Bis Ende '86 müssen wir alles abgeklärt haben«, sagte ich.

»Aber was ist mit den Projekten? Die müssen überwacht werden«, sagte Penny.

»Du willst doch nicht im Ernst vorschlagen, daß wir alle die nächsten fünfzehn Jahre durchstehen?« Manche der Projekte waren so langfristig angesetzt.

»Aber es kommt immer noch Geld rein.«

»Das Geld wird noch jahrelang reinkommen. Am Ende des Jahres werden wir alles an ein ständiges Kommitee aus Vertretern aller Niederlassungen übergeben.«

Das war, als ich das letzte Mal davon hörte, immer noch der Plan.

Band Aid darf nie zu dem werden, was ich immer verabscheut habe – einer Institution. Würde man weitermachen, ginge der Sinn und Zweck bald in der Tretmühle aus Professionalität und Bürokratie unter, die darauf angelegt ist, ihn zu bewahren, aber nur dazu führt, daß man ihn aus den Augen verliert. Band Aid würde als Erinnerung wertvoller sein, als Erinnerung an etwas komplett Gutes und Unkorrumpierbares, das auch noch funktionierte.

Band Aid konnte problemlos ohne mich weitergehen. Es ist mittlerweile eine große Organisation, aber immer nur so wirkungsvoll wie die Unterstützung aus dem Volk. Diese Unterstützung wird über kurz oder lang nachlassen, und damit auch Band Aids Zugang zu denen, die in den Wandelhallen der Macht echte Veränderung erzwingen können. Dann wird Band Aid einfach eine weitere Spendenaktion, wie ein Dutzend andere, sein. Aber es *war* anders. Es *war* außergewöhnlich. Ich stecke heute noch zu tief drin, um mich zurückzulehnen und alles in all seiner unwahrscheinlichen Kraft und Herrlichkeit vor mir zu sehen, aber ich weiß, daß ich in späteren Jahren staunend fragen werde, wie zum Henker dies alles möglich war und was mir die Kraft gab, es durchzuhalten. Ich habe nicht einmal Zeit für die Überlegung gefunden, was als

Nächstes zu tun sei. Es war Blindflug über die ganze Strecke. Alles Improvisation, wie man so sagt. Ich weiß nicht, warum sich alles so ordnete, wie es sollte. Ich will damit nicht andeuten, ich sei ein Werkzeug göttlicher Vorsehung gewesen, aber manchmal, in tiefster Nacht, konnte ich mich solcher Gedanken nicht erwehren, wenn mich die Welle der Ereignisse mitriß, die ich selbst angeregt und immer unter Kontrolle hatte, obwohl ich mehr oder weniger neben mir stand.

Wenn Band Aid endlich den Laden dicht macht, wird sich mir ein Seufzer der Erleichterung entringen. In Europa und Amerika wird unser Vermächtnis in den Köpfen von Kindern und Jugendlichen bewahrt werden, die eines Tages Afrika nicht mehr als fernes unterentwickeltes Land sehen werden, sondern als einen nächsten Nachbarn, dem man wieder auf die Beine hilft. In Afrika zählt unser Vermächtnis nach Leben. Mit den Waisenhäusern, Krankenhäusern oder Brücken, die wir bauten, wollten wir uns nie ein Denkmal setzen. Sie werden zerfallen oder unter Sand begraben werden, und die Lastwagen werden durchrosten. Aber es ist nicht wie bei Ozymandias, dem König der Könige, der uns mahnte: »Schaut meine Werke, die mächtigen, und verzweifelt. Nichts daneben hat Bestand.« Etwas wird Bestand haben, denn das Erbe von Band Aid an Afrika werden die zukünftigen Generationen sein, denen Musik und Fernsehen und Satelliten und die Millionen Menschen, die sich der fast vergessenen Verwandtschaft mit dem Rest ihrer Spezies erinnerten, das Leben schenkten. Nicht Mildtätigkeit – Menschlichkeit.

Jetzt bin ich erschöpft, wie schon die ganzen vergangenen siebzehn Monate, aber ich zweifle nicht daran, daß, wenn weitere Hungersnöte ausbrechen, wie zu befürchten steht – denn unsere Politik werden wir trotz allem nicht ändern, zumindest nicht in den nächsten Jahren –, in den Medien einige unangenehme Fragen gestellt werden.

Aber mir bleibt die Befriedigung, buchstäblich alles gegeben zu haben, was in meinen Kräften stand, und daß ich immer gegen die Dinge aufstehen werde, die ich verabscheue. Ich werde stets versuchen, das Geschwätz und die Heuchelei zu vermeiden, die mich so anekeln. Ich werde weiterhin ein »unmöglicher Mensch« bleiben. Aber das kann nicht alles sein, es muß noch andere Aufgaben geben, die auf mich warten. Welche, kann ich heute noch nicht sagen. Ich habe mindestens noch einmal so lange zu leben und ich freue mich darauf. Ich wette, es wird recht interessant. Aber bis jetzt war es ganz schön schräg.

Am Tag des Live-Aid-Konzerts, der größten Zusammenkunft von Rockmusikern aller Zeiten, nach siebzehn Stunden Livemusik, die von mehr Zuschauern in aller Welt gesehen worden waren als jedes andere Ereignis der Geschichte, trat Bill Graham hinaus auf die Bühne des Stadions in Philadelphia. Es war elf Uhr nachts. In London verließ ich den Nachtclub, in dem ich mir den letzten Teil des größten Konzerts, das die Welt je erlebt hatte, angesehen hatte. Es war vier Uhr morgens.

Uns beide durchströmte ein Gefühl des Triumphs. »Ich hab's geschafft«, dachte ich.

»Das war unvorstellbar«, dachte Bill dreitausend Meilen entfernt.

In Philadelphia wurde die Bühne gefegt. In London wurden die Straßen gefegt. Wir beide waren umgeben von letzten Resten der sich verlaufenden Menschenmenge. Während ich mein Taxi bestieg, ging Bill hinunter, um einen Blick auf das sich leerende Stadion zu werfen. Direkt vor der Bühne war eine Gruppe von Kids, die herumlungerten und noch die letzten Reste ihres Biers austranken.

Einer von ihnen wandte sich an ihn und rief: »He, du, Bill Graham«. Bill sah mit einem fragenden Lächeln zu ihm hinab.

Der Kleine rief ihm etwas zu: »War's das?«

Das ist es, was ich mich auch immer frage.

Charles Bukowski
Das Liebesleben der Hyäne

Titel der Originalausgabe: *Woman*
Aus dem Amerikanischen von Carl Weissner
KiWi 98

Das Liebesleben der Hyäne: Ein Roman über das Leben des Schriftstellers Henry Chiniaski, genannt Hank, erzählt von Charles Bukowski, den Sartre und Genet »den besten Dichter Amerikas« genannt haben. Und wie alles, was Bukowski schreibt, ist auch dieser Roman ein Roman über sich selbst, unmittelbar, direkt und hart. Ohne Umschweife und ästhetisches Dekor geht Bukowski auf seine Themen los: den Sex und die Frauen, die Pferderennbahn und die ewig langweiligen Dichterlesungen, den Alkohol und seine Stadt Los Angeles mit ihren Barackenvierteln und Autodieben. Aber wer richtig liest, der weiß, daß es auch ein Roman über die Liebe ist und über den Tod, über die Kunst, die Angst und über die Suche nach dem Glück. Die rohe Sprache, in der Bukowski seine Erfahrungen herausschreibt, ist keine Attitüde, sondern Teil des Lebens eines Mannes, der von sich selbst sagt: »In all den Jahren, die ich in Schlachthöfen und Tankstellen, an Fließbändern und in U-Bahntunnels geschuftet habe, ist mein Vokabular auf den letzten Rest zusammengeschrumpft, aber mit diesem Rest versuche ich rauszuhämmern, was nur drin ist ...«

KiWi-Paperbackreihe bei Kiepenheuer&Witsch

Pete Townshend
Horse's neck

Roman
Deutsch von Ralf Niemcyk und Lothar Gorris
KiWi 118

In einer Reihe von kurzen Erzähltexten, Prosagedichten und halb autobiographischen Passagen rekonstruiert Pete Townshend die Biographie eines Rockstars.
Auf eine ganz unerwartete Weise erhält der Leser einen Einblick in das Leben eines Mannes, der – vergleichbar nur noch mit John Lennon und Mick Jagger – das Denken und Fühlen der Jugendkultur in den 60er und 70er Jahren geprägt hat.

KiWi Paperbackreihe bei Kiepenheuer&Witsch

Julie Burchill über Prince / Pop / Elvis / Kommunismus / Madonna / Hausfrauen / Annie Lennox / Feminismus / Michael Jackson / USA / Sade / Die Pille / Lennon / Fussball / Heuschrecken / Dallas und Denver / Bonnie und Clyde / Live Aid / u.a.

herausgegeben von SPEX
Aus dem Amerikanischen von Clara Drechsler und Harald Hellmann
KiWi 132
Deutsche Erstausgabe

Die bizzare Mischung aus mit allen Wassern gewaschener Popmusik-Expertin und militant-eigenwilliger Marxistin, die mit harten Wortbandagen gegen Annie Lennox und für Madonna, gegen John Lennon und für Elvis Presley, gegen die US-Kultur und für die frühen Beatles zu Felde zieht, sowie ihr unvergleichlicher Stil, mit dem sie zur Sache geht, sind dafür verantwortlich, daß Julie Burchills Kolumnen mit viel Zustimmung bedacht werden, aber auch leidenschaftliche Ablehnung hervorrufen.

KiWi-Paperbackreihe bei Kiepenheuer&Witsch

Vassilis Vassilikos
Z

Roman. KiWi 120

Der Film »Z« von Costa Gavras mit Yves Montand in der Hauptrolle ist ein Klassiker des politischen Films der Gegenwart und bis heute einer der erfolgreichsten Filme dieses Genres überhaupt.
Nicht jeder Filmbesucher weiß, daß dem Film ein eminent spannender, bis heute aktueller Roman gleichen Titels zugrunde liegt. Vassilis Vassilikos Roman »Z«, einer der großen griechischen Romane der Gegenwart, behandelt die Vorgänge um die Ermordung des griechischen Parlamentsabgeordneten Grigorios Lambrakis am 16. Mai 1963 in Saloniki.
Der Roman erzählt die Ereignissee und ihre Hintergründe in einer sehr präzisen und nüchternen Sprache und entdeckt dabei das beklemmende Modell politischer Vorgänge, die sich dann später in Chile oder Argentinien und heute in Nicaragua wiederholt haben und wiederholen.